Mathias Birrer
Kant und die Heterogenität der Erkenntnisquellen

Kantstudien-Ergänzungshefte

Im Auftrag der Kant-Gesellschaft
herausgegeben von
Manfred Baum, Bernd Dörflinger
und Heiner F. Klemme

Band 195

Mathias Birrer

Kant und die Heterogenität der Erkenntnisquellen

—

DE GRUYTER

ISBN 978-3-11-062711-4
e-ISBN (PDF) 978-3-11-054238-7
e-ISBN (EPUB) 978-3-11-054133-5
ISSN 0340-6059

Library of Congress Cataloging-in-Publication Data
A CIP catalog record for this book has been applied for at the Library of Congress.

Bibliographic information published by the Deutsche Nationalbibliothek
The Deutsche Nationalbibliothek lists this publication in the Deutsche Nationalbibliografie;
detailed bibliographic data are available on the Internet at http://dnb.dnb.de.

© 2018 Walter de Gruyter GmbH, Berlin/Boston
Dieser Band ist text- und seitenidentisch mit der 2017 erschienenen gebundenen Ausgabe.
Druck und Bindung: CPI books GmbH, Leck

♾ Gedruckt auf säurefreiem Papier
Printed in Germany

www.degruyter.com

Widmung

Die vorliegende Untersuchung ist eine in vielen Hinsichten überarbeitete Version des Resultats meines Dissertationsprojekts, das ich unter der Leitung meines Doktorvaters, Prof. Dietmar Heidemann, an der Universität Luxemburg verfasst habe. Ohne seine beständige, offene und unkomplizierte Unterstützung während der Forschungszeit in sachlichen und persönlichen Belangen wäre die Durchführung dieses Projekts nicht möglich gewesen. Herzlichen Dank dafür.

Den Professoren Frank Hofmann, Robert Theis, Sacha Golob und Ulrich Schlösser bin ich für ihre Bereitschaft für die Teilnahme im Gremium für die Begutachtung und Beurteilung der Dissertation zu Dank verpflichtet. Ihre Kritikpunkte und Anmerkungen haben zusätzliche Überlegungen angeregt, die Eingang in die vorliegende Untersuchung gefunden haben.

Bei all meinen Kollegen am Institut für Philosophie der Universität Luxemburg möchte ich mich für etliche Hilfeleistungen während meiner Zeit als Doktorand bedanken. Speziellen Dank geht dabei an Elisabeth Lefort, Oliver Motz und Andy Orlando.

Schliesslich geht mein Dank für zahlreiche unterstützende Leistungen zur Vollendung der vorliegenden Untersuchung an Isabel Käslin, Marco Toscano, Céline Colombo, Thimo Heisenberg, Steven Graf, Lukas Meier-Marsilius, Joëlle Weiss und Christian Weibel.

Mein Dissertationsprojekt wurde finanziell durch das AFR Schema (*aides à la formation recherche*) des *Fonds National de la Recherche Luxembourg* (FNR) ermöglicht. Überarbeiten und Fertigstellen konnte ich die vorliegende Arbeit dank eines Postdoc Mobilitäts-Stipendiums des *Schweizerischen Nationalfonds* (SNF).

Inhalt

Kapitel 1:
Einleitung: Das Schematismuskapitel und das Heterogenitätsproblem —— 1
1.1 Aufriss des Themas der Untersuchung —— 1
1.2 Umriss des Forschungsstandes —— 11
1.2.1 Schopenhauers und Neukantianische Vorsicht vor dem Schematismus —— 11
1.2.2 Heidegger: Verwurzelung von Denken und Anschauen in der Einbildungskraft —— 14
1.2.3 Die Kemp Smith – Paton Kontroverse —— 17
1.2.4 Problemfelder in der gegenwärtigen Kantforschung zum Schematismuskapitel —— 19
1.2.5 Die (Non-)Konzeptualismus Debatte der Gegenwartsphilosophie —— 26
1.3 Aufbau der vorliegenden Untersuchung —— 29

Teil I: Ein kognitiv dualistischer Non-Konzeptualismus?

Kapitel 2:
Kants Lehre des kognitiven Dualismus —— 36

Kapitel 3:
Konzeptualismus und Non-Konzeptualismus —— 44
3.1 Die (Non-)Konzeptualismus Debatte in Bezug auf Kant —— 46
3.1.1 Hintergründe der Debatte —— 46
3.1.2 Kants konfliktreiche Darstellung —— 50
3.1.3 Die konzeptualistische Interpretation —— 57
3.1.4 Die non-konzeptualistische Interpretation —— 61
3.2 Eine Klassifikation kantischer Non-Konzeptualismen —— 67
3.3 Versuch der Bestimmung der non-konzeptualistischen Position Kants —— 73
3.3.1 *conceptus communis*: Zum Unzureichenden des begrifflichen Vorstellens —— 73
3.3.2 *dari, non intelligi*: Zur Deutlichkeit des sinnlichen Vorstellens —— 83
3.3.3 Eine Objektivität der blossen Anschauung? —— 87

Teil II: Die transzendentale Synthesis der Einbildungskraft als Selbstaffektion

Einleitende Bemerkungen — 100

Gegenläufige Interpretationen — 108

Kapitel 4:
Die Anschauungshaftigkeit der Zeit und der innere Sinn — 115
4.1 Die Anschauungsnatur der Zeit — 115
4.1.1 Die ursprüngliche Anschauungshaftigkeit der Zeitvorstellung — 116
4.1.2 Die Zeit als formale Voraussetzung — 138
4.2 Was für eine Gemütseigenschaft ist der innere Sinn? — 142
4.2.1 Inhalte des inneren Sinnes — 145
4.2.2 Das Innere und das Äussere — 147
4.2.3 Der innere Sinn als Bewusstsein — 155

Kapitel 5:
Der zweite Schritt der B Deduktion als *locus* der Selbstaffektion — 161
5.1 Die zwei Schritte der B Deduktion — 161
5.1.1. Die zweifache Fragerichtung der transzendentalen Deduktion der Kategorien — 161
5.1.2 Die zwei Schritte der B Deduktion — 164
5.1.3 Verschiedene Anschauungskonzeptionen in der B Deduktion — 167
5.2 Objektivität in der B Deduktion — 172
5.2.1 Die Objektivität des endlichen Verstandes — 173
5.2.2 Die objektive Realität der reinen Verstandesbegriffe — 180
5.2.3 Raumzeitliche Wirklichkeit — 185
5.3 Die Synthesisbezeichnungen in der B Deduktion — 188
   Ad 1: Zur Unterscheidung der Synthesisbezeichnungen im §24 — 189
   Ad 2: Die Bezeichnung der Synthesis im §24 im Vergleich zu A79/B104f. aus §10 — 193
5.4 Das Auszeichnende der Selbstaffektion — 196

Kapitel 6:
Die Lehre des doppelten Ich — 202
6.1 Die Phänomenalitätsthese der Selbsterkenntnis — 202
6.2 Der doppelte Aspekt des Ich — 206
6.2.1 Das Daseinsbewusstsein gemäss synthesis intellectualis — 208
6.2.2 Die Bestimmung der eigenen Denkoperationen — 210

Kapitel 7:
Selbstaffektion und die formale Anschauung der Zeit —— 215
7.1 Sinnliche Bestimmtheit der Form der Anschauung —— 215
7.2 Die formale Anschauung von Raum und Zeit —— 220
7.3 Die formale Anschauung und die Ästhetik —— 229

Teil III: Die Heterogenität im Schematismuskapitel

Kapitel 8:
Architektonische Bedeutung des Schematismuskapitels —— 238
8.1 Das Schematismuskapitel im Umriss —— 238
8.1.1 Die umgebenden Textstücke —— 238
8.1.2 Gliederung des Schematismuskapitels —— 248
8.2 Der argumentative Beitrag —— 252
8.2.1 Eine allgemeine Einschätzung dieses Beitrags —— 253
8.2.2 Zur Funktion der transzendentalen Urteilskraft —— 256

Kapitel 9:
Das Schema als transzendentale Zeitbestimmung —— 269
9.1 Zur Bedeutung von Heterogenität —— 269
9.1.1. Kants Beschreibung des Heterogenitätsproblems —— 269
9.1.2 Der sinnliche Begriff —— 276
9.1.3 Der Begriff der Sukzession als rein sinnlicher Begriff —— 285
9.2 Transzendentale Zeitbestimmung —— 289
9.2.1 Die Vermittlungsleistung des transzendentalen Schemas —— 289
9.2.2 Wie sind Kategorien und ihre Zeitcharaktere zugeordnet? —— 297

Schlussbetrachtung —— 308

Siglenverzeichnis —— 319

Bibliographie —— 320

Namenregister —— 326

Kapitel 1: Einleitung: Das Schematismuskapitel und das Heterogenitätsproblem

1.1 Aufriss des Themas der Untersuchung

Die vorliegende Untersuchung ist sowohl einem Interpretationsproblem, d. h. einem Problem der immanenten Exegese bei Kant, sowie einem davon auch unabhängigen Sachproblem innerhalb von Kants kritischer, theoretischer Philosophie gewidmet. Es ist dies das Problem der Ungleichartigkeit (Heterogenität) von reinen Verstandesbegriffen und sinnlichen Vorstellungen. Die rein-intellektuelle und begriffliche Natur des kategorialen Denkens ist nach Kant zu den uns sinnlich gegebenen Vorstellungen ungleichartig.[1] Explizit spricht Kant dieses Problem im ersten Hauptstück der *Analytik der Grundsätze*, „Von dem Schematismus der reinen Verstandesbegriffe", an, wo er sagt: „reine Verstandesbegriffe [sind] in Vergleichung mit empirischen (ja überhaupt sinnlichen) Anschauungen ganz ungleichartig" (A137/B176). Wie ist diese Ungleichartigkeit der uns Menschen zugänglichen sinnlichen Anschauungen mit den rein-intellektuellen Begriffen zu verstehen? – Diese Frage wird für ein Verständnis von Kants theoretischer, kritischer Philosophie von erheblicher Bedeutung sein, da das Problem der erkenntnisrelevanten Anwendung der reinen Verstandesbegriffe und der Ausgestaltung ebendieser Anwendung im Zentrum der *Kritik der reinen Vernunft* steht.

Im genannten Hauptstück, welches die Heterogenität von Sinnlichkeit und Verstand explizit anspricht – im folgenden „Schematismuskapitel" genannt (A137/B176 ff.) –, bespricht Kant die Anwendung der einzelnen Kategorien (als Begriffe von Gegenständen überhaupt) auf Gegenstände in unserer sinnlichen Anschauung. Kant stellt dort die Frage: „Wie ist nun die Subsumtion der letzteren [der sinnlichen Anschauung, MB] unter die erste [die Kategorie, MB], mithin die Anwendung der Kategorie auf Erscheinungen möglich" (A137/B176)?

---

[1] Dadurch, dass Kant die reinen Verstandesbegriffe als „Regel[n] der Einheit nach Begriffen überhaupt" (A142/B181), als im Verstande selbst entspringende Denknotwendigkeiten, konzipiert, sind die durch sie gedachten Inhalte zunächst unabhängig von der raumzeitlichen Vorstellungsweise unserer Sinnlichkeit. Beispielsweise drückt die blosse Kategorie der Kausalität nach Kant den Gedanken aus, „wie [...] darum, weil etwas ist, etwas anderes sein müsse, mithin wie etwas überhaupt Ursache sein kann" (B288). Eine solche Denknotwendigkeit ist nun vorderhand ungleichartig mit den ständig auf- und abtauchenden Erscheinungen unserer raumzeitlich strukturierten anschauungshaften Sinnlichkeit. Die Kausalität kann nach Kant nicht „durch Sinne angeschauet werden", sie ist nicht „in der Erscheinung enthalten" (A137 f./B176 f.).

Der Beitrag der Schematismuslehre zum Anwendungsproblem der Kategorien wurde jedoch äusserst unterschiedlich rezipiert. Martin Heidegger beispielsweise bezeichnet das Schematismuskapitel als „Kernstück" (Heidegger 1991, S. 89) der *Kritik* und Ernst Cassirer spricht von einer nicht überschätzbaren Bedeutung des Schematismus für die theoretische Erkenntnis.[2] Herbert Paton sagt jedoch über dieses Kapitel: „it is too brief, and is lacking in clarity and precision" (Paton 1936, S. 67). Robert Pippin bezeichnet das Schematismuskapitel als „probably the most obscure chapter in the Critique" (Pippin 1982, S. 124). Der dem Schematismuskapitel teilweise zugesprochenen Wichtigkeit steht also die Schwierigkeit der Interpretation des darin behaupteten Problems der Heterogenität und des Versuchs seiner Lösung gegenüber.

Die Schematismuslehre handelt zwar auch vom Schematismus empirischer und rein sinnlicher (z. B. geometrischer) Begriffe, jedoch zentral von den transzendentalen Schemata der Kategorien, welche als „ein Drittes" (A138/B177) eingeführt werden, das zwischen den als heterogen angesprochenen Vorstellungen vermittelt. Das transzendentale Schema ist eine „vermittelnde Vorstellung", es muss nach Kant „einerseits intellectuell, andererseits sinnlich" (A138/B177) sein, um die Anwendung der reinen Verstandesbegriffe auf uns sinnlich gegebene Gegenstände zu ermöglichen. Diese Lehre setzt daher das Problem der Heterogenität von Sinnlichkeit und Verstand voraus und weist eine mögliche Überwindung dieses Problems nicht einer Art von unmittelbarer Verwiesenheit zu, sondern einer wie auch immer gearteten Vermittlung der heterogenen Vorstellungsarten.

Das Anwendungsproblem als Vermittlung gänzlich heterogener Vorstellungselemente zu sehen, hat in der Kantforschung für Kritik gesorgt. So sagt beispielsweise Norman Kemp Smith: „if category and sensuous intuition are really heterogeneous, no subsumption is possible; and if they are not really heterogeneous, no such problem as Kant here refers to will exist" (Kemp Smith 1918, S. 334). Kemp Smith ist also der Meinung, dass das Heterogenitätsproblem als Scheinproblem zu bezeichnen ist. Für Kemp Smith ist das transzendentale Schema nur ein Name für die Apprehensionsleistung des menschlichen Gemüts, welches die sinnliche *Materie* in Übereinstimmung mit der intellektuellen *Form* apprehendiert (vgl. Kemp Smith 1918, S. 335).

Nun ist es jedoch meine Ansicht, dass eine solche (aristotelisch anmutende) Interpretation der Beziehung der intellektuellen Form (der reinen Verstandesfunktionen) und der sinnlichen Materie zu kurz greift und Kants reichhaltige Theorie der Unterscheidung von Vorstellungen intellektueller und begrifflicher

---

[2] Dies innerhalb der *Davoser Disputation*, welche in Heidegger 1991 (274 ff.) festgehalten ist. Zu Cassirers Aussage siehe S. 276.

Natur mit Vorstellungen von anschauungshaftem und sinnlichem Charakter nicht sinngemäss darstellt. Die deutliche Unterscheidung der Vorstellungsweisen des Verstandes und der Sinnlichkeit, insofern sie gerade nicht in einer solchen (einfachen) Form-Materie Dualität besteht, ist meiner Meinung nach eine wichtige erkenntnistheoretische Innovation Kants.

In einer auf das Jahr 1797 datierten Reflexion bringt Kant, also mehr als 15 Jahre nach dem ersten Erscheinen des (in der zweiten Auflage unrevidierten!) Schematismuskapitels, das Problem der Heterogenität von Sinnlichkeit und Verstand in Bezug auf die Schematismuslehre wiederum zum Ausdruck:

> [...] wie der Satz in der Critik der reinen Vernunft S. 177 zu verstehen sey: daß durch die transscendentale Zeitbestimmung (weil sie mit den Erscheinungen und den Categorien gleichartig ist) die Anwendung der Categorien auf die Erscheinungen vermittelt und möglich gemacht werde. Die Schwierigkeit scheint zu seyn, weil die transscendentale Zeitbestimmung selbst schon ein Product der Apperception im Verhältnis auf die Form der Anschauung ist und also auch selbst die Nachfrage erregt, wie die Anwendung der Categorie auf die Form der Anschauung möglich sey, da Categorien und Form der Anschauung heterogen sind. Uberhaupt ist der Schematism einer der Schwierigsten Puncte. – Selbst Hr. Beck kann sich nicht darein finden. – Ich halte dies Capitel für eins der wichtigsten.
>
> NB. Die Zeitanschauung ist nicht mit den Categorien gleichartig, sondern die Zeitbestimmung, sondern die Einheit der Vorstellungen in der Synthesis (Zusammensetzung) der gegebenen Anschauung (Refl, AAXVIII, S. 686, R 6359)

Auch wenn diese Reflexion einen etwas ungeordneten Gedankengang Kants darstellen mag, ist doch einiges daran hervorhebenswert. So greift die vorhin aufgeführte Analyse von Kemp Smith sicherlich zu kurz, der die von Kant im Schematismuskapitel ausgesprochene Problematik der Heterogenität in ein Szenario einer sinnlichen Materie, die gemäss einer intellektuellen Form apprehendiert wird, ummünzt. Denn das Problem der Heterogenität bezieht sich nicht einfach auf ein sinnlich irgendwie gegebenes *Material*, sondern auf die *sinnliche Vorstellungsweise*, die über eine „Form der Anschauung" verfügt, die mit den „Categorien [...] heterogen" ist. So bleibt auch, nach der aufgeführten Reflexion, die „Zeit*anschauung*" zu den Kategorien ungleichartig, obschon die „Zeit*bestimmung*" als „Einheit der Vorstellungen" zwischen den Kategorien und den Erscheinungen vermitteln kann.[3]

Auch wenn die aufgeführte Reflexion nicht als ausführliches Zeugnis für die Rekonstruktion der Gedanken Kants genommen werden kann, zeigt sie doch auf genügend bestimmte Weise an, dass wir das Problem der Heterogenität von Sinnlichkeit und Verstand nicht einfach durch eine Materie-Form Unterscheidung

---

3 Alle Zitate in diesem Absatz: Refl, AAXVIII, S. 686, R 6359.

ersetzen können. Vielmehr muss die Art und Weise des rein intellektuellen und des sinnlichen (und auch rein sinnlichen) Beitrags zur Erkenntnis sich andersweitig als heterogen anzeigen, so dass ein intellektuelles Vorstellen sich zunächst nicht als ein sinnliches, und das sinnliche sich zunächst nicht als ein intellektuelles, begriffliches darstellt.

Die Frage danach, wie sonst das Verhältnis von Sinnlichkeit und Verstand in Kants theoretischer Philosophie auszudifferenzieren ist, wenn nicht gemäss einem hylemorphistischen Modell, bringt die Frage nach einem angemessenen Verständnis von Kants Lehre der „zwei Stämme der menschlichen Erkenntniß" (A15/B29) mit sich. Kants theoretische Philosophie fusst auf einem kognitiven Dualismus, der einerseits Vorstellungsquellen, und andererseits Vorstellungsarten unterscheidet. So sind nach Kant Raum und Zeit „ursprüngliche Formen der Sinnlichkeit" und die reinen Verstandesbegriffe aus dem „Princip der ursprünglichen synthetischen Einheit der Apperception" (B169) entstammende Vorstellungen. Andererseits unterscheidet der kognitive Dualismus zwischen Vorstellungsarten und weist unsere anschauungshafte Weise des Vorstellens der menschlichen Sinnlichkeit, die begriffliche Weise des Vorstellens (das Denken) hingegen dem Verstand zu (vgl. A51/B75).

Kants Formulierungen des Heterogenitätsproblems im Schematismuskapitel sowie in der vorhin zitierten Reflexion deuten darauf hin, dass die Heterogenität der Erkenntnisbeiträge von Sinnlichkeit und Verstand sowohl in Bezug auf die Vorstellungsweise, wie auch in Bezug auf die ursprüngliche Form der jeweiligen Vorstellungsweise trotz Vermittlung erhalten bleibt. Es steht daher die Frage im Raum: wie müssen wir die Eigenständigkeit und unterschiedene Natur der jeweiligen Erkenntnisbeiträge von Sinnlichkeit und Verstand verstehen? Aus dieser Frage ergibt sich nun sowohl das Interpretationsproblem wie auch das Sachproblem, denen vorliegende Untersuchung gewidmet ist: 1. Wie müssen wir die verschiedenen Etappen, die in der Entwicklung des Heterogenitätsproblems in der *Kritik der reinen Vernunft* nachweisbar sind,[4] in einem einheitlichen Rahmen

---

[4] Unter diesen Etappen verstehe ich etwa die in der *Transzendentalen Ästhetik* aufgewiesene Eigenbedeutung der (apriorischen) Sinnlichkeit für die menschliche Erkenntnis und die Aufgabe der Beziehung zum spontanen Verstandesvermögen (das allerdings in der *Transzendentalen Ästhetik* erst in Grundzügen zu erahnen ist), die sie stellt. Eine weitere Etappe ist die Lehre der transzendentalen Synthesis der Einbildungskraft (und der Selbstaffektion nach zweiter Auflage der *Kritik*), in welcher das komplexe Bedingungsverhältnis und die Frage nach der jeweiligen Eigenbedeutung von Sinnlichkeit und Verstand unter dem Thema der objektiven Realität der Kategorien innerhalb der *Transzendentalen Deduktion* entwickelt wird. Und schliesslich steht das Schematismuskapitel selbst im Fokus, in welchem auf dasselbe Verhältnis von Sinnlichkeit und Verstand unter dem Thema der Subsumtion von erscheinenden Gegenständen unter intellektuelle Begriffe eingegangen wird.

verstehen? 2. Worin besteht Kants systematischer Beitrag zur Frage, welche Elemente unserer menschlichen Erkenntnis auf eine Konstitutionsleistung durch ein rationales Vermögen unseres Gemüts angewiesen und welche durch unser sinnliches und nichtbegriffliches Vermögen autonom bestimmt sind?

Die revisionistische Lesart des sinnlichen Beitrags zur menschlichen Erkenntnis
In neueren Beiträgen, die auf ein Verständnis des Zusammenspiels von Sinnlichkeit und Verstand zielen, wird häufig versucht, ein Verständnis des im Schematismuskapitel genannten Problems der Beziehung der reinen Verstandesbegriffe auf Erscheinung von einer Analyse des zweiten Schritts der *transzendentalen Deduktion* (nach zweiter Auflage) her zu erarbeiten. So sehen beispielsweise Béatrice Longuenesse wie auch Mario Caimi eine enge thematische Beziehung zwischen Kants Lehre der transzendentalen Synthesis der Einbildungskraft in §24 der B Deduktion und der Lehre der transzendentalen Schemata innerhalb des Schematismuskapitels (vgl. Longuenesse 1998, 243 ff. und Caimi 2012, 415 ff.).

Caimi vertritt die Ansicht, dass die transzendentale Synthesis der Einbildungskraft der Zeitvorstellung eine gewisse logische Struktur verleiht und dass sich diese Struktur in der Lehre des transzendentalen Schematismus im Detail anzeigt.[5] Was ist jedoch die Zeitvorstellung ohne diese Struktur, die in Übereinstimmung mit den reinen Verstandesbegriffen im Mannigfaltigen der Zeit gestiftet wird? – Nach Caimi würde nur noch „pure scattered and vanishing multiplicity" (Caimi 2012, S. 418) übrig bleiben, wenn wir von aller Arbeit des Verstandes abstrahierten. Der von der Arbeit des Verstandes abstrahierte Gehalt der Zeitvorstellung ist dieser Ansicht nach eine nicht zusammenhängende Vielfalt an Mannigfaltigkeit; kein irgendwie bestimmter oder deutlicher Inhalt.

Longuenesse sieht ihrerseits die Lösung des Heterogenitätsproblems im transzendentalen Schematismus in enger Beziehung zur kantischen Lehre der *synthesis speciosa* und ihrer Verbindung zur *synthesis intellectualis*, die in §24 der B Deduktion eingeführt wird. So beinhalte der transzendentale Schematismus eine Differenzierung der Bedeutung der *synthesis speciosa* in Bezug auf die einzelnen Kategorien (vgl. Longuenesse 1998, S. 244). Die Hauptaufgabe des zweiten Schritts der B Deduktion sieht Longuenesse jedoch darin, ein gänzlich neues Licht auf die in der *transzendentalen Ästhetik* eingeführten Formen der Anschauung zu werfen: „[Kant] wants to reveal in these forms the manifestation of an activity that only the

---

5 „The schematism shows that the aforementioned structure of time depends upon the pure concepts that, acting as rules, guide the synthesis of imagination" (Caimi 2012, S. 418).

Transcendental Deduction of the Categories can make explicit" (Longuenesse 1998, S. 213). Die transzendentale Einbildungskraft ist nach Longuenesses Ansicht immer bereits im Mannigfaltigen der Zeit und des Raumes aktiv. Wir treffen daher auch bei Longuenesse die Lesart an, dass das eigentliche Vorstellen von Raum und Zeit, mit dem uns Kant in der *transzendentalen Ästhetik* bekannt macht, nicht einfach der Sinnlichkeit zuzuschreiben sei, sondern, soll sie eine deutliche, bewusste oder gegenstandsbezogene Weise des anschaulichen Vorstellens sein, sie bereits auf Verstandeseinheit ausgerichtete Synthesishandlungen enthalten muss.

Caimi und Longuenesse – mögen ihre Interpretationen auch im Detail unterschiedlich ausfallen – haben eine Lesart von Kant gemein, die ich hier die *revisionistische Lesart des sinnlichen Beitrags zur menschlichen Erkenntnis* nennen möchte. Diese revisionistische Lesart sieht mit der Einführung der Lehre der transzendentalen Synthesis der Einbildungskraft und der auf ihr fussenden Lehre des transzendentalen Schematismus eine quasi radikale Änderung der Sicht auf die heterogenen Elemente der menschlichen Vorstellungskraft einhergehen. Erst durch diese Synthesisleistung würde unser räumliches und zeitliches Vorstellen gehaltvoll. Kants Aussagen über das räumliche und zeitliche Vorstellen, auch wenn es vielerorts der Quelle der Sinnlichkeit zugeschrieben wird, müssten daher im Lichte der Lehre der transzendentalen Synthesis der Einbildungskraft und ihrer inhärenten Beziehung zum kategorialen Denken des Verstandes gesehen werden.

Träfe diese Lesart auf Kants Philosophie zu, so würde dies einer von Kant intendierten Marginalisierung des sinnlichen Beitrags zur Heterogenitätsproblematik entsprechen. Dem entgegen stelle ich in vorliegender Untersuchung die Frage, wie wir in den verschiedenen Stadien der Entwicklung der Argumentation der *Kritik der reinen Vernunft* den jeweils sinnlichen Beitrag zu evaluieren haben, um einer ausführlichen These der Heterogenität des sinnlichen und des intellektuellen Vorstellens gerecht werden zu können.

Kants Philosophie ohne Marginalisierung der sinnlichen Vorstellungsinhalte

In der vorliegenden Untersuchung möchte ich in Hinsicht auf das im Schematismuskapitel angesprochene Problem der Heterogenität von reinen Verstandesbegriffen und den sinnlich gegebenen Vorstellungen eine andere Interpretationsstrategie vorschlagen. Anstatt einer radikalen Änderung der Sichtweise auf den sinnlichen Beitrag mache ich eine Entwicklung der Beziehung von Sinnlichkeit und Verstand aus, die nichts an ihrer ursprünglichen Heterogenität ändert, insofern letztere in einer ausgeprägten Weise verstanden wird. Ich verfechte hier also die These, dass in jeder in der *Kritik* ausweisbaren Etappe, in der das Verhältnis von Sinnlichkeit und Verstand von Neuem erörtert wird, das Verhältnis der aus den jeweiligen Quellen entstammenden Vorstellungsweisen *re-evaluiert*, oder differenziert wird, jedoch ohne die grundsätzliche Eigenständigkeit des sinnlichen Beitrags aufzuheben.

Ich schlage hier also unter dem Leitfaden der Frage nach dem Problem der Heterogenität von sinnlichem und rein intellektuellem Vorstellen eine Interpretation derjenigen *Topoi* der *Kritik der reinen Vernunft* vor, in welcher die heterogenen Beiträge von Sinnlichkeit und Verstand explizit zur Sprache kommen. Dabei zeige ich auf, dass in jeder Neubestimmung des Verhältnisses von Sinnlichkeit und Verstand ein eigenständiger, nichtbegrifflicher, und nicht-intellektueller Vorstellungssinn erhalten bleibt.

Zur Methode der vorliegenden Untersuchung

Das Schematismuskapitel ist reich an konkreten Inhalten, die aber oft nur mit äusserst wenig bis gar keinen Erläuterungen begleitet werden. Es führt in die Lehre der transzendentalen Schemata über eine Erörterung des Schemas eines *Begriffs überhaupt* ein, ohne die Beziehung des Schematismus (empirisch-) sinnlicher Begriffe zur Lehre des transzendentalen Schematismus explizit zu klären. Hinzu kommt die allgemeine Schwierigkeit, dass das Kapitel gegenüber anderen Teilen der *Kritik* äusserst gegensätzlich darin ist, dass es fast gar keine Argumentation enthält. Dies sind zunächst nur die Schwierigkeiten, die wir an der ‚Oberfläche' des Schematismuskapitels antreffen.

Vom historisch exegetischen Standpunkt her kommen zu diesen Schwierigkeiten noch zwei weitere Probleme hinzu. *Erstens* haben wir es beim transzendentalen Schematismus mit einer Lehre Kants zu tun, die er, wie bereits über die oben zitierte Reflexion aus dem Jahre 1797 (Refl, AAXVIII, S. 686, R 6359) angezeigt wurde, auch in seiner späteren Entwicklung stets für ein zentrales Lehrstück der *Kritik der reinen Vernunft* hält, die er aber an keiner Stelle in seinen publizierten Werken oder in seinen Briefen weiterentwickelt, oder mit mehr Detail darstellt.[6]

---

6 In seinen publizierten Werken gibt es zwar hin und wieder Verweise auf den Schematismus, jedoch ohne den Schematismus als Vermittlungselement zwischen dem intellektuellen und dem sinnlichen Vorstellen weiterzuentwickeln. So verweist Kant beispielsweise in der *Kritik der Urteilskraft* auf den „Schematism der Urtheilskraft, wovon die Kritik handelt" (KU, AAV, S. 218). Die Schematismuslehre wird da also als fertige Theorie genommen. In der *Religionsschrift* führt Kant einen „Schematism der Analogie" (RGV, AAVI, S. 64) auf, der jedoch nicht in demselben Sinn auf das Heterogenitätsproblem, so wie es in der *Kritik der reinen Vernunft* zentral ist, verwiesen ist. Ebenso schliesst Kant in der „Typik der reinen praktischen Urtheilskraft" (KpV, AAV, S. 67 ff.) der *Kritik der praktischen Vernunft* an den Schematismus der *Kritik der reinen Vernunft* an, ohne der dortigen Lehre eine gründlichere Erläuterung zu geben. Die Typik der *Kritik der praktischen Vernunft* ist nach Kant den „besonderen Schwierigkeiten unterworfen [...], die darauf beruhen, daß ein Gesetz der Freiheit auf Handlungen als Begebenheiten, die in der Sinnenwelt geschehen und

Zweitens ergibt sich ein Interpretationsproblem aus der Sachlage, dass das Schematismuskapitel in der zweiten Auflage der *Kritik der reinen Vernunft* vollständig unrevidiert bleibt. Die *transzendentale Deduktion*, die dem Schematismuskapitel in der Architektonik der *Kritik* vorausgeht, ist in der zweiten Auflage fast vollständig geändert worden und das dem Schematismuskapitel folgende *System aller Grundsätze des reinen Verstandes* hat wichtige Revisionen erfahren. Da die Lehre des transzendentalen Schematismus auf derjenigen der transzendentalen Funktion der Einbildungskraft gründet, die in der zweiten Auflage der *transzendentalen Deduktion* grundsätzlich verändert wird, so wäre zu erwarten gewesen, dass diese Veränderung ebenfalls eine Revision des Schematismuskapitels verlangt. Dies wirft Fragen nach der Anschliessbarkeit des Schematismuskapitels an die B Deduktion, nach dem Grund der Nichtrevision und nach der erhaltenen Relevanz dieses Kapitels auf.[7] Kants Intention dafür, das Schematismuskapitel nicht überarbeitet zu haben, wird uns jedoch verborgen bleiben, und meiner Ansicht nach müssen sich daher Aussagen über die Intention Kants diesbezüglich als mehr oder minder begründete Spekulationen erweisen.

---

also so fern zur Natur gehören, angewandt werden soll" (KpV, AAV, S. 68f.). Dieses Problem ist jedoch mit dem Heterogenitätsproblem des Schematismuskapitels äquivok, da es nicht um die Vermittlung der intellektuellen Vorstellungsweise mit einer sinnlich-anschauungshaften Vorstellungsweise geht, sondern um die Verwirklichung eines intellektuellen moralischen Gesetzes innerhalb einer bereits durch theoretische intellektuelle Gesetze strukturierten Sinnen*welt*. In einem Brief an Tieftrunk (11. Dez. 1797) versucht Kant, seine Lehre des transzendentalen Schematismus „von der ihr anhängenden Schwierigkeit" zu befreien und sie in „ein neues Licht" zu rücken (Br, AAXII, S. 222). Die folgende Darstellung dieser Lehre geht aber m. E. nicht über eine detaillierte Zusammenfassung derjenigen Punkte hinaus, die bereits im Schematismuskapitel und in den es umreissenden Kapiteln als Lehrstücke vorhanden sind.

7 Heidegger beispielsweise sieht die Lehre der transzendentalen Einbildungskraft in der zweiten Auflage grundlegend verändert, demgegenüber bevorzugt er die Deduktion der ersten Auflage. Denn Kant gliedere in der B Deduktion die transzendentale Einbildungskraft dem Verstand an: „In der zweiten Auflage der Kritik der reinen Vernunft wird die transzendentale Einbildungskraft [...] abgedrängt und umgedeutet – zugunsten des Verstandes" (Heidegger 1991, S. 161). Auf dieselbe Problematik einer von Kant veränderten Konzeption der transzendentalen Einbildungskraft macht Düsing aufmerksam (vgl. Düsing 1995, 67ff.). Da ich in der vorliegenden Abhandlung durch eine ausführliche Besprechung der B Deduktion auf die Konzeption der Einbildungskraft (als *synthesis speciosa* einerseits und als „transzendentale Synthesis der Einbildungskraft" andererseits) eingehen werde, in welcher sich herausstellt, dass die Einbildungskraft auch nach zweiter Auflage nicht als ein „Unterhändler" des Verstandes gelesen werden muss, ist in meiner Interpretation aufgrund des Themas der Einbildungskraft die grundsätzliche Frage nach der Kompatibilität mit der A Version und damit die Frage nach der Berechtigung der Nichtrevision des Schematismuskapitels in zweiter Auflage nicht so dringlich, wie sie sich für eine Interpretation stellen würde, welche die Theorie der Einbildungskraft dem Inhalt nach als grundsätzlich verändert ansieht.

Die historisch exegetische (im Sinne einer entwicklungsgeschichtlichen Untersuchung) Aufarbeitung der Lehre des transzendentalen Schematismus ist also mit den zwei genannten Problemen konfrontiert, die eine gründliche Analyse von Kants philosophischer Entwicklung dieses Themas äusserst schwierig (wenn nicht aporetisch) gestalten.

Um dennoch Licht auf die Themen des Schematismuskapitels werfen zu können, bietet es sich deshalb meiner Ansicht nach besser an, diese Themen von einer systematischen Fragestellung anzugehen. Auf ein Verständnis des transzendentalen Schematismus hin ausgerichtet werde ich die vorliegende Untersuchung also dem Sachproblem der Heterogenität von Sinnlichkeit und Verstand sowie der Ausgestaltung ihres komplexen Beziehungsverhältnisses widmen. Damit intendiere ich, Grundlagen betreffend dieses Problems herauszuarbeiten, die uns die kantische Position näher bringen werden, und die uns daher das Thema des transzendentalen Schematismus unter diesem systematischen Blickwinkel genauer (aber aufgrund der Herangehensweise nicht vollständig) betrachten lassen. Das Schematismuskapitel ist daher nicht das Hauptthema, ein Verständnis der darin angesprochenen Problematik der Heterogenität von sinnlich anschauungshaftem Vorstellen mit intellektuellen Begriffen ist aber doch der Fluchtpunkt der vorliegenden Untersuchung.

Den systematischen Leitfaden bildet das Problem des sinnlichen Anteils an der menschlichen Erkenntnis. Dabei kommen verschiedene an Sachproblemen orientierte Fragen zur Sprache: Wie lassen sich anschauungshafte Inhalte als Beiträge der Sinnlichkeit ausweisen? Welche Vorstellungsinhalte müssen wir auf welche Weise unserer reinen Sinnlichkeit zuschreiben? Bringt die Sinnlichkeit diese Inhalte zur Vorstellung auch ohne die Beteiligung von Begriffen oder der kategorialen Synthesis des Verstandes usw.? Diese Fragen schliessen an die (Non-) Konzeptualismus Debatte der Gegenwartsphilosophie an,[8] die sich in den letzten Jahrzehnten auch in einer Debatte um die korrekte Interpretation von Kants Philosophie angezeigt hat. Im Disput der Gegenwartsphilosophie geht es um die Frage, was die Bezogenheit unserer sinnlichen Vorstellungen, d. h. Wahrnehmungen, stiftet, respektive was an Wahrnehmungen es ist, das ihr Informationsreichtum über die Gegenstände unserer Umwelt konstituiert. Sind Wahrnehmungen analog zu Urteilen und stellen uns nur das begrifflich Ausdrückbare vor, oder sind sie auf unsere Erfahrungswelt autonom von begrifflicher Bestimmung bezogen? Der Disput in der auf Kant bezogenen Forschung bezieht sich dann auf

---

[8] Ich gebe in der folgenden Forschungsübersicht eine erste vorläufige Definition davon, was unter konzeptualistischen oder non-konzeptualistischen Positionen zu verstehen ist, und werde dann in Kapitel 3 ausführlicher darauf eingehen.

die Fragen, ob und wie beschaffen es für Kant einen selbständigen sinnlichen Gegenstandsbezug gibt, oder ob alle sinnlichen Vorstellungen, die uns in einem gewissen Sinne *Inhalte*, also etwas in einer objektiven Erfahrungswelt, vorstellen, in strenger Beziehung zum begrifflichen Vermögen des menschlichen Gemüts (zum Verstand) stehen. Kantische Non-Konzeptualisten neigen zur ersten Alternative, kantische Konzeptualisten hingegen zur zweiten.

Vertritt man eine der beiden Alternativen, so hat dies auf natürliche Weise Implikationen für die Art und Weise des Verständnisses der Heterogenität von Sinnlichkeit und Verstand. Das zum Verstand *wesentlich* Heterogene kann gemäss dem Konzeptualismus nicht autonom etwas vorstellen. Die non-konzeptualistische Herangehensweise kann demgegenüber im, zum intellektuellen Vorstellen heterogenen, sinnlichen Vorstellen einen fundamentaleren und andersartigen Zugang zu unserer Erfahrungswelt identifizieren. Dass eine Beantwortung der Frage, ob Kant eine konzeptualistische oder non-konzeptualistische Ansicht vertritt, nicht einfach zustande kommen kann, zeigt bereits Kants vielzitierte Aussage, „Gedanken ohne Inhalt sind leer, Anschauungen ohne Begriffe sind blind" (A51/B75), an. Für eine eigentliche Erkenntnis müssen für Kant zwei Elemente erfüllt sein, nämlich die sinnlich anschauliche Gegebenheit des Gegenstandes, sowie das dazu adäquate begriffliche Denken des Sachverhalts. Weder begriffliche noch nichtbegriffliche Beiträge wären gemäss diesem Kennzeichen von Kants Philosophie alleine hinreichend für diejenige Form der Erkenntnis, um die es Kant in der *Kritik der reinen Vernunft* geht. Man findet in Kants Philosophie gemäss seiner Lehre der Sinnlichkeit sicherlich nichtbegriffliche Elemente, es wird sich dabei jedoch die Frage stellen, ob und wie diese epistemisch relevant sein können, und ob sie selbst hinreichend für ein inhaltliches (gegenstandsbezogenes) Vorstellen sind oder nicht. Deren Existenz alleine, gemäss Kants programmatischer Aussage von A51/B75, reicht vermutlich nicht aus, Rechtfertigung für diejenige Erkenntnis hinreichend zu liefern, um die es Kant in der *Kritik der reinen Vernunft* hauptsächlich geht. Dennoch wird sich die Frage nach der Art und Weise der Eigenständigkeit sinnlichen Vorstellens als relevant für eine Interpretation von Kants Lehre der Heterogenität von Sinnlichkeit und Verstand herausstellen.

Ich werde daher in dieser Arbeit eine Analyse des Beziehungsgeflechts von Sinnlichkeit und Verstand innerhalb der *Kritik der reinen Vernunft* vor dem Hintergrund der (Non-)Konzeptualismus Debatte vornehmen. Ein solches Vorgehen könnte man auch als ein systematisch-exegetisches Vorgehen bezeichnen. Es ist systematisch in dem Sinne, dass Sachprobleme, welche auch unabhängig von der Philosophie Kants beispielsweise in der Gegenwartsphilosophie debattiert werden, den Leitfaden der vorliegenden Untersuchung bieten. Diese wird aber stets streng exegetisch bleiben, weil ein korrektes Verständnis von Kants eigener Position im Vordergrund steht und die Untersuchung anhand einer textnahen

Analyse voranschreiten soll. Es soll damit weder eine systematische Position über die Textexegese selbst gestellt werden, noch soll ein Entscheiden des Sachproblems selbst im Zentrum der Arbeit stehen. Im Speziellen steht eine immanente Interpretation der *Kritik der reinen Vernunft* im Hauptfokus der Untersuchung. Eine solche systematisch exegetische Analyse kann auch mit einer historisch exegetischen Methode kontrastiert werden, weil systematische Fragen an den Text herangetragen werden, und nicht entwicklungsgeschichtliche Linien in der Entfaltung des kantischen Denkens nachgezeichnet werden sollen.

In den unmittelbar folgenden Abschnitten soll nun zunächst eine Forschungsübersicht geleistet werden, die auch innerhalb der Forschungsgeschichte zum Schematismuskapitel aufzeigen soll, wie das Sachproblem der Ungleichartigkeit der sinnlichen und intellektuellen Erkenntnisinhalte behandelt worden ist (1.2). Schliesslich wird in 1.3 eine kurze Erläuterung des Aufbaus der vorliegenden Untersuchung gegeben.

1.2 Umriss des Forschungsstandes

Die Inhalte des Schematismuskapitels haben seit der Erscheinung der *Kritik der reinen Vernunft* zu kontroversen Diskussionen geführt. Dies zeigt u. a. Kants Ausruf, dass „[s]elbst Hr. Beck [...] sich nicht darein finden" kann (Refl, AAXVIII, S. 686). Ich werde im Folgenden verschiedene Etappen der Interpretation von Kants Schematismuslehre bezüglich der in ihr enthaltenen Theorie der Beziehung intellektueller und sinnlicher Vorstellungen in der Forschungsgeschichte bis in die Gegenwart nachzeichnen.

1.2.1 Schopenhauers und Neukantianische Vorsicht vor dem Schematismus

Eine erste deutlich ablehnende Haltung gegenüber „dem wunderlichen ‚Hauptstück vom Schematismus der reinen Verstandesbegriffe', welches als höchst dunkel berühmt ist, weil kein Mensch je hat daraus klug werden können", finden wir bei Arthur Schopenhauer (1912, S. 694). Im Gegensatz zur *Transzendentalen Ästhetik* – „Ich wüsste nichts hinwegzunehmen; nur Einiges hinzuzusetzen", (Schopenhauer 1912, S. 518) – fällt Schopenhauers Urteil bereits gegenüber der *Transzendentalen Logik* insgesamt wenig schmeichelnd aus. Es zeige sich darin nämlich ein „monströse[r] Widerspruch" (Schopenhauer 1912, S. 522), der, so Schopenhauer, die klare kantische Scheidung des *Anschauungs- und Erscheinungshaften* von den *dem reinen Verstand zukommenden begrifflichen Fähigkeiten* aufhebt. Insofern der Verstand von Kant als erfahrungsermöglichende Fähigkeit dargestellt wird, wird ihm dadurch, nach Schopenhauer, ein anschauliches Prinzip zugesprochen. Diese Ansicht widerspricht nach Schopenhauer jedoch der klaren Zuweisung der anschaulichen Erkenntnisfunktion zur Sinnlichkeit (vgl. Schopenhauer 1912, S. 528). Kant hebt also nach Schopenhauer in der *Transzendentalen Logik* die Heterogenität auf und verficht eine widersprüchliche Theorie, die das Unterschiedene des intellektuell Abstrakten mit dem sinnlich Erscheinungshaften verwirrt.

Mit einer gewünschten klaren Trennung der reinen Verstandesfunktionen vom empirisch Anschauungshaften im Hintergrund kritisiert Schopenhauer Kants Konzeption des transzendentalen Schemas, indem er Kant eine unbegründete Analogie als Motiv der Einführung des Schemas vorwirft, nämlich diejenige der Beziehung von empirischen Anschauungen zu empirisch erworbenen Begriffen. Das abstrakte empirische Denken kann sich nach Schopenhauer zur Orientierung jederzeit an die materielle Anschauung wenden, aus der die empirischen Begriffe entspringen. Diese Vorgehensweise fällt für Schopenhauer jedoch weg, wenn wir es mit materiell leeren Verstandesbegriffen zu tun haben: „diese sind nicht aus der Anschauung entsprungen, sondern kommen ihr von innen entgegen, um aus ihr einen Inhalt erst zu empfangen, haben also noch nichts, worauf sie zurücksehen könnten" (Schopenhauer 1912, S. 695). Kant ist gemäss Schopenhauer bestrebt, am „Leitfaden der Analogie, für jede Bestimmung unserer empirischen Erkenntniss, ein Analogon a priori darzuthun" und mache dies bei den Schemata gar auf Basis einer „bloss psychologische[n] Thatsache" (Schopenhauer 1912, S. 695). Die transzendentalen Schemata sind nach Schopenhauer demnach nicht nur vorgegaukelter „Tiefsinn" (ebd.), sondern sie sind direkt am Beispiel der empirischen Erkenntnis geformt, welches Kant der Sache nach nicht nur eines unbemerkten empiristischen Fehltritts überführe (eines psychologischen Fehlers), sondern die Schematismuslehre gar als psychologistisch anzeige. Schopenhauer sieht also in der Lehre des transzendentalen Schematismus einerseits eine Verletzung des Heterogenitätsprinzips von Sinnlichkeit und Verstand, andererseits eine empiristisch anmutende Erklärung der von ihm nicht akzeptierten Vermittlung dieser beiden Vorstellungsweisen.

Neukantianische Autoren nehmen den Empirismuseinwand Schopenhauers auf und versuchen ihn mit einer etwas einseitigen Interpretation des Heterogenitätsprinzips zu heben. Riehl lässt seine Zurückhaltung gegenüber den psychologistischen Konnotationen des Schematismuskapitels dadurch anklingen, dass er dessen Inhalt als hauptsächliche Wiederholung der *Transzendentalen Deduktion* ansieht (Riehl 1908, S. 532). Es zeigt nach Riehl nur „von neuem, dass die Methode Kants nicht psychologisch ist" (nämlich insofern es das Thema der Deduktion wiederholt). Mit seiner Auseinandersetzung zielt Riehl jedoch darauf ab, die Verschmelzung von „der Anschauung mit den Formen des Begriffs" in den

Schemata dahingehend zu verstehen, dass die Anschauung durch intellektuelle Bestimmung „an das denkende Bewusstsein begrifflich" angeknüpft werde (Riehl 1908, S. 535). Riehl versucht also, durch die Eingliederung des Schematismusthemas in die Deduktion und gleichzeitiger Betonung der begrifflichen Natur der Schemata dem Psychologismusvorwand seine Kraft zu nehmen, versteht dabei aber die Schematismuslehre als Eingliederung der sinnlichen Vorstellungsweise in das denkende Bewusstsein des Verstandes.

Eine ausführlichere Einschätzung der Relevanz des Schematismuskapitels finden wir bei Cohen, der darauf hinweist, wie das Schematismuskapitel „von jeher als dunkel *verkannt*" (Cohen 1885, S. 389) wurde. Nach Cohen entwickelt erst die Schematismuslehre die „Kraft und Tragweite des Denkens", insofern es das Schema erlaubt, dass wir nicht „schlechthin in psychologischen Bildern vereinzelt vorstellen müssen" (Cohen 1885, S. 387). Durch das Schema sind wir „nicht beschränkt auf die engen Verhältnisse, in denen unsere [sinnlichen] Vorstellungen sich bewegen müssen, auf die kurze Spanne, die unser Vorstellungsblick überschaut" (Cohen 1885, S. 386 f.). Cohen gewinnt also dem Schema eine durchaus gewichtige Bedeutung ab, die er gegenüber einem sensualistischen Empirismus in Anspruch nehmen kann. Denn das Schema besteht für ihn in der Fähigkeit unseres begrifflichen Denkens, nicht auf Einzelanschauungen eingeschränkt zu sein, sondern die Allgemeinheit des unter den Begriff fallenden Gegenstandes vorzustellen, in einer Weise, die dennoch ihrer sinnlichen Anschauungsnatur gerecht werden kann. Wie Riehl versteht er die Bedeutung der Schemata als Realisierung der intellektuellen Vorstellung (die eine apriorische Notwendigkeit ausdrückt) in der Sinnlichkeit, die entgegen einer empiristischen ‚bottom-up' Erklärung der kognitiven Funktionen unseres Gemüts aus unserer Sinnlichkeit heraus in Anspruch genommen werden muss.

Cassirer waltet Vorsicht gegenüber dem Schematismuskapitel bezüglich dessen psychologistischen Klangs. Nach Cassirer kann der „Grund für die Geltung" (Cassirer 1910, S. 713 f.) der Kategorien zwar nicht in einer psychologischen Analyse, welche nach ihm der transzendentale Schematismus leistet, erwiesen werden, jedoch komme einer solchen psychologischen Analyse die Aufgabe zu, zu zeigen, „wie es möglich ist, die Begriffe [...] auch im tatsächlichen Prozeß des Vorstellens zu realisieren und ihnen hier eine aktuelle Darstellung zu geben" (Cassirer 1910, S. 714). Cassirers Einschätzung des Schematismuskapitels geht also davon aus, dass die Geltungsfrage der Kategorien vorgängig geklärt sein muss, da eine psychologische Analyse der Funktionsweise des Schematisierens einen solchen Geltungserweis nicht leisten könne. Jedoch gewinnt er dem scheinbaren psychologischen Sinn des Schematismuskapitels einen positiven Aspekt ab: die Realisierung der Kategorien muss eben auch im psychologischen Denkprozess gezeigt werden (vgl. Cassirer 1910, S. 713). Cassirer sieht das Wesen der Schemata (wie Cohen und Riehl) in ihrer *begrifflichen Natur*, sofern diese im psychologischen Realisierungsprozess direkt am Werke sind. So vereinigt der Schematismus nach Cassirer zwar „reine Anschauung und den reinen Begriff", dies jedoch in „ihre[r] gemeinsame[n] *logische[n]* Wurzel" (Cassirer 1910, S. 715, meine Hervorhebung). In einer Vorwegnahme der gegenwärtigen konzeptualistischen Lesart Kants meint Cassirer: „Wir konnten die allgemeine Geltung des Begriffs nicht anders erweisen und gegen die sensualistischen Einwände rechtfertigen, als dadurch, daß wir zeigten, daß in der Anschauung selbst die Funktion des Begriffs sich bereits wirksam erweist [...]" (Cassirer 1910, S. 716).

Diese neukantianischen Interpretationsansätze haben also gemein, dass die Problematik des transzendentalen Schematismus darin gesehen wird, dass sich ein intellektueller Sinn begrifflicher Notwendigkeit bereits in den anschaulich sinnlichen Vorstellungen aufweisen lassen muss, welches für sie das kantische Argument gegen empiristische (sensualistische und psychologistische) Theorien der Konstitution unserer kognitiv relevanten Vorstellungen darstellt.

1.2.2 Heidegger: Verwurzelung von Denken und Anschauen in der Einbildungskraft

Nach Heidegger ist Kants Schematismuslehre „nicht ‚verwirrend', sondern führt mit einer unerhörten Sicherheit in den Kern der ganzen Problematik der Kritik der reinen Vernunft" (Heidegger 1991, S. 113). Heidegger sieht daher in dieser Lehre einen Kerngedanken von Kants Philosophie dargestellt, was ein Kontrapunkt gegenüber den bereits genannten Interpretationen darstellt. In *Sein und Zeit* erblickt er in der Schematismuslehre einen ersten wegweisenden aber noch nicht vollständig freigelegten Hinblick auf die Beantwortung der Frage nach dem Sinn von Sein und dessen wesentliche Verflechtung mit dem Phänomen der Zeitlichkeit.[9] In *Kant und das Problem der Metaphysik* behandelt Heidegger die von der Problemstellung von *Sein und Zeit* ausgehende Frage: „wie muß das endliche Seiende, das wir Mensch nennen, seinem innersten Wesen nach sein, damit es überhaupt offen sein kann zu Seiendem, das es nicht selbst ist, das sich daher von sich aus muß zeigen können?" (Heidegger 1991, 42 f.). In Kants Philosophie sieht er diese Frage durch eine Aufhellung der dafür relevanten Elemente beantwortet:

---

9 „Der Erste und Einzige, der sich eine Strecke untersuchenden Weges in der Richtung auf die Dimension der Temporalität bewegte, bzw. sich durch den Zwang der Phänomene selbst dahin drängen ließ, ist Kant" (Heidegger 1967, S. 23).

diese sind die *reine Anschauung* und das sie bestimmende *reine Denken* (vgl. Heidegger 1991, S. 43).

Das reine Anschauen beschreibt Heidegger als „hinnehmendes Vorstellen", welches, soll es eine Rolle innerhalb einer möglichen metaphysischen Erkenntnis spielen, nicht „vorhandenes Seiendes" hinnehmen, sondern dessen „Sein" überhaupt thematisieren soll (Heidegger 1991, S. 43). In dieser Thematisierung von Sein hat reine Anschauung nach Heidegger eine einheitsbildende Funktion, indem sie sich als „,Synopsis' in der Anschauung" einigend auf das gegebene Mannigfaltige auswirkt (vgl. Heidegger 1991, S. 60), in welcher spezifischen Weise sich das Vorhandene auch immer zeigen mag.

Das reine Denken ist derart beschaffen, dass „im Begriff je das Eine vorgestellt ist, in dem mehrere Gegenstände übereinkommen" (Heidegger 1991, S. 52). Die Kategorien werden verstanden als jeder Reflexion und Begriffsbildung vorausliegende Formen des Vorstellens von Einheit (vgl. Heidegger 1991, S. 60). Im „Gegenstehenlassen von ..." verlangt das Gegenständliche, nach Heidegger, vom Menschen eine gewisse „Nötigung (,Notwendigkeit')" ab, was es jedoch nur tun kann, indem der Mensch dem Gegenständlichen „Weisen der Einigung" entgegenhält, welches das reine begriffliche Denken leistet (Heidegger 1991, S. 73).

Die Kategorien müssen nun nach Heidegger „aus der Wesenseinheit der endlichen reinen Erkenntnis", welche sowohl die Sinnlichkeit wie den Verstand umfasst, erläutert werden, welches die „Unmöglichkeit" der isolierten Betrachtung von Sinnlichkeit und Verstand impliziert, denn die Einheit von Sinnlichkeit und Verstand darf schliesslich nicht „bloßes nachträglich zwischen die Elemente gespanntes Band sein" (Heidegger 1991, S. 57 f.). Ihr Band muss nach Heidegger eine „ursprüngliche (veritative) ,Synthesis' der reinen Synopsis und der reinen reflektierenden (prädikativen) Synthesis" sein (Heidegger 1991, S. 60 f.). Die Einbildungskraft, welche diese Synthesis durchführt, muss die prädikative Synthesis „in das" fügen, „was als Synopsis in der reinen Anschauung einigt" (Heidegger 1991, S. 63). Die Einbildungskraft wirkt sich daher nach Heidegger als Vermittlerin des intellektuellen und sinnlichen Sinnes von Zusammenfügung aus. Da die Handlungen der Einbildungskraft aber kein nachträgliches Band sein dürfen, müssen sie sich nach Heidegger als dasjenige herausstellen, was einerseits die Kategorien und andererseits die reinen Anschauungen *ihrem Wesen nach* sind (vgl. Heidegger 1991, S. 86; 90).

Heidegger meint in Kants Äußerung, dass „es zwei Stämme der menschlichen Erkenntniß gebe, die vielleicht aus einer gemeinschaftlichen, aber uns unbekannten Wurzel entspringen" (A15/B29), einen Hinweis auf Kants Identifizierung der „transzendentale[n] Einbildungskraft" mit der „Wurzel der beiden Stämme" von Sinnlichkeit und Verstand zu finden. Sogar so, dass „die reine Anschauung und das reine Denken auf die transzendentale Einbildungskraft zurückzuführen" seien (Heidegger 1991, S. 138). Die Lehre des Schematismus hat dann nach Heidegger die Aufgabe „die transzendentale Einbildungskraft in ihrer einigenden Funktion und damit das Sich-bilden der Transzendenz und ihres Horizontes in seinem innersten Geschehen vorzuführen" (Heidegger 1991, S. 89). Der transzendentale Schematismus muss somit die „innerste Struktur dieser Beziehung" zwischen der Zeit und den reinen Verstandesbegriffen aufhellen (Heidegger 1991, S. 103).

Im Gegensatz zu Neukantianischen Ansätzen interpretiert Heidegger das Schematismuskapitel also nicht als *potentialiter* psychologistisch, sondern er sieht darin ganz wesentlich eine Ontologie im Rahmen der Zeitlichkeit vorgezeichnet, welches die Grundlage gerade für das menschliche (endliche) Verstehen von Sein darstellt. Das Heterogenitätsproblem wird dabei nicht dadurch überbrückt, dass das sinnlich Gegebene gemäss Verstandesfunktionen apprehendiert wird, sondern dadurch, dass die reinen Verstandesbegriffe sowie die zu ihnen heterogene Form der Anschauung (die Zeit) ihren Ursprung in einer Verbindungsleistung der Einbildungskraft finden. Der Zurückhaltung dem Schematismuskapitel gegenüber, wegen einer möglichen psychologistischen Auslegung, entzieht sich Heidegger durch den Hinweis auf die phänomenologische Methodik, die innerhalb des Schematismuskapitels zum Tragen kommen soll.

Heidegger beschreibt detailliert die beiden reinen Elemente, die Kategorien und die reine Anschauung (die im Neukantianismus unterbeleuchtet bleibt) und gewinnt auch dem sinnlichen Beitrag einen eigenständigen Sinn ab. Indem er jedoch den kognitiven Dualismus Kants mit einem etwas eigenartig anmutenden imaginativen Monismus ersetzt und die Einbildungskraft als „Wurzel" der beiden Stämme bezeichnet, geht er m. E. über die von Kant intendierte Darstellung hinaus. Die Vorstellungsweisen von Sinnlichkeit und Verstand sind in seiner Interpretation ursprünglich nicht als heterogen zu bezeichnen, die von Kant genannte Heterogenität muss sich dann als uneigentliche Theorie herausstellen. Demgemäss hat Cassirer bereits darauf hingewiesen, dass diese Lesart, durch ihren Schwerpunkt auf das in der Einbildungskraft entspringende Denkvermögen, eine revisionistische Interpretation der kantischen Moralphilosophie nach sich ziehen müsste, da die in der *Kritik der praktischen Vernunft* vorausgesetzte Bedeutsamkeit des bloss verstandesseitigen (nicht sinnlich eingeschränkten) Denkens dieses Denken als wesentlich autonomes Vermögen in den Blick nehmen muss.[10]

---

10 Vgl. Cassirer „Unsere Freiheitsbegriffe usw. sind Einsichten (nicht Erkenntnisse), die sich nicht mehr schematisieren lassen. Es gibt einen Schematismus der theoretischen Erkenntnis, aber nicht der praktischen Vernunft" (Heidegger und Cassirer 1991, S. 277).

1.2.3 Die Kemp Smith – Paton Kontroverse

Zu unterschiedlichen Bewertungen der Lehre des transzendentalen Schematismus kommen die englischsprachigen Kommentatoren Norman Kemp Smith und Herbert J. Paton.

Für Kemp Smith zeigen sich die Ausführungen Kants im Schematismuskapitel gerade und hauptsächlich von ihrer erkünstelten Seite. So äussert Kemp Smith Klagen über die übertriebene architektonische Vorgehensweise Kants und führt an, dass diese gerade beim Schematismuskapitel zur Äusserung eines Scheinproblems führt, welches in der behaupteten vollständigen Gegensätzlichkeit von sinnlichen Anschauungen und reinen Verstandesbegriffen besteht: „For if category and sensuous intuition are really heterogeneous, no subsumption is possible; and if they are not really heterogeneous, no such problem as Kant here refers to will exist" (Kemp Smith 1918, S. 334). Anders als Schopenhauer entscheidet sich Kemp Smith zur zweiten Alternative: er sieht das *Heterogenitätsproblem* als Scheinproblem. Damit wird auch (wie in Neukantianischen Interpretationen) die Vermittlung durch ein zwischen Sinnlichkeit und Verstand liegendes Drittes obsolet. „[T]he true Critical teaching is that category and intuition, that is to say, form and content, mutually condition one another, and that the so-called schema is simply a name for the latter as apprehended in terms of the former" (Kemp Smith 1918, S. 335). Die Kategorien bedürfen nicht eines vermittelnden Dritten, wenn sie direkt Formen der Apprehension sind, nämlich Formen des Stiftens von Anschauungseinheit in der sinnlichen Materie.

Die Lehre des transzendentalen Schematismus, obschon durch das genannte Scheinproblem verdunkelt, enthält nach Kemp Smith aber auch erhellende Erläuterungen: Die reinen Verstandesbegriffe erlangen durch sie erst die klare Eigenschaft als „pure conceptual forms as modified through the relation to time" (Kemp Smith 1918, S. 335). Indem sich die reinen Verstandesbegriffe als reine und zeitlich modifizierte Synthesisregeln herausstellen, sind die Schemata nach Kemp Smith die einzigen erkenntnisrelevanten Funktionen der Urteilsformen und stellen im eigentlichen Sinne die verspätete Definition der Kategorien dar (vgl. Kemp Smith 1918, S. 340). Wir treffen demnach in Kemp Smith Kants Lehre so dargestellt an, dass die Kategorien mit den transzendentalen Schemata, qua intellektuelle, formale Synthesisregeln der zeitlichen Apprehension, identifiziert werden.

Im Gegensatz zu Kemp Smith finden wir bei Paton nicht nur eine grundsätzlich positive Evaluation der transzendentalen Schematismuslehre,[11] sondern

---

[11] Gemäss Paton ist das Schematismuskapitel essentiell für das Verständnis der kritischen Philosophie. Paton suggeriert gar, dass wir durch das Schematismuskapitel ein neues Argument

auch eine weit differenziertere Theorie über die verschiedenen Stadien des kategorialen Verbindens und damit auch eine differenziertere Auseinandersetzung mit dem Heterogenitätsproblem. So unterscheidet Paton nicht nur zwischen formaler Urteilsfunktion und Kategorie, sondern er unterscheidet letztere auch in ihrem Aspekt als 1. *reine Kategorie* (z. B. der Verbindung von Ursache und Wirkung), 2. als *schematisierte Kategorie* (der Verbindung als notwendige Folge der Wirkung auf die Ursache in der Zeit), und 3. als *transzendentales Schema* (die notwendige Sukzession in der objektiven Zeit). Dabei wird die Beziehung der schematisierten Kategorie zu ihrem Schema darin gesehen, dass die schematisierte Kategorie das Schema zum Ausdruck bringt: „it is the concept of that schema" (Paton 1936, 32f.). Das transzendentale Schema selbst wird letztlich als die Art und Weise des Verbindens charakterisiert: „a way of combination, or a characteristic of combination" (Paton 1936, S. 37). Paton unterscheidet in der Synthesis durch Kategorien also folgende Aspekte: den reinen Verstandesbegriff selbst, dessen versinnlichter Begriff (schematisierte Kategorie), und die vom versinnlichten Begriff ausgedrückte Verbindungsweise, die als Charakteristik der Verbindung, respektive des Verbundenen selbst, angesehen werden kann.

Der zeitliche Charakter, mit dem das transzendentale Schema identifiziert wird, wird nun nach Paton nicht in der *Sinnlichkeit an ihr selbst* angetroffen, sondern sie ist „imposed upon the manifold by the transcendental synthesis of imagination" (Paton 1936, S. 18), denn für Kant sei es die „synthesis of imagination by which we construct objects in time and space" (Paton 1936, S. 56). Die durch die schematisierte Kategorie ausgedrückte zeitliche Bestimmtheit der Gegenstände ist daher etwas durch die Einbildungskraft (über die Verstandesregel) Gestiftetes. Doch wie genau werden diese Zeitcharakteristiken gestiftet? Nach Paton sind die Zeitcharakteristiken, die in den Schemata zum Ausdruck kommen, von der Einbildungskraft konstituiert, die der regelnden Einheit der Kategorie folgt; wie jedoch dieses „Folgen" zu qualifizieren ist, wird von Paton aufgrund der Textlage offen gelassen: „perhaps we should keep open the possibility that he believed the different forms of synthesis present in judgement to follow, rather than to control, the transcendental synthesis of imagination" (Paton 1936, S. 71, vgl. S. 72). Nach Paton muss die Schematismuslehre zeigen (worin sie über die B Deduktion hinausgeht), gemäss welchen Kategorien die Handlung der Einbildungskraft den zeitlichen Gegenständen welche spezifischen zeitlichen Charakteristiken gibt. Jedoch sieht Paton gerade in diesem wesentlichen Argumentationsteil eine grosse Schwäche in den Ausführungen Kants: „My own complaint about this chapter is [...] that it is too brief, and is lacking

---

beginnen können („a fresh start"), welches nicht von angeblichen Unwegbarkeiten der *Transzendentalen Deduktion* abhängt (vgl. Paton 1936, S. 20).

in clarity and precision. The schemata are obscurely described, and their connexion with the corresponding category receives no elucidation" (Paton 1936, S. 76). Die Frage nach der Zuordnung der Kategorien zu den einzelnen Zeitcharakteristiken muss Paton schliesslich offen lassen.

1.2.4 Problemfelder in der gegenwärtigen Kantforschung zum Schematismuskapitel

Auch die gegenwärtige Kantforschung zum Schematismuskapitel beschäftigt sich grösstenteils mit den durch den Neukantianismus, Heidegger und die englischen Kommentatoren bereits zum Ausdruck gekommenen Problemfeldern. Beiträge der Schematismusforschung setzen sich m. E. mit mindestens einem der folgenden Hauptthemen auseinander: *I.* mit der Frage nach der Stelle, Relevanz und dem eigenständigen Beitrag des Schematismuskapitels für den Gang der Argumentation in der *Kritik der reinen Vernunft*; *II.* mit der Frage nach der prinzipiellen Beziehungsmöglichkeit von allgemeinen Begriffen zu den ihnen entsprechenden anschaulich vorkommenden Einzeldingen; und schliesslich *III.* mit dem Problem der Heterogenität, wie es sich speziell für die Kategorien stellt, und damit mit Kants Vorschlag der Beziehung der Kategorien auf Erscheinungen durch transzendentale Zeitbestimmung.

Ad I: Die Auseinandersetzung mit dem Schematismuskapitel hat in der Kantforschung die Frage nach dessen Relevanz im Argumentationsgang der *Kritik der reinen Vernunft* nach sich gezogen.[12] So hält Eva Schaper das Schematismuskapitel für überflüssig, wenn darin eine philosophische Begründung objektiver (und wissenschaftlicher) Erfahrung gesehen werden soll, weil in diesem Kapitel die Fragestellung der Deduktion sich einfach wiederholt und es durch seine dunkle Ausarbeitung keinen relevanten Beitrag zur Lösung dieser Frage enthält (vgl. Schaper 1964). Schapers Bewertung wird von Lauchlan Chipman kritisiert: „Unless it can be demonstrated that concepts not containing sensory components can be utilized by imagination in its work of synthesis, the argumentation of the Analytic of Concepts is entirely in vain" (Chipman 1972, S. 41). So leistet das Schematismuskapitel gemäss Chipman einen wichtigen Beitrag dafür, die Art und Weise zu klären, wie die Kategorien für die Verbindungsarbeit der Einbildungskraft nützlich gemacht werden können. Ohne dies, so Chipmans Fazit,

---

12 Curtius hält das Subsumtionsproblem für überflüssig („Der Subsumtionsschematismus drängt sich unorganisch in die von §24 zum Synthesisschematismus gradlinig verlaufende Gedankenreihe hinein", Curtius 1914, S. 363) und Kants Verflechtung von Subsumtion (als formallogische Theorie) mit der Synthesis (als epistemischer Theorie) für unangebracht.

liefe die Deduktion Gefahr, um die Früchte ihrer Arbeit gebracht zu werden. Schaper und Chipman nehmen in Bezug auf die Einschätzung der Relevanz des Schematismuskapitels zwei paradigmatische Positionen ein, die sich in weiteren Beiträgen in Modifikationen wiederholen.

Wolfgang Detel hält das Schematismuskapitel weder für inhaltlich überflüssig, noch sieht er darin eine prinzipiell neuartige Frage behandelt. Es besteht für Detel in einer „Ausarbeitung" des zweiten Schritts der B Deduktion, welche jedoch eine stärkere Betonung der Restriktionsthese für die Kategorien einerseits und eine konkrete Ausführung der Schematisierung der einzelnen Kategorien andererseits enthalte (vgl. Detel 1978, 41f.). Diese Nuancenverschiebung erlaubt es Kant, so Detel, vom Beweis, dass die reinen Verstandesbegriffe nicht gehaltlos sind, überzugehen „zur positiven Verwendung dieser Begriffe zum Zwecke positiver Aussagen in Gestalt synthetischer Urteile a priori" (Detel 1978, S. 43).

Ähnlich wie Detel hält Claudio LaRocca die Inhalte des Schematismuskapitels zwar grundsätzlich für eine Wiederholung des Anwendungsproblems der *Transzendentalen Deduktion*, die jedoch das Anwendungsproblem neu hinsichtlich der Möglichkeit eines Urteilens betrachte. „Es soll", so LaRocca, „nicht nur die Möglichkeit der Beziehung auf mögliche Erfahrung gezeigt werden", welches eine sich mit „abstrakten Denkformen" befassende Analyse der Funktion der Kategorien wäre, sondern es müsse vielmehr gezeigt werden, wie sich die Kategorien für synthetische Urteile a priori nutzen liessen. Es muss im Schematismuskapitel nach LaRocca gezeigt werden, wie „die Möglichkeit einer Beziehung auf wirkliche Erfahrung" dargelegt werden kann (La Rocca 1989, S. 130). Auch LaRocca sieht im Schematismuskapitel also eine Nuancenverschiebung im Vergleich zur Deduktion, und zwar bezüglich der möglichen Beurteilung *wirklicher* Erfahrung.

Diesen Unterschied, den Detel und LaRocca als Nuancenverschiebung verstehen, versuchen Daniel Dahlstrom und Chris Onof in der Art und Weise der Änderung der Erkenntniseinstellung differenzierter zu fassen. Nach Dahlstrom beruht der inhaltliche Unterschied zwischen dem im Schematismuskapitel erreichten Argumentationspunkt und der *Transzendentalen Deduktion* in der „Erkenntnisart"; so muss nach ihm unterschieden werden zwischen der Erkenntnis, *dass* die reinen Verstandesbegriffe von objektiver Gültigkeit sind, und der Erkenntnis, *wie* diese von objektiver Gültigkeit sein können (vgl. Dahlstrom 1984, S. 41). Die *Dass-Wie* Unterscheidung nimmt auch Onof in Anspruch. So zeichnet sich laut Onof die Stellung des Schematismuskapitels dadurch aus, wie es sich in eine Reihe von Erörterungen zu den Bedingungen der Möglichkeit der Anwendung der Kategorien einfügt: Der erste Schritt der B Deduktion zeigt gemäss Onof, *dass* die Kategorien notwendige Bedingungen dafür sind, den Gegenstand eines Urteils zu denken, und *wie* sie diese Rolle erfüllen, nämlich indem sie als Synthesisregeln die objektive Einheit der Apperzeption stiften. Nun zeigt Kant, Onof gemäss, im zweiten Schritt der Deduktion, *dass* die Kategorien auf das Mannigfaltige unserer Sinnlichkeit angewendet werden können, und *dass* dies objektive Erfahrung konstituiert. Dem Schematismuskapitel und dem Grundsätzekapitel werden dann die entsprechenden *wie*-Fragestellungen zugeordnet: Sie müssen zeigen, *wie* Kategorien auf das Mannigfaltige unserer Sinnlichkeit angewendet werden können (Schematismus), und *wie* dies unsere objektive Erfahrungswelt konstituiert (Grundsätze) (vgl. Onof 2008, 539 f.).

Ebenfalls wurde darauf hingewiesen, dass wir in der B Deduktion, gegenüber der A Deduktion, eine deutlichere und ausdrücklichere Trennung der ursprünglichen Elemente der menschlichen Erkenntnis vorfinden und mit ihr auch eine Trennung von Verstandessynthesis (*synthesis intellectualis*) und Synthesis durch Einbildungskraft (*synthesis speciosa*) einerseits, und von *formaler Anschauung* und *Form der Anschauung* andererseits. Die dadurch zusätzlich eingeführten Theorien stellen auch bereichernde Werkzeuge für eine Analyse des im Schematismuskapitel aufgeworfenen Heterogenitätsproblems zur Verfügung. So weist Düsing darauf hin, dass Kant mit der Trennung der *synthesis speciosa* von der reinen Verstandessynthesis „in der zweiten Auflage Hinweise auf die Verknüpfung der Kategoriendeduktion mit der Schematismus-Lehre" (Düsing 1995, S. 63) liefert.

Auch Longuenesse erarbeitet ihre Interpretation des Schematismuskapitels hauptsächlich ausgehend von einer Analyse der in der B Deduktion erörterten Synthesishandlungen der *synthesis speciosa* und *synthesis intellectualis*. Ihrer Meinung nach findet die Beziehung dieser beiden Synthesisarten erst im Schematismuskapitel „its detailed elucidation" (Longuenesse 1998, S. 242). So vertritt Longuenesse die Lesart, dass die transzendentalen Schemata nichts anderes seien als „the specific results of the *synthesis speciosa*, that is, the results of the ‚determination of inner sense by the understanding' that aims at reflecting the sensible under concepts combined according to the logical forms of judgment" (Longuenesse 1998, S. 245). Longuenesses Meinung geht sogar soweit, dass die Überarbeitung der Deduktion nicht nur zusätzliche Interpretationswerkzeuge für das Schematismuskapitel zur Verfügung zu stellen scheint, sondern dass das Schematismuskapitel Kant zu einer Klärung des Deduktionsarguments gezwungen habe und dass dies folglich der Grund der Nichtrevision des Schematismuskapitels sein könne: „one of the reasons the Deduction was rewritten in the B edition may have been to make the transition to the Schematism and Principles more perspicuous than it was in the A Deduction" (Longuenesse 1998, S. 244).

Ad II: Das diskursiv-begriffliche Denken muss, um ein Urteil über einen vorkommenden Gegenstand zu fällen, in der Lage sein, das Mannigfaltige, wodurch der Gegenstand gegeben wird, zur Einheit des Begriffs zu bringen. Ein Begriff ist für Kant eine Vorstellung, die „für viele gilt", und dadurch jeweils „eine gegebene Vorstellung" unter dem Begriff fassen können muss (A68/B93). Erst wenn die

Funktion der Vereinigung vom Anschauungsmannigfaltigen in einer Weise, die für verschiedene Konstellationen ausgeführt werden kann, erfüllt ist, führt dies schliesslich zu begrifflicher Erkenntnis, und ebendiese Funktion bezüglich des gegebenen sinnlichen Anschauungsmannigfaltigen übernimmt nach Kant das Schema eines Allgemeinbegriffs.

Kemp Smith fällt ein vorwiegend ablehnendes Urteil über das Schematismuskapitel als Stelle der Diskussion der Anwendungsbedingungen von Allgemeinbegriffen auf anschaulich Einzelnes: „the entire discussion of the nature of the schemata of ‚sensuous concepts' and of their relation to the sense image, is out of order in this chapter; and however valuable in itself, bewilders the reader who very properly assumes for it a relevancy which it does not possess" (Kemp Smith 1918, S. 339).

Die Diskussion empirischer und rein sinnlicher Begriffe und ihrer Schemata kann allerdings doch zu einem verbesserten Verständnis des Heterogenitätsproblems des transzendentalen Schematismus beitragen. So enthält das Schema nach Düsing „die anschauliche Vorstellung einer variablen, schwebenden Zeichnung, einer in den Einzelheiten offenen Skizze, die auf viele Einzelanschauungen, die sie erfüllen, anwendbar ist" (Düsing 1995, S. 53). Ohne Schema, so Pippin, kann *ein* Begriff nicht für Viele gelten – welches Pippin etwas missverständlich (platonisch) als „one-over-many quality" bezeichnet (Pippin 1976, S. 159). Pippin weist darauf hin, dass Kant entgegen der Darstellungsart des traditionellen Universalienproblems nicht fragt, wie das Viele unter Eines gefasst werden kann, sondern primär die Frage stellt, wie das Mannigfaltige begrifflich bestimmt werden kann: Die empirischen Begriffe seien somit nicht auf das Bildhafte des Nichtbegrifflichen reduzierbar, sondern das Bild als einzelner Vorstellungsgehalt werde erst durch das Schema ermöglicht (vgl. Pippin 1976, S. 165).

Die Theorie des Schematismus der empirischen Begriffe bleibt aber im Schematismuskapitel unterbeleuchtet, nicht nur wegen der knappen Darstellung, sondern auch weil es Kant unterlassen hat, sie explizit mit derjenigen des Schematismus der Kategorien in Verbindung zu bringen. Ein Versuch einer solchen Verbindung treffen wir unter anderem in der Interpretation von Longuenesse, aber auch bereits bei Michael Pendlebury an. Pendleburys Analyse des Schemas verweist auf die Rolle der Einbildungskraft, die als figürliche Synthesis einerseits die Begriffsbildung ermöglichen muss, andererseits aber fortan die Wiedererkennung der Gegenstände als unter den fraglichen Begriff gehörige gewährleistet. Diese Handlung der figürlichen Synthesis muss nach Pendlebury zunächst unabhängig von den eigentlichen Begriffen stattfinden, da sie die Begriffsbildung erst ermöglicht (vgl. Pendlebury 1995, S. 784). Als Beispiel widmet sich Pendlebury dabei dem Schema des Hundes, in welchem er das Schema der Substanz eingegliedert findet: „you don't know what a dog is unless you know what counts as the same dog at different times" (Pendlebury 1995, S. 790). Damit wir nun nach Pendlebury den Begriff eines Hundes bilden können, muss bereits eine vor-begriffliche Synthesis das Schema des Hundes gründen und, da das Schema des Hundes nach Pendlebury dasjenige der Substanz enthält, sei auch das Schema der Substanz in der vor-begrifflichen Aktivität enthalten. Das Schema der individuellen Substanz könne uns somit mit einheitlichen Anschauungsinhalten versehen, ohne dass (und bevor) wir den Begriff für dessen Art besitzen (vgl. Pendlebury 1995, S. 791). Das transzendentale Schema würde uns daher so etwas wie Gegenständliches überhaupt in der Anschauung zu erkennen geben. Auf die Weise wie dies in den Beiträgen von Longuenesse und Pendlebury angesprochen wird, weist eine Analyse des Schematismus empirischer (und auch rein sinnlicher) Begriffe inhärent auf den transzendentalen Schematismus hin.

Ad III: Kant bestimmt das Schema der Kategorie als transzendentale Zeitbestimmung, die einerseits mit den Kategorien und andererseits mit den Erscheinungen gleichartig sein soll. Problematisch ist dabei zunächst die Ausdifferenzierung der Art der Vermittlung der transzendentalen Zeitbestimmung zwischen kategorial-begrifflichen und anschaulich-sinnlichen Vorstellungen und die Frage nach der (begrifflichen oder anschaulichen) Natur der im Schematismus zu Tage tretenden Zeitcharaktere.

Verstehen wir Kants Dualismus der Vorstellungsarten derart, dass alle vorstellungsmässig relevanten Elemente entweder Anschauung oder Begriff sein müssen, stellt Sebastian Gardner korrekterweise fest, dass es sich bei den transzendentalen Schemata entweder um dem Wesen nach anschauliche oder begriffliche Vorstellungen handeln muss – wie er sagt: das Schema entweder „a thought about time" oder „time as thought in a certain way" sein muss (Gardner 1999, S. 170). Damit wäre die Vermittlungsproblematik der transzendentalen Zeitbestimmung zunächst identifiziert.

Im Gegensatz zu Neukantianischen Ansätzen, welche das transzendentale Schema als dem Wesen nach begrifflich verstanden haben, hält Allison die transzendentalen Schemata ihrer Natur nach für anschauliche Vorstellungen, und gewinnt diese Interpretation aus einer Analyse der „Form der Anschauung" – „Formale Anschauung" Unterscheidung. Erstere hält er für ein völlig unbestimmtes dem Denken aufgegebenes Mannigfaltiges, letzteres jedoch für „conceptualized content" (Allison 1981, S. 68). Die transzendentale Zeitbestimmung ist dann eine konzeptualisierte Anschauung: „a transcendental determination of time must be a conceptualization of time in accordance with an a priori concept, which refers time to an object or objectifies it" (Allison 1981, S. 70). Die Objektivierung der Zeit versteht Allison als das Stiften einer der subjektiven Zeit entgegengesetzten objektiven Zeitordnung. Problematisch wird diese Lesart vor allem dadurch, dass sie nur auf die Schemata der Relation und damit auf ein Verständnis der „Analogien der Erfahrung" hin ausgerichtet ist. Allison bietet eine dazu bereicherte Interpretation an anderer Stelle (vgl. Allison 2004, 214 ff.), indem er auf die „duale" Natur der *formalen Anschauung* hinweist, die sowohl die Bedingungen der Sinnlichkeit, wie diejenigen des Verstandes vereinigt. Die genannte funktionale Bedeutung der formalen Anschauung ist nach Allison essentiell für das transzendentale Schema. Letzteres sei schliesslich mit der formalen Anschauung nur unter dem Vorbehalt zu identifizieren, dass die Schemata nicht formale Anschauungen der Zeit oder des Raumes selbst seien, sondern „determinations or necessary characteristics of things in time" (Allison 2004, S. 217).

Nach Düsing ist zu unterscheiden zwischen einer Bewertung der Vermittlungsleistung des transzendentalen Schemas bezüglich der A Deduktion und der B Deduktion. Verstehen wir das Schematismuskapitel nach der A Deduktion, hat die Einbildungskraft eine eigenständige Vermittlungsfunktion, welches nach Düsing eine in der A-Version von Kant nicht weiter begründete These ist. Die Frage, ob weitere Vermittlungselemente nötig wären, lässt sich dann nur (relativ dogmatisch) mit dem Hinweis beantworten, dass die Einbildungskraft die Vermittlung hinreichend leiste. In der B Deduktion jedoch wird, so Düsing, die Vermittlung dadurch gewährleistet, dass die eigenständige Einbildungskraft von der „Theorie vom dynamischen Prozess der aktiven und spontanen Regelung und Bestimmung des Zeitmannigfaltigen" abgelöst wird, und so, gemäss Düsing, „weitere Vermittlungsbegriffe überflüssig" werden (Düsing 1995, S. 67). Durch die Theorie, dass der Verstand spontan regelnd auf die Einbildungskraft einwirkt und die Schemata produziert, ist jedoch noch nicht geklärt, wie die Schemata mit der Zeit als Form der Anschauung in Gleichartigkeit stehen. Nach Düsing löst sich diese zweite Frage dadurch, dass die Zeit als thematische Vorstellung bereits über synthetische Einheit verfügt, Produkt der Einbildungskraft ist und bereits in Beziehung auf die Einheit der Apperzeption steht. Wir sind daher bei Düsing mit dem Bild einer stufenartigen Eingliederung des sinnlichen Mannigfaltigen in den Verstand konfrontiert: die bereits vorgeformte formale Anschauung macht die Anwendung der Kategorien auf die Erscheinungen vermittelst des Schemas möglich (vgl. Düsing 1995, S. 68 f.).

Ähnlich wie Düsings Interpretation der stufenartigen Eingliederung interpretiert Onof den transzendentalen Schematismus als „two-phase process". Seiner Ansicht nach muss für die Vermittlung von rein-intellektuellen, begrifflichen Inhalten, die ihrer Natur nach nicht-sinnliche Inhalte vorstellen, mit sinnlich anschaulichen Vorstellungen zunächst aus der Kategorie ein Begriff gebildet werden, in dessen begrifflichem Inhalt zeitliche Charaktere vorkommen, welche ihrerseits in der empirischen Anschauung dargestellt werden können (1. Phase). Die 2. Phase besteht in einer Bestimmung der Zeit gemäss dem so gebildeten Begriff, der also etwas Bildhaftes produzieren kann. Die Begriffe der ersten Phase sind sonach versinnlichte Kategorien (*schematisierte Kategorien*, wie sie Onof im Anschluss an die bereits dargelegte Interpretationstradition nennt). Die Produkte der zweiten Phase sind keine Begriffe mehr, sondern *formale Anschauungen* (vgl. Onof 2008, 543 f.). Onof vermittelt also die Lesarten vom Schema als schematisierter Kategorie und vom Schema als formaler Anschauung, indem er den transzendentalen Schematismus als einen zweiphasigen Prozess ansieht.

Gibt es daher so etwas wie eine „Konstruktion" von Zeitcharakteren? Bereits Paton hat sich gewundert, wie die Einbildungskraft, wenn sie eine verstandesgeleitete Synthesis vollführt, zu jenen bestimmten Zeitcharakteren kommt, die Kant im Schematismuskapitel den jeweiligen transzendentalen Schemata zuordnet. Da Kant keine genauen Ausführungen dazu gibt, wie die Zeitcharaktere mit den jeweiligen Kategorien verbunden werden, fragt sich Paton, ob die Synthesis der Einbildungskraft von den Kategorien *kontrolliert* wird, oder ob die Kategorien stattdessen die Synthesis *begleiten* (vgl. Paton 1936, S. 71).

Wie Caimi hervorhebt, wird der Schematismus meist mit der Absicht betrachtet, herauszufinden, welche Modifikation die Kategorien darin erfahren. Genauso ist jedoch die Zeit nach Caimi einer Modifikation unterworfen, die der genaueren Analyse bedarf. Die verschiedenen Arten („Titel", A79/B95) der Kategorien erlauben nach ihm verschiedene Hinsichten auf die Zeit (vgl. Caimi 2012, S. 415). „Pure concepts grant time a conceptual or logical structure. Taken in itself [...] it contains merely an indeterminate manifold" (Caimi 2012, S. 417). Die Zeit erhält durch die verstandesgeleitete Synthesis – wohl im Sinne eines „Kontrollierens" – nach Caimi eine logische Struktur, ohne die sie nur ein völlig unbestimmtes Mannigfaltiges wäre. Als Beispiel erwähnt Caimi die scheinbar von den Quantitäts- und Qualitätskategorien generierten Eigenschaften der Homogenität und des Kontinuums (vgl. Caimi 2012, S. 420).

Ebenso vertritt Karin Michel die Ansicht, dass „die Vorstellung des Zeitganzen [...] die Vorstellung einer synthetischen Einheit, die auf die Wirkung der Einbildungskraft [...] zurückgeht", voraussetzt (Michel 2003, S. 179). Das Zeitganze wird dadurch, wenn die Einbildungskraft vom Verstand kontrolliert wird, zu einer durch Begriffe generierten Eigenschaft. Eine analoge Position finden wir bei François-Xavier Chenet bezüglich der Kontinuität der Zeit: „la continuité est une propriété de l'espace et du temps considérés comme grandeurs; grandeurs qu'elles ne sont qu'au regard de l'entendement" (Chenet 1994, S. 76).

Wir müssen nach Kant das Schema, beispielsweise das der Substanz als „Beharrlichkeit des Realen in der Zeit", als eine durch die transzendentale Synthesis der Einbildungskraft zustande kommende Regel verstehen. Wenn nun aber, wendet Lohmar ein, diese Einbildungskraft die Beharrlichkeit selbst stiftet, wie kann dann das Schema als ein dem Sinnlichen gemässes Verfahren gesehen werden? „Wie soll sich dasjenige, was durch Anwendung der Kategorie allererst in die Erfahrung hineingelegt wird, bereits zuvor als ‚sinnliche Bedingung' der Anwendbarkeit darin finden lassen?" (Lohmar 1991, S. 89). Lohmar versucht diese Frage durch eine, allerdings nicht im Detail ausgeführte, Theorie zu beantworten, dass gewisse Regelmässigkeiten bereits vor-kategorial in der sinnlichen Anschauung gegeben sein müssen (vgl. Lohmar 1991, S. 89).

Auf welche Weise beschaffen auch immer, stellt sich in der Tat die Frage, ob die Zeit als reine, sinnlich-anschauliche Vorstellung auch etwas für sich selbst ist. Düsing hält die „Form der Anschauung" gegenüber der „formalen Anschauung" für die „ursprüngliche Gegebenheitsweise des Mannigfaltigen, die aus den Kategorien nicht ableitbar ist, aber in den Bestimmungen der Zeit als Anschauungsgegenstand immer mitvorgestellt" (Düsing 1980, S. 9) wird. So komme zwar die thematische Vorstellung von „Beharrlichkeit und Wechsel" nur durch die regelnde Einflussnahme des Verstandes über seine Kategorien der „Substanz und Inhärenz" zustande, jedoch habe dieser Inhalt „eine irreduzible zeitliche Komponente, deren inhaltliche Bedeutung jedoch nicht getrennt [von der Synthesis gemäss Substanz und Inhärenz] repräsentierbar ist" (Düsing 1980, S. 9). Auf diese Weise will Düsing die Eigenständigkeit der zwei verschiedenen Erkenntnisstämme aufrecht erhalten. Caimi will die Eigenständigkeit der Sinnlichkeit dadurch aufrechterhalten wissen, dass die Zeit als Form des inneren Sinnes zwar ein Mannigfaltiges gibt, dieses jedoch als völlig unbestimmtes Mannigfaltiges, als „pure scattered and vanishing multiplicity" (Caimi 2012, S. 418) vorstellt.

Die von Paton anfangs aufgeführte Frage nach der Weise der Verbindung des kategorialen Bestimmens mit den Zeitcharakteren der Anschauung wird in der Tat zu einem systematischen Problem, wenn nach dem eigenständigen Beitrag der reinen Sinnlichkeit gefragt wird. Wenn diese Zeitcharaktere nur Konstruktionen von kategorialer Synthesis sind, stellt sich die Frage, was dann ursprünglich dem intellektuellen Vermögen heterogen ist? Da letztlich ein Verständnis dieser Zeitcharakteristiken Voraussetzung für ein Verständnis transzendentaler Schemata ist, entwickelt sich die Frage nach der Charakterisierung der Eigenständigkeit der Sinnlichkeit zu einem systematischen Grundproblem des transzendentalen Schematismus.

1.2.5 Die (Non-)Konzeptualismus Debatte der Gegenwartsphilosophie

Die systematischen Probleme der Schematismusforschung sind wiederzufinden im Felde der (Non-)Konzeptualismus Debatte um die korrekte Interpretation von Kants theoretischer Philosophie. Schliesslich betreffen die Fragen nach der Heterogenität und Vermittlung von anschaulichen Vorstellungen mit intellektuellen

Begriffen direkt die Einschätzung des Verständnisses der Natur anschaulichen Vorstellens und wie dieses sich zu begrifflichen Inhalten verhält.

Der Konzeptualismus (engl. Conceptualism) – um eine vorläufige Definition davon zu geben – ist eine Position in der gegenwärtigen Philosophie des Geistes, der Wahrnehmung und der Erkenntnistheorie, welche behauptet, dass der repräsentative Gehalt unserer Wahrnehmungen (und in der kantischen Philosophie: unserer sinnlichen Anschauungsvorstellungen) in einer engen Beziehung zu unserem begrifflichen Vermögen steht. Wie genau diese Beziehung erörtert wird, unterscheidet sich je nach Ausarbeitung dieser Position beträchtlich. Jedoch scheint sich etwas bestimmt sagen zu lassen, nämlich, dass die konzeptualistische Position sinnlichen Anschauungsvorstellungen, die nicht in jener Beziehung zu den begrifflichen Fähigkeiten stehen, Vorstellungs- und Erkenntnisrelevanz (anschaulichen Gehalt) abspricht.

Einer der einflussreichsten (in Bezug auf systematische wie kantische Positionen) Philosophen des Konzeptualismus finden wir in Wilfrid Sellars. In seinem Werk ist bereits eine erste Auseinandersetzung mit der Schematismuslehre vorgezeichnet. Die Rolle des Schemas wird bei Sellars wesentlich von seiner Interpretation der produktiven Einbildungskraft her bestimmt. So sieht Sellars zwar den „need for a sharp distinction between sensibility and understanding", jedoch warnt er davor, diese Unterscheidung mit der Unterscheidung zwischen „conceptual and non-conceptual representations" zu identifizieren. Denn „'intuitions' turn out to be janus-faced, and the understanding to have its own mode of receptivity" (Sellars 1992, S. 2). Die Rezeptivität muss in einer Beziehung zur produktiven Einbildungskraft stehen (worin Sellars das Schema aktualisiert sieht), die es wiederum erlaubt, einen Anschauungsgehalt als „demonstrative conceptualization" zu verstehen (Sellars 1978, 238 ff.).

Die Sellars'sche Lesart Kants wird in der gegenwärtigen Debatte prominenterweise von John McDowell aufgenommen, jedoch ohne expliziten Rekurs auf die Rolle des Schemas oder des transzendentalen Schematismus zu nehmen. Indem nun McDowell Sellars' Konzeption der janusköpfigen Anschauung kritisiert, die nach ihm Restbestände von nichtbegrifflichen Inhalten zulässt, formuliert er eine starke konzeptualistische Position, die er ebenfalls in Kants Philosophie verankert wissen will. So sagt er (ähnlich zu Cassirers Position): „We should understand what Kant calls 'intuition' – experiential intake – not as a bare getting of an extra-conceptual Given, but as a kind of occurrence or state that already has conceptual content" (McDowell, 1996, S. 9).[13]

---

[13] Zur Vergleichung der Kant-Rezeptionen bei Sellars und McDowell, siehe Heidemann 2004.

Der Non-Konzeptualismus (engl. Non-Conceptualism) vertritt im Gegensatz dazu die Ansicht, dass es einen möglichen und kognitiv signifikanten Zugang zu den intentionalen Objekten von sinnlichen Anschauungsvorstellungen gibt, der unabhängig von der Ausübung begrifflicher Vermögen vorliegt.

Non-konzeptualistische Positionen in Bezug auf Kant werden beispielsweise durch Robert Hanna (2008) und Lucy Allais (2009) vertreten, die noch die Frage nach der Art und Weise stellen, wie wir bei Kant die reinen Vorstellungen von Raum und Zeit zu verstehen haben. Es wird daher versucht, nach dem Sinn der Eigenständigkeit des Vermögens der Sinnlichkeit zu fragen, insofern sowohl die empirischen wie auch die reinen Anschauungsvorstellungen ursprünglich als solche betrachtet werden, die ihrem repräsentationalen Gehalt nach nicht in Abhängigkeit zum begrifflichen Vermögen des Verstandes oder zu einer dem Verstand untergeordneten transzendentalen Einbildungskraft stehen. Die Eigenständigkeit der reinen Sinnlichkeit wird dabei einerseits in einem „topologically-sensitive representational job" (Hanna 2011, p. 369) gesehen, andererseits in einem anschaulichen und nichtbegrifflichen Sinn von der *Einigkeit* der ursprünglichen Raum- und Zeitvorstellungen (vgl. Schulting und Onof 2015).

Die Relevanz von Kants Philosophie für diese Debatte in der gegenwärtigen, systematischen Philosophie ist naheliegend und hat daher auch im Felde der Kantforschung die Debatten im vergangenen Jahrzehnt mitgeprägt.[14] Es kommt darin der Sinn der Heterogenität zwischen sinnlichen und verstandesseitigen Beiträgen zur Sprache, und mit ihm die Frage nach der Gestaltung der Vermittlung von als heterogen angenommenen Vorstellungsarten. Die Diskussion im Felde der Kantforschung, respektive der kantisch inspirierten systematischen Philosophie, hat sich bisher vorwiegend auf die *transzendentale Ästhetik* wie auf die *transzendentale Deduktion* bezogen. Es ist zwar sehr wohl entscheidend, eine gründliche Analyse der *transzendentalen Ästhetik* wie der *Deduktion* vorzulegen, will man Kants Philosophie in Hinblick auf den Sinn der Selbstständigkeit der Sinnlichkeit hin untersuchen, jedoch beinhaltet der transzendentale Schematismus ebenfalls das Thema der Beziehung einer dem Verstand ursprünglich zukommenden Vorstellungsweise zur raumzeitlichen Wahrnehmung. Erst der transzendentale Schematismus leistet nach Kant die Realisierung des Verstandesvermögens innerhalb der menschlichen Sinnlichkeit. Der Sinn der Heterogenität von Sinnlichkeit und Verstand, sowie die Art und Weise ihrer Vermittlung, wie sie in der Lehre des transzendentalen Schematismus zum Vorschein kommen,

---

14 Zeuge der Dynamik der nicht-abreissenden Debatten innerhalb der Kantforschung sind die Kompilationen von Diskussionsbeiträgen bei Schulting (2016) und Heidemann (2013b).

sind deshalb in Bezug auf die (Non-)Konzeptualismus Debatte ebenfalls von Relevanz.

1.3 Aufbau der vorliegenden Untersuchung

Die gegenwärtige systematische Diskussion um die erkenntnistheoretische Relevanz (und kognitive Existenz) von nichtbegrifflichem Inhalt trifft mit dem im Schematismuskapitel vorhandenen philosophischen Hauptproblem des Verständnisses der Heterogenität von sinnlich anschaulichen Vorstellungen mit rein intellektuellen Begriffen der Sache nach überein. In der gegenwärtigen Kantforschung fehlt es jedoch noch an einer Analyse des Problems, wie die in der Lehre des transzendentalen Schematismus genannte Heterogenitätsproblematik von Sinnlichkeit und Verstand spezifisch auf die Charakterisierung (und Qualifizierung) der Eigenständigkeit des sinnlichen Beitrags hin zu verstehen ist. Unter Berücksichtigung dieser systematischen Frage werde ich eine exegetische Analyse verschiedener Teile der *Kritik der reinen Vernunft* vorlegen, welche in Bezug auf das Beziehungsgeflecht von Sinnlichkeit und Verstand von hervorstehender Bedeutung sind. Dabei soll in den verschiedenen Etappen der Erörterungen Kants eine stets erneuerte Evaluation der Eigenständigkeit des sinnlichen Beitrages zur menschlichen Erkenntnis vorgenommen werden.

Als notwendige Vorarbeit für ein Verständnis der Heterogenitätsthematik im transzendentalen Schematismus stellt sich zunächst eine vorläufige Klärung des Dualismus von sinnlichen und verstandesseitigen Beiträgen zur menschlichen Erkenntnis heraus (Teil I.), auf der beruhend eine detaillierte Analyse der transzendentalen Synthesis der Einbildungskraft gegeben werden muss (Teil II.).

In Teil I. wird anhand des Leitfadens des kantischen kognitiven Dualismus (Kapitel 2) und einer Übersicht über die kantische (Non-)Konzeptualismusdebatte (Kapitel 3) in die im Hintergrunde der vorliegenden Untersuchung stehenden Probleme und Thesen eingeführt. Dabei werde ich auf Basis der von Kant gegenüber der, von ihm so bezeichneten, „Leibniz-Wolffschen" (A44/B61) Philosophietradition angebrachten Kritik ein erstes Verständnis eines kantischen Non-Konzeptualismus erarbeiten (ebenfalls Kapitel 3). Dieses Verständnis wird in Teil II. zur Grundlage für die Interpretation der transzendentalen Synthesis der Einbildungskraft (der Selbstaffektion) im zweiten Schritt der B Deduktion (Kapitel 4–7).[15]

---

[15] Die vorliegende Untersuchung wird ausschliesslich eine Analyse der B Deduktion liefern. Zu dieser Bevorzugung lassen sich mehrere Gründe angeben. *Einerseits* wird in Bezug auf die (Non-)

In Teil III. untersuche ich die Lehre des transzendentalen Schematismus selbst. In diesem Teil wird dann das Heterogenitätsthema und das Thema der Vermittlung von Sinnlichkeit und Verstand über das transzendentale Schema, die transzendentale Zeitbestimmung, mithilfe von Kants Ausführungen im Schematismuskapitel zum Gegenstand der Untersuchung gemacht. Da das Schematismuskapitel in gegenwärtigen Untersuchungen innerhalb der Kantforschung oft vernachlässigt wird, soll zuerst der architektonische Rahmen, innerhalb dessen das Schematismuskapitel auftritt, aufgezeigt und, aufgrund dessen, eine Einschätzung der Relevanz des Schematismuskapitels in Bezug auf den Gang der *Kritik der reinen Vernunft* gegeben werden (Kapitel 8). Vor dem Hintergrund der dargestellten Stellung und Relevanz der Lehre des transzendentalen Schematismus soll dann (in Kapitel 9) Kants Verständnis der Heterogenität durch seine Erörterungen im Schematismuskapitel untersucht und schliesslich eine Interpretation der transzendentalen Zeitbestimmung als einer zwischen heterogenen Vorstellungsweisen vermittelnden Vorstellung gegeben werden, womit ich die vorliegende Untersuchung abschliesse.

Ein potentiell kritischer Einwand gegenüber der Vorgehensweise, die den Themen einer Diskussion in der gegenwärtigen systematischen Philosophie folgt, sehe ich in der Gefahr des Anachronismus: Verfälschen wir nicht die Philosophie Kants, indem wir sie in vorgeformte Dichotomien einzwängen, welche von der philosophischen Forschung erst in den letzten Jahrzehnten entwickelt wurden? Hierzu ist anzumerken, dass die Entwicklung der (Non-)Konzeptualismusdebatte der gegenwärtigen, systematischen Philosophie nicht vollständig in Isolation von den Einflüssen der kantischen Philosophie stattgefunden hat und dass sich vielmehr die Dichotomien der systematischen Philosophie mit Erweiterungen der Kantforschung bis zu einem gewissen Grade in gegenseitiger Abhängigkeit dynamisch entwickeln. Getroffene Unterscheidungen in der systematischen Diskussion können Einfluss auf die Kantinterpretation, sowie die Kantinterpretation Einfluss auf die Positionen in der gegenwärtigen Philosophie haben. D. h., so lange

---

Konzeptualismusdebatte die B Deduktion meist von der konzeptualistischen Seite in Anspruch genommen, in Kontrast dazu möchte ich zeigen, dass sich die zentralen Thesen der B Deduktion sehr wohl innerhalb eines non-konzeptualistischen Rahmens der Kantinterpretation ergeben können. *Andererseits* wird meist der Schlüssel zu einem adäquaten Verständnis der Schematismusthematik in der Analyse des Themas der Selbstaffektion, respektive der „transzendentalen Synthesis der Einbildungskraft" gesehen. So hat bereits die vorhergehende Forschungsübersicht gezeigt, dass Autoren wie Detel, Longuenesse und Caimi ihre Interpretation der Lehre des transzendentalen Schematismus hauptsächlich von der B Deduktion ausgehend gewinnen. So kommt meiner Meinung nach in der Tat die deutliche Weise, in der Kant in der B Deduktion die zwei ursprünglichen Vermögen von Sinnlichkeit und Verstand auseinander hält, einem Verständnis des Schematismuskapitels und seiner Heterogenitätsproblematik klar entgegen.

die Auseinandersetzung mit Kants Philosophie an einer Entwicklung des Verständnisses der philosophischen Sachfrage nach der Natur und Existenz nichtbegrifflichen Erkennens interessiert ist, stellen sich für das hier vorgeschlagene Vorgehen weder das Einzwängen in Dichotomien noch der Anachronismuseinwand als essentielle Probleme heraus.

Teil I: **Ein kognitiv dualistischer Non-Konzeptualismus?**

Die These der Heterogenität von sinnlichen (empirisch und rein sinnlichen) und intellektuellen (begrifflichen, rein begrifflichen, kategorialen) Vorstellungen ist ein das Schematismuskapitel beherrschendes philosophisches Thema. Allerdings ist die Unterscheidung zwischen dem sinnlich Anschauungshaften und dem Verstandesgemässen nicht allein Thema des Schematismuskapitels, sondern ein die ganze kritische Philosophie Kants prägendes Sachproblem. In der theoretischen Philosophie baut es vor allem auf Kants Dualismus der zwei Erkenntnisstämme, Sinnlichkeit und Verstand, auf. Dieses Lehrstück werde ich im folgenden *die Lehre des kognitiven Dualismus* nennen. Teil I. der vorliegenden Arbeit ist in 2 Kapitel unterteilt. Zunächst sollen Kants grundsätzliche Thesen zum kognitiven Dualismus anhand einer nur vorläufigen Erörterung zusammengetragen werden (Kapitel 2). In der Folge werde ich, gemäss der bereits dargelegten systematischen Intention der vorliegenden Arbeit, eine Übersicht bieten, wie die erörterte Unterscheidung der Elemente der Erkenntnis in der gegenwärtigen Diskussion über die (non-)konzeptualistische Interpretation Kants bewertet wird, und diejenige Position entwickeln, die ich in dieser Diskussion für die kantische halte (Kapitel 3).

Kapitel 2: Kants Lehre des kognitiven Dualismus

In diesem Kapitel soll eine erste Übersicht über die kantische Lehre des *kognitiven Dualismus* (Zweistämmelehre) geleistet werden. Der Standpunkt des kognitiven Dualismus in Bezug auf die menschliche Erkenntnis behauptet, dass zu unseren erkenntnisrelevanten kognitiven Zuständen und Vorstellungsinhalten zwei wesentlich verschiedene Erkenntnisvermögen beitragen, nämlich Sinnlichkeit und Verstand. Dem Dualismus der Erkenntnisvermögen entspricht, dass die beiden unterschiedlichen Vermögen auch unterschiedliche Rollen für die Erkenntnis ausüben. Sie sind nach Kant verantwortlich für zwei unterschiedliche Vorstellungsarten, die innerhalb einer möglichen Erkenntnis fungieren können: die *sinnliche Anschauung* und der *Begriff*. Kant wiederholt diese Einteilung der Vermögen und der auf ihnen beruhenden Vorstellungsfähigkeiten in seinen kritischen Schriften so oft, dass man den so gefassten kognitiven Dualismus zurecht als ein zentrales Lehrstück der kritischen Philosophie bezeichnen muss.

Kant gibt uns bereits in §1 der *Kritik der reinen Vernunft* eine erste vorläufige Beschreibung des kognitiv dualistischen Standpunkts:

> Die Fähigkeit (Receptivität), Vorstellungen durch die Art, wie wir von Gegenständen afficirt werden, zu bekommen, heißt Sinnlichkeit. Vermittelst der Sinnlichkeit also werden uns Gegenstände gegeben, und sie allein liefert uns Anschauungen; durch den Verstand aber werden sie gedacht, und von ihm entspringen Begriffe. (A19/B33)

Vorstellungen über eine gewisse „Art" und durch Affektion von Gegenständen zu empfangen, so dass diese Vorstellungen als „Anschauungen" gegeben sind, ist eine Fähigkeit menschlicher Erkenntnissubjekte, welche wir nach Kant der Sinnlichkeit zuschreiben müssen. Das Vermögen der Sinnlichkeit besteht also in einer Fähigkeit, rezeptiv, d.h. durch Affektion, Gegenstände *anschaulich vorzustellen*. Die Anschauungen werden dabei vermittelst einer „Art" des Affiziertwerdens vorgestellt, die der Sinnlichkeit innezuwohnen scheint. Zusätzlich zur sinnlichen Fähigkeit haben menschliche Erkenntnissubjekte die Fähigkeit, Gegenstände zu denken. Die Denkleistung leistet der Verstand durch Begriffe. Das Verstandesvermögen besteht also in der Fähigkeit, Gegenstände *begrifflich zu denken*. Der Verstand vollbringt des Weiteren die Leistung, dass aus ihm Begriffe – auf hier nur vorläufig erwähnte Weise –„entspringen" können. Diese zwei Elemente charakterisieren also auf noch zu differenzierende Weise Kants Lehre des kognitiven Dualismus.

Etwas ausführlicher wird Kant später in A51/B75:

> Wollen wir die Receptivität unseres Gemüths, Vorstellungen zu empfangen, so fern es auf irgend eine Weise afficirt wird, Sinnlichkeit nennen, so ist dagegen das Vermögen, Vorstellungen selbst hervorzubringen, oder die Spontaneität des Erkenntnisses der Verstand. Unsre Natur bringt es so mit sich, daß die Anschauung niemals anders als sinnlich sein kann, d. i. nur die Art enthält, wie wir von Gegenständen afficirt werden. Dagegen ist das Vermögen, den Gegenstand sinnlicher Anschauung zu denken, der Verstand. Keine dieser Eigenschaften ist der andern vorzuziehen. Ohne Sinnlichkeit würde uns kein Gegenstand gegeben und ohne Verstand keiner gedacht werden. Gedanken ohne Inhalt sind leer, Anschauungen ohne Begriffe sind blind. Daher ist es eben so nothwendig, seine Begriffe sinnlich zu machen (d. i. ihnen den Gegenstand in der Anschauung beizufügen), als seine Anschauungen sich verständlich zu machen (d. i. sie unter Begriffe zu bringen). Beide Vermögen oder Fähigkeiten können auch ihre Functionen nicht vertauschen. Der Verstand vermag nichts anzuschauen und die Sinne nichts zu denken. Nur daraus, daß sie sich vereinigen, kann Erkenntniß entspringen. Deswegen darf man aber doch nicht ihren Antheil vermischen, sondern man hat große Ursache, jedes von dem andern sorgfältig abzusondern und zu unterscheiden. Daher unterscheiden wir die Wissenschaft der Regeln der Sinnlichkeit überhaupt, d. i. Ästhetik, von der Wissenschaft der Verstandesregeln überhaupt, d. i. der Logik. (A51f./B75f.)

Kant scheint hier die Ausdrücke „Vermögen" und „Fähigkeiten" austauschbar zu gebrauchen („Vermögen oder Fähigkeiten"). Vermögen befähigen uns zu gewissen Sachen.[1] Genauer bestimmen lässt sich die Rede von „Vermögen" bezüglich Sinnlichkeit und Verstand dadurch, dass Kant in A67/B92 vom Verstand ex negativo als von einem „nichtsinniche[n] Erkenntnisvermögen" spricht. Das menschliche Gemüt verfügt also über Erkenntnisvermögen, eines sinnlichen, sowie eines nichtsinnlichen, wenn mir die Ergänzung hier erlaubt sei, die uns zu erkennen befähigen. In der ersten Einleitung zur *Kritik der Urteilskraft* spricht Kant von unserem „Erkenntnisvermögen[] a priori durch Begriffe (des oberen)" (EEKU, AAXX, S. 201), um dadurch den Verstand im weitläufigen Sinne zu bezeichnen, welchen Kant wiederum in Verstand i. e.S., Urteilskraft und Vernunft einteilt (vgl. auch A130/B169). Es ist also wiederum durch Kontrast davon auszugehen, dass es sich bei der Sinnlichkeit ebenso um ein Erkenntnisvermögen handelt, und zwar um das *untere Erkenntnisvermögen*.

Die genannten Vermögen und Fähigkeiten sind gemäss Kant durch „unsere Natur" (A51/B75) gegeben, worunter die spezifisch menschliche Gemütskonstitution zu verstehen ist. In der Kantforschung wird dieser Zusammenhang unter

---

[1] Heidemann entschlüsselt Kants Rede von „Vermögen" und „Fähigkeiten" wie folgt, „dass es zwei kognitive Vermögen gibt, Sinnlichkeit und Verstand, die jeweils spezifische kognitive "Fähigkeiten" [...] besitzen" (Heidemann, Im Erscheinen). Gemäss dieser Lesart *haben* Vermögen Fähigkeiten.

anderem auch als ‚kantische Vermögensmetaphysik' bezeichnet.² Die Vermögensmetaphysik beinhaltet Kants Thesen bezüglich dem Wesen und der Beschaffenheit der Vermögen des menschlichen Gemüts. Der Verweis auf die menschliche Natur kontrastiert für Kant auch immer andere als metaphysisch möglich gedachte Erkenntnisszenarien, in welchen beispielsweise bestimmte Gemütsnaturen über gewisse nicht-sinnliche Fähigkeiten des Anschauens verfügen könnten. Solche Wesen würden jedoch „ein von dem menschlichen nicht bloß dem Grade, sondern sogar der Anschauung und Art nach, gänzlich unterschiedenes Erkenntnisvermögen haben" (A277f./B333f.).³

An der zitierten Stelle (A51f./B75f.) führt Kant die Zweiteilung der Erkenntnisvermögen ausführlicher aus. So ist die Sinnlichkeit nicht nur eine Fähigkeit, rezeptiv Vorstellungen von Gegenständen zu empfangen, sondern enthält auch die „Art [...], wie wir von Gegenständen afficirt werden". Sie liefert uns „Anschauungen", die für uns Menschen „niemals anders als sinnlich" sein können. Durch die Sinnlichkeit wird der Gegenstand der Erkenntnis also auf sinnliche Art anschaulich gegeben. Die Sinnlichkeit braucht jedoch ein komplementäres Ver-

---

2 Beispielsweise in Heidemann (Im Erscheinen): „Unter Kantischer Vermögensmetaphysik verstehe ich die Grundlegung des kritischen kognitiven Dualismus, also der Lehre von Sinnlichkeit und Verstand als den zwei irreduziblen Stämmen menschlicher Erkenntnis". Ein Grund für die Wortwahl ‚Metaphysik' besteht hier wohl darin, dass die Zweistämmelehre eine fundamentale Voraussetzung von Kants Philosophie ist, Kant jedoch gleichermassen die Lehre von wesentlichen Erkenntnisrestriktionen vertritt. Diese Restriktion betrifft nach Kant ebenfalls die Einsicht in „unser eigenes Gemüt", insofern nämlich dasjenige, „was der transzendentale Grund dieser Einheit" unseres Gemüts ist, „zu tief verborgen" bleibt (A278/B334). Es besteht also prima facie eine Spannung zwischen den Erkenntnisrestriktionen der kritischen Philosophie und den ‚seelenmetaphysischen' Annahmen der Zweistämmelehre, die sich ebenfalls in der Unerkennbarkeitsthese anzeigt.
3 Kants Bezeichnung einer Vorstellung als „Anschauung" liegt noch eine andere Beschreibung als diejenige, dass sie eine auf Affektion der Sinnlichkeit beruhende sinnliche Vorstellung sei, zugrunde. In der oft zitierten aber dennoch problembehafteten Passage aus der *Transzendentalen Dialektik* zur sogenannten „Stufenleiter" der Vorstellungsarten handelt Kant von einer Einteilung des Gattungsbegriffs „Vorstellung überhaupt" (A320/B376). Die Einteilung von „Vorstellung überhaupt" ist m. E. so zu verstehen, dass es sich dabei nicht spezifisch um „unsere" Vorstellungen handelt, sondern um allgemeinere Bezeichnungen von Vorstellungsarten. Unter Anschauung ist dabei folgende Charakterisierung zu lesen: „[die Anschauung] bezieht sich unmittelbar auf den Gegenstand und ist einzeln" (A320/B377). Nach dieser Analyse scheint sich der allgemeine Anschauungsbegriff durch die Charakteristiken der Singularität und des unmittelbaren Gegenstandsbezugs auszuzeichnen. Die eben aufgeführte Charakterisierung gilt wohl auch für andere Anschauungsweisen als die menschliche. So spricht Kant beispielsweise in B307 von einer nichtsinnlichen Anschauung: „Verstehen wir aber darunter [unter einem ‚Noumenon'] ein Objekt einer nichtsinnlichen Anschauung, so nehmen wir eine besondere Anschauungsart an, nämlich die intellektuelle, die aber nicht die unsrige ist".

mögen, weil es die Anschauungen nicht selbst „verständlich" machen kann; die Anschauungen „unter Begriffe zu bringen" ist etwas, welches sie nicht leisten kann. Für diese Leistung brauchen wir das Vermögen des Verstandes. Den Verstand beschreibt Kant als die „Spontaneität des Erkenntnisses". Diese Spontaneität zeichnet sich dadurch aus, dass sie „Vorstellungen selbst hervorzubringen" vermag, was nach Kant wiederum in der Fähigkeit besteht, den „Gegenstand sinnlicher Anschauung zu denken". Der Verstand übt offenbar seine Spontaneität im Denken von Gegenständlichkeit aus, kann aber Gegenstände nicht selbst anschauen. Er braucht ein komplementäres Vermögen, der seinen Gedanken einen „Gegenstand in der Anschauung beizufügen" weiss.

Indem Kant sagt, dass keine der Fähigkeiten einen Vorzug gegenüber der anderen geniessen darf, und dass die beiden Vermögen „ihre Functionen nicht vertauschen"[4] (A51/B75) können, formuliert er eine erste These bezüglich seines kognitiven Dualismus: Das eine Vermögen hat nicht die Fähigkeit des anderen, es kann nicht die Funktion des anderen erfüllen. Sinnlichkeit und Verstand bestehen in aufeinander jeweils *irreduziblen* kognitiven Fähigkeiten. Diese These sei im folgenden die *Irreduzibilitätsthese* genannt. Ebensowenig geniesst eines der Vermögen Priorität über das andere. Die Fähigkeit des sinnlichen Anschauens kann nicht durch das Verstandesvermögen ausgeübt werden, sowie die Fähigkeit des Denkens von Gegenständen als begrifflich-diskursive Fähigkeit nicht durch die Sinnlichkeit vollzogen werden kann. Diese These bringt Kant auf den Punkt: „Der Verstand vermag nichts anzuschauen und die Sinne nichts zu denken" (A51/B75).

Erweitert wird die Charakterisierung des kognitiven Dualismus durch die sogenannte *Kooperationsthese*.[5] Die in A51f./B75f. ausgedrückte Bedingung der Zusammenarbeit von Sinnlichkeit und Verstand respektive von deren Funktionen des sinnlich-singulären Anschauens und des diskursiv-begrifflichen Denkens ist programmatisch für Kants Philosophie und findet ihren Ausdruck im vielzitierten Satz „Gedanken ohne Inhalt sind leer, Anschauungen ohne Begriffe sind blind" (A51/B75). Menschliche Erkenntnis ist nach Kant nur möglich, wenn die beiden

---

4 Hier mag eine kleine zusätzliche Erläuterung angebracht sein. Denn Kant spricht im eben zitierten Ausschnitt von den nichtvertauschbaren „Functionen" je von Sinnlichkeit und Verstand. „Funktion" muss also eine Bedeutung haben, die sich auch der Sinnlichkeit zuschreiben lässt. Es ist m. E. davon auszugehen, dass Kant damit eine kognitive Rolle meint, die durch die Fähigkeit der Sinnlichkeit erfüllt wird. Denn die Sinnlichkeit erfüllt die kognitive Rolle des Anschauens, die Anschauungen beruhen aber wiederum auf „Affektionen", Begriffe hingegen beruhen auf „Funktionen", wie Kant in A68/B93 zum Ausdruck bringt. Es muss also einen anderen und unproblematischen Sinn geben, in dem wir nach Kant von der ‚Funktion der Sinnlichkeit' sprechen können, als denjenigen, der das Fundament begrifflicher Erkenntnis auszeichnet.
5 Die verlangte kognitive Zusammenarbeit (Kooperationsthese) wird auch als *togetherness principle* (Hanna 2005, S. 255) bezeichnet.

Vermögen ihre kognitiven Funktionen verbünden: „Verstand und Sinnlichkeit können bei uns nur in Verbindung Gegenstände bestimmen" (A258/B314). Das begriffliche Vermögen ist nach Kant nicht in der Lage, sich direkt (oder veritativ) auf den Gegenstand zu beziehen. Begriffe sind „sinnlich zu machen", ihnen ist ein „Gegenstand in der Anschauung beizufügen", sie brauchen „Inhalt" (A51f./B75f.) in einem ganz bestimmten Sinne, sie müssen nämlich sinnlich-anschauungshaft unterlegt werden. Das Verstandesvermögen, das spontan ist im Denken von Gegenständlichkeit, ist für sich genommen nicht referenziell und braucht für den Gegenstandsbezug die Kooperation mit der sinnlichen Anschauungsfähigkeit. Erst durch diese Kooperation wird begriffliche Erkenntnis im eigentlichen Sinne ermöglicht. Auf der Seite der Sinnlichkeit sind Anschauungen für sich genommen „blind", nicht „verständlich", nicht „unter Begriffe" gebracht (A51f./B75f.) und bedürfen der Kooperation des Verstandes und seiner begrifflichen Erkenntnisfunktion. Erst durch Vermittlung mit der begrifflichen Fähigkeit des Verstandes werden sinnliche Anschauungen zu eigentlichen Erkenntnissen. Dass menschliche (theoretische) Erkenntnis der Kooperation von Sinnlichkeit und Verstand bedarf, drückt Kant wie folgt programmatisch aus: „[n]ur daraus, daß sie sich vereinigen, kann Erkenntniß entspringen" (A51/B75f.).

In A51f./B75f. ist eine dritte These zum kognitiven Dualismus auszumachen: die These der *Isolierbarkeit* der jeweiligen Anteile von Sinnlichkeit und Verstand an der Erkenntnis. So sagt Kant, dass „man [...] große Ursache [hat], jedes von dem andern sorgfältig abzusondern und zu unterscheiden". Nach Kant *darf* man „nicht ihren Antheil vermischen". Die These der Isolierbarkeit ist nicht nur eine These, sondern eine Art des Imperativs. Dieser Imperativ wirkt sich unter anderem methodisch auf die Einteilung der „Elementarlehre" der *Kritik der reinen Vernunft* in die *Transzendentale Ästhetik* und die *Transzendentale Logik* aus. Die darin enthaltene Leitidee ist in der Kantforschung als das Isolationsverfahren bekannt. Kant stellt dieses Vorgehen zu Beginn jeweils der Ästhetik wie der Logik vor:

> In der transscendentalen Ästhetik also werden wir zuerst die Sinnlichkeit isoliren, dadurch daß wir alles absondern, was der Verstand durch seine Begriffe dabei denkt, damit nichts als empirische Anschauung übrig bleibe. Zweitens werden wir von dieser noch alles, was zur Empfindung gehört, abtrennen, damit nichts als reine Anschauung und die bloße Form der Erscheinungen übrig bleibe, welches das einzige ist, das die Sinnlichkeit a priori liefern kann. Bei dieser Untersuchung wird sich finden, daß es zwei reine Formen sinnlicher Anschauung als Principien der Erkenntniß a priori gebe, nämlich Raum und Zeit, mit deren Erwägung wir uns jetzt beschäftigen werden. (A22/B36)

> In einer transscendentalen Logik isoliren wir den Verstand (so wie oben in der transscendentalen Ästhetik die Sinnlichkeit) und heben blos den Theil des Denkens aus unserm Erkenntnisse heraus, der lediglich seinen Ursprung in dem Verstande hat. (A62/B87)

Das Isolationsverfahren in der *Kritik der reinen Vernunft* ist eine Sondierung der wesentlich nicht-empirischen Beiträge zur menschlichen Erkenntnis von der Sinnlichkeit auf der einen Seite und vom Verstand auf der anderen. So sagt Kant, dass wir bei einer gegeben Erkenntnis durch die Abstraktion von allen begrifflichen Erkenntnisfunktionen den sinnlichen Erkenntnisanteil und durch Abstraktion von allem empirisch gegebenen Inhalt den sinnlich reinen Anteil freilegen können. Als Hauptpunkt dieser Isolierung stellen sich Raum und Zeit „als Principien der Erkenntniß a priori" heraus (A22/B36). Verstandesseitig wird in der transzendentalen Logik bei gegebenen Erkenntnissen vom sinnlichen Beitrag abgesehen und auf denjenigen „Theil des Denkens" (A62/B87) geachtet, der rein und *a priori* auf dem Verstandesvermögen basiert, nämlich der apriorischen Funktion des gegenständlichen Denkens. Kant nennt des Weiteren innerhalb des *Amphiboliekapitels* die Zuordnung von Vorstellungen zu ihrem „transscendentalen Ort", der „entweder in der Sinnlichkeit, oder im reinen Verstande" liegt, die „transscendentale Topik" und bezeichnet letztere als „eine Lehre, die vor Erschleichungen des reinen Verstandes und daraus entspringenden Blendwerken gründlich bewahren würde" (A268/B324). Eine Vermischung des Anteils von Sinnlichkeit und Verstand und damit ein Missachten der Isolierbarkeitsthese würde das Fundament einer kritischen Bewertung menschlicher Erkenntnisansprüche untergraben.

Kant zielt in seinem Isolationsverfahren aber nicht bloss auf die Freilegung von Fähigkeiten ab, die über leere Funktionen verfügen. Ausdrücke wie „Principien" und „Ursprung" weisen noch auf etwas anderes hin. Wenn Kant über die Beschreibung von Fähigkeiten hinaus noch eine Bereichszuweisung von apriorischen Vorstellungen macht, weist er m. E. darauf hin, dass zusätzlich zu den kognitiven Fähigkeiten gewisse Vorstellungs*gehalte* ihren transzendentalen Ort entweder in der Sinnlichkeit oder im Verstand haben. So spricht Kant einerseits sowohl von der ursprünglichen Vorstellung vom Raum wie auch von derjenigen der Zeit („Also ist die ursprüngliche Vorstellung vom Raume Anschauung a priori und nicht Begriff", B40; „[d]aher muß die ursprüngliche Vorstellung der Zeit als uneingeschränkt gegeben sein", A32/B48). Gerade im Anschluss an die Aufstellung der „Tafel der Kategorien" sagt Kant andererseits: „Dieses ist nun die Verzeichnung aller ursprünglich reinen Begriffe der Synthesis, die der Verstand a priori in sich enthält, und um deren willen er auch nur ein reiner Verstand ist, indem er durch sie allein etwas bei dem Mannigfaltigen der Anschauung verstehen, d. i. ein Object derselben denken kann" (A80/B106). Ich nenne diese These, dass in der Sinnlichkeit wie im Verstand ursprünglich ein inhaltliches Element angelegt ist, die These der *Ursprünglichkeit* in Kants kognitivem Dualismus. Zur Verdeutlichung der verstandesseitigen Ursprünglichkeit sei auf den Gegensatz zu John Locke hingewiesen. Dieser sagt in *An Essay Concerning Human Understan-*

ding: „Our observation employed either, about external sensible objects, or about the internal operations of our minds perceived and reflected on by ourselves, is that which supplies our understandings with all the materials of thinking. These two are the fountains of knowledge [...]." (Locke, Essay; II.1,§3). Die von Locke dem Verstandesvermögen zugeordnete Funktion ist nicht diejenige einer Quelle von Vorstellungsinhalten, eines „fountain of knowledge", die Quellen inhaltlicher Erkenntnis liegen nach Locke in der direkten äusserlichen oder in der reflektierten innerlichen Wahrnehmung. Im Gegensatz dazu ist bei Kant nicht nur von der Ursprünglichkeit einer reinen Sinnlichkeit die Rede, indem Raum und Zeit selbst als „Erkenntnisquellen" (A38/B55) angesprochen werden, sondern Sinnlichkeit *und* reiner Verstand sind „zwei ganz verschiedene Quellen von Vorstellungen" (A271/B327).[6] Während das menschliche Erkenntnissubjekt bei Locke erkenntnisrelevante Inhalte (oder Inhaltsmomente) nur über verschiedene Weisen der sinnlichen Wahrnehmung bekommen kann, verfügt es bei Kant, gemäss der Ursprünglichkeitsthese in Bezug auf den Verstand, auch über gewisse intellektuelle Inhalte. Als Beispiel davon sei die Notwendigkeit der Abhängigkeit im Dasein genannt, die wir uns mit dem Begriff der Ursächlichkeit denken.

Die bisher entwickelten Thesen werden zuletzt noch dadurch ergänzt, dass wir nach Kant keine sichere Einsicht in den Grund der dargestellten Gemütskonstitution haben können. So teilt uns Kant mit, dass es „zwei Stämme der menschlichen Erkenntniß" gibt, welche „vielleicht aus einer gemeinschaftlichen, aber uns unbekannten Wurzel entspringen" (A15/B29), und bringt dadurch zum Ausdruck, dass wir als menschliche Erkenntnissubjekte die Art und Weise der Gegebenheit und das Fundament der Lehre des kognitiven Dualismus nur unzureichend einzusehen in der Lage sind.[7] Heidemann nennt dies die *Unerkennbarkeitsthese*, „derzufolge wir keine Einsicht in Ursprung und Herkunft unserer kognitiven Vermögen besitzen" (Heidemann, Im Erscheinen). Wir haben nach Kant also keinen hinreichenden epistemischen Zugang zu dem Gründungsprinzip der zwei Stämme. Die zur bisher aufgeführten dualistischen Lehre menschlicher Erkenntnis prima facie inkohärente Darstellung in der *A Deduktion*, dass es nämlich

---

[6] Während Kants Lehre meist einen grundsätzlichen Dualismus der Erkenntnisquellen vertritt, führt die *A Deduktion* „drei subjective Erkenntnisquellen" (A97) an: „Es sind aber drei ursprüngliche Quellen, (Fähigkeiten oder Vermögen der Seele) die die Bedingungen der Möglichkeit aller Erfahrung enthalten, und selbst aus keinem anderen Vermögen des Gemüts abgeleitet werden können, nämlich, Sinn, Einbildungskraft, und Apperzeption" (A94). Dass sich hier die Einbildungskraft unter die ursprünglichen Erkenntnisquellen mischt, ist zumindest auf den ersten Blick eine Inkohärenz in der Darstellung der Zweistämmelehre Kants.

[7] In einem Brief an Marcus Herz vom 26. Mai 1789 äussert sich Kant ausführlicher zur Unerkennbarkeitsthese, vgl. Br, AAXI, S. 50 ff.

„drei ursprüngliche Quellen (Fähigkeiten oder Vermögen der Seele)" gäbe, die in der Erörterung der „Bedingungen der Möglichkeit aller Erfahrung" wesentlich sind, „nämlich Sinn, Einbildungskraft und Apperception" (A94), läuft meines Erachtens nicht auf eine Identifikation der Wurzel unserer Erkenntnisstämme mit der Einbildungskraft hinaus.[8] Die Einbildungskraft ist nach Kant unter anderem ein Vermögen, welches in der Vermittlung der apperzeptiven Funktion des Verstandes und der anschauungshaften Natur sinnlichen Vorstellens tätig ist.[9] Das Erfüllen dieser Funktion zeichnet die Einbildungskraft jedoch nicht als gemeinsame Wurzel von Sinnlichkeit und Verstand aus.

Dies sind also Kants Thesen des kognitiven Dualismus, die sich direkt aus einer Analyse der sich explizit mit der Lehre der zwei Stämme der Erkenntnis befassenden Passagen ergeben:

1. Die *Irreduzibilitätsthese:* die Funktionen von Sinnlichkeit und Verstand können nicht durch das jeweils andere Vermögen übernommen werden, weder ist das unmittelbare Anschauen des Gegenstandes durch das Verstandesvermögen möglich, noch ist das Denken des Gegenstandes durch das sinnliche Vermögen möglich.
2. Die *Kooperationsthese:* menschliche Erkenntnis im eigentlichen Sinne beruht wesentlich auf einer Zusammenarbeit der Funktionen von Sinnlichkeit und Verstand, sie ist auf die Erkenntnisfunktion von Anschauung und Begriff angewiesen.
3. Die *Isolierbarkeitsthese:* Es ist darauf zu achten, welche Erkenntnisanteile jeweils der Sinnlichkeit oder dem Verstand zugeordnet werden müssen.
4. Die *These der Ursprünglichkeit der Vorstellungsinhalte:* Sinnlichkeit und Verstand bringen ihre je eigenen apriorischen (ursprünglichen) Vorstellungsgehalte mit sich.
5. Die *Unerkennbarkeitsthese:* Der Ursprung des Dualismus der zwei Stämme ist der menschlichen Erkenntnis nicht vollumfänglich zugänglich.

---

8 Obwohl Heidegger die Passage über die unbekannte Wurzel unserer Erkenntnisvermögen damit begleitet, zu sagen: „Hieraus ergibt sich für den allgemeinen Charakter der Kantischen Grundlegung der Metaphysik das eine Wesentliche: sie führt nicht auf die sonnenklare absolute Evidenz eines ersten Satzes und Prinzips, sondern geht und zeigt bewußt ins Unbekannte" (Heidegger 1991, S. 37), bezeichnet er „[d]ie transzendentale Einbildungskraft als Wurzel der beiden Stämme" (Heidegger 1991, 138) und geht somit über die Unerkennbarkeitsthese des kantischen kognitiven Dualismus hinaus.

9 „Vermittelst [der reinen Einbildungskraft] bringen wir das Mannigfaltige der Anschauung einerseits mit der Bedingung der nothwendigen Einheit der reinen Apperception andererseits in Verbindung" (A124).

Kapitel 3: Konzeptualismus und Non-Konzeptualismus

Das Verständnis von Kants kognitivem Dualismus steht im Hintergrund der Diskussion um die Verbindung von Kants Philosophie mit der Debatte über die Existenz und die Erklärungsart nichtbegrifflichen Vorstellungsinhalts in der gegenwärtigen Erkenntnistheorie, Philosophie der Wahrnehmung und des Geistes. ‚Konzeptualismus' und ‚Non-Konzeptualismus' bezüglich den Inhalten der Wahrnehmung respektive von sinnlichen Vorstellungen bezeichnen wesentlich kontrastive Positionen.[1] Gemäss Bermúdez und Cahen geht es bei dieser Debatte um die Frage, ob gewisse mentale Zustände Gegenstände in der Welt vorstellen „even though the bearer of those mental states need not possess the concepts required to specify their content" (Bermúdez und Cahen 2012, Abs. 1).

Wir können die Position des *Non-Konzeptualismus* vorläufig damit beschreiben, dass sie einem Vorstellungssubjekt mentale Zustände, die etwas in der Welt vorstellen (Inhalt haben), zuschreibt, ohne dass dieses Subjekt in der Lage ist, den vorgestellten Inhalt durch Begriffe zu beschreiben.[2] Es geht um die kognitive

---

[1] Die Gattungszuordnung verschiedener Positionen muss dabei nicht immer eindeutig sein. Problematisch wird diese vorläufige Erörterung bei konkreteren Ausarbeitungen von bestimmten Fragen. Ein sinnlicher Vorstellungsinhalt kann beispielsweise als weltbezogen verstanden werden, ohne dass dieser Weltbezug durch die Begriffe, die das Vorstellungssubjekt *besitzt*, vermittelt wird, jedoch so, dass der infrage stehende Inhalt als einer verstanden wird, der sich prinzipiell durch Begriffe hinreichend bestimmen lässt, d. h. für ein Subjekt mit hinreichend ausgeprägten begrifflichen Fähigkeiten begrifflicher Inhalt ist. Eine solche Position würde die Differenz von nichtbegrifflicher zu begrifflicher Vorstellungsweise nicht als einen Wesensunterschied ansehen. Sie würde zulassen, dass es so etwas wie nichtbegriffliche Gehalte von Vorstellungen gibt, die Erkenntnissubjekte über ein nichtbegriffliches Vermögen autonom vorstellen können, und somit in das Lager des Non-Konzeptualismus fallen, jedoch scheint sie einer konzeptualistisch zu bezeichnenden Intuition zu folgen, nämlich, dass ein solcher Gehalt zumindest prinzipiell oder potentialiter begrifflicher Gehalt sein muss. So wird eine abgeschwächte Form des Non-Konzeptualismus mit einer ebenfalls abgeschwächten Form des Konzeptualismus prinzipiell kompatibel sein können. In der gegenwärtigen, systematischen Forschungsliteratur wird eine Unterscheidung zwischen zwei Hauptarten des Non-Konzeptualismus, des sogenannten „state" Non-Konzeptualismus auf der einen und des „content" Non-Konzeptualismus auf der anderen Seite in Anschlag gebracht (*weak vs. strong, state vs. content, relative vs. absolute*, vgl. Heck, 2007; Crowther, 2006; Laurier, 2004; Speaks, 2005; und vgl. Toribio, 2008 für eine kritische Diskussion dieser Unterscheidung).

[2] Eine ausführlichere Erörterung bietet Robert Hanna an, der die Position des Non-Konzeptualismus als folgende dreistufige These beschreibt: „(NC1) [...] not all rational human conscious objective representational content is determined by conceptual capacities alone, (NC2) [...] at least some rational human conscious objective representational contents are both autonomous from

Relevanz von Vorstellungen, die einem Vorstellungssubjekt über nichtbegriffliche Fähigkeiten gegeben sind, ob sie so etwas wie einen gegenstandsbezogenen Gehalt unabhängig von den Bestimmungen durch ein begriffliches Vermögen haben. Dabei lässt sowohl der Sinn dieser „Unabhängigkeit" wie auch der Sinn der begrifflichen Bestimmtheit, d. h. des begrifflichen Gehalts, Spielraum für unterschiedliche (non-)konzeptualistische Positionen. Zusätzlich motiviert ist diese Position durch die Intuition, dass Wesen ohne begriffliches Vermögen auch gegenstandsbezogene Wahrnehmungen haben können, und durch die Frage, wie wir Menschen mit aktualisierten begrifflichen Fähigkeiten trotz allem eine sinnliche Vorstellungsweise mit anderen Wesen des Tierreiches in einem zunächst unbestimmt gelassenen Sinne teilen können.

Der *Konzeptualismus* behauptet im Gegensatz zum Non-Konzeptualismus, dass jeder Sinn von Gegenständlichkeit in sinnlichen Vorstellungen zumindest für uns Menschen – Wesen mit begrifflichen Fähigkeiten – durch ebendiese Fähigkeiten auf wesentliche Weise vermittelt ist. Die Gegenstandsbezüglichkeit von Wahrnehmungen ist nach dieser Position durch begriffliche Fähigkeiten konstituiert respektive der gegenstandsbezogene Sinn der Wahrnehmung hinreichend durch Begriffe bestimmt oder prinzipiell bestimmbar. So etwas wie (wesentlich) nichtbegrifflicher Vorstellungsgehalt gibt es gemäss dieser Position nicht.

Ich möchte hier nicht auf die systematische Forschung in Isolation von Kant eingehen, sondern die verschiedenen sich zeigenden Positionen innerhalb der Auseinandersetzung mit der Philosophie Kants darlegen. Hier ergeben sich aus den Thesen des kognitiven Dualismus bereits intuitive Vorverständnisse des infrage stehenden erkenntnistheoretischen Problems. Denn Kant vertritt sowohl die Thesen der Irreduzibilität, der Ursprünglichkeit und der Isolierbarkeit der Sinnlichkeit, wie auch die These, dass Anschauung und Begriff (Sinnlichkeit und Verstand) für Erkenntnis kooperieren müssen.

Im Folgenden möchte ich nun die zwei Hauptstränge dieser Debatte innerhalb der auf Kant bezogenen Forschungsliteratur kurz skizzieren (3.1). Daraufhin werde ich mögliche Bedeutungen von nichtbegrifflichen Vorstellungsinhalten festsetzen und mögliche Positionen des Non-Konzeptualismus in Bezug auf die Philosophie Kants klassifizieren (3.2). Schliesslich werde ich für eine Interpretation Kants argumentieren, die Kant, basierend auf seiner Kritik der Leibniz-Wolffschen Tradition in der deutschen Schulphilosophie, eine spezifische Position des Non-Konzeptualismus beilegt (3.3).

---

and independent of conceptual content and also strictly determined by non-conceptual capacities alone, and (NC3) [...] that at least some and perhaps most non-rational human or non-human animals are capable of conscious objective representation" (Hanna 2014, Suppl. 1, Abs. 7).

3.1 Die (Non-)Konzeptualismus Debatte in Bezug auf Kant

Die (Non-)Konzeptualismus Debatte hat in den letzten zwei Jahrzehnten die Auseinandersetzungen um eine adäquate Interpretation von Kants theoretischer Philosophie im engeren Sinne geprägt. Die gewählte Interpretation ist jeweils mit einer spezifischen Gewichtung der Thesen des kognitiven Dualismus verknüpft. So steht prima facie die These der Kooperation mit den Thesen der Irreduzibilität, Isolierbarkeit und Ursprünglichkeit in Konflikt.

Die Diskussion um die begriffliche oder nichtbegriffliche Natur der objektbezogenen Anschauungsgehalte bei Kant steht nun nicht in eindeutiger Korrespondenz zu den Debatten der gegenwärtigen systematischen Philosophie, vielmehr stellt Kants Ursprünglichkeitsthese eine spezifische Erweiterung dieser Debatte dar. Denn Kant bezeichnet auch die „Principien der Sinnlichkeit a priori" (A21/B35), Raum und Zeit, als sinnliche Anschauungen. Weiter führt er folgende Unterscheidung ein: „Sinnliche Anschauung ist entweder reine Anschauung (Raum und Zeit) oder empirische Anschauung" (B146 f.). Die Diskussion in der auf Kant bezogenen (Non-)Konzeptualismus Debatte hat sich analog auch auf zwei zu unterscheidende Gebiete erstreckt. Zum einen wird Kants Theorie der Wahrnehmung daraufhin untersucht, ob sie für die Möglichkeit nichtbegrifflichen, weltbezogenen Vorstellungsinhalts Raum lässt oder diese gar unterstützt. Zum anderen wird Kants Lehre der reinen Anschauungen darauf hin untersucht, wie diese Anschauungen einen Bezug auf unsere Erfahrungswelt haben können und welche Rolle die Funktionen des begrifflichen Vermögens dabei spielen.

Ein weiterer Strang der Debatte bezieht sich auf die Thematik des Bewusstseins der Tiere und widmet sich der Frage, welche Arten von weltbezogenen Kognitionen wir den Tieren, insofern diese nicht im selben Masse wie wir über begriffliche Fähigkeiten verfügen, zuschreiben können. Diese Diskussion ist zwar von einiger Relevanz für die umfassende Ausarbeitung von Kants (non-)konzeptualistischer Position, darf aber m. E. für eine immanente Interpretation der *Kritik der reinen Vernunft* in den Hintergrund gestellt werden.

3.1.1 Hintergründe der Debatte

Geht man davon aus, dass es sich bei der innerhalb der (Non-)Konzeptualismus Debatte diskutierten Frage um ein philosophisches Sachproblem handelt, so werden erste einflussreiche Beiträge zu dieser Frage in der Philosophiegeschichte an verschiedensten Orten auftauchen. Kant ist nicht der einzige Philosoph der Vergangenheit, dessen Ansichten als einflussreich für die Formulierung gegenwärtiger Positionen genommen wird.[3] Walter Hopp weist beispielsweise darauf hin, dass erste deutliche Positionen des Non-Konzeptualismus auf Grundlage von Husserls (frühen) Theorie des Gehalts menschlicher Wahrnehmungen formuliert wurden (vgl. Hopp 2011). Und ähnlich wie Kant wird auch der (frühe) Heidegger als Vorläufer einer (non-)konzeptualistischen Position betrachtet.[4] Anstatt eines vollständigen Debattenhintergrunds werde ich im Folgenden daher die auf Kant bezogenen Positionen zweier einflussreicher gegenwärtiger Autoren darstellen: John McDowell und Robert Hanna.

Ein den Konzeptualismus überhaupt und auch in Bezug auf Kant mitprägendes Werk ist McDowells *Mind and World*. Es setzt sich mit dem Gedanken des „Gegebenen" („the idea of the Given") auseinander und versucht mit kritischen Argumenten den Glauben an das „Gegebene" als philosophischen „Mythos" herauszustellen („the Myth of the Given").[5]

> The idea of the Given is the idea that the space of reasons, the space of justifications, or warrants, extends more widely than the conceptual sphere. The extra extent of the space of reasons is supposed to allow it to incorporate non-conceptual impacts from outside the realm of thought. But we cannot really understand the relations in virtue of which a judgement is warranted except as relations within the space of concepts: relations such as implication or probabilification, which hold between potential exercises of conceptual capacities. The attempt to extend the scope of justificatory relations outside the conceptual sphere cannot do what it is supposed to do. (McDowell 1996, S. 7)

McDowell postuliert hier seinen Gegenspieler als jemanden, der der sogenannten „Idee des Gegebenen" in der Erkenntnistheorie Relevanz zuspricht. Die Erkenntnistheorie beschäftigt sich mit der Rechtfertigung von Wissen und die Position, welche die Idee des Gegebenen für sinnvoll erachtet, denkt sich eine solche mögliche Rechtfertigung auch durch etwas möglich, das sich nach McDowells

---

3 So schreibt beispielsweise Gunther: „In his slogan, ‚Thoughts without content are empty, intuitions without concepts are blind,' Kant sums up the doctrine of conceptualism" (Gunther 2003, S. 1).
4 Heidegger wird gewöhnlicherweise als Vorläufer der non-konzeptualistischen Position gesehen, so weisen Onof und Schulting (2015, S. 10) Heidegger das Label eines *„radical"* Non-Konzeptualisten zu. Diese Zuweisung ist jedoch umstritten, Sacha Golob (2014, S. 2) beispielsweise verteidigt eine konzeptualistisch zu nennende Lesart Heideggers „against the widespread treatment of Heidegger as a pioneering nonconceptualist".
5 McDowell versucht die Frage, wie sich unser Denken auf die Welt beziehen kann, anzugehen, ohne den zwei von ihm identifizierten *„pitfalls"* zu verfallen, nämlich dem bereits von Sellars identifizieren „Myth of the Given" einerseits, und dem bei Davidson zu findenden *Kohärentismus* andererseits (vgl. McDowell 1996, S. 25). Ich abstrahiere, der Kürze wegen, im Folgenden von McDowells Kohärentismusdiskussion, auch wenn ich mich damit der Einseitigkeit in Bezug auf die Darstellung von McDowells Ansichten schuldig mache.

Ansicht ausserhalb des sogenannten „begrifflichen Bereichs" befindet. Ein solcher Bereich kann dann kontrastiv ein „nichtbegrifflicher Bereich" genannt werden, welcher vermeintlichen epistemischen Zugang zu Gegenständen unserer Erfahrungswelt liefern soll. Dies hält McDowell jedoch für verfehlt.

„The space of reasons" benennt nun nach McDowell eine alle möglichen epistemischen Rechtfertigungen umfassende *Menge* von Gründen („space", „realm" , oder „sphere"). Alle Rechtfertigung, so McDowell, wird nur möglich sein durch Relationen zwischen Manifestationen unseres begrifflichen Vermögens. Sie ist nur als innerhalb des „Bereichs der Begriffe" liegende Relation verstehbar. Dies ist nun die Grundposition von McDowells Konzeptualismus: Dasjenige, was Urteile oder Erkenntnisse rechtfertigt, muss selbst eine Manifestation des begrifflichen Vermögens sein, und kann darum nicht irgendwie ausserhalb der Manifestationen eines begrifflichen Vermögens liegen: {Space of Reasons} ⊆ {Space of Concepts} (wo hingegen der McDowell'sche Non-Konzeptualist behautet: $\exists\, x \in$ {Space of Reasons} $\land\, x \notin$ {Space of Concepts}). Will unser Denken in Kontakt zur Erfahrungswelt treten, müssen daher die Wahrnehmungen bereits innerhalb des Space of Concepts liegen. Daher muss unser Kontakt mit der Erfahrungswelt bereits über begrifflichen Inhalt verfügen: „the world's impressions on our senses are already possessed of conceptual content" (McDowell 1996, S.18).

Diese Position versteht McDowell nun explizit als eine kantische: „We should understand what Kant calls ‚intuition' – experiential intake – not as a bare getting of an extra-conceptual Given, but as a kind of occurrence or state that already has conceptual content" (McDowell 1996, S. 9). Mit der Auslegung, dass gemäss Kant der Gehalt unserer Anschauungen immer schon ein begrifflicher ist, nimmt McDowell eine starke Gewichtung der Kooperationsthese (in Bezug auf die Sinnlichkeit) in Kants kognitivem Dualismus vor, d. h. seine Interpretation legt (ähnlich wie wir dies bereits in der Neukantianischen Tradition gesehen haben) eine starke Priorität auf das begriffliche Vermögen bezüglich Kants Problem der Heterogenität. Es kommt dabei die Frage nach der verbleibenden Rolle für die Sinnlichkeit auf. McDowell ist sich dieser Problematik bewusst und führt aus:

> It can be difficult to accept that the Myth of the Given is a myth. [...] It can seem that we are retaining a role for spontaneity but refusing to acknowledge any role for receptivity, and that is intolerable. If our activity in empirical thought and judgement is to be recognizable as bearing on reality at all, there must be external constraint. There must be a role for receptivity as well as spontaneity, for sensibility as well as understanding. [...] We can dismount from the seesaw if we can achieve a firm grip on this thought: receptivity does not make an even notionally separable contribution to the co-operation. The relevant conceptual capacities are drawn on in receptivity. (McDowell 1996, 8 f.)

Der Rezeptivität oder Sinnlichkeit ist also dennoch eine Rolle zuzugestehen. Denn mit ihrer Funktion, dem begrifflichen Denken einen festen Halt in der Erfahrungswirklichkeit zu geben, ist die Sinnlichkeit auch für McDowells kantische Position von Bedeutung. Die Funktion der Sinnlichkeit darf, nach der Irreduzibilitätsthese, nicht durch die Funktion unseres begrifflichen Vermögens ausgeübt werden. McDowells Lösung besteht darin, dass der Sinnlichkeit zwar für den Zugang zur Welt eine nicht zu verneinende Funktion zugesprochen wird, dass jedoch alle Beiträge der Sinnlichkeit von sich aus schon in Kooperation zu einem begrifflichen Vermögen stehen. McDowell verneint also die These der Isolierbarkeit: sinnlicher Gehalt kann als nichtbegrifflicher Gehalt nicht bemerkt oder isoliert werden, sondern jeder für uns epistemisch relevante sinnliche Gehalt hat bereits begrifflichen Inhalt, in ihm sind immer schon begriffliche Fähigkeiten manifest.

McDowell gibt daher den Takt für die gegenwärtige konzeptualistische Interpretation innerhalb der Kantforschung mit folgenden drei Thesen vor: (1) In jeder epistemisch relevanten Gegebenheit von Anschauungsinhalten sind begriffliche Fähigkeiten am Werk. (2) Die menschliche Sinnlichkeit hat keinen von begrifflichen Fähigkeiten unabhängigen Zugang den Gegenständen der Erfahrungswelt. (3) Nichtbegriffliche Vorstellungsinhalte sind nicht isolierbar. Eine Bemerkung zur Ursprünglichkeitsthese, die u. a. darin besteht, dass die Sinnlichkeit mit Raum und Zeit selbst reine Vorstellungen a priori in sich enthält, sucht man in McDowells *Mind and World* vergeblich. Er beschäftigt sich darin nicht mit der *rein* anschaulich sinnlichen Erkenntnis.

Wie McDowell für die Position des Konzeptualismus, so betont auch Robert Hanna die kantische Provenienz der Position des Non-Konzeptualismus. Hannas non-konzeptualistische Position beinhaltet einen *„bottom-up"*-Ansatz des Vorstellens der Erfahrungswelt, insofern der nichtbegriffliche Zugang einen begrifflichen (bei Wesen mit begrifflichen Fähigkeiten) allererst fundiert. nichtbegriffliche Vorstellungsinhalte sind beispielsweise wesentlich raumzeitlich situiert und vor-reflexiv bewusst und geben Zugang zu unserer Erfahrungswelt (vgl. Hanna 2011a, 387 f.). Der bottom-up Ansatz ist typisch für die Theorien des Non-Konzeptualismus, er schränkt uns nach Hanna jedoch noch nicht darauf ein, irreduzible Elemente der Rationalität, sogenannte „top-down constraints" (Hanna 2011a, S. 327), für unsere Erkenntnis verneinen zu müssen (welches eine Interpretation Kants auch unterlassen muss). Kants Unterscheidung von Sinnlichkeit und Verstand wird in Hannas Theorie zu einer Unterscheidung zwischen „sub-rational or lower-level spontaneous" und „rational or higher-level spontaneous cognitive powers" (Hanna 2005, S. 249). Mit dem „bottom-up"-Ansatz unserer Sinnlichkeit und den „top-down-constraints" der menschlichen Rationalität ist den Thesen der Irreduzibilität und Isolierbarkeit, und mit der Gewichtung der raumzeitlichen Struktur des nichtbegrifflichen Inhalts ist der sinnlichkeitsseitigen These der Ursprünglichkeit von Kants kognitivem Dualismus genüge getan, während die Kooperationsthese auf bestimmte Weise abgeschwächt wird. So sagt Hanna: „‚blind intuition' for Kant does not mean either ‚bogus intuition' or ‚meaningless intuition': rather it means objectively valid nonconceptual intuition" (Hanna 2005, S. 257). Hanna restringiert die Kooperationsthese auf den Kontext des objektiv gültigen Erfahrungsurteils, in welchem sich eine Interdependenz zwischen Anschauungen und Begriffen zeigen muss.

Zusätzlich bezweifelt Hanna, dass McDowells Argumente zum Mythos des Gegebenen auf die Position des Non-Konzeptualismus zutreffen.[6] Durch eine reiche Theorie des nichtbegrifflichen Vorstellungsinhalts, so Hanna, werde McDowells Argument obsolet. Denn McDowell verstehe den nichtbegrifflichen Inhalt als Theorie von etwas „phänomenal" und nur subjektiv Zugänglichem, welcher Idee er dann die Erkenntnisrelevanz abspreche: „his 'sensationalist' conception of non-conceptual content is not really a thesis about representational content at all, but rather only a generally discredited thesis about how phenomenal content relates to conceptual content" (Hanna 2011a, S. 326). Hanna denkt sich McDowells Gegenspieler als jemanden, der das „Gegebene" als phänomenalen Gehalt unseres Bewusstseins versteht, für den das „Gegebene" nur inneres Erleben meint. Jedoch beinhaltet der Non-Konzeptualismus nach Hanna eine andere Theorie des Vorstellungsinhalts: Wir stellen uns Gegenstände bereits auf nichtbegriffliche Weise in einer spezifischen raumzeitlichen Welt vor, so dass ein nichtbegrifflicher Vorstellungsinhalt bereits einen Sinn von räumlicher Situiertheit und Orientierung (Topologie) enthält. Dieser sei damit bereits ohne Vermittlung von begrifflichen Fähigkeiten objektbezogen. Der in Rede stehende nichtbegriffliche Vorstellungsinhalt sei daher kein Kandidat für McDowells Gegenspieler im *Myth of the Given*-Argument (vgl. Hanna 2011a, S. 326).

3.1.2 Kants konfliktreiche Darstellung

Kants kognitiver Dualismus beinhaltet auf den ersten Blick eine klare Unterscheidung des kognitiven Zuständigkeitsbereichs der Funktionen von Anschauung und Begriff:

---

6 „[I]t is nothing but a philosophical illusion to think that The Myth of the Given actually applies to Non-Conceptualism", (Hanna 2011a, S. 327).

3.1 Die (Non-)Konzeptualismus Debatte in Bezug auf Kant — 51

> Auf welche Art und durch welche Mittel sich auch immer eine Erkenntniß auf Gegenstände beziehen mag, so ist doch diejenige, wodurch sie sich auf dieselbe unmittelbar bezieht, und worauf alles Denken als Mittel abzweckt, die Anschauung. (A19/B33)

> Da keine Vorstellung unmittelbar auf den Gegenstand geht, als blos die Anschauung, so wird ein Begriff niemals auf einen Gegenstand unmittelbar, sondern auf irgend eine andre Vorstellung von demselben (sie sei Anschauung oder selbst schon Begriff) bezogen. (A68/B93)

> Es sind aber zwei Bedingungen, unter denen allein die Erkenntniß eines Gegenstandes möglich ist, erstlich Anschauung, dadurch derselbe, aber nur als Erscheinung gegeben wird; zweitens Begriff, dadurch ein Gegenstand gedacht wird, der dieser Anschauung entspricht. (A92f./B125)

Die Anschauung ist bei Kant eine sinnliche Vorstellung, welche singulär ist und unmittelbaren Bezug zum gegebenen Gegenstand hat. Nur mit Hilfe der Anschauung können sich diskursiv allgemeine Begriffe auf Gegenstände beziehen. Begriffe, als Merkmale oder Merkmalskomplexe, die als Allgemeinvorstellungen immer mehrere Vorstellungen unter sich enthalten können müssen, sind daher nicht direkt auf einen Gegenstand bezogen, sondern müssen ihren Gegenstandsbezug letztlich immer über ihre Beziehung zum sinnlich anschauungshaften Vorstellen herstellen (oder noch mittelbarer über ihre Beziehung zu anderen Begriffe, die ihrerseits Beziehung zum Anschauungshaften aufweisen). So scheint nach Kant das diskursiv-allgemeine Denken im Zuständigkeitsbereich des Verstandes zu liegen, das unmittelbare Gewahren der einzelnen Gegenstände hingegen die Aufgabe der sinnlichen Anschauung zu sein.

Hannah Ginsborg (2008, S. 70) nennt diese Formulierungen eine von Kant konzipierte *Arbeitsteilung* der unterschiedenen kognitiven Fähigkeiten von Verstand und Sinnlichkeit. Sie weist aber korrekterweise darauf hin, dass diese prima facie klare Unterscheidung problematisch werden kann.

> [T]his apparently clear-cut distinction is quickly complicated by Kant's introduction of the notion of synthesis, an act of combining or unifying the sensory manifold which he ascribes to the power of imagination. For imagination seems to have affinities both with sensibility and with understanding, suggesting that their functions, of intuition and thought respectively, cannot after all be so neatly separated. (Ginsborg 2008, S. 66)

Gegebenes Anschauungsmannigfaltiges wird nach Kant durch die Synthesis auf gegenständliche Einheit gebracht (die die Einheit des Begriffs ist). Hinzu kommt das Problem, wie die synthesisvollziehende Einbildungskraft eingeordnet werden soll. Wird sie dem Verstand oder der Sinnlichkeit zugeschrieben? All dies macht die „Arbeitsteilungsidee" von Anschauung und Begriff weniger deutlich und lässt die Frage offen, ob es sich bei ihr nicht nur um eine vorläufige und später aufzuhebende Idee handelt. Letztere Möglichkeit ist Voraussetzung dafür, dass die

Position des Konzeptualismus in Bezug auf Kants theoretische Philosophie überhaupt sinnvoll vertreten werden kann. Die zunächst der Sinnlichkeit zugeschriebenen Anschauungen können nach der Einführung der Einbildungskraft, die direkt an der Konstitution dieser Anschauungen beteiligt ist (die Synthesis der Einbildungskraft ist eine „unmittelbar an den Wahrnehmungen ausgeübte Handlung", A120), so angesehen werden, dass sie keinen wesentlich von unseren begrifflichen Fähigkeiten isolierbaren Gehalt enthalten.

Der Interpretationskonflikt zwischen der These der Eigenständigkeit und Isolierbarkeit des sinnlichen Beitrags und der These einer von begrifflichen Fähigkeiten durchdrungenen Sinnlichkeit zeigt sich in den Erläuterungen Kants selbst an, welche den verschiedenen relevanten sinnlich anschaulichen Vorstellungsarten (empirische (I.) und reine (II.) Anschauung), wie auch der Synthesisleistung der Einbildungskraft (III.) gewidmet sind. Die Fragen, die Kants konfliktreiche Darstellung aufwirft, sollen hier grösstenteils nicht beantwortet, sondern nur dargelegt werden.

I. Empirische Anschauung: Ein gutes Beispiel für den Interpretationskonflikt bezüglich empirischer Anschauungen finden wir in der *A Deduktion* in gleich aufeinanderfolgenden Passagen:

> Erscheinungen sind die einzigen Gegenstände, die uns unmittelbar gegeben werden können, und das, was sich darin unmittelbar auf den Gegenstand bezieht, heißt Anschauung. (A108 f.)

> Da nun diese Einheit als a priori nothwendig angesehen werden muß (weil die Erkenntniß sonst ohne Gegenstand sein würde), so wird die Beziehung auf einen transscendentalen Gegenstand, d. i. die objective Realität unserer empirischen Erkenntniß, auf dem transscendentalen Gesetze beruhen, daß alle Erscheinungen, so fern uns dadurch Gegenstände gegeben werden sollen, unter Regeln a priori der synthetischen Einheit derselben stehen müssen, nach welchen ihr Verhältniß in der empirischen Anschauung allein möglich ist [...] (A109 f.)

Das erste Zitat spricht von Erscheinungen als empirischen Anschauungen. Diese werden gekennzeichnet als diejenigen Vorstellungen, welche einen unmittelbaren Gegenstandsbezug aufweisen. Im zweiten Zitat werden Erscheinungen ebenfalls als Vorstellungen beschrieben, durch die unsere Erkenntnis mit Gegenständen versorgt wird. Kant scheint darin jedoch zu sagen, dass Erscheinungen uns nur dann Gegenstände *geben* können, wenn sie „unter Regeln a priori der synthetischen Einheit derselben stehen" (A110), also unter Verstandesbegriffen stehen können.

Wir haben es hier mit dem Konflikt zu tun, dass Erscheinungen einerseits als anschauungshafte Vorstellungen sich direkt auf den Gegenstand beziehen, es für Erkenntnis aber andererseits notwendig ist, diese Erscheinungen als Instanzen von Regeln a priori zu sehen, welche die objektive Gültigkeit der Erkenntnisse

3.1 Die (Non-)Konzeptualismus Debatte in Bezug auf Kant — 53

konstituieren. Der Gegenstandsbezug dessen, was Kant „Erscheinung" nennt, schwebt zwischen diesen beiden Polen. Es ist also vorderhand unklar, ob es nach Kant für Menschen möglich ist, Erscheinungsvorstellungen von Gegenständen zu haben, die sich auf diese beziehen, unabhängig von den Handlungen der Synthesis der Einbildungskraft, die das Erscheinungsmannigfaltige unter Begriffe a priori bringen und dadurch den Weltbezug von Erscheinungen konstituieren.

Es steht aber nicht nur die Art und Weise des expliziten Gegenstandsbezugs in Frage, sondern auch die perzeptive Gegebenheit der Erscheinungen, wie folgende Passagen illustrieren:

> Das erste, was uns gegeben wird, ist Erscheinung, welche, wenn sie mit Bewußtsein verbunden ist, Wahrnehmung heißt [...]. (A119f.)

> Weil aber jede Erscheinung ein Mannigfaltiges enthält, mithin verschiedene Wahrnehmungen im Gemüthe an sich zerstreuet und einzeln angetroffen werden, so ist eine Verbindung derselben nöthig, welche sie in dem Sinne selbst nicht haben können. (A120)

> Nach diesem müssen durchaus alle Erscheinungen so ins Gemüth kommen oder apprehendirt werden, daß sie zur Einheit der Apperception zusammenstimmen, welches ohne synthetische Einheit in ihrer Verknüpfung, die mithin auch objectiv nothwendig ist, unmöglich sein würde. (A122)

Kant sagt hier zum einen, dass Erscheinungen das „erste" sind, „was uns gegeben wird" (A119f.). Erscheinungen (auch als bewusste Wahrnehmungen) können „im Gemüthe [...] angetroffen werden", und haben, obzwar mit der Einschränkung, dass sie „an sich zerstreuet und einzeln" vorkommen, eine gewisse Gegebenheitspriorität vor der Verbindungsleistung (A120). Die Verbindungsleistung gehört den Erscheinungen nicht an, sofern sie in der Sinnlichkeit gegeben werden. Zum anderen jedoch sagt Kant, dass „alle Erscheinungen so ins Gemüth kommen", dass sie mit der „Einheit der Apperception zusammenstimmen" (A122). Hier spricht Kant von der blossen Gegebenheit der Erscheinungen im Gemüt. Die Handlung der Apprehension, welche in der *Transzendentalen Deduktion* der Einbildungskraft zugeschrieben wird (vgl. A120), wird so erläutert, als dass sie das Erscheinungsmannigfaltige bei der Aufnahme ins Gemüt gemäss dem Verstand (der Einheit der Apperzeption) verbindet.

Diese konfliktreiche Darstellung des Erscheinungsbegriffs (und damit der Wahrnehmung) in der *Transzendentalen Deduktion* lässt viele Fragen offen. Haben Erscheinungen unabhängig von einem begrifflichen Vermögen direkten Bezug auf die Gegenstände der Erfahrungswelt? Gibt es einen unterschiedlichen Sinn zwischen der „objektiven Realität" einer empirischen Erkenntnis und dem unmittelbaren Gegenstandsbezug einer anschaulichen Vorstellung? Sind Erscheinungen in ihrer Gegebenheit immer schon von einem begrifflichen Vermögen durchdrungen?

II. Reine Anschauung von Raum und Zeit: Ein analoges Interpretationsproblem stellt sich in Bezug auf die reine Anschauung, im Speziellen für die ursprünglich sinnlichen Vorstellungen von Raum und Zeit. Wir haben nach Kants Ausführungen in der *Transzendentalen Ästhetik* eine „ursprüngliche Vorstellung vom Raume" wie auch von der Zeit, welche „Anschauung a priori und nicht Begriff" (B40) sein soll. Die *Transzendentale Ästhetik* will die Anschauungsnatur der Vorstellungen von Raum und Zeit erweisen, indem die Differenz ihrer ursprünglichen Vorstellung zur begrifflichen Vorstellungsweise dargelegt wird. Dazu sei hier ein Auszug aus dem ersten Raumargument erwähnt:

> Denn damit gewisse Empfindungen auf etwas außer mir bezogen werden (d. i. auf etwas in einem andern Orte des Raumes, als darin ich mich befinde), imgleichen damit ich sie als außer- und neben einander, mithin nicht blos verschieden, sondern als in verschiedenen Orten vorstellen könne, dazu muß die Vorstellung des Raumes schon zum Grunde liegen. (A23/B38)

Kant spricht hier von der Fähigkeit, empfundene Objekte räumlich situiert und aufeinander bezogen wahrzunehmen, sowie von einer durch die Raumvorstellung ermöglichten Unterscheidungsfähigkeit von Objekten, sofern sie räumlich angeschaut werden können. Nach dem 3. und dem 4. Raumargument (in B, 4. und 5. in A) ist diese Fähigkeit eine sinnlich anschauliche Fähigkeit und keine begriffliche. Aus diesen argumentativen Erörterungen der *Transzendentalen Ästhetik* ist also zu folgern, dass es für Kant ganz spezifische nichtbegriffliche *Inhalte* unserer Wahrnehmungswelt gibt, welche ursprünglich nicht einer begrifflichen Fähigkeit zu verdanken sind.

In der *Transzendentalen Deduktion* jedoch werden die Vorstellungen von Raum und Zeit auch in Verbindung zu den Synthesisleistungen der Einbildungskraft respektive des Verstand gebracht; dies sowohl in der A Deduktion wie in der B Deduktion:

> Ich verstehe aber unter Synthesis in der allgemeinsten Bedeutung die Handlung, verschiedene Vorstellungen zu einer hinzuzuthun und ihre Mannigfaltigkeit in einer Erkenntniß zu begreifen. Eine solche Synthesis ist rein, wenn das Mannigfaltige nicht empirisch, sondern a priori gegeben ist (wie das im Raum und der Zeit). (A77/B103)

> Diese Synthesis der Apprehension muß nun auch a priori, d. i. in Ansehung der Vorstellungen, die nicht empirisch sind, ausgeübt werden. Denn ohne sie würden wir weder die Vorstellungen des Raumes, noch der Zeit a priori haben können [...] (A99)

> Aber Raum und Zeit sind nicht bloß als Formen der sinnlichen Anschauung, sondern als Anschauungen selbst (die ein Mannigfaltiges enthalten), also mit der Bestimmung der

> Einheit dieses Mannigfaltigen in ihnen a priori vorgestellt [...]. Diese synthetische Einheit aber kann keine andere sein, als die der Verbindung des Mannigfaltigen einer gegebenen Anschauung überhaupt in einem ursprünglichen Bewußtsein, den Kategorien gemäß [...]. (B160f.)

So sagt Kant beispielsweise, dass das reine Mannigfaltige von Raum und Zeit nur durch eine Synthesis „in einer Erkenntniß" (A77/B103) begriffen werden kann. Wie bei den Erscheinungen und empirischen Anschauungen lesen wir in analoger Weise auch von einer Apprehensionsleistung der Einbildungskraft, welche das „[H]aben [K]önnen" (A99) der Vorstellungen von Raum und Zeit auf gewisse Weise ermöglicht. Wenn nun das Haben-Können der Anschauungen von Raum und Zeit selbst nur möglich wird durch die Synthesisleistung der Einbildungskraft und diese Synthesisleistung verantwortlich ist für die einheitliche Vorstellung des raumzeitlichen reinen Mannigfaltigen und die Einheit „keine andere" ist, „als die der Verbindung des Mannigfaltigen einer gegebenen Anschauung überhaupt in einem ursprünglichen Bewußtsein, den Kategorien gemäß" (B160f.), so scheint das begriffliche Vermögen des Verstandes sich auch dadurch auszuzeichnen, die Vorstellungen von Raum und Zeit zu konstituieren.

Wir stehen also auch bezüglich der reinen Anschauungen von Raum und Zeit im Konflikt zwischen der verstandesunabhängigen Gegebenheit ihrer Vorstellung, d. h. der Ausweisbarkeit ihrer ursprünglichen Anschauungsnatur einerseits, und der Ermöglichung des Haben-Könnens dieser Vorstellungen durch Synthesishandlungen der Einbildungskraft andererseits, welche eine unmittelbare Mitkonstitution dieser Vorstellungen durch ein begriffliches Vermögen nahelegen.

III. Die Synthesisleistung der Einbildungskraft: Zusätzlich zur Frage also, ob Kant die Ansicht vertritt, dass gegenstandsbezogene Anschauungen unabhängig vom Einfluss eines begrifflichen Vermögens (über die Einbildungskraft) im menschlichen Gemüt anzutreffen sind, treffen wir das Interpretationsproblem an, ob und auf welche Weise wir die Synthesis der Einbildungskraft als eine auf begrifflichen Gehalt ausgerichtete Handlung zu verstehen haben.

> Die Synthesis überhaupt ist, wie wir künftig sehen werden, die bloße Wirkung der Einbildungskraft, einer blinden, obgleich unentbehrlichen Function der Seele, ohne die wir überall gar keine Erkenntniß haben würden, der wir uns aber selten nur einmal bewußt sind. Allein diese Synthesis auf Begriffe zu bringen, das ist eine Function, die dem Verstande zukommt, und wodurch er uns allererst die Erkenntniß in eigentlicher Bedeutung verschafft. (A78/B103)

> Allein die Verbindung (*conjunctio*) eines Mannigfaltigen überhaupt kann niemals durch Sinne in uns kommen und kann also auch nicht in der reinen Form der sinnlichen Anschauung zugleich mit enthalten sein; denn sie ist ein Actus der Spontaneität der Vorstellungskraft, und da man diese zum Unterschiede von der Sinnlichkeit Verstand nennen muß, so ist alle Verbindung, wir mögen uns ihrer bewußt werden oder nicht, es mag eine Ver-

> bindung des Mannigfaltigen der Anschauung oder mancherlei Begriffe, und an der ersteren der sinnlichen oder nichtsinnlichen Anschauung sein, eine Verstandeshandlung, die wir mit der allgemeinen Benennung Synthesis belegen würden, um dadurch zugleich bemerklich zu machen, daß wir uns nichts als im Object verbunden vorstellen können, ohne es vorher selbst verbunden zu haben [...] (B129 f.)

> Da nun alle unsere Anschauung sinnlich ist, so gehört die Einbildungskraft [...] zur Sinnlichkeit; so fern aber doch ihre Synthesis eine Ausübung der Spontaneität ist, [...] mithin a priori den Sinn seiner Form nach der Einheit der Apperception gemäß bestimmen kann, so ist [...] die transscendentale Synthesis der Einbildungskraft [...] eine Wirkung des Verstandes auf die Sinnlichkeit [...]. (B151 f.)

Die Einbildungskraft als ein wirksames Element der menschlichen Vorstellungskraft wird von Kant verschieden beschrieben, meist jedoch als ein Bindeglied zwischen Sinnlichkeit und Verstand, oder zwischen den Sinnen und der Apperzeption (vgl. A115). Daher entsteht auch die Möglichkeit, den Schwerpunkt einer Interpretation der Funktion der Einbildungskraft auf der Seite der Sinnlichkeit oder auf derjenigen des Verstandes zu legen. So „gehört die Einbildungskraft [...] zur Sinnlichkeit" (B151), ihre Funktion (oder ein Teil ihrer Funktion, nämlich die transzendentale Synthesis) kann aber auch als „eine Wirkung des Verstandes auf die Sinnlichkeit" (B152) gesehen werden. Dem einhergehend wird die Synthesishandlung selbst sowohl als eine „Verstandeshandlung" (B130) (ohne Rücksicht auf die Einbildungskraft zu nehmen) beschrieben, wie auch als eine „bloße Wirkung der Einbildungskraft", insofern diese eine „blinde [...] Function der Seele" (A78/B103) darstellt. Kant scheint in der ersten oben zitierten Passage sagen zu wollen, dass die Funktion der Einbildungskraft („Synthesis überhaupt") und die Rolle des Verstandes in der Synthesis („Synthesis auf Begriffe zu bringen") doch unterscheidbare Aspekte der Synthesishandlung sind und daher so etwas wie Synthesis auch von der begrifflichen Fähigkeit unabhängig stattfinden kann. Diese Unabhängigkeit von begrifflichen Elementen spricht Kant aber der Synthesis im zweiten zitierten Text ab, indem er letztere ausdrücklich dem Verstand zuordnet. Wobei man aber beachten muss, dass der Ausdruck „Verbindung", oder das lateinische „*conjunctio*" (B129), auch ein terminus technicus sein kann für die spezifische Verbindungshandlung, welche ein Mannigfaltiges auf Begriffe bringen muss. Denn Kant abstrahiert in der zweiten Textpassage von der menschlichen Sinnlichkeit und achtet auf Verbindungsfunktionen, welche sowohl für die Verbindung von Begriffen, wie auch für das Mannigfaltige nicht menschlich geformter Anschauungen verantwortlich sein können, d. h. er ist darin mit einem intellektuellen Sinn von Synthesis beschäftigt.

Kann die Synthesis der Einbildungskraft unabhängig von einem begrifflichen Vermögen stattfinden? Oder ist jede Synthesis der Einbildungskraft eine Instanz von Verbindung im Sinne von *conjunctio*? Wird der unmittelbare Gegenstandsbezug einer Anschauung erst durch die Handlung der Einbildungskraft im Sinne der *conjunctio* konstituiert oder hat die Anschauung davon unabhängig einen nicht-intellektuellen Sinn des Gegenstandsbezugs? Die Beantwortung dieser und der oben bereits angeführten Fragen zum Verständnis von empirischer und reiner Anschauung ergibt auf natürliche Weise eine Positionierung innerhalb der auf Kant bezogenen (Non-)Konzeptualismus Debatte.

3.1.3 Die konzeptualistische Interpretation

Auch wenn verschiedene Konzeptualismen miteinander inkompatibel sein können, lässt sich doch ein gemeinsamer Rahmen dieser Interpretationsstrategie angeben, denn der kantische Konzeptualismus beantwortet die oben präsentierten Fragen mit einem verstandesseitigen Schwerpunkt. Die Synthesis der Einbildungskraft wird dabei gemeinhin so interpretiert, dass sie eine, konkreten Begriffen oder im weiteren Sinne dem Verstandesvermögen folgende, Konstitutionshandlung vollzieht. Dadurch, dass die Einbildungskraft sozusagen dem Verstand ‚zuarbeitet', wird der Gegenstandsbezug von gegebenen anschaulichen Vorstellungen hergestellt. Der kantische Konzeptualismus stellt sich also auf den Standpunkt, dass es weder Wahrnehmungen noch rein sinnliche Vorstellungen gibt, die objektiven Vorstellungs*gehalt* haben, ohne dass Begriffe oder das Verstandesvermögen an einer unmittelbar für das Haben einer Anschauung verantwortlichen Handlung der Synthesis beteiligt sind und deren Sinn des Gegenstandsbezugs konstituieren. Vorstellungen ohne Einfluss des Intellekts sind in dieser Lesart keine gegenstandsbezogenen Anschauungen.

Die konzeptualistische Position variiert aber je nach dem, wie die Beteiligung der begrifflichen Fähigkeit an unseren Anschauungsvorstellungen interpretiert wird. So behauptet McDowell in *Mind and World*, dass uns nur dann anschaulich weltbezogene Vorstellungsinhalte durch Wahrnehmung gegeben sind, wenn diese bereits begrifflichen Inhalt haben (vgl. McDowell 1996, 8 f.). Grüne vertritt in *Blinde Anschauung* (vgl. auch Grüne 2014) die Position, dass Wahrnehmungen nur gegeben sind, wenn sie durch Begriffe, wenn auch nur durch unbewusste, dunkle, vom Erkenntnissubjekt nicht in klarer Weise vorgestellte Begriffe, strukturiert sind. Ginsborgs Position in „Was Kant a Nonconceptualist?" ist, dass Anschauungsgehalte zumindest durch ein begriffliches *Vermögen* mitkonstituiert sind, wenn sie auch der empirischen Begriffsbildung vorgehen, denn ohne dies würde der Bezug der Anschauungen auf Objekte nicht stattfinden können. Die Interpretationen der Beteiligung der Begriffe oder des Verstandes an der Synthesis der Einbildungskraft können also in stärkere und gemässigtere Positionen differenziert werden. Zu sagen, dass jede Synthesis der Einbildungskraft von Begriffen geleitet ist und das Erkenntnissubjekt im Besitz dieser Begriffe sein muss (z. B. in der Lage ist, diese richtig anzuwenden), ist eine stärkere These als zu sagen, dass diese Synthesis von vielleicht nur schwach oder gar nicht bewussten Begriffen geleitet wird. Letztere ist aber wiederum eine stärkere These als diejenige, welche von Ginsborg vertreten wird (und in ähnlicher Weise auch in Longuenesses Interpretation der *synthesis speciosa* zu finden ist).

Nach Ginsborg können wir weder Wahrnehmungen noch reine Anschauungen von Raum und Zeit haben, ohne dass die Einbildungskraft mit ihrer Synthesisleistung an der Konstitution des jeweiligen Anschauungsgehalts beteiligt ist (vgl. Ginsborg 2008, S. 66). Dennoch besteht ihre Interpretation nicht auf einer Beteiligung von Begriffen zur Leistung der Einbildungskraft:

> On this conception, to say that synthesis involves understanding is simply to say that it involves a consciousness of normativity, or in other words, that in perceptual synthesis the subject does not merely combine or associate her representations, but, in so doing, takes herself to be doing so appropriately, or as she ought. I want to claim that this consciousness of normativity is possible without the subject's first having grasped any concept governing her synthesis, and, more specifically, without her synthesis needing to be guided by any concept. (Ginsborg, 2008, S. 71)

Die Beteiligung des Verstandes an der Synthesis der Einbildungskraft ist nach Ginsborg, auch ohne dass das infrage stehende Erkenntnissubjekt bestimmte Begriffe besitzt, für die Konstitution des Gegenstandsbezugs verantwortlich. Der Verstand konstituiert über die Einbildungskraft – und, wie ich Ginsborg hier verstehe: vermittelst seiner apriorischen (kategorialen) Verstandesfunktionen – eine gewisse Normativität oder Regelhaftigkeit in unserem gegebenen Vorstellungsmannigfaltigen, welche die Angemessenheit der Vorstellung zu ihrem Gegenstand zum Ausdruck bringt. Der Einfluss des Verstandes auf die Konstitution von Anschauungen besteht nach Ginsborg also wesentlich in diesem Angemessenheitsbewusstsein, durch die sich die Vorstellung normativ auf ihren Gegenstand bezieht. Die so zustande kommenden Inhalte haben dadurch eine verstandes*gemässe* Struktur. Diese verstandesgemässe Struktur macht die Elemente des Inhalts anschaulicher Vorstellungen nun aber dem begrifflichen Vermögen zugänglich und ermöglicht Begriffsbildung und damit, so erweitere ich hier Ginsborgs Position, steht anschaulicher Gehalt wesentlich im Kontinuum zu begrifflichem Gehalt.

Grüne geht in ihrem Konzeptualismus dadurch noch einen Schritt weiter, dass sie das Involviert-Sein von Begriffen für die Bewusstheit und den Gegenstandsbezug von Anschauungen behauptet: „without involvement of concepts, complex sensible representations would be neither conscious representations, nor would they refer to objects, and for these two reasons they would not be intuitions"

(Grüne 2014, Abs. 22). Eine Anschauung ohne Begriff muss dieser Ansicht nach „blind" sein im Sinne davon, dass wir uns ihrer weder bewusst sind, noch dass sie Gegenstandsbezug aufweist. Sie hat daher keine Erkenntnisrelevanz für das menschliche Erkenntnissubjekt und verliert dadurch gar die Eigenschaft der Anschauungsnatur.

Konzeptualistische Interpretationen der *Kritik der reinen Vernunft* lehnen sich argumentativ hauptsächlich an die *Transzendentale Deduktion* an. So weist beispielsweise Ginsborg darauf hin, dass es für die non-konzeptualistische Position ein Problem für ein adäquates Verständnis des Beweisziels der Deduktion gibt: „[P]art of the aim of the deduction is to show that the pure concepts have application to objects given to us in experience. And the idea that understanding is required for perceptual synthesis seems to be an essential part of achieving this aim" (Ginsborg 2008, S. 69). Gibt man das Erweisen des Faktums der Anwendung der reinen Verstandesbegriffe auf uns mögliche Erfahrung als Beweisziel der *Transzendentalen Deduktion* an und versteht man den Hauptpunkt im Beweisgang so, dass der Verstand sich als Synthesis im Wahrnehmungsmannigfaltigen immer bereits aktualisiert, so ist prima facie das Resultat der Deduktion eine tiefliegende Schwierigkeit für die non-konzeptualistische Interpretation. Es ist eine der scheinbar entscheidenden Thesen der Deduktion, dass die Apprehension, oder die Aufnahme der Wahrnehmungen ins Gemüt, bereits durch den Verstand auf gewisse Weise strukturiert ist, so dass sich damit die Kategorien auch explizit auf Gegenstände unserer Erfahrungswelt anwenden lassen. Gemäss der Interpretation Ginsborgs kommen die Wahrnehmungen so beim Erkenntnissubjekt an, dass sie bereits die Regelhaftigkeiten des Verstandes in sich enthalten. Ginsborg bezeichnet diese These als „essential to the anti-Humean aspect of Kant's view in the Critique" (Ginsborg 2008, S. 70). Zu diesem Resultat kommt Kant nach Ginsborg daher nach einer Prüfung des Humeschen Einwurfes, Wahrnehmung könne uns gar nicht Notwendigkeiten in der Welt an die Hand geben. Nach Ginsborg gibt Kants Konzeption der Rolle des Verstandes in der Aufnahme des Wahrnehmungsmannigfaltigen eine Antwort auf die Humesche Skepsis gegenüber einer berechtigten Anwendung der Verstandesbegriffe. Eine non-konzeptualistische Interpretation kann nach Ginsborg diese Skepsis nicht heben und müsste daher auch die *Transzendentale Deduktion* als ein nur unschlüssiges Theoriestück von Kants Philosophie ansehen.

Die Schwerpunktwahl des Konzeptualismus in der Interpretation der *Transzendentalen Deduktion* wirkt nun zurück auf die Interpretation der *Transzendentalen Ästhetik*. Da die konzeptualistische Interpretation sich auf den Standpunkt setzt, dass wir keine ausschliesslich der Sinnlichkeit geschuldeten Vorstellungsinhalte isolieren können („receptivity does not make an even notionally separable contribution to the co-operation", McDowell 1996, 8 f.), muss sich diese Lesart eine Strategie aneignen, diejenigen Stellen der *Kritik der reinen Vernunft*, welche eine solche Isolierbarkeit nahelegen, wegzuinterpretieren. Diese Strategie besteht vor allem aus zwei verschiedenen Elementen.

Zum einen werden diejenigen Stellen, an denen Kant so spricht, als ob es unabhängig vom Verstand und seinen begrifflichen Fähigkeiten unmittelbar weltbezogene Anschauungen gäbe, als kontrafaktische Ausdrucksweisen angesehen. So sieht Ginsborg die Rolle dieser Stellen in Kants Werk darin, dass sie Möglichkeiten aufzeigen, die in der weiteren Entwicklung der Synthesistheorie wieder gehoben werden können („once we have recognized the role of synthesis in perception, we are in a position to see that this apparent possibility is illusory",, oder: „to speak of sensibility in isolation from understanding is to speak counterfactually", Ginsborg 2008, S. 71; 75).

Zum anderen besteht die Strategie darin, die *Transzendentale Ästhetik* als ein ebenso vorläufiges Theoriestück anzusehen, welches nach Begutachtung der Deduktion uminterpretiert werden muss. Diese Strategie findet ihren wohl bekanntesten Ausdruck in Longuenesses „Rereading"-These:

> Rereading Kant's description of the "matter of appearances," in the Aesthetic [...] is saying that in the context of our empirical cognition, the "given" appears as given only insofar as it is also synthesized by imagination under the unity of apperception (synthesis speciosa); (Longuenesse 1998, S. 300)

> [Kant's] aim is rather to radicalize his deductive procedure by reinterpreting [...] the forms of intuition expounded in the Transcendental Aesthetic. He wants to reveal in these forms the manifestation of an activity that only the Transcendental Deduction of the Categories can make explicit. [...] The goal of the Transcendental Deduction of the Categories is "fully attained" only when it leads to a rereading of the Transcendental Aesthetic. (Longuenesse 1998, S. 213)

Longuenesse schlägt sowohl für eine Interpretation von empirischen Anschauungen wie auch von reinen Anschauungen, im Speziellen für die Formen der Anschauung, Raum und Zeit, die Strategie vor, die *Transzendentale Ästhetik* im Lichte der Ergebnisse der *Transzendentalen Deduktion* zu lesen. Das ‚gegebene' empirische Material, wie auch die Formen der Sinnlichkeit als reine Anschauungen sind nach Longenesses Lesart von Kant nur vorstellbar, wenn eine Synthesis der Einbildungskraft vorausgesetzt wird, durch deren Einfluss auf das sinnlich gegebene Mannigfaltige dieses gar erst als gegebene Vorstellung fungieren kann, und durch deren Verbindungsleitung der Vorstellungsinhalt einer potentiellen begrifflichen Bestimmung zugänglich gemacht wird („to be reflected under concepts", Longuenesse 1998, S. 300). Kants Verweis auf die Ästhetik innerhalb von §26 hat dann nach Longuenesse den Zweck, den Leser unter Berücksichtigung der genannten auf Begriffe ausgerichteten Aktivität zu einem Re-reading der Ästhetik zu motivieren.

3.1.4 Die non-konzeptualistische Interpretation

Die non-konzeptualistische Interpretation legt das Hauptaugenmerk auf die, durch die Thesen der Irreduzibilität, der Isolierbarkeit und der Ursprünglichkeit angedeuteten, verstandesunabhängigen Beiträge der Sinnlichkeit zur menschlichen Erkenntnis. Diese Lesarten betonen sowohl die Aussagen Kants über die verstandes- und synthesisunabhängige Gegebenheit von Anschauungen, Wahrnehmungen und Erscheinungen, wie auch deren Funktion, die ihnen als Anschauungen zukommen, nämlich dass sie sich unmittelbar auf den Gegenstand beziehen. So weist beispielsweise McLear darauf hin, dass ein gemeinsames Merkmal non-konzeptualistischer Interpretationen in der These besteht, dass Anschauungen auch ohne Beteiligung einer Verstandesaktivität gegenstandsbezogen sein können (vgl. McLear 2014, 772f.). Nach Lucy Allais ist die non-konzeptualistische Interpretation „[the] most straightforward reading of Kant's definition of intuitions as singular and immediate representations, and the role for which he introduces them: that of giving us the objects about which we can then think" (Allais 2009, S. 412). Die starke Gewichtung der sinnlichkeitsseitigen Irreduzibilitätsthese in der non-konzeptualistischen Interpretation wird auch von Hanna zum Ausdruck gebracht: „I take [the immediacy of intuitions] to be the same as the referential directness of an intuition, in the strong sense that it picks out objects without necessarily being mediated by any sort of descriptive content (whether propositional or conceptual)" (Hanna 2005, S. 258). Die These der irreduziblen Funktion der Anschauung beinhaltet, dass Anschauungen nicht noch über andere dem Gemüt zugeschriebenen Fähigkeiten vermittelt sein müssen, also auch nicht durch Begriffe oder durch eine vom begrifflichen Vermögen aus geleiteten Funktion der Einbildungskraft.

Das non-konzeptualistische Äquivalent zur Gewichtung von Kants Hume-Kritik bei konzeptualistischen Interpretationen ist der Hinweis auf Kants Kritik der rationalistischen Tradition. So kann nach Allais der Konzeptualismus Kants antikartesischen Ansatz nicht genügenderweise berücksichtigen, dem gemäss die begrifflichen Fähigkeiten den Weltbezug nicht direkt leisten können. Der unmittelbare Objektbezug kommt nämlich nicht der menschlichen begrifflichen Fähigkeit zu, sondern ist Eigenschaft unserer Anschauungen: „Kant does not think that concepts ever directly present us with objects, this role must be played by intuitions; intuitions are representations that involve the presence to consciousness of objects" (Allais 2009, S. 413).

Gewährleistet nun die Sinnlichkeit eine autonome Form des Gegenstandsbezugs, stellt sich die Frage nach der Beziehung dieser Funktion zu den objektivitätskonstituierenden Akten unserer begrifflichen Fähigkeiten und damit die Frage danach, wie sich die Sinnlichkeit zur Einbildungskraft und schliesslich zu der, nach Kant über die Einbildungskraft vermittelten, kategorialen Synthesis des sinnlichen Anschauungsmannigfaltigen, die ja zweifelsohne von Kant in der *Transzendentalen Deduktion* eingeführt wird, verhält. Allais beispielsweise beschreibt dieses Verhältnis wie folgt:

> We can distinguish between perceiving a particular (having a singular representation of an individual thing outside me) and representing a particular *as an object* in the full-blown sense of something that is grasped as a causally unitary, spatiotemporally persisting substance whose present complex of interrelated properties are a function of its causal nature and its causal history [...]. (Allais 2009, S. 405)

Allais unterscheidet eine Wahrnehmungsvorstellung, in welcher ein Erkenntnissubjekt mit einem Einzelding konfrontiert wird, von einer Vorstellung, durch welche dieses Einzelding selbst *als ein solches* (mit expliziter Emphase!) vorgestellt wird und in welcher die substanzmetaphysische, kategoriale Bestimmtheit seiner Existenz in Gemeinschaft mit anderen Einzeldingen innerhalb einer raumzeitlich objektiven Erfahrungswelt thematisch mitgemeint ist. Nur eine Wahrnehmung, welche explizit oder implizit diese Bestimmung mit in sich enthält, ist nach ihr eine Vorstellung eines Dinges als eines solchen *in the full-blown sense*. Die wahrnehmungshafte Präsenz eines Objekts und die über Wahrnehmung vermittelte thematische Vorstellung desselben Objekts als so und so Seiendes sind zwei zu unterscheidende Ebenen des wahrnehmenden Vorstellens, wobei die erste, die unabhängig von der zweiten auftreten kann, grundsätzlich auch über Gegenstandsbezug verfügt, einfach noch nicht in einem vollständig ausgeprägten Sinne.

Eine analoge Unterscheidung macht Allais auch in Bezug auf die reinen Anschauungen von Raum und Zeit:

> While bringing space and time under the transcendental unity of apperception might be necessary to generate our representation of the unified objective space that is the object of study of geometry and is required for Newtonian physics, for this reading to be consistent with Kant's fundamental duality of sensibility and understanding, it must be that there is some aspect of our representation of space which is not dependent on this. [...] We can allow that there are two "levels" of our representation of space: first, the ordering representation, the form of outer sense, which enables us to be presented with empirical particulars as uniquely located in an oriented and egocentrically-centered, three-dimensional framework, and second, the representation of a unified objective space as the object of study of geometry, which results from the first level being brought under the transcendental

unity of apperception. Attributing to a creature the capacity to represent space in the former sense does not require that it can represent space in the latter sense. (Allais 2009, S. 404)

Die Vorstellung des Raumes in einem ‚wissenschaftlich' objektiven Sinne werde durch die Beziehung der reinen Anschauung auf die transzendentale Einheit der Apperzeption und damit auf das begriffliche Verstandesvermögen ermöglicht. Eine solche objektive Vorstellung der Einheit des Raumes brauchen wir nach Allais für die Beweisführungen der Geometrie oder auch für die Entwicklung physikalischen Wissens. Jedoch soll es noch eine andere (fundamentalere) Ebene der Raumvorstellung geben. Die Raumvorstellung als Form des äusseren Sinns ist ihrer Ansicht nach eine ursprünglich nichtbegriffliche Vorstellung, welche einen gewissen Ordnungsrahmen bildet, innerhalb dessen das Erkenntnissubjekt mit Erfahrungsgegenständen konfrontiert wird (*level 1*). Hinzu kann eine zweite Ausprägung der Raumvorstellung (*level 2*) kommen: die kategorial strukturierte ‚wissenschaftliche' Vorstellung des Raumes. *Level* 1 ist von *level* 2 in dem ganz bestimmten Sinne autonom, weil es möglich ist, dass nur das Erste auftritt und das Zweite nicht.

Die so vertretene These der *zwei Ebenen* ist eine verbreitete Strategie non-konzeptualistischer Interpretationen bezüglich des Verhältnisses des Anschauungshaften zu Funktionen begrifflich geleiteter Synthesis des Anschauungsmannigfaltigen. Sie setzt den bereits erwähnten bottom-up Ansatz des Non-Konzeptualismus um. Sowohl bei McLear (vgl. McLear 2015, S. 780) wie bei Allais finden wir die Unterscheidung eines nichtbegrifflichen, fundamentaleren Aspekts einer anschauungshaften Vorstellung von demjenigen, in welchem der in der infrage stehenden Anschauung zugängliche Gegenstand explizit *als ein Objekt*, d. h. als Glied eines begrifflich strukturierten Rationalitätssystems, vorgestellt wird. Beide Autoren scheinen jedoch vorauszusetzen, dass, falls eine solche Vorstellung über Verstandesfunktionen strukturiert wird, sich derselbe Inhalt auf der zweiten Ebene ausgeprägter vorstellen lässt. Sie lassen, meinem Verständnis nach, die Möglichkeit offen, dass sich der infrage stehende Anschauungsgehalt potentiell adäquat durch Begriffe bestimmen lassen könnte, d. h. übereinstimmend mit begrifflichem Gehalt sein könnte.

Damit wäre auch für auf Kant bezogene Non-Konzeptualismen angedeutet, wie sich die unter diesem Namen zusammengefassten Interpretationen unterscheiden lassen. Man kann m. E. die von McLear und Allais vertretenen Positionen als Formen eines abgeschwächten oder gemässigten Non-Konzeptualismus verstehen. Sie lassen die Möglichkeit offen, dass die nichtbegrifflich erlebten Inhalte sich prinzipiell durch Begriffe vollständig oder auch ausführlicher spezifizieren lassen.

Eine dem entgegengesetzte Meinung vertritt Hanna mit der Ansicht, dass sich sinnliche Vorstellungsinhalte auch durch Verstandessynthesis weder faktisch noch potentiell ausschöpfend begrifflich spezifizieren (beschreiben oder bestimmen) lassen.[7] Ein Non-Konzeptualismus, dem gemäss die nichtbegriffliche Vorstellung zwar dem Zeitrang nach primär gegeben ist, deren Inhalt aber bei einer angemessenen begrifflichen Synthesishandlung hinreichend bestimmt werden kann, ist nach Hanna keine wirklich dem Konzeptualismus entgegengestellte Position. Sie vertrete nicht den wesentlichen Sinn des erkenntnistheoretischen Stellenwerts nichtbegrifflichen Inhalts (vgl. Hanna 2005, S. 271).

Einer der Hauptgründe, Kant eine stärkere Position zuzuschreiben, sieht Hanna in Kants Rationalismuskritik gegenüber Leibniz' Prinzip der Identität des Nichtzuunterscheidenden, im Speziellen in den Passagen bezüglich der inkongruenten Gegenstücke. Kant entwickelt seine Gedanken zu den inkongruenten Gegenstücken in mehreren kritischen wie proto-kritischen Werken, wenn auch nicht in der *Kritik der reinen Vernunft*.[8] Es ist daher davon auszugehen, dass die damit ausgedrückte Kritik in Kants kritischer Phase jederzeit salient war. Gemäss Hanna nun sagt uns das Argument über inkongruente Gegenstücke, dass wir nichtbegrifflich zu erkennen und zu unterscheiden in der Lage sind, auch wenn wir Begriffe auf den Vorstellungsinhalt anwenden. „[A]ccording to Kant it is possible for me to cognize the enantiomorphic incongruence between my right and left hands nonconceptually, despite their being [...] indistinguishable conceptually, merely by possessing an outer sense" (Hanna 2005, S. 281). Die ausschlaggebende Fähigkeit der Differenzierung inkongruenter Gegenstücke ist die Sinnlichkeit. Ebendiese Unterscheidung wird durch die sinnliche Funktion des äusseren Sinns realisiert. Die Sinnlichkeit hat daher als fundamentale nichtbegriffliche Fähigkeit gemäss Hanna einen wesentlichen erkenntnistheoretischen Stellenwert für das Vorstellen von Anschauungsgehalten, denn die infrage stehenden Gehalte können nicht hinreichend mit begrifflichen Inhalten identifiziert werden. Nach Hanna wird die Unterscheidung inkongruenter Gegenstücke zwar

---

[7] Vgl. Hanna (2005, S. 271): „[I]s the underlying nature of cognitive content exhausted by its functional or its purely logico-rational components? Those who answer 'yes' to this question will deny either the existence or at least the representational significance of nonconceptual content, whereas those who answer 'no' will assert the existence and representational significance of nonconceptual content."

[8] So in *Von dem ersten Grunde des Unterschiedes der Gegenden im Raume* (1768), *De mundi sensibilis atque intelligibilis forma et principiis* (1770), in den *Prolegomena* (1783), in *Metaphysische Anfangsgründe der Naturwissenschaft* (1786), wie auch in *Was heißt: Sich im Denken orientiren?* (1786) (vgl. GUGR, AAII, S. 382; MSI, AAII, S. 403; Prol, AAIV, S. 285; MAN, AAIV, S.483; WDO, AAVIII, S. 134).

durch eine Leistung der Einbildungskraft ermöglicht, die Einbildungskraft wird dabei jedoch nicht als Zuarbeiter zum begrifflichen Vermögen verstanden, sondern als eine Vorstellungsfähigkeit, welche auch autonom von begrifflichen Fähigkeiten auf gewisse Weise spontan agieren kann. Ein Aspekt ihrer Aktivität ist „sub-rational" und „lower-level spontaneous" (Hanna 2005, S. 249). Schliesslich ist nach Hanna, auch wenn die Synthesis der Einbildungskraft das begriffliche Vermögen im Wahrnehmungsmannigfaltigen aktualisiert, der dadurch zustande kommende begriffliche Inhalt nicht hinreichend, um die nichtbegrifflichen Vorstellungsinhalte ausschöpfend zu beschreiben (vgl. Hanna 2015, S. 147). Eine solche non-konzeptualistische Position, welche nicht nur einen autonomen sinnlichen Sinn des Vorstellungsinhalts behauptet, sondern zusätzlich auch die These vertritt, dass es nichtbegrifflich bestimmte Vorstellungsinhalte gibt, für deren Beschreibung begriffliche Fähigkeiten nicht hinreichen, muss als eine „stärkere" Position des Non-Konzeptualismus bezeichnet werden.

Herausforderungen nun für jede non-konzeptualistische Lesart sind ihre Implikationen für den in der *Transzendentalen Deduktion* dargelegten Argumentationszusammenhang. In der Deduktion spitzt sich sozusagen der auf der Kooperationsthese beruhende Aspekt von Kants kognitivem Dualismus zu und scheint die Eigenständigkeit der sinnlichen Erkenntnisinhalte zu marginalisieren. So soll „alle Synthesis, wodurch selbst Wahrnehmung möglich wird, unter den Kategorien" (B161) stehen, und auch die reinen Anschauungen Raum und Zeit werden „mit der Bestimmung der Einheit dieses Mannigfaltigen in ihnen a priori vorgestellt", die „keine andere" als die Einheit „den Kategorien gemäß" (B160) ist, die also in Übereinstimmung mit den Funktionen des Verstandes steht. Bisherige non-konzeptualistische Interpretationen wählen in puncto der *Transzendentalen Deduktion* die Strategie einer Abschwächung der eben genannten Äußerungen. Die Abschwächungsstrategie manifestiert sich auf unterschiedliche Weise. So wird die Deduktion als unschlüssig angesehen werden, oder als schlüssig eingeschränkt auf einen festgelegten Typ von Vorstellungen, oder es wird davon ausgegangen, dass in der Deduktion Kants Begriffe von beispielsweise „Wahrnehmung", „Anschauung" und „Erkenntnis" in anderer Weise zu verstehen sind als in anderen Zusammenhängen.

Ausprägungen des Non-Konzeputalismus, die die Bedeutung des nichtbegrifflichen Vorstellungsinhalts in ihrer Gegebenheit *vor* der Synthesis der Einbildungskraft sehen, wählen die Strategie, auf Kants zweideutige Verwendung von Vorstellungsarten bezeichnenden Worten hinzuweisen: „when Kant says that the Deduction will show that without the categories ‚nothing is possible as object of experience' (A93/B126), it is possible that he is talking about what is necessary to have full blown cognition" (Allais 2009, S. 402). Analog zur Unterscheidung zweier verschiedener Ebenen sinnlich anschaulichen Vorstellens gibt es nach Allais bei

Kant eine Zweideutigkeit im Ausdruck „Erkenntnis". Auf ähnliche Weise mach Clinton Tolley darauf aufmerksam, dass Kant „Wahrnehmung" auf verschiedene Art und Weise gebrauche:[9] „It is [...] only something that involves the conscious ‚apprehension' of an intuition as an object, by way of acts of distinguishing and comparing – that the Deduction aims to show is ‚made possible'" (Tolley 2013, S. 125). Gemäss der Unterscheidung einer Gegebenheit von Wahrnehmungen einerseits, und Wahrnehmung von Etwas *als* einer bewusst wahrgenommenen thematischen Einheit andererseits, sei auch eine Ambiguität in Kants Verwendungsweisen des Wortes „Wahrnehmung" zu konstatieren. Die notwendige Beziehung auf das begriffliche Vermögen wäre sodann nur für die zweite Verwendung von Relevanz.

Varianten des Non-Konzeptualismus, welche die Relevanz der nichtbegrifflichen Vorstellungsinhalte darin sehen, dass selbst bei Anwendung von Verstandesfunktionen die gegebenen Vorstellungsinhalte nicht ausschöpfend begrifflich bestimmt werden können, müssen hierzu (zusätzlich) eine andere Strategie verfolgen. Hanna wählt die Strategie, die Hauptkonklusionen der *Transzendentalen Deduktion* als falsch oder als inkompatibel mit Kants andersweitig ausgeführten Thesen und Argumenten auszuweisen. Weisen wir mit Hanna einige Thesen der Deduktion zurück, wie beispielsweise die These, dass die Einheit unseres raumzeitlichen Vorstellens gemäss Kant „necessarily also a fully logico-conceptual unity" (Hanna 2011b, S. 407) sei, würde es nach Hanna anschauliche Vorstellungsinhalte geben, die sich dem adäquaten Erfasst-werden durch Verstandesfunktionen entziehen. „[T]here might be some 'rogue objects'", welche als „causally deviant and nomologically ill-behaved" zu beschreiben wären (Hanna 2011b, S. 407). Gilt die These der Deduktion, dass alle Wahrnehmungen kategorialen Regeln entsprächen, nun nicht, so muss der Geltungsbereich von Kants Argument und damit die Gültigkeit der Kategorien eingeschränkt werden: „The Categories are necessary a priori conditions of the possibility of the experience of all and only the objects represented by objectively valid judgements" (Hanna 2011b, S. 413). Hannas Vorschlag würde die Gültigkeit der Kategorien auf Objekte eines gültigen objektiven Erfahrungsurteils einschränken. Diese Einschränkung scheint mir wiederum ähnlich zu denjenigen Einschränkungen zu sein, welche u. a. Allais und Tolley mit ihrer Zwei-Ebenen-Unterscheidung und der These der zweideutigen Verwendungsweise der Wörter „Erkenntnis" und „Wahrnehmung" einführen. In beiden Fällen jedoch müsste m. E. bei einer ge-

---

[9] Tolley verfolgt eine analoge zwei-Ebenen-Unterscheidung wie Allais oder McLear: „Rather, synthesis is only necessary for us to consciously *represent* ('apprehend') these representations *as* unities, *as* giving us something that contains a manifold, *as* containing this or that determinate manifold that is unified in this particular way rather than that" (Tolley 2013, S. 123).

naueren Untersuchung zu klären sein, ob diese Einschränkung nicht auch einer Tautologie gleichkommt, falls wir nämlich das thematische Vorstellen der substanzmetaphysischen Bestimmtheit der Objekte oder die objektive Gültigkeit eines Erfahrungsurteils nur so erklären könnten, dass in diesen Vorstellungen gerade die Kategorien angewandt sind.

In puncto Interpretationsstrategie haben wir es also sowohl in der konzeptualistischen wie in der non-konzeptualistischen Interpretationsrichtung mit einer teilweise revisionistischen Lesart zu tun, die darauf angewiesen ist, ein wesentliches Theoriestück der *Kritik der reinen Vernunft* im Lichte eines anderen zu lesen (Ästhetik und Deduktion in jeweils verschiedenen Richtungen), und Kants Ausdrucksweise entweder mit einer Gewichtung einer Zweideutigkeit (Non-Konzeptualismus) oder mit der Betonung einer Kontrafaktizität (Konzeptualismus) zu lesen.

3.2 Eine Klassifikation kantischer Non-Konzeptualismen

Die eben dargestellte Übersicht über non-konzeptualistische Interpretationen gibt mir nun die Möglichkeit, eine Klassifikation möglicher solcher Positionen in Bezug auf Kants Philosophie durchzuführen. Diese soll am Leitfaden möglicher Kandidaten für Vorstellungen mit nichtbegrifflichem Inhalt vollzogen werden. Jede Vorstellung, die bisher in der Forschungsliteratur zu Kants (Non-)Konzeptualismus Debatte als ein solcher Kandidat gesehen wurde, ist letztlich eine Anschauungsvorstellung. Anschauungen sind nach dem Non-Konzeptualismus sinnliche, direkt und autonom weltbezogene Vorstellungen.

Wie bereits dargelegt wurde, teilt Kant selbst die Gesamtheit der Anschauungen in empirische und reine ein (vgl. B146f.). Gemäss den dargestellten gemässigten und starken non-konzeptualistischen Positionen finden wir eine weitere Unterscheidungsmöglichkeit darin, ob die zusätzliche Behauptung vertreten wird, dass auch eine Anschauung, an deren Konstitution ein begriffliches Vermögen, oder Begriffe selbst, mit-beteiligt sind, einen wesentlichen Aspekt nichtbegrifflichen Gehalts beibehält. Ich werde im Folgenden eine Anschauungsvorstellung, zu deren Gehalt keine intellektuelle Leistung beigetragen hat, eine *nichtsynthetisierte Anschauung* nennen. Darunter verstehe ich eine sinnliche Anschauung, die unabhängig vom Verstandesvermögen zustande kommt. Unter einer *synthetisierten Anschauung* verstehe ich in folgender Klassifikation eine Anschauung, zu deren Gehalt Begriffe oder das Verstandesvermögen in einer Weise beigetragen haben, die zumindest den Sinn von Verbindung mit-einbezieht, den Kant in B129 „*conjunctio*" nennt. D.h. eine synthetisierte Anschauung enthält eine

Verbindungsleistung gemäss reiner Verstandesbegriffe.[10] Ich unterscheide im Folgenden also zwischen reinen und empirischen, sowie zwischen begrifflich-synthetisierten und nicht-synthetisierten Anschauungen. Demnach lassen sich die Kandidaten für nichtbegrifflichen Vorstellungsinhalt bei Kant nach der in Abbildung 1 gegebenen Einteilung aufstellen.

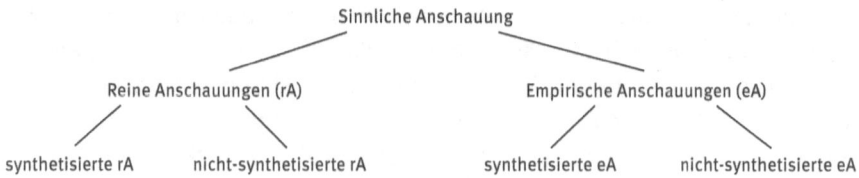

Abbildung 1: Kandidaten nichtbegrifflichen Vorstellungsinhalts bei Kant

Diese Einteilung wird nun dabei helfen, eine Klassifikation aller möglichen Positionen des Non-Konzeptualismus in Bezug auf Kants theoretische Philosophie zu finden.[11] Ein kantischer Non-Konzeptualismus muss die These der Existenz nichtbegrifflichen Vorstellungsinhalts in Bezug auf mindestens einen der folgenden Kandidaten behaupten:

A: Nicht-synthetisierte empirische Anschauung,
B: Nicht-synthetisierte reine Anschauung,
C: synthetisierte empirische Anschauung, und
D: synthetisierte reine Anschauung.

---

10 Hier sei erwähnt, dass es non-konzeptualistische Positionen gibt, die den Ausdruck „Synthesis" nicht auf eine Verstandesleistung oder eine Leistung, die auf irgendeine Weise dem Verstand zuarbeitet, restringieren, sondern auch an einen nichtbegrifflichen Sinn von „Synthesis" aufrechterhalten wollen. Hanna beispielsweise spricht dabei von einer „lower-level" Spontaneität, welche dem Vermögen der Sinnlichkeit einwohne (Hanna 2005, S. 249). Um weiterhin Platz für ein derartiges Verständnis von „Synthesis" zuzulassen, spreche ich von „Synthesis im Sinne von conjunctio".

11 Es ist anzumerken, dass es sich hierbei um *primäre* Kandidaten nichtbegrifflichen Vorstellungsinhalts handelt, sofern sie in Kants theoretischer Philosophie im engeren Sinne (und in der *Kritik der reinen Vernunft*) von Relevanz sind. D. h. einerseits können des Weiteren Vorstellungsarten bezeichnende Ausdrücke wie „Erfahrung", „Schema" und „Bild" einen nichtbegrifflichen Sinn haben, aber nur bezüglich ihrer Anteilnahme am nichtbegrifflichen Sinn von reinen oder empirischen Anschauungsgehalten. Andererseits mag es in Kants theoretischer Philosophie im weiteren Sinne, z. B. in Kants Ästhetik der *Kritik der Urteilskraft*, weitere Kandidaten nichtbegrifflichen Gehalts geben. So untersucht Heidemann die nichtbegriffliche Natur der Wertschätzung des Schönen bei Kant (vgl. Heidemann 2016) und Ulrich Schlösser die nichtintellektuelle Natur von Kants Begriff der „Mitteilbarkeit" in der *Kritik der Urteilskraft* (vgl. Schlösser 2015).

Rein kombinatorisch folgt zunächst, dass es 14 mögliche Formen des kantischen Non-Konzeptualismus geben könnte:

A   B   C   D   AB   AC   AD
BC   BD   CD   ABC ABD   BCD   ABCD

Das dargelegte Schema sei hier anhand eines Beispiels illustriert: Die Form **ABC** des kantischen Non-Konzeptualismus bedeutet die Position, die sowohl nicht-synthetisierte empirische Anschauungen (A), nicht-synthetisierte reine Anschauungen (B), wie auch synthetisierte empirische Anschauungen (C) für Vorstellungen mit nichtbegrifflichem Inhalt hält. Nicht alle logisch möglichen Kombinationen sind nun sinnvoll zu vertretende Varianten des Non-Konzeptualismus. Einige lassen sich durch folgende zwei Überlegungen ausschliessen:

Bottom-up Ansatz: Non-Konzeptualisten vertreten eine Ansicht über die von der Sinnlichkeit alleine gewährleisteten Erkenntnisfunktionen, welche beispielsweise auch Tieren ohne ein Vermögen der begrifflichen Rationalität zukommen können. Dieser Ansatz besagt also unter anderem, dass es von begrifflichen Fähigkeiten autonomen nichtbegrifflichen Vorstellungsinhalt gibt, der durch unsere „unteren" Vorstellungsvermögen gewährleistet wird. Die Nichtbegrifflichkeit von A oder B muss also von einer non-konzeptualistischen Position vertreten werden. Wird zusätzlich dafür argumentiert, dass auch intellektuell synthetisierte Anschauungen trotz der Mitkonstitution des Anschauungsgehalt durch den Verstand wesentlichen nichtbegrifflichen Inhalt beibehalten, der nicht ausschöpfend mit begrifflichem Inhalt identifiziert werden kann, so fusst diese These ebenfalls auf einer behaupteten grundsätzlichen Vorstellungsautonomie des sinnlichen Vermögens. Wer daher die Nichtbegrifflichkeit von C behauptet, impliziert auch die Nichtbegrifflichkeit von A, analog wird B von D impliziert. Kurz: $(A \lor B) \land (C \to A) \land (D \to B)$.

Die kantische These der unmittelbaren Inklusion der raumzeitlichen Strukturen in empirisch-sinnlich gegebenen Erscheinungen: Für Kant sind Raum und Zeit als Formen der Sinnlichkeit Bedingungen, „unter denen Gegenstände in der Anschauung gegeben werden" (A89/B122). Sie sind Bedingungen der sinnlichen Gegebenheit der Gegenstände (vgl. A35/B52). Uns kann nach Kant „nur vermittelst solcher reinen Formen der Sinnlichkeit [...] ein Gegenstand erscheinen, d.i. ein Object der empirischen Anschauung sein" (A89/B121). Bereits aus Gründen, die ausschliesslich im Vermögen der Sinnlichkeit liegen, ist nach Kant nur dasjenige eine anschaulich sinnliche Vorstellung, das in seinem Vorstellungsinhalt raumzeitliche Strukturen anzeigt. Stellt die Sinnlichkeit den raumzeitlichen Gehalt der Anschauungen autonom vor, so ist auch in empirischen Anschauungen ein vom Verstand unabhängiger Objektivitätssinn vorgestellt, und es muss daher auch die

These der Nichtbegrifflichkeit der entsprechenden empirischen Anschauung vertreten werden. Dies bedeutet für die jetzige Klassifikation: (B → A) ∧ (D → C).

Damit lässt sich die Anzahl der vertretbaren non-konzeptualistischen Positionen weiter reduzieren auf die folgenden fünf:

A: Diese Position würde die Nichtbegrifflichkeit des empirischen Vorstellungsinhalts bei Kant vertreten, jedoch nicht jene des rein-anschaulichen Vorstellungsinhalts. D.h. der Sinn des Gegenstandsbezug empirischer Anschauung dürfte nicht über raumzeitliche Strukturen vermittelt sein. Zusätzlich würde die These vertreten werden, dass nichts dagegen spricht, dass der infrage stehende nichtbegriffliche Inhalt sich vermittelst intellektuell geleiteter Synthesis als begrifflicher Inhalt ausdrücken lässt (These des gemässigten oder abgeschwächten Non-Konzeptualismus). Eine solche Position wird meines Wissens nicht vertreten, da in Theorien nichtbegrifflichen Objektbezugs meist Räumlichkeit von nicht zu vernachlässigender Bedeutung ist.

AB: Nichtbegriffliche und vom Verstand unabhängig gegebene, sinnliche, empirische *und* reine Vorstellungsinhalte haben nach dieser Position eine fundamentale Rolle in der menschlichen Erkenntnis. Ihr Objektbezug wird einer autonomen sinnlichen Funktion verdankt. Zusätzlich wird die oben identifizierte These des gemässigten oder abgeschwächten Non-konzeptualismus vertreten. Eine solche Position vertreten meines Erachtens Lucy Allais und Colin McLear.

AC: Gleich wie bei **A**, einfach mit der zusätzlichen Hypothese, dass selbst eine durch Verstandessynthesis bestimmte empirische Anschauung sich in ihrem Inhalt nicht ausschöpfend durch Begriffe bestimmen lässt (These des starken Non-Konzeptualismus). Ebenfalls wie bei **A** stellt sich die Frage nach dem Sinn des nichtbegrifflichen Objektbezugs, der nicht auf einer Theorie der Räumlichkeit aufbauen und dadurch nicht an Kants reichhaltige Lehre rein sinnlichen Vorstellens anschliessen kann.

ABC: Nichtbegriffliche und dem Verstand vorrangig gegebene sinnliche (empirische und reine) Vorstellungsinhalte bilden eine fundamentale Rolle in der menschlichen Erkenntnis. Zudem wird die These des starken Non-Konzeptualismus in Bezug auf den Gehalt empirischer (synthetisierter) Anschauung vertreten, jedoch nicht in Bezug auf den Gehalt synthetisierter reiner Anschauung. So könnte man beispielsweise die Reichhaltigkeit des empirischen Vorstellens als prinzipiell diskontinuierlich mit begrifflichem Gehalt halten, während man z.B. in der Geometrie die räumlichen Vorstellungsinhalte für potentiell hinreichend mit begrifflichem Gehalt identifizierbare hält. Exponenten einer solchen Position sind mir ebenfalls unbekannt, obwohl es sich dabei m.E. um eine vertretbare Version des kantischen Non-Konzeptualismus handelt.

ABCD: Gleich wie bei **ABC**, mit der zusätzlichen These des starken Non-Konzeptualismus in Bezug auf den Gehalt reiner Anschauung. Treffen die oben aufgestellten Implikationen zu, so impliziert die Position, dass es sich selbst bei synthetisierten reinen Anschauungen D um Vorstellungen nichtbegrifflichen Inhalts handelt, die analoge Position in punkto allen anderen Kandidaten. **ABCD** wird m. E. von Robert Hanna vertreten.

Die eben dargestellte Klassifikation teilt meines Erachtens alle auf Kant bezogenen Non-Konzeptualismen ein. Dies wird jedoch nicht bedeuten, dass sich nicht mehrere in eine der hier dargelegten Gruppen fallende Positionen vielfältig unterscheiden können. So werden sowohl das Verständnis der Art und Weise der begrifflichen oder intellektuellen Beteiligung an synthetisierten Anschauungen, dasjenige von der Natur begrifflicher Erkenntnis und dasjenige von der Beschaffenheit des nichtbegrifflichen Gegenstandsbezugs Unterschiede in Non-Konzeptualismen freilegen. Diese Themen könnten also weitere mögliche Kandidaten für Einteilungen von Non-Konzeptualismen sein. In der weiteren Diskussion werden die Formen **ABCD** und **AB** hauptsächlich von Relevanz sein, als stärkere oder gemässigtere Formen des Non-Konzeptualismus. Denn in Bezug auf ein Verständnis der Heterogenitätsthematik (wie sie auch innerhalb des Schematismuskapitels zur Sprache kommt) sind insbesondere reine Vorstellungsinhalte, die in der Form unserer Anschauung angelegt sind, von besonderer Wichtigkeit.

Eine weitere von den gegenwärtigen Diskussionen der systematischen Forschungsliteratur herkommende Einteilung ist diejenige der non-konzeptualistischen Positionen in den sogenannten „content Non-Conceptualism" und den „state Non-Conceptualism". Diese Einteilung richtet sich an den Status nichtbegrifflicher Vorstellungsinhalte. So vertreten einige Positionen die These, dass es nichtbegrifflichen Vorstellungsinhalt gibt, der sich wesentlich von begrifflichem Inhalt unterscheidet (content-These). Dem gegenüber steht die state-These, dass ein Vorstellungssubjekt auch dann Gegenstände vorstellen kann, wenn es nicht über die relevanten begrifflichen Vermögen oder das relevante Begriffsarsenal verfügt, um den infrage stehenden Vorstellungsinhalt begrifflich zu bestimmen. Die state-These kann man eine gemässigtere These des Non-Konzeptualismus nennen, wohingegen die content-These eine stärkere non-konzeptualistische Position impliziert.[12]

Mit dieser Unterscheidung charakterisieren sich die bereits aufgeführten auf Kant bezogenen Non-Konzeptualisten teilweise selbst. So vertritt Allais bewusst

---

[12] vgl. Heck (2000 und 2007) zur state-content-Unterscheidung und Speaks (2005) zu einer meiner Meinung nach analogen relative-absolute-Unterscheidung.

die gemässigte These des Non-Konzeptualismus.[13] Die gemässigte These Non-Konzeptualismus ist eine These über eine spezifische Gegebenheitspriorität (und Autonomie) der nichtbegrifflichen Vorstellungsinhalte für ein Vorstellungssubjekt mit sinnlichem Vermögen. Sie sagt jedoch nicht, dass, falls ebendasselbe Vorstellungssubjekt über unbeschränkte Fähigkeiten der begrifflichen Beschreibung verfügt, es nicht den infrage stehenden Vorstellungsinhalt adäquat durch Begriffe beschreiben könnte, was nun denselben Inhalt zu einem begrifflichen Inhalt machen würde. Bezogen auf die obige Klassifikation kantischer Non-Konzeptualismen stellen die Versionen AB und A eine solche Form des gemässigten oder *state* Non-Konzeptualismus dar. Die anderen Versionen müssen, sollen synthetisierte Anschauungen prinzipiell als Kandidaten nichtbegrifflicher Vorstellungsinhalte genommen werden, als Formen des *content* Non-Konzeptualismus gelten.

Der kantische „content" Non-Konzeptualismus gliedert zwar die Autonomie-These mit ein, weist jedoch zusätzlich darauf hin, dass, insofern alle Elemente eines sinnlich gegebenen Vorstellungsinhalts betrachtet werden, es keine mögliche vollständige Identifikation von nichtbegrifflichem mit begrifflichem Vorstellungsinhalt geben kann. Hanna weist, um die intrinsische Differenz der begrifflichen und nichtbegrifflichen Vorstellungsinhalte auszuweisen (und auch bei Kant auszumachen), auf Kants Argumente bezüglich inkongruenter Gegenstücke hin (vgl. Hanna 2015, S. 139).[14] Nach Hanna erweist Kant mit dem Argument der inkongruenten Gegenstücke die Existenz von wesentlich nichtbegrifflichen Vorstellungsinhalten. Ein auf Kant bezogener content Non-Konzeptualismus, der die wesentliche Differenz von begrifflichen und anschaulichen Vorstellungsinhalten behauptet, wird sich daher darin anzeigen, dass unsere Sinnlichkeit nicht nur Dinge in unserer Erfahrungswelt autonom vorstellen kann, sondern dass die so gegebene Vorstellung immer jeweils reale Eigenschaften dieser Dinge vorstellt, für deren Vorstellung begrifflicher Inhalt grundsätzlich nicht hinreichend ist. Anders ausgedrückt ist unser begriffliches Vermögen, gemäss dieser Interpretation, nicht in der Lage, gewisse sinnlich vorgestellte reale Eigenschaften der Dinge unserer Erfahrungswelt hinreichend zu beschreiben (zu begreifen).

Ich werde mich nun im folgenden 3.3 einer Untersuchung dieses bereits von Hanna in die Diskussion um die Nichtbegrifflichkeit von Anschauungen einge-

---

13 „I am concerned here to argue only for the attribution to Kant of what Speaks calls 'relative', as opposed to 'absolute', non-conceptual content. The idea is that only the latter asserts that perception and belief have an intrinsically different structure; the former merely claims that a subject can have a perceptual representation with a certain content without herself possessing relevant concepts to describe that content" (Allais 2009, S. 386).
14 vgl. Prol, AAIV, S. 268, für eine besonders deutliche Darstellung von Kants „Rätsel".

brachten Arguments der inkongruenten Gegenstücke und den ihm verwandten Themen von Kants Philosophie widmen und dabei versuchen, eine Kant sinnvollerweise zuzuschreibende Position nichtbegrifflichen Vorstellens zu identifizieren.

3.3 Versuch der Bestimmung der non-konzeptualistischen Position Kants

In diesem Abschnitt möchte ich ein Argument für die Position des Non-Konzeptualismus bei Kant vorstellen, das ich aufgrund der Textlage in der *Kritik der reinen Vernunft* und in anderen kritischen Schriften für schlüssig halte. Es beruht im wesentlichen auf Kants Kritik am Rationalismus der Leibniz-Wolffschen Tradition. Dabei werde ich folgender Überlegung folgen: Wenn gezeigt werden kann, dass eine für Kants Philosophie zentrale Lehre ein systematisches Argument für eine non-konzeptualistische Position enthält, so können wir berechtigt Kant die dadurch zum Ausdruck gebrachte Version des Non-Konzeptualismus zuschreiben. Ob diese Position mit wichtigen Lehrstücken der *Kritik der reinen Vernunft*, wie beispielsweise denjenigen, die in der *Transzendentalen Deduktion* oder im Schematismuskapitel ausgedrückt werden, kompatibel ist, wird erst in den nachfolgenden Teilen der vorliegenden Arbeit entschieden werden.

3.3.1 *conceptus communis*: Zum Unzureichenden des begrifflichen Vorstellens

Ein erstes solches Element ist die von Kant konzipierte Struktur begrifflichen Vorstellens. Begriffe „beruhen" nach Kant auf „Funktionen", sie „gründen sich also auf der Spontaneität des Denkens" (A68/B93). Als beruhend auf einer Funktion beinhalten sie die „Einheit der Handlung, verschiedene Vorstellungen unter einer gemeinschaftlichen zu ordnen" (A68/B93). In ihrer Funktionsnatur, d.h. dass sie mit dem Bewusstsein der Vereinigung des Mannigfaltigen in einer Vorstellung (vgl. A103) identifiziert werden oder dass sie Handlungsweisen respektive -einheiten sind, sind sie Allgemeinvorstellungen, die immer unbestimmt viele Vorstellungen unter sich enthalten können müssen. Wie Kant dies ausdrückt, sind sie nie direkt auf einen Gegenstand bezogen, sondern müssen ihren Gegenstandsbezug letztlich immer über ihre Beziehung zum sinnlich-anschauungshaften Vorstellen herstellen, oder noch mittelbarer über ihre Beziehung zu anderen Begriffen, die ihrerseits Beziehung zum Anschauungshaften aufweisen (vgl. A19/B33 und A68/B93). Nach Kant sind solche Allgemeinvorstellungen analytische Einheiten des Bewusstseins, durch die wir uns „eine Beschaffenheit vor[stellen], die (als Merkmal) irgend woran angetroffen, oder mit anderen Vorstellungen verbunden sein kann" (B133). Das Denken eines Begriffs beinhaltet einerseits, dass er als „ein Merkmal" der Dingvorstellung oder anderer Begriffe verstanden wird, der ihre Beschaffenheit ausdrückt, und andererseits, dass der Begriff eine Teilvorstellung einer anderen Vorstellung sein kann, aus welcher er durch Analysis gewonnen werden kann. Der Begriff ist eine gemeinsame Vorstellung (vgl. B133), oder wie Kant an anderer Stelle ausdrückt, ein „gemeinschaftliches Merkmal" (B40). Als solcher kann er nämlich „in einer unendlichen Menge von verschiedenen möglichen Vorstellungen [...] enthalten" (B40) sein. Dies heisst jedoch für einen Begriff, dass er diese Menge von Vorstellungen „unter sich enthält" (B40). So ist beispielsweise der Begriff des Lebewesens *im* Begriff des Menschen und der Begriff des Menschen *unter* demjenigen des Lebewesens enthalten.

Dass Begriffe Merkmale oder Merkmalskomplexe sind, die sich auf Funktionen der Spontaneität gründen, führt, wie wir gesehen haben, dazu, dass sie Allgemeinvorstellungen sein müssen. Kant drückt dies in der *Jäsche-Logik* wie folgt aus: „der Begriff [ist] eine allgemeine (*repraesentatio per notas communes*) oder reflectirte Vorstellung (*repraesentatio discursiva*)" (Log, AAIX, S. 91). Ihre Natur als allgemeine Vorstellungen steht jedoch einer traditionellen, dem begrifflichen Denken zugetragenen, Aufgabe im Wege, nämlich der individuierenden Beschreibung von Dingen. Für eine solche Individuation sind Begriffe nicht hinreichend, wie Kant beispielsweise in der *Transzendentalen Dialektik* anführt:

> Daher jede Gattung verschiedene Arten, diese aber verschiedene Unterarten erfordert; und da keine der letzteren stattfindet, die nicht immer wiederum eine Sphäre (Umfang als *conceptus communis*) hätte so verlangt die Vernunft in ihrer ganzen Erweiterung, daß keine Art als die unterste an sich selbst angesehen werde, weil, da sie doch immer ein Begriff ist, der nur das, was verschiedenen Dingen gemein ist, in sich enthält, dieser nicht durchgängig bestimmt, mithin auch nicht zunächst auf ein Individuum bezogen sein könne, folglich jederzeit andere Begriffe, d. i. Unterarten, unter sich enthalten müsse. (A655f./B683f.)

Ein Begriff hat die Natur eines *conceptus communis*, hat damit einen Umfang, d. h. eine „Sphäre" seiner Anwendung, welcher jederzeit weitere begriffliche Unterscheidungen zulässt, damit die letztlich unter den Begriff fallenden Gegenstände nach der Logik von Gattung und Art begrifflich immer feinmaschiger beschrieben werden können. Die Begriffe bleiben nach Kant jedoch in dieser Natur verhaftet und können nie als „unterste" angesehen werden, welche einen Gegenstand individuieren. Diese ‚Unzulänglichkeit' liegt selbst in der strukturellen Natur der Begriffe. So sagt Kant, dass „keine Art als die unterste [...] angesehen" werden kann, *weil* es sich bei ihr immer noch um eine begriffliche Vorstellung handelt, die für die menschliche Erkenntnis immer nur das vorstellt, „was verschiedenen

Dingen gemein ist" (A655f./B683f.). Begriffliche Vorstellungen haben daher im folgendem Sinne für Kant keinen unmittelbaren Gegenstandsbezug: Begriffe sind für die vollständige Beschreibung der Bestimmtheit des Individuums wesentlich unzureichend.

Exkurs: Durchgängige Bestimmtheit und transzendentaler Realismus
Im Hintergrund des hier angetroffenen Problems der ‚Unzulänglichkeit' begrifflichen Denkens, d.h. neben ihrer Natur als Allgemeinvorstellungen, steht Kants Kritik an transzendental-realistischen Positionen, welche er in der *Transzendentalen Dialektik* entwickelt. Es scheint gar so zu sein, dass die Idee der durchgängigen (begrifflichen) Bestimmtheit der Gegenstände für Kant ein wesentliches Element in der Entwicklung seiner transzendental-idealistischen Position und damit auch für die Einführung des kognitiven Dualismus ist, in welchem Sinnlichkeit und Verstand als wesentlich heterogene Stämme der menschlichen Erkenntnis genommen werden müssen.[15] Insofern nämlich die Annahme, Gegenstände seien an sich durchgängig bestimmt, dazu führt, dass „sich die Vernunft mitten unter ihren größten Erwartungen in einem Gedränge von Gründen und Gegengründen" (A464/B492) wiederfindet, basieren die Darstellungen Kants im Hauptstück zur *Antinomie der reinen Vernunft* auf ebendieser Problematik.

In der *Antinomie der reinen Vernunft* geht es um kosmologische Fragen, von denen man nach Kant „mit Recht eine genugthuende Antwort, die die Beschaffenheit des Gegenstandes betrifft" (A478/B506) fordere. Denn obwohl der Gegenstand der kosmologischen Überlegung nach Kant auf gewisse Weise „empirisch gegeben" ist, geht es um „die Frage [nach der] Angemessenheit desselben mit einer Idee" (A478/B506), die auf die Totalität der Bedingungen, gemäss deren der Gegenstand in unserer Erfahrung erscheint, aus ist. Diese Totalität kann uns aber nach Kant in unserer Erfahrung nicht gegeben werden. Denn „mit allen möglichen Wahrnehmungen [bleibt man] immer unter Bedingungen, es sei im Raume oder in der Zeit, befangen und kommt an nichts Unbedingtes" (A483/B511). Gehen wir beispielsweise davon aus, dass uns die Welt über unsere Wahrnehmungen gegeben ist, so sind uns immer nur einzelne Dinge und der Zusammenhang oder die Zusammenwirkung dieses Einzelnen mit anderen Dingen gegeben. Nun ist jedoch stets davon auszugehen, dass auch diese anderen Dinge unter Bedingungen und in

---

[15] vgl. Engelhard (2005, S. 309–334) für den Zusammenhang von Kants Lehre des transzendentalen Idealismus mit der Darstellung des Antinomienproblems und den für das Antinomienproblem grundlegenden transzendental realistischen Annahmen. Für eine entwicklungsgeschichtliche Darstellung von Kants Gedanken zur Antinomienproblematik, siehe die Seiten 275–302.

Kontakt mit wiederum anderen Dingen stehen. Schreiten wir nach Kant von diesen bedingten Wahrnehmungen her ins Unbedingte, so machen wir uns eine Idee der Welt als eines Weltganzen (vgl. A408/B434). Die begriffliche Bestimmung dieser Ideen des Weltganzen ist Gegenstand der Antinomien.

In den mathematischen Antinomien geht es um die spekulative Bestimmung der Welt in ihrer Totalität bezüglich der Zusammensetzung (vgl. A426/B454 ff.) und der Teilung (vgl. A434/B462 ff.). Dabei stellt Kant jeweils zwei gegensätzliche Ansichten über die vollständige Zusammensetzung und Teilung vor, die beide nach Kant einen einsichtigen Beweis vorbringen und der Struktur der reductio der gegenteiligen Annahme folgen, in deren Vollzug sie ihre jeweilige These bewiesen sehen. Nach Kant ist jedoch die implizite Voraussetzung dieser Beweisführung nicht gegeben. Denn wenn – in Bezug auf die Antinomie der Zusammensetzung – gesagt werde, „die Welt ist dem Raume nach entweder unendlich, oder sie ist nicht unendlich (*non est infinitus*)" (A503/B531), so könnte man meinen, dass von der Falschheit des ersten Satzes auf die Endlichkeit der Welt geschlossen werden könnte. Durch die Falschheit des ersten Satzes würde jedoch nach Kant „eine unendliche Welt" aufgehoben, „ohne eine andere, nämlich die endliche, zu setzen" (A503/B531). Der Gegensatz zwischen den Aussagen, die Welt sei unendlich, und, die Welt sei endlich, ist nach Kant nicht kontradiktorisch, sondern muss als konträr angesehen werden, denn sie „könnten beide falsch sein" (A504/B532). Das Aufheben eines bestimmten Begriffs des Weltganzen ist nach Kant nicht mit dem Setzen der gegenteiligen Bestimmung äquivalent.

Der Grund nun für Kants Meinung, dass die erwähnten gegenteiligen Konzeptionen des Weltganzen beide falsch sein können, ist, dass diese Konzeptionen „die Welt als an sich selbst ihrer Größe nach bestimmt" (A504/B532) ansehen, und sich daher beide einer fehlerhaften Voraussetzung schuldig machen. Den Gedanken, durch den wir die Gegenstände unseres Denkens, wozu Totalitätskonzeptionen dazugehören, als durchgängig bestimmt ansehen, hält Kant für unerweisbar.[16] Im Hintergrund der Ansicht, dass von zwei gegensätzlichen Bestimmungsurteilen eines einem infrage stehenden Gegenstand zukommen muss, steht daher nach Kant eine implizite transzendental- oder metaphysisch-

---

16 So sagt Engelhard: „Die Verquickung von Satz des ausgeschlossenen Dritten, Satz der Bestimmtheit und Satz der vollständigen Bestimmtheit ist die Ursache für die implizite Voraussetzung des transzendentalen Realismus von Thesis und Antithesis und für Kants Ansatzpunkt der Auflösung" (Engelhard 2005, 322 f.). Wenn beide Sätze gegensätzliche Bestimmungsurteile sind, so müsste in der Tat ein an sich bestimmter Gegenstand einem der beiden Sätze adäquat sein, „[d]amit zeigt es sich, dass für Kant der transzendentale Realist das Ding an sich als etwas vollständig Bestimmtes betrachtet" (S. 331).

3.3 Versuch der Bestimmung der non-konzeptualistischen Position Kants — 77

realistische Position, nach der die Gegenstände unabhängig vom menschlichen Erkennen als an sich durchgängig bestimmte existieren:

> Ein jedes Ding aber seiner Möglichkeit nach steht noch unter dem Grundsatze der durchgängigen Bestimmung, nach welchem ihm von allen möglichen Prädicaten der Dinge, so fern sie mit ihren Gegentheilen verglichen werden, eines zukommen muß. Dieses beruht nicht bloß auf dem Satze des Widerspruchs; denn es betrachtet außer dem Verhältniß zweier einander widerstreitenden Prädicate jedes Ding noch im Verhältniß auf die gesammte Möglichkeit, als den Inbegriff aller Prädicate der Dinge überhaupt, und indem es solche als Bedingung a priori voraussetzt, so stellt es ein jedes Ding so vor, wie es von dem Antheil, den es an jener gesammten Möglichkeit hat, seine eigene Möglichkeit ableite. (A571f./B599f.)

> Wenn also der durchgängigen Bestimmung in unserer Vernunft ein transscendentales Substratum zum Grunde gelegt wird, welches gleichsam den ganzen Vorrath des Stoffes, daher alle mögliche Prädicate der Dinge genommen werden können, enthält, so ist dieses Substratum nichts anders, als die Idee von einem all der Realität (*omnitudo realitatis*). (A575f./B603f.)

Die implizite transzendental-realistische Annahme, welche sich als grundlegend für die jeweiligen Beweise in einer Antinomie erwiesen hat, ist diejenige einer „omnitudo realitatis" (A558/B604), als den „Inbegriff aller Prädicate der Dinge überhaupt" (A572/B600). Es ist nach Kant nun diese Annahme, die zum „Grundsatze der durchgängigen Bestimmung" (A571/B599) führt, welcher für Kant nicht ein Prinzip ist, das „bloß auf dem Satze des Widerspruchs" (A572/B600) sich gründet. Dieses Prinzip ist nicht analytisch, sondern erweiternd, und liegt als unterdrückte Annahme den reductio-Beweisen zugrunde. Die Idee der durchgängigen Bestimmtheit der Dinge ist nach Kant eine unzulässige metaphysische Annahme, die zu inkonsistenten Folgerungen führen kann, sie ist also antinomienbehaftet.[17] Sie besteht darin, dass wir uns ein Ding als Einschränkung des Alls der Realität vorstellen (vgl. A577/B605). Indem wir uns nämlich vorstellen, jedes Ding habe einen bestimmten „Antheil [...] an jener gesammten Möglichkeit" (A572/B600), so lässt sich jedes Ding als durchgängig bestimmter und durch Einschränkung des Alls der Realität zu individuierender Gegenstand vorstellen. Als ein solcher wäre der Gegenstand prinzipiell hinreichend durch Prädikate, d. h. Begriffe, individuiert.

---

[17] Diese durchgängige Bestimmung kann nach Kant nie durch unser Anschauungsvermögen, in concreto, gegeben sein: „Die durchgängige Bestimmung ist folglich ein Begriff, den wir niemals in concreto seiner Totalität nach darstellen können, und gründet sich also auf einer Idee, welche lediglich in der Vernunft ihren Sitz hat, die dem Verstande die Regel seines vollständigen Gebrauchs vorschreibt", A573/B601. Diese Idee ist daher für Kant nicht konstitutiv für unsere Erfahrung, sondern nur regulativ für den Verstandesgebrauch.

Indem Kant die versteckte Prämisse der transzendental-realistischen Position identifiziert, zeigt sich für ihn zugleich der Ausweg aus dieser Art der Gegenstandskonzeption an, nämlich derjenige des transzendentalen Idealismus, dem gemäss die Gegenstände unserer Erkenntnis „Modificationen unserer Sinnlichkeit" (A491/B519) sein müssen. Diese Gegenstände unserer Sinnlichkeit sind nach Kant darum keine an sich selbst durchgängig bestimmte, weil sie durch unser Anschauungsvermögen gegebene Vorstellungen sind, „deren Verhältniß zu einander eine reine Anschauung des Raumes und der Zeit ist (lauter Formen unserer Sinnlichkeit), und welche, so fern sie in diesem Verhältnisse (dem Raume und der Zeit) nach Gesetzen der Einheit der Erfahrung verknüpft und bestimmbar sind, Gegenstände heißen" (A494/522). Dadurch, dass die Sinnlichkeit Gegenstände nur unter sinnlichen Bedingungen vorstellt, und diese sinnlichen Bedingungen Verhältnisse mit sich bringen, welche den Gegenständen nicht als an sich bestimmte zukommen,[18] sind die Gegenstände unseres Erkenntnisvermögens nicht an sich durchgängig bestimmte, sondern unter raumzeitlichen Bedingungen *bestimmbare*. Demgemäss löst Kant auch die Antinomie der Teilung (vgl. A434/B462ff.) wie folgt auf:

> Denn die Unendlichkeit der Theilung einer gegebenen Erscheinung im Raume gründet sich allein darauf, daß durch diese bloß die Theilbarkeit, d. i. eine an sich schlechthin unbestimmte Menge von Theilen, gegeben ist, die Theile selbst aber nur durch die Subdivision gegeben und bestimmt werden, kurz daß das Ganze nicht an sich selbst schon eingetheilt ist. (A526/B554)

Die „Theilung" im Sinne der „Theilbarkeit" der Erscheinungen wird gemäss Kant durch den Raum als deren Anschauungsform gegeben. Jedoch ist diese Teilung immer so verstanden, dass Erscheinungen durch die Teilung weiter bestimmt werden können, jedoch das Ganze der Teilung in Raum und Zeit niemals als gegeben gesetzt werden kann. Die Materie der Erscheinungen kann, in dem sie in

---

18 Gordon Brittan sieht in Kants Lehre Relationalität von Raum und Zeit, wie dieser sie in der *Transzendentalen Ästhetik* erwähnt (B66f.), den Grund für die These der transzendentalen Idealität bezüglich Raum und Zeit, und in dieser wiederum Kants Argument wider das Prinzip der durchgängigen Bestimmtheit der Gegenstände angelegt: „Kant's general point that we can have knowledge only of the relational properties of objects, and therefore not of the objects as they are in themselves, has an important corollary. It is that ,appearances', in so far as their properties are relational, are never completely determined", (Brittan Jr. 2001, S. 543). Ich werde in den folgenden Teilen dieser Arbeit demgegenüber die Ansicht verteidigen, dass die These des transzendentalen Idealismus sich allererst auf der nicht-rationalen Struktur des raumzeitlichen Vorstellens gründet, welches mit Kants These, dass Raum und Zeit bloss relational sind, nicht in Widerspruch steht, letztere These der Relationalität jedoch nicht als Hauptargument für den transzendentalen Idealismus versteht.

puncto Teilung immer weiter bestimmt werden kann, niemals vermittelst einem Bestimmungsurteil als vollständig eingeteilt in einfache Teile oder als nur aus nicht-einfachen Teilen bestehend gesetzt werden. Dies macht die gegenteiligen Bestimmungsurteile zu konträren Aussagen. Die Gegenstände der Sinnlichkeit sind nicht solche, die als an sich durchgängig bestimmte (durch Prädikatsbegriffe individuierbare) Dinge angesehen werden können. Dies drückt Kant wie folgt aus: „Denn obgleich alle Theile in der Anschauung des Ganzen enthalten sind, so ist doch darin nicht die ganze Theilung enthalten" (A524/B552). Unter den Bedingungen von Raum und Zeit stehend deckt uns die Sinnlichkeit keine an sich selbst durchgängig bestimmte Gegenstände auf. Demgemäss sagt Kant auch eingangs der Ästhetik: „Der unbestimmte Gegenstand einer empirischen Anschauung heißt Erscheinung" (A20/B34). Der erscheinende Gegenstand der empirischen Anschauung ist vom Verstandesvermögen aus gesehen ein bloss bestimmbarer, nicht aber ein durchgängig bestimmter in einer Weise, dass von ihm das Prinzip der durchgängigen Bestimmtheit gelte.

Die Sinnlichkeit bringt daher Bedingungen mit sich, die sinnlich erscheinende Gegenstände zu stets bestimmbaren Gegenständen macht. Jede Bestimmungsleistung des Verstandes in Bezug auf Gegenstände unserer Sinnlichkeit muss „jederzeit in der Anschauung ihre Bedingung finden [...], welche sie dem Raume oder der Zeit nach bestimmt" (A509/B537). Kant spricht davon, dass die Anschauung jene Gegenstände gemäss raumzeitlichen Strukturen *bestimmt*, welches sowohl das Fundament wie auch eine nie zu hebende Bedingung für jegliche Verstandesbestimmung unserer sinnlich gegebenen Gegenstände darstellt. Die Gegenstände unserer Sinnlichkeit sind daher in einem gewissen Sinne bloss bestimmbar, indem sie nie als an sich selbst durchgängig bestimmt betrachtet werden können, in einem anderen Sinne sind sie aber bestimmt, nämlich insofern sie von unserer Sinnlichkeit her die Bedingungen der Raumzeitlichkeit aufgebürdet bekommen.

‚Bestimmtheit' in einem zweifachen Sinne?

Bezüglich dem Thema der Individuation erwähnt die *Jäsche-Logik*, unser begriffliches Vermögen könne die „durchgängig[e]" Bestimmtheit der Gegenstände (bei uns Menschen) nicht fassen. Diese kann durch Begriffe „nie als vollendet angesehen werden" (Log, AAIX, S. 99). Dadurch bringt Kant die oben erwähnte ‚Unzulänglichkeit' unseres begrifflichen Vermögens zum individuierenden Erkennen des Gegenstandes zum Ausdruck. Speziell bemerkenswert an dieser Stelle ist jedoch die Erwähnung, dass es „nur durchgängig bestimmte Erkenntnisse als *Anschauungen* [...] geben" könne (Log, AAIX, S. 99, meine Hervorhebung). Wollen wir diese Aussage Kant selbst zuschreiben, wird Kant hier auf die jeweils komplementären (und irreduziblen) Fähigkeiten von Sinnlichkeit und Verstand hinweisen. Die Anschauung als solche ist eine sich unmittelbar auf ein singuläres Objekt beziehende Vorstellung, und stellt dieses Objekt als Individuum vor. Darauf scheint sich die Passage der *Jäsche-Logik*, die von einer „durchgängigen Bestimmung" bei der Anschauung spricht, zu beziehen. Allerdings muss man hier Vorsicht walten, denn die durchgängige Bestimmung der sinnlichen Anschauung kann nach den obigen Überlegungen nicht die An-sich-Bestimmtheit des Gegenstands meinen, die impliziert, dass im Felde aller möglichen Prädikate immer jeweils eines zweier gegenteiliger Prädikate auf einen Gegenstand zutrifft und sich die Individualität des Gegenstandes durch Einschränkung dieses Alls der Realität an sich selbst denken lässt. Die Individualität der sinnlich-anschaulichen Vorstellungsweise, d.h. deren ‚durchgängige Bestimmtheit', kann nicht mit derjenigen ‚durchgängigen Bestimmtheit' im Felde begrifflichen Denkens identifiziert werden.

Hier liegt also eine Äquivokation vor. Es kann sich bei der genannten sinnlich-anschaulichen ‚durchgängigen Bestimmtheit' nicht um denjenigen Sinn von ‚durchgängiger Bestimmtheit' handeln, der von der genannten metaphysischen Annahme impliziert wird. Dies wirft die Frage auf, ob es ein Versehen Kants war, in Bezug auf Anschauung von ‚durchgängiger Bestimmtheit' zu sprechen? Ich gehe davon aus, dass Kant mit diesem Ausdruck dennoch auf etwas Relevantes hinweisen wollte. Daher schlage ich vor, das Gemeinsame dieser Ausdrücke darin zu sehen, dass es um die Vorstellbarkeit der Individualität eines Dinges geht und dass diese Vorstellbarkeit für uns Menschen nur eine Funktion unserer Sinnlichkeit sein kann, jedoch nicht des Verstandes, und uns daher die Dinge zwar als Individuen gegeben sind, aber nicht als solche (in ihrer An-sich-Bestimmtheit) begriffen werden.[19] Ich werde dies im Folgenden die *Individualitätsfunktion sinnlichen Vorstellens* nennen. Ob es Sinn macht, im Felde der Sinnlichkeit noch einen ausgeprägteren Sinn von ‚Bestimmtheit', der jedoch nicht mit der oben aufge-

---

[19] Auf diese Weise lässt sich doch noch eine gewisse Bedeutung von ‚durchgängiger Bestimmung' bezüglich sinnlicher Anschauung aufrechterhalten. Eine alternative Lesart der infrage stehenden Passage der *Jäsche-Logik*, die meines Erachtens auch eine gewisse exegetische Berechtigung beanspruchen könnte, könnte darin bestehen, dass diese Passage nicht von „Anschauung" in einem sinnlichen Sinne spricht, sondern in einem intellektuellen. Für ein mögliches Wesen mit intellektueller Anschauung wäre die durchgängige begriffliche Bestimmtheit der Gegenstände, so wie sie Kant in der *Transzendentalen Dialektik* versteht, in der Anschauung gegeben. Dies ist jedoch nicht möglich für Wesen mit sinnlicher Anschauung. Die von mir identifizierte Äquivokation kann durch diese Interpretation gehoben werden. Jedoch steht dieser Interpretationsstrategie entgegen, dass Kant in demselben Satz implizit auf zwei verschiedene Gemütsnaturen verweisen würde, welches ich für unwahrscheinlich halte.

3.3 Versuch der Bestimmung der non-konzeptualistischen Position Kants — 81

führten metaphysischen Annahme zu identifizieren ist, zu postulieren, werde ich in den weiteren Teilen der vorliegenden Arbeit ansprechen.

Das angesprochene Thema der begrifflichen Individuation steht in Verwandtschaft mit einem, in der gegenwärtigen Debatte um die Nichtbegrifflichkeit von Wahrnehmungen geführten, Streitpunkt um die sogenannte Reichhaltigkeit oder ‚Feinkörnigkeit' des wahrgenommenen Vorstellungsinhalts. Im Zentrum des sogenannten *Fineness of Grain* Arguments für den Non-Konzeptualismus steht die Ansicht, dass unsere begrifflichen Fähigkeiten für die Beschreibung feinkörniger Unterschiede unseres Wahrnehmungsfeldes nicht hinreichen. Einen Vorläufer der gegenwärtigen Argumentation finden wir beispielsweise in Gareth Evans' Frage: „Do we really understand the proposal that we have as many color concepts as there are shades of color that we can sensibly discriminate" (Evans 1982)? Wir können der Intuition für dieses Argument hier folgen, ohne die weitreichende Diskussion der gegenwärtigen Forschung nachzuzeichnen. Wie sich nämlich zeigen wird, kann man die konzeptualistische Gegenposition so verstehen, dass sie Kants oben aufgeführten Argumenten gegen die begriffliche durchgängige Bestimmtheit der Gegenstände der Welt zuwider läuft.

Als Beispiel aus der gegenwärtigen Forschung möchte ich hier Jeff Speaks einflussreiche Auseinandersetzung mit dem Problem der Feinkörnigkeit des Wahrnehmungsinhalts aufführen:

> It is presumably uncontroversial that a normal visual experience has very many aspects, and represents one's environment as instantiating many diverse properties – but isn't to say this just to say that the contents of perceptual experiences are very complex? If there is nothing to rule out this thought, then there is nothing in the richness of experience to rule out the thought that the contents of perceptions are the same kinds of things as the contents of beliefs and other mental states; so the richness of experience is not relevant to the question of whether the contents of perceptions are absolutely nonconceptual. (Speaks 2005, 365 f.)

Speaks geht es hier um die Unterscheidung einer relativen, d. h. gemässigten, und einer absoluten, d. h. starken, non-konzeptualistischen Position. Während er selbst einen gemässigten Konzeptualismus verficht, bezweifelt er, dass das Argument der Reichhaltigkeit der Wahrnehmungsinhalte ein Argument für eine Position sein kann, welche die wesentliche Differenz von nichtbegrifflichen und begrifflichen Inhalten behauptet. Nach Speaks können wir nie ausschliessen, dass die Reichhaltigkeit der Wahrnehmungsgehalte prinzipiell von derselben Art sein kann wie die Komplexität von begrifflichen Gehalten. Demgemäss könnte auch nichts aus der Reichhaltigkeit herausgepickt werden, von dem nicht auch gezeigt werden kann, dass es begrifflicher Inhalt sein kann. Jeder zu einem wahrgenommenen Objekt gehöriger perzeptiv aufgenommener Unterschied kann nach dieser Ansicht begrifflich vorgestellt werden, d. h. in Kants Sprache, durch Prädikatsbegriffe bestimmt werden. Sieht man diese Überlegung als zutreffend an, dann könnten uns zwar nichtbegriffliche Inhalte gegeben sein, für diese würde aber gelten, dass sie prinzipiell in Kontinuität zu begrifflichen Inhalten stehen müssen. Eine solche Argumentation versucht daher, einen gemässigten Non-Konzeptualismus gegenüber einem starken zu bevorzugen, und, wie Speaks argumentiert, den gemässigten Non-Konzeptualismus als vereinbar mit einem gemässigten Konzeptualismus zu sehen.

Die These der Komplexität unserer sinnlichen Anschauung, dass es vielleicht unendlich lange dauern würde, bis wir alle möglichen Begriffe besitzen können, um einen anschaulichen Vorstellungsinhalt begrifflich auszudrücken, ist als solche noch kompatibel mit Kants Lehre begrifflichen Vorstellens in einem engeren Sinne. Wie bereits dargelegt wurde, sind Begriffe nach Kant Allgemeinvorstellungen, die nach der Logik der Subordination in Gattung und Art eingeteilt sind, welche letztere stets eine feingliederigere Einteilung erlauben, durch welche die Gegenstände unserer Wahrnehmungswelt stets feinmaschiger bestimmt werden können. Die Struktur des Begriffs als conceptus communis scheint also Speaks Argument noch nicht zuwiderzulaufen. Es mag durchaus sein, dass unendlich komplexe Begriffe unendlich feinkörnige Wahrnehmungsgehalte bestimmen können. Nur scheint mir jedoch der stärkeren Annahme, dass sich *prinzipiell* jeder Wahrnehmungsgehalt begrifflich beschreiben lässt, die metaphysisch implizite Prämisse zugrunde zu liegen, die Kant den Beweisen von Thesis und Antithesis in den Antinomien vorwirft. Die Gegenstände unserer Wahrnehmung sind nicht an sich selbst durchgängig bestimmte Dinge (vermittelst des Alls der Realitätsprädikate). Als raumzeitliche Erscheinungen sind sie immer weiter bestimmbar, jedoch niemals als prinzipiell begrifflich durchgängig bestimmbare Gegenstände zu denken. Dies hat nicht mit den ‚Mengen'-kapazitäten unseres begrifflichen Vermögens zu tun, sondern damit, dass uns unser Anschauungsvermögen eine nichtbegriffliche Struktur aufbürdet, welche verhindert, dass die Gegenstände in ihrem an-sich-Sein uns zugänglich werden. D. h. während die Unzulänglichkeit unseres begrifflichen Vermögens für die Vorstellung der komplexen Eigenschaften der Objekte unserer Wahrnehmung für Speaks unwesentlich ist, scheint sie für Kant wesentlich zu sein. Falls ich Speaks darüberhinaus die eben identifizierte Ansicht korrekt zuschreibe, bewegt sich seine Argumentation innerhalb eines metaphysisch oder transzendental realistischen Rahmens.

Die begriffliche Vorstellung wurde bisher nur negativ darin identifiziert, dass sie für Kant für gewisse Erkenntnisfunktionen unzureichend ist. Die Allgemeinheit der Begriffe scheint zunächst aus prinzipiellen Gründen eine Individuation auszuschliessen. Des Weiteren verortet Kant in der Annahme, die Dinge seien an sich durchgängig bestimmt und lassen sich durch die Einschränkung des Alls der

3.3 Versuch der Bestimmung der non-konzeptualistischen Position Kants — 83

Realitätsprädikate individuieren, eine unzulässige metaphysische Annahme, die zu Antinomien führt. Von unserem Anschauungsvermögen wurde bisher nur gesagt, dass es nicht an sich selbst bestimmte Dinge im eben aufgeführten Sinne vorstellt und dass es eine gewisse Individualitätsfunktion erfüllt, indem es die Gegenstände als Einzelne zur Vorstellung bringt. Wie jedoch die Rolle der Sinnlichkeit gegenüber dem begrifflichen Vermögen genauer beschrieben werden kann, darauf möchte ich im Folgenden eingehen.

3.3.2 *dari, non intelligi:* Zur Deutlichkeit des sinnlichen Vorstellens

Hier soll nun der Versuch unternommen werden, Kants Ansicht zu den Gehalten sinnlichen Vorstellens nachzuzeichnen, insofern diese einen vom begrifflichen Vorstellen unabhängigen Sinn offenbaren. Eine dazu relevante These Kants ergibt sich aus den Elementen des Arguments der inkongruenten Gegenstücke. Obwohl Kant in der *Kritik der reinen Vernunft* nirgends von den inkongruenten Gegenstücken handelt, werden wir die Elemente, welches dieses Argument stützen, auch in der *Kritik der reinen Vernunft* finden. Doch dafür muss kurz ein Blick auf eines dieser Argumente geworfen werden. Ich habe hier dasjenige aus den *Metaphysischen Anfangsgründen* ausgewählt, da es bisher noch wenig Aufmerksamkeit genossen hat:

> Ein im Kreise bewegter Körper verändert seine Richtung continuirlich, so daß er bis zu seiner Rückkehr zum Punkte, von dem er ausging, alle in einer Fläche nur mögliche Richtungen eingeschlagen ist, und doch sagt man: er bewege sich immer in derselben Richtung, z. B. der Planet von Abend gegen Morgen. Allein was ist hier die Seite, nach der die Bewegung gerichtet ist? Eine Frage, die mit der eine Verwandtschaft hat: worauf beruht der innere Unterschied der Schnecken, die sonst ähnlich und sogar gleich, aber davon eine Species rechts, die andere links gewunden ist; oder des Windens der Schwertbohnen und des Hopfens, deren die erstere wie ein Pfropfenzieher, oder, wie die Seeleute es ausdrücken würden, wider die Sonne, der andere mit der Sonne um ihre Stange läuft? Ein Begriff, der sich zwar construiren, aber als Begriff für sich durch allgemeine Merkmale und in der discursiven Erkenntnißart gar nicht deutlich machen läßt, und der in den Dingen selbst [...] keinen erdenklichen Unterschied in den innern Folgen geben kann und demnach ein wahrhafter mathematischer und zwar innerer Unterschied ist, womit der von dem Unterschiede zweier sonst in allen Stücken gleichen, der Richtung nach aber verschiedenen Kreisbewegungen, obgleich nicht völlig einerlei, dennoch aber zusammenhängend ist. Ich habe anderwärts gezeigt, daß, da sich dieser Unterschied zwar in der Anschauung geben, aber gar nicht auf deutliche Begriffe bringen, mithin nicht verständlich erklären (*dari, non intelligi*) läßt, er einen guten bestätigenden Beweisgrund zu dem Satze abgebe: daß der Raum überhaupt nicht zu den Eigenschaften oder Verhältnissen der Dinge an sich selbst, die sich nothwendig auf objective Begriffe müßten bringen lassen, sondern blos zu der subjectiven Form unserer sinnlichen

Anschauung von Dingen oder Verhältnissen, die uns nach dem, was sie an sich sein mögen, völlig unbekannt bleiben, gehöre. Doch dies ist eine Abschweifung [...] (MAN, AAIV, S. 483 f.)

Kant spricht hier über die Schwierigkeiten eines adäquat zu fassenden Richtungsbegriffs. So werde der Ausdruck „Richtung" mit verschiedenen Bedeutungen gebraucht. Und für Gegenstände, welche in ihren begrifflich bestimmt gefassten Eigenschaften zwar gleich sind, ihre Teile jedoch verschiedene „Umlauf"-Richtungen haben, lässt sich dieser Unterschied begrifflich nur sehr undeutlich fassen. Jedoch lässt sich nach Kant der Unterschied „konstruieren", d. h. a priori in der Anschauung geben, obwohl er sich diskursiv „nicht deutlich machen läßt" (MAN, AAIV, S. 483 f.).[20] Der Unterschied muss demnach als einer angesehen werden, der einer mathematischen (apriorischen), sinnlichen Deutlichkeit fähig ist (sich „in der Anschauung geben" lässt), jedoch nicht begrifflich diskursiv deutlich zu machen ist (sich „nicht auf deutliche Begriffe bringen" lässt). Kant bringt diesen Ausdruck auf die Formel: *„dari, non intelligi"*. Wie ist die infrage stehende Deutlichkeit zu verstehen? – Nach Kant ist der Unterschied inkongruenter Gegenstücke nur vermittelst einer Konstruktion möglich, die den Unterschied in der sinnlichen, reinen Anschauung darstellt, wo er *deutlich* erkannt wird. Es ist also darauf hinzuweisen, dass hier die Sinnlichkeit für eine apriorische, notwendige Deutlichkeit aufkommt, die sich im diskursiven Begriff nicht denken lässt. Die Anschauung gibt uns hier also nicht nur einen Gegenstand mit einer spezifischen Bestimmung, die ihn von anderen Gegenständen unterscheidet, sie kann uns auch die genannten Unterschiede deutlich machen (auch a priori deutlich machen). Ebendiese Deutlichkeit wird dabei nicht durch Begriffe gewährleistet. Durch diese sinnliche Deutlichkeit wird der Gegenstand aber trotzdem auf spezifische Weise bestimmt vorgestellt, weil die Differenz in der Orientierung „ein wahrhafter mathematischer und zwar innerer Unterschied ist", d. h. einer, der dem Gegenstand als Bestimmung wirklich zukommt. Wenn wir einen, Dingen zukommenden, Unterschied zwar in der Sinnlichkeit deutlich (mit einem Sinn von apriorischer Notwendigkeit) vorstellen können, aber eine solche Notwendigkeit des Unterschieds sich nicht in unserer begrifflichen Bestimmung anzeigt, noch potentiell anzeigen kann, so gibt es etwas im Gehalt unserer sinnlichen Vorstellungen, was diesen wesentlich nichtbegrifflich macht.

---

20 Zu vergleichen dazu sind u. a. Passagen aus *De mundi*, in welchen Kant von der deutlichen sinnlichen Erkenntnisart spricht: „Es kann aber das Sinnliche völlig deutlich sein und das Intellektuelle äusserst verworren. Das erstere bemerken wir am Vorbild (Prototypo) der sinnlichen Erkenntnis, der Geometrie [...]" (Kant 1977, S. 37). „Possunt autem sensitiva admodum esse distincta et intellectualia maxime confusa. Prius animadvertimus in sensitivae cognitionis prototypo, geometria,[...]" (MSI, AAII, 394 f.).

3.3 Versuch der Bestimmung der non-konzeptualistischen Position Kants — 85

Wir dürfen daher Kants These bezüglich der Eigenständigkeit sinnlichen Vorstellens dahingehend verstehen, dass die Sinnlichkeit uns nicht nur durch ihre Formen eigene strukturelle Bestimmtheiten vorstellt, sondern selbst eine Funktion deutlichen Vorstellens übernimmt, die nicht auf unser begriffliches Vermögen reduziert werden kann. Im Folgenden möchte ich nun diese These auch anhand von Passagen innerhalb der *Kritik der reinen Vernunft* aufzeigen.

Sowohl in der *Transzendentalen Ästhetik* wie auch in dem der *Analytik der Grundsätze* angehängten Kapitel über die *Amphibolie der Reflexionsbegriffe* bringt Kant explizit eine scharfe Kritik an der rationalistischen Tradition an. Einer der Hauptkritikpunkte, welche Kant gegenüber der sogenannten „Leibniz=Wolffische[n] Philosophie" (A44/B61) hervorbringt, besteht in der nach Kant fehlgeleiteten Identifizierung der Sinnlichkeit mit einem Vermögen der gegebenen, verworrenen Vorstellung der Dinge. Er stellt die Diagnose, dass diese Identifizierung eine „Verfälschung des Begriffs von Sinnlichkeit" (A43/B60) sei. Kant bringt dabei das Beispiel des Begriffs vom „Recht", den man offenbar auch undeutlich vorstellen kann, von dem jedoch nicht gesagt werden kann, dass er eine sinnliche Vorstellung sei (vgl. A43/B61). So kann nach Kant nicht nur das intellektuelle Vorstellen verworren und undeutlich sein, sondern ebenso, wie anhand Kants Beispiel inkongruenter Gegenstücke aufgezeigt werden kann, weist Kant der Sinnlichkeit die Funktion deutlichen Vorstellens zu. Die falsche Identifizierung des Unterschiedes von Sinnlichkeit und Verstand mit dem Unterschied zwischen einem Vermögen der undeutlichen und deutlichen Vorstellung hat nach Kant dazu geführt, dass der transzendentale Unterschied, der „den Ursprung und den Inhalt" (A44/B62) von sinnlichen und intellektuellen Vorstellungen betrifft, nicht erkannt wurde.[21] Die Reflexion auf den Ursprung und auf die Art und Weise des Inhalts von gegebenen Vorstellungen kann uns nach Kant also den Unterschied des Sinnlichen mit dem Intellektuellen näher bringen, nicht jedoch das Unterscheidungspaar *deutlich – undeutlich* (verworren). Es ist jedoch noch zu zeigen, welcher Art, gemäss Kants Äusserungen in der *Kritik der reinen Vernunft*, deutliche sinnliche Vorstellungen zu verstehen sind.

Hierzu müssen wir einen Blick auf Kants Auseinandersetzung mit Leibniz' so genanntem Prinzip der Identität des nicht zu Unterscheidenden (principium identitatis indiscernibilium) werfen:

---

21 Heidemann sieht die Auseinandersetzung Kants mit den Unterscheidungen zwischen deutlichem und undeutlichem (verworrenem) wie zwischen intellektuellem und sinnlichem Vorstellen als den historischen Ursprung der Debatte über den nichtbegrifflichen Inhalt unserer sinnlichen Vorstellungen: „One major difference between Kant and Leibniz with respect to the theory of representation is that for Leibniz sensible ideas cannot be distinct, whereas for Kant they can" (Heidemann 2013a, S. 4).

> Leibniz nahm die Erscheinungen als Dinge an sich selbst, mithin für *intelligibilia*, d. i. Gegenstände des reinen Verstandes (ob er gleich wegen der Verworrenheit ihrer Vorstellungen dieselben mit dem Namen der Phänomene belegte), und da konnte sein Satz des Nichtzuunterscheidenden (*principium identitatis indiscernibilium*) allerdings nicht gestritten werden; da sie aber Gegenstände der Sinnlichkeit sind, und der Verstand in Ansehung ihrer nicht von reinem, sondern blos empirischem Gebrauche ist, so wird die Vielheit und numerische Verschiedenheit *schon durch den Raum selbst* als die Bedingung der äußeren Erscheinungen angegeben. Denn ein Theil des Raums, ob er zwar einem andern völlig ähnlich und gleich sein mag, ist doch außer ihm und eben dadurch ein vom ersteren verschiedener Theil, [...] so sehr es sich sonst auch ähnlich und gleich sein mag. (A264/B320, meine Hervorhebung)

Das principium identitatis indiscernibilium kann als ein begriffliches Individuationsprinzip gesehen werden, gemäss dem es sich bei zwei Dingvorstellungen, wenn sich alle darin zeigenden Eigenschaften durch dieselben begrifflichen Prädikate beschreiben lassen und sich dabei kein Unterschied ergibt, um Vorstellungen ebendesselben Dings handelt. Nach Kant würde dieses Prinzip aber nur gelten, wenn wir Erkenntnis über die Dinge als intelligibilia, als Verstandesdinge, haben könnten. Unsere Erkenntnis ist nach Kants kognitivem Dualismus aber auf Sinnendinge respektive auf durch die Sinnlichkeit gegebene Erscheinungen eingeschränkt. Die Sinnlichkeit hat jedoch, so Kants Formulierung, bei uns Menschen gewisse Formen, die als „Bedingungen der sinnlichen Anschauung" fungieren und die auch *„ihre eigene Unterschiede bei sich führen"* (A270f./B326f., meine Hervorhebung). Die Bedingungen unserer Sinnlichkeit, Raum und Zeit, bringen ihre eigenen, sinnlich-deutlichen Unterscheidungsmöglichkeiten mit sich.

Dadurch, dass wir ursprünglich gegebene anschauliche Vorstellungen, wie den Raum, haben, können wir ohne Zugabe des begrifflichen Vermögens des Verstandes „numerische Verschiedenheit" (A264/B320) wahrnehmen oder anschauen. Dies, so Kant, „sah [Leibniz] nicht für ursprünglich an; denn die Sinnlichkeit war ihm nur eine verworrene Vorstellungsart und kein besonderer Quell der Vorstellungen" (A270f./B326f.). Wir sind nach Kant in der Lage, *a priori* Objekte in der Sinnlichkeit deutlich und hinreichend zu unterscheiden: „Die Verschiedenheit der Örter macht die Vielheit und Unterscheidung der Gegenstände als Erscheinungen ohne weitere Bedingungen schon für sich nicht allein möglich, sondern auch nothwendig" (A272/B328). So können wir auch deutliche und notwendige Unterschiede zwischen verschiedenen Teilen des Raumes ziehen, obwohl sie einander „völlig ähnlich und gleich" (A264/B320) sind. Kant bringt im Amphiboliekapitel noch mehrere Beispiele dieser deutlichen Unterscheidungsfähigkeit. „[Z]wei Kubikfüße" seien zwar dem Begriff nach „völlig einerlei", jedoch im Raum „blos durch ihre Örter unterschieden" (A282/B338). Er zeigt damit an, dass diese Unterscheidungsfähigkeit auch mathematischen Bestimmungen zugrunde liegt und damit keinen empirischen, sondern einen apriorischen Sinn haben muss. Hier haben wir es also mit einem raumzeitlichen Individuationskriterium zu tun, das uns durch eine nichtbegriffliche und rein sinnlich-anschauliche Vorstellungsfähigkeit gegeben ist, die „Bedingungen der Anschauung" enthält, welche „nicht zum Begriffe, aber doch zur ganzen Sinnlichkeit gehören" (A282/B338). Die Individualitätsfunktion sinnlichen Vorstellens bringt also einen Sinn von Notwendigkeit und Deutlichkeit mit sich, welcher sich auf der sinnlich-anschaulichen Vorstellbarkeit topologischer Relationalität gründet. Die Individualitätsfunktion ist in derselben Fähigkeit des deutlich-sinnlichen Vorstellens gegründet, auf die Kant auch bezüglich inkongruenter Gegenstücke in semi-kritischen und kritischen Werken anspielt.

3.3.3 Eine Objektivität der blossen Anschauung?

Kants Einführung des Anschauungsbegriffs in der *Transzendentalen Ästhetik* (A19 ff./B33 ff.) stellt deutlich heraus, dass wir Menschen den unmittelbaren Gegenstandsbezug unserer Vorstellungen einem sinnlichen Vermögen des Anschauens zu verdanken haben. „Vermittelst der Sinnlichkeit also werden uns Gegenstände gegeben, und sie allein liefert uns Anschauungen" (A19/B33). Im Falle empirischer Anschauung wird dieser Gegenstandsbezug auch über Empfindungen vermittelt (vgl. A20/B34). Zusätzlich ist empirische Anschauung den formalen Ordnungsbedingungen unserer Sinnlichkeit unterworfen, die „im Gemüthe a priori bereitliegen" (A20/B34), und die Kant mit „Raum und Zeit" (A22/B36) identifiziert. Zusammenfassend lässt sich also aus Kants anfänglichen Erwägungen in der *Ästhetik* sagen: Die empirische Anschauung stellt die durch Empfindung gegebenen Gegenstände unmittelbar und in einem raumzeitlichen Rahmen vor.

Ich möchte nun die Überlegungen in 3.3.1 und 3.3.2 damit abschliessen, einen Überblick über diejenigen Elemente des sinnlich anschauungshaften Vorstellens zu geben, die bei Kant die These eines nichtbegrifflichen Zugangs zu den Gegenständen unserer Erfahrungswelt nahelegen. Die eben aufgeführte Charakterisierung der empirischen Anschauung gibt uns gleichermassen die Anweisung auf die zu untersuchenden Elemente. Die empirische Anschauung soll einen Gegenstand über *Empfindung* vermittelt, *raumzeitlich* situiert und *unmittelbar* vorstellen. Ich werde im folgenden die in 3.3.2 identifizierte Individualitätsfunktion der Sinnlichkeit je in Bezug auf den empirischen wie auf den reinen Gehalt darlegen, sowie auf die Bedeutung der Unmittelbarkeitsthese des anschaulichen Vorstellens eingehen, denn unter diese drei Titel müssen alle Aspekte eines sinnlichen Objektivitätssinnes fallen, die wir bei Kant ausmachen können.

Wenn ich jedoch die Sinnlichkeit als hinreichend für einen bestimmten Sinn der Objektivität unserer Vorstellungen bezeichne, so ist damit nicht derjenige Sinn gemeint, der für Kants Lehre einer eigentlichen Erkenntnis den Gegenstandsbezug ausmacht. Sondern in demjenigen Erkenntnisbegriff (im Bereich theoretischen Erkennens), den Kant in der *Kritik der reinen Vernunft* entwickelt, ist es ausschlaggebend, den sinnlichen wie den intellektuellen Sinn von Objektivität nur in Kombination als hinreichend für Erkenntnis zu betrachten. Dies soll uns jedoch nicht davon abhalten, den sinnlichen Aspekt dieser Kombination nicht auch als etwas zu betrachten, das uns auf gewisse (wenn auch für eigentliche menschliche Erkenntnis noch nicht hinreichende) Weise *Gegenstände* als raumzeitlich situierte in der empirischen Anschauung darstellt.

Um diesen Punkt noch genauer herauszustellen, bietet sich ein Kontrast zu einer Interpretation von zweierlei Weisen der Gegenstandsbezüglichkeit bei Kant an, die Heidegger in *Die Frage nach dem Ding* (140 ff.) vorlegt. Heidegger sieht eine zwiefältige Bedeutung im kantischen Gegenstandsbegriff angezeigt, der sich anhand der Worteile „Gegen" und „Stand" verdeutlichen lässt. Dabei sieht er das „Gegen" als das wahrnehmungsmässig Gegebene an, welches als solches noch nicht als etwas Beständiges wahrgenommen wird (vgl. Heidegger 1984, S. 140). Er charakterisiert dabei diese Gegebenheit einerseits als vorbeiziehende Empfindung, andererseits aber auch als etwas, auf das wir in unserem Wahrnehmungsfeld zeigen können („der Stein, auf den ich hinzeige, oder die Tafel", Heidegger 1984, S. 140). Wenn wir nach Heidegger aber eine „Sache selbst" meinen, „ob ich sie gerade wahrnehme oder nicht", so stellen wir einen Sachverhalt fest, oder in Heideggers Terminologie, wir bringen ihn zu einem „Stand" (Heidegger 1984, S. 141), welches dann den begrifflichen Aspekt des Gegenstandsbezugs bezeichnen soll.

Obwohl ich Sympathien für Heideggers Lesart der zwiefältigen Bedeutung des kantischen Gegenstandsbegriffs aufbringe, unterscheidet sich die von mir vorgeschlagene Interpretation von derjenigen Heideggers darin, dass Heidegger meint, dass die Gegenstandsbezogenheit des Sinnlichen nach Kant dennoch als uneigentliche zu bezeichnen sei (vgl. Heidegger 1984, S. 144). Erst durch beide Aspekte sind Vorstellungen nach Heidegger für Kant eigentlich auf den Gegenstand bezogen. Meiner Ansicht nach ist es jedoch ausreichend, zu sagen, dass für Kant, in Bezug auf theoretische Erkenntnis, beide Aspekte zusammenstimmen müssen, um *Erkenntnis im eigentlichen Sinne* rechtfertigbar zu machen. Dies muss uns jedoch nicht davon abbringen, zu sagen, dass es einen eigentlichen sinnlichen Sinn, wie auch einen eigentlichen intellektuellen Sinn des Gegenstandsbezugs gibt. Dass sich unsere Anschauungen auf sinnliche und nichtbegriffliche Weise auf Gegenstände beziehen, muss nicht implizieren, dass dieser Bezug wahrheitsfähig ist im Sinne eines propositionalen Gehalts, vielmehr könnten wir Tyler

Burge folgen und sagen, dass sinnliche Anschauung zwar nicht im strengen Sinne *wahrheitsfähig* ist, aber dennoch *veridisch*, d. h. korrekt oder fehlerhaft, sein kann.²² In diesem Sinne würden wir uns über die Anschauung auf Gegenstände in unserer Umwelt beziehen, und zwar in einer Weise, die nicht zwingend korrekt, aber doch auch korrekt sein kann. Dieser Gegenstandsbezug hat jedoch nicht die Qualität eines Übereinstimmung verlangenden objektiven Urteils. Zentral am Gegenstandsbezug der Anschauung bei Kant ist es jedoch, dass sie uns den Gegenstand auf bestimmte Weise in seiner Individualität anzeigt.

Wie die Analyse in 3.3.1 gezeigt hat, muss für Kant der Gehalt der sinnlichen Anschauung so beschaffen sein, dass er prinzipiell nicht von demselben Gehalt ist, wodurch wir uns gegenständliche Individualität durch eine einzigartige Kombination verschiedener Prädikatsbegriffe vorstellen würden. Dass die Anschauung für die Vorstellung von Individualität hinreichend ist, zeigt sich einerseits in der Reichhaltigkeit des Wahrnehmungsgehalts an, durch die uns der Gegenstand in der Fülle seiner Wahrnehmungsbestimmungen gegeben ist, andererseits zeigt sich die Individualitätsfunktion darin an, dass Gegenstände rein aufgrund ihrer Position im raumzeitlichen Ordnungsrahmen und dessen topologischen (chronologischen) Strukturen auseinandergehalten werden können.

In Bezug auf die *empirische Anschauung* können wir daher die Ergebnisse von 3.3.1 derart zusammenfassen, dass die Anschauung einen Gegenstand gibt, dessen Individualität durch sie vorgestellt werden kann, von der sich aber immer gewisse Elemente der begrifflichen Bestimmung entziehen. Denn das anschaulich gegebene Objekt kann nicht für das Allgemeine stehen, daher muss es für jede begriffliche Differenzierung noch, in der Anschauung des Gegenstandes selbst angelegte, weitere Unterscheidungsmöglichkeiten geben. In der Anschauung wird der Gegenstand immer (sinnlich) bestimmt wahrgenommen, jedoch ist diese sinnliche Bestimmtheit jederzeit für die begriffliche Auseinandersetzung faktisch *unterbestimmt*.

Diese Überlegung wird durch Ausführungen Kants im Schematismuskapitel bestätigt. Darin erwähnt Kant den Begriff des Hundes, der „eine Regel" der Verzeichnung einer Gestalt bezeichnen soll, und zwar insofern sie „die Gestalt eines vierfüßigen Tieres *allgemein* verzeichnen" (A141/B180, meine Hervorhebung) soll. Diese Regel ist das Schema des Hundes, das wir auch als begriffliche Apprehensionsregel verstehen können. Das Regelhafte und Allgemeine bestätigt die begriffliche Natur dieser Aktivität. Ihr ist aber stets die „einzige besondere Gestalt,

---

22 Burge gibt zugleich einen m. E. kantischen Hinweis darauf, dass die Individualität oder Singularität nicht eine Funktion begrifflichen Denkens sein muss: „Singular elements in perception, referring to objective particulars, are widely overlooked in the analytic tradition. It is often presupposed that singular reference can emerge only through thought" (Burge 2003, S. 506).

die mir die Erfahrung darbietet, oder auch ein jedes mögliche Bild, was ich in concreto darstellen kann" (A141/B180), entgegengesetzt. Jeder Wahrnehmungsgehalt hat nach Kant Elemente, die in diesem Sinne noch nicht begrifflichen Gehalt haben, wobei diese Überlegung mit Kants Ansicht zu ergänzen ist, dass die besondere Gestalt in ihrer *Einzigkeit* von uns Menschen prinzipiell nicht als begrifflicher Gehalt vorgestellt wird.

Heidegger macht auf ebendiesen kantischen Punkt aufmerksam: „Wir sehen und tasten je gerade diese Ausbreitung, diese Färbung, diese Beleuchtung. Das unmittelbar Vorgestellte ist immer ‚dieses', das je gerade so und so Einzelne. Vorstellen, das unmittelbar und daher je dieses Einzelne vor-stellt, ist Anschauung" (Heidegger 1984, S. 139). Es ist dieses „Je-gerade-so", welches die Individualitätsfunktion der Anschauung – zumindest in empirischer Hinsicht – ausmacht. Über die Empfindung werden uns nach Kant Gegenstände in der Wahrnehmung gegeben, die eine ihnen zukommende Einzigkeit haben. Der Wahrnehmungsgehalt, und nicht der begriffliche Gehalt, gibt uns diese *sui generis* Singularität.

Die Individualitätsfunktion der blossen Anschauung findet aber nicht nur im Bereich des über Empfindung gegebenen Gegenstands statt, dessen Empfindungsmannigfaltiges uns den Was-Gehalt (die Realität) des Gegenstandes in begrifflich ständig weiter zu differenzierenden Qualitäten gibt, sondern auch bezüglich der reinen, *raumzeitlichen* Strukturen des Anschauungshaften. In 3.3.2 habe ich bei Kant eine Theorie des deutlich-sinnlichen Vorstellens ausgemacht. Gemäss dieser stellt die Sinnlichkeit selbst apriorische Unterschiede mit einem Sinn von Notwendigkeit vor, die den Gegenständen unserer sinnlichen Anschauung (der Wahrnehmung) wirklich zukommt, ohne dass sie jedoch begrifflich mit derselben Deutlichkeit vorstellbar wäre. Diese topologische Vorstellungsweise trägt zur Individualitätsfunktion der Sinnlichkeit bei, da die Sinnlichkeit durch sie begrifflich nicht unterscheidbare, gegenstandsbezogene Vorstellungsgehalte ihrem Was-Gehalt nach unterscheiden kann.

Die Interpretation, dass die raumzeitlichen Strukturen selbst schon den Gegenständen unserer Sinnlichkeit einen Vorstellungsgehalt auferlegen, welcher zur Unterscheidung gegebener Gegenstände hinreicht, kann auch durch Passagen in der *Transzendentalen Dialektik* belegt werden. In A370 bespricht Kant die transzendental-idealistische, und empirisch-realistische, Position damit, dass er den Materiebegriff, soll er für menschliche Erkenntnis von Relevanz sein, ausschliesslich so verstanden wissen will, dass dieser mit dem Gegebenen „unserer Sinnlichkeit" (der „Erscheinung") identifiziert wird. Gemäss der empirisch realistischen Position wird uns zwar ein Gegenstand durch unsere Sinnlichkeit gegeben, auf den wir in Erfahrungsurteilen uns direkt beziehen können, allerdings ist dieser Gegenstand nicht als etwas zu verstehen, das unabhängig von unserer

Sinnlichkeit an sich bestimmt wäre, vielmehr ist dieser Gegenstand, nach Kant, „von unserer Sinnlichkeit abgetrennt, nichts" (A370). Materiell gegebene Gegenstände der menschlichen Erkenntnis sind daher keine an sich selbst bestimmte, sondern nur

> eine Art Vorstellungen (Anschauung), welche äußerlich heißen, nicht als ob sie sich auf an sich selbst äußere Gegenstände bezögen, sondern weil sie Wahrnehmungen auf den Raum beziehen, in welchem alles außer einander, er selbst, der Raum, aber in uns ist. (A370)

Gegenstände der äusseren Wahrnehmung sind zwar keine in ihrem An-sich-Sein bestimmte Gegenstände, doch sind sie vermöge unserer Sinnlichkeit immer schon anschaulich notwendig aufeinander bezogen. Sie sind ausser einander, und dadurch notwendig verschieden von einander, und bezogen auf einander. Immer je unsere Sinnlichkeit setzt die Gegenstände in diesen äusserlichen Zusammenhang und damit auch in eine Perspektive zum räumlichen Ort von uns als Subjekte der Wahrnehmung.[23] Ich verstehe Kant hier daher so, dass die Sinnlichkeit alleine diesen Sinn von Äusserlichkeit gewährleistet. Dies macht sie mithilfe der in der Form der äusseren Anschauung (dem Raum) angelegten topologischen Eigenschaften, welche uns als sinnlich anschauende Subjekte die Gegenstände immer bereits *orientiert* präsentiert.

Eine Theorie des durch den genannten Sinn von Äusserlichkeit gewährleisteten Gegenstandsbezugs unserer anschaulich gegebenen Vorstellungen findet Anschluss an die gegenwärtige systematische Erforschung des Objektbezugs nichtbegrifflicher und wahrnehmungshafter Vorstellungen. So findet Christopher Peacocke, dass die Wahrnehmung selbst (in ihrer vor- respektive unkonzeptualisierten Form) „to an explanation of the subject's formation of a conception of the spatial and temporal layout of the world around him" (Peacocke 2009, S. 754) beitrage. Die Wahrnehmung selbst gibt uns nach Peacocke eine basale Konzeption (was hier nicht im Sinne einer begrifflichen Konzeption zu verstehen ist) der Gegenstände unserer Umwelt, die jeweils auf der perspektivischen Natur des räumlichen Vorstellens und auf dem zeitlichen Erleben der räumlich vorgestellten Gegenstände beruht. Die noch unbegrifflichen Vorstellungen mögen eine andere Qualität des Gegenstandsbezugs aufweisen als konzeptualisierte Vorstellungen, können nach Peacocke aber dennoch als gegenstandsbezogen verstanden werden (vgl. Peacocke 2009.).[24]

---

[23] Siehe Kants erstes Raumargument (A23/B38).
[24] Auch Richard G. Heck weist auf den Umstand hin, dass wir aufgrund nichtbegrifflicher Fähigkeiten eine gewisse Art der Repräsentation haben, die uns die Gegenstände unserer Umwelt räumlich von einander unterschieden und auf einander bezogen vorstellt. Diese Art von Vor-

Kant deutet mit der These der Irreduzibilität raumzeitlichen Vorstellens auf Funktionen des Verstandes, und derjenigen der sinnlich anschauungshaften Deutlichkeit von ebendiesem Vorstellen, zwar eine solche Theorie des nichtbegrifflichen und basalen Vorstellens unserer Umwelt an, dessen Objektbezug in wesentlichen Teilen durch die topologischen (chronologischen)[25] Charakteristiken der Formen unserer Anschauung gewährleistet wird, jedoch weist eine tiefergehende Analyse dieser Lehre über die Quellenlage bei Kant hinaus, sie soll daher hier nicht im Detail weiter verfolgt und differenziert werden.

Zusammenfassend lässt sich aber sagen, dass uns die blosse Anschauung nach Kant einen Gegenstand gibt, oder einen Gegenstand vorstellt, auch wenn die in der blossen Anschauung auszumachende Bezüglichkeit nicht von der Qualität einer kategorialen Bestimmung ist. Für Kant ist die genannte Bezüglichkeit nicht für eigentliche Erkenntnis hinreichend, sehr wohl aber notwendig. Sie stellt uns den Gegenstand der Wahrnehmung einerseits in seinen über die Empfindungen gegebenen, individuellen *sui generis* Qualitäten vor, und andererseits sind die so vorgestellten Qualitäten des Gegenstands ebenfalls immer in einem noch nie vollständig konzeptualisierbaren raumzeitlichen Rahmen gegeben, welche diesen Gegenstand gegenüber anderen auch bezüglich seiner topologischen Charakteristiken auf deutliche Weise (a priori) abhebt. Ich habe diese aufgeführten Eigenschaften sinnlichen Vorstellens hier als die zwei wesentlichen Aspekte der Individualitätsfunktion der Sinnlichkeit aufgefasst, welche die Eigenheit der Singularität der blossen Anschauung charakterisiert. Auf ein letztes Charakteristikum einer Theorie der Objektivität der blossen Anschauung ist aber noch einzugehen, das bei Kant von einer nicht zu vernachlässigenden Wichtigkeit ist, nämlich die Eigenschaft der Anschauung, uns die Gegenstände der Sinnlichkeit *unmittelbar* zu geben.

In einer Passage aus der *Transzendentalen Dialektik* zur sogenannten „Stufenleiter" der Vorstellungsarten handelt Kant von einer Einteilung des Gattungsbegriffs „Vorstellung überhaupt" (A320/B376). Das „überhaupt" scheint hier eine Einteilung anzudeuten, die nicht nur für menschliche Erkenntnis gilt, sondern auch für andere mögliche Szenarien der Erkenntnis. Die Anschauung als Unterart „bezieht sich unmittelbar auf den Gegenstand und ist einzeln" (A320/B377). Der

---

stellung nennt er eine *cognitive map:* „Each of us has a mental map of our surroundings that places locations we encounter relative to other, known locations" (Heck 2007, S. 25).

[25] Ich werde im Folgenden auch bei der Zeit das Wort *topologisch* benutzen, um in Orientierung am Raum auch bei der Zeit von den ihn ihr angelegten Anschauungsbestimmtheiten (Verhältnisse, Eigenschaften und Modi) zu sprechen. Dass die Zeit ja ebenfalls eine gewisse Figürlichkeit hat, auch wenn sie keine Gestalt vorstellt, zeigt sich daran, dass wir sie nur über eine unendlich fortfahrende Gerade vorstellen können (vgl. A33/B50).

Gegenstandsbezug der Anschauung überhaupt zeichnet sich daher auch durch eine gewisse Unmittelbarkeit aus. Da dies hier wohl nicht allein menschliche Erkenntnis betrifft, sondern auch intellektuelle Anschauung, oder eine andere Art gegebener Anschauung meinen kann, so ist diese Eigenschaft auf unsere Anschauungsart zu übertragen. Dann können wir daraus die Aussage ziehen, dass unsere Anschauung den Gegenstand unmittelbar, direkt, und innerhalb einer raumzeitlichen Struktur sinnlich vorstellt. Die blosse Anschauung stellt nicht einfach das Empfindungshafte vor, sie besteht nicht in einem unsortiert und ‚atomar' gegebenem Empfindungsmannnigfaltigen, sondern über die Empfindung gibt uns die empirische Anschauung direkt den im raumzeitlichen Ordnungsrahmen situierten Gegenstand. Dieser ist unmittelbar *anwesend*.

Paradigmatisch für diese Unmittelbarkeitsthese steht des Weiteren der erste Satz der *Transzendentalen Elementarlehre*: „Auf welche Art und durch welche Mittel sich auch immer eine Erkenntniß auf Gegenstände beziehen mag, so ist doch diejenige, wodurch sie sich auf dieselbe unmittelbar bezieht, und worauf alles Denken als Mittel abzweckt, die Anschauung" (A19/B33). Obwohl wir im Verlaufe der *Kritik* bei Kant auch eine Lehre des Gegenstandsbezugs kennenlernen, der auf kategorialer Notwendigkeit beruht, so ist doch diese erste Charakterisierung bemerkenswert, nach der es letztlich unsere Anschauung ist, die sich unmittelbar auf den Gegenstand bezieht und der intellektuelle (oder begriffliche) Gegenstandsbezug, soll er von epistemischer Relevanz sein, letztlich nur durch Vermittlung mit diesem unmittelbaren Gegenstandsbezug seinen epistemischen Zweck im eigentlichen Sinne erfüllen kann. Anschauliche Vorstellungen haben daher nach Kant einen Sinn von Unmittelbarkeit, den begriffliche Vorstellungen nicht haben.

Auf einer starken Unmittelbarkeitsthese beruhen auch Kants Ausführungen in der „Kritik des vierten Paralogismus" nach erster Auflage (A367 ff.):

> Ich habe in Absicht auf die Wirklichkeit äußerer Gegenstände eben so wenig nöthig zu schließen, als in Ansehung der Wirklichkeit des Gegenstandes meines innern Sinnes (meiner Gedanken); denn sie sind beiderseitig nichts als Vorstellungen, deren unmittelbare Wahrnehmung (Bewußtsein) zugleich ein genugsamer Beweis ihrer Wirklichkeit ist. (A371)

> Alle äußere Wahrnehmung also beweiset unmittelbar etwas Wirkliches im Raume, oder ist vielmehr das Wirkliche selbst, und in so fern ist also der empirische Realismus außer Zweifel, d. i. es correspondirt unseren äußeren Anschauungen etwas Wirkliches im Raume. (A375)

Die Rolle dieser Aussagen bezüglich Kants Kritik des ihm tradierten metaphysischen Idealismus braucht uns hier nicht im Detail zu interessieren.[26] Was hier

---

[26] Heidemann (1998, Im Speziellen Kap. 2.2) rekonstruiert diese Zusammenhänge im Detail.

zentral ist, ist die Art und Weise, wie Kant die Unmittelbarkeitsthese spezifiziert. Der problematische Idealismus ist für Kant eine Position, welche „das Unvermögen, ein Dasein außer dem unsrigen durch unmittelbare Erfahrung zu beweisen, vorgibt" (B275), und daher die Wirklichkeit der äusseren Dinge nur durch einen, als problematisch angenommenen, Kausalschluss erschlichen sieht.

Als Antwort auf eine solche idealistische These weist Kant darauf hin, dass die Wirklichkeit des Gegenstandes, des äusseren wie des inneren Sinnes, durch die Unmittelbarkeit der Anschauung gewährleistet ist. Die Anwesenheit der Realität der jeweiligen Gegenstände, ihre Wirklichkeit, auch wenn darunter nicht ihre begriffliche Bestimmtheit zu verstehen ist, ist durch Anschauung gegeben. Weil für Kant, wie er bereits in der *Transzendentalen Ästhetik* erweist, Raum nur eine „subjektive Bedingung der Sinnlichkeit, unter der allein uns äußere Anschauung möglich ist" (A26/B42), ist, so sind die Gegenstände der Sinnlichkeit durch ihre räumliche Struktur zwar im transzendentalen Sinne ‚in uns', d. h. „nichts als Vorstellungen" (A371), jedoch im empirischen Sinne ausser uns im Raum situiert und ausser einander. Das ausser uns Wahrgenommene, so Kant, ist „das Wirkliche selbst" (A375), weil uns die, in diesem Fall äussere, Anschauung unmittelbar den Gegenstand vorstellt.[27]

Die *Unmittelbarkeit* der empirischen Anschauung und die *Anwesenheit* eines *wirklichen* Gegenstandes, ob nun dieser ein innerer, d. h. ein Gefühl, ein Denken usw., oder ein äusserer sei, sind in Kants Erkenntnistheorie einander einschliessende Charaktere. Diese Entsprechungsthese der Anschauung mit „etwas Wirkliche[m] im Raume" (A375) oder der Zeit darf weder so verstanden werden, dass diese unmittelbare Anwesenheit eine Funktion der Verstandesbegriffe sei, noch so, dass darauf geschlossen werden müsse, dass der als unmittelbar innerlich zugänglichen Vorstellung etwas in einem äusseren Gegenstand entspräche.[28] Die Sinnlichkeit verschafft uns vielmehr einen nicht-inferierten, direkten Zugang zur raumzeitlichen Wirklichkeit (vgl. A371).[29]

---

27 Auch wenn dies über Kants Text hinausführt, muss die Unmittelbarkeitsthese hier nicht so verstanden werden, dass die äussere Anschauung in jedem Fall korrekt ist, d. h. infallibel. Sie gibt uns nach Kant zwar unmittelbar den Gegenstand. Ob sie in einem bestimmten Fall diesen jedoch korrekt oder inkorrekt vorstellt, sollte eine empirische Frage bleiben. Gemäss Peacocke würde die Annahme einer infalliblen Wahrnehmung einer minimalen Voraussetzung für die Objektivität von Wahrnehmungsgehalten widersprechen und eine (im kantischen Sinne metaphysisch) idealistische Position implizieren (vgl. Peacocke 2009, S. 755).
28 Letzteres würde vielmehr dem transzendentalen Idealismus widersprechen und ihn zu einem, wie Kant sagt, *empirischen Idealismus* machen (vgl. A369).
29 Während in A die Kritik vorhergehender (metaphysischer oder problematischer) Idealismen im vierten Paralogismus zu finden ist, so versetzt Kant diese in der B Version der *Kritik der reinen Vernunft* in das bekannte Textstück über die Widerlegung des Idealismus (B274 ff.) innerhalb der

Zusammenfassung von 3.3

Zum Abschluss der hier in 3.3 dargelegten Überlegungen ist summarisch darzustellen, wie wir Kant eine non-konzeptualistische Position zuschreiben können und welche Form des Non-Konzeptualismus dies sein wird. Gerade in Hinblick auf das Thema der Individuation sticht Kants These deutlich heraus, dass er sinnlichen Vorstellungsgehalt aus prinzipiellen Gründen von begrifflichem Vorstellungsgehalt unterscheiden muss. So habe ich diese These unter zwei Blickwinkeln untersucht, nämlich einerseits unter dem Blickwinkel einer gewissen Unzulänglichkeit begrifflichen Vorstellens (3.3.1), und andererseits unter dem Blickwinkel einer unsere begrifflichen Fähigkeiten ergänzenden Fähigkeit des deutlichen, sinnlichen Vorstellens (3.3.2).

Begriffe sind für Kant Allgemeinvorstellungen. Sie sind einander subordiniert. Jeder Begriff lässt als Gattungsbegriff unter ihn fallende Artbegriffe zu, welche wiederum Unterarten zulassen usw., die stets von begrifflicher Natur bleiben, einen allgemeinen Charakter beibehalten und damit für das Vorstellen der Spezifität eines wahrgenommenen Gegenstands nie hinreichen, sondern stets Raum für mehr begriffliche Spezifizierungen offen lassen. Dies ist jedoch nicht die einzige Weise, in welcher Begriffe nicht hinreichend sind für die Vorstellung von Individualität. Denn nach Kants transzendentalem Idealismus sind die einzelnen Gegenstände, die uns sinnlich gegeben sind, stets feiner begrifflich beschreibbar, gerade weil sie nicht an sich selbst durchgängig bestimmte Gegenstände sind in dem Sinne, dass von ihnen angenommen werden könnte, dass von jedem gegenteiligen Prädikatspaar ein Prädikat auf den Gegenstand zutreffen muss. Sinnliche Gegenstände sind nach Kant nicht dieser Idee der durchgängigen begrifflichen An-sich-Bestimmtheit gemäss. Die Annahme, die Gegenstände unserer Erfahrungswelt seien prinzipiell vollständig begrifflich bestimmte Gegenstände,

---

Postulate des empirischen Denkens. In A ist wie gesehen die Unmittelbarkeit der Anschauung entscheidend für die Kritik am problematischen Idealismus, sie erlaubt es uns, unmittelbar beim Angeschauten selbst zu sein. Sie stellt uns das Angeschaute als unmittelbar begegnend vor, und es ist daher kein Kausalschluss (auch wenn eine Kausalrelation vorliegen mag) notwendig, um die Wirklichkeit der begegnenden Gegenstände zu gewährleisten. Die Unmittelbarkeitsthese muss nach B nicht aufgehoben werden, nur weil Kant in der *Widerlegung des Idealismus* einen anderen Kritikansatz wählt. Dort soll nämlich gezeigt werden, wie eine urteilshafte, begriffliche oder intellektuelle Bestimmung unseres eigenen Daseins, die, soll sie für uns epistemisch relevant sein, zunächst den Formen unserer Anschauung untersteht, der Bedingung einer Zeitbestimmung unterliegt. Eine urteilsmässige Bestimmung einer zeitlichen Ordnung eines Daseins des inneren Sinnes setzt eine ebensolche Bestimmung eines durch den äusseren Sinn gegebenen Daseins (eines Beharrlichen) voraus (vgl. B245 f.). Mit diesem Vorgehen wird die Unmittelbarkeitsthese der Anschauung jedoch nicht aufgehoben, sondern es wird m. E. ein anderer Ansatz zur direkten Widerlegung einer Ausgangsthese des problematischen Idealismus gewählt.

führt nach Kant gar in einen antinomischen Widerstreit. Sinnliche Gegenstände können sich nach Kant *prinzipiell* nicht als durchgängig durch Prädikatsbegriffe bestimmte Gegenstände uns darbieten.

Auf der anderen Seite erlaubt uns unsere Sinnlichkeit gewisse epistemische Funktionen, welche das Unzureichende unseres begrifflichen Vermögens aufwiegen. Die Individualitätsfunktion der Sinnlichkeit erlaubt es, zwischen begrifflich gleich beschriebenen Vorstellungsgehalten alleine aufgrund von anschaulich vorgestellten topologischen Relationen zu diskriminieren. Die Sinnlichkeit kann zusätzlich zwischen Gegenständen einen deutlich bestimmten Unterschied vorstellen, obwohl die dem Gegenstand wirklich zukommenden unterschiedlichen Bestimmtheiten begrifflich nicht in deutlicher Weise vorgestellt werden können. Die Sinnlichkeit alleine, und nicht etwa Begriffe, sind für das deutliche Vorstellen dieser Bestimmtheiten hinreichend. Es besteht also aus dieser Hinsicht eine *wesentliche* Differenz zwischen sinnlich-anschauungshaftem und begrifflichem Vorstellen. In 3.3.3 habe ich dann abschliessend versucht, die Aspekte des bloss anschauungshaften, also nicht-kategorialen, Gegenstandsbezugs sinnlicher Vorstellungen zu beschreiben und habe dabei die Aspekte der Singularität (Individualitätsfunktion in empirischer wie apriorischer Hinsicht) und der Unmittelbarkeit (das direkte Präsent-Haben des wirklichen Gegenstands) der Anschauung herausgehoben.

Wir sind durch die aufgeführten Gründe daher dazu gedrungen, Kant die These eines wesentlichen Unterschieds von begrifflichen und nichtbegrifflichen Inhalten zuzuschreiben und ihm dadurch nicht nur eine moderate, sondern eine starke These des Non-Konzeptualismus zuzuschreiben. Sofern also die von mir dargestellten Überlegungen zutreffend sind, müssen wir Kant eine Position des Non-Konzeptualismus zusprechen, die in der Klassifikation der Non-Konzeptualismen in 3.2 der Form **ABCD** entsprechen muss. Kants hier dargelegte Theorie nichtbegrifflichen Vorstellens wird meinen weiteren Analysen in den kommenden Teilen einerseits grundlegend sein, andererseits wird sie da ihre weitere, Kants Texten immanente, Differenzierung finden. Denn diese Position ermöglicht ein Verständnis einer grundsätzlichen Heterogenität von Sinnlichkeit und Verstand, was sich auf die Interpretation der Lehre der transzendentalen Synthesis der Einbildungskraft (in Teil II) wie auch des Schematismuskapitels (Teil III) auswirken wird.

Teil II: **Die transzendentale Synthesis der Einbildungskraft als Selbstaffektion**

Als Herausforderung einer non-konzeptualistischen Interpretation Kants muss man sicherlich ein adäquates Verständnis der *Transzendentalen Deduktion* und des darin enthaltenen Themas der *Selbstaffektion* – der kantischen Theorie der transzendentalen Synthesis der Einbildungskraft – bezeichnen. In Kants Lehre der Selbstaffektion sieht traditionell die gemässigte Form des kantischen Konzeptualismus ihre Interpretation bestätigt, dass die Weise, wie wir in einen unmittelbaren Kontakt zu den Gegenständen der Sinnlichkeit treten, strukturiert ist durch eine immer jeweils schon aktive Handlung einer produktiven Einbildungskraft, deren Wirksamkeit wiederum als begrifflich oder vor-diskursiv, aber doch vom Verstand geregelte oder gewirkte Synthesis des Vorstellungsmannigfaltigen verstanden wird. Soll also die bisher dargelegte Interpretation der wesentlichen Heterogenität von Sinnlichkeit und Verstand untermauert werden, muss deren Kompatibilität mit diesem wichtigen Lehrstück Kants erläutert werden, und soll die konzeptualistische Interpretation als eine einseitige Lesart Kants herausgestellt werden, so muss gezeigt werden, wie die in ihr enthaltene stärkere Gewichtung unserer Verstandesfunktionen mit gewissen Elementen der Selbstaffektionsdoktrin gar inkompatibel ist.

Im Folgenden soll also Kants Verständnis der Heterogenität bezüglich seiner Lehre der transzendentalen Synthesis der Einbildungskraft in der *Transzendentalen Deduktion* nachgezeichnet werden. Dabei sollen zunächst die Hauptfragen zum Vorschein gebracht werden, auf welche eine Interpretation der Selbstaffektionslehre eingehen muss. Dazu gehört erstens die Frage nach dem systematischen Ort dieser Lehre innerhalb der Argumentationsstruktur der B Deduktion in zwei Schritten, wobei herauszustellen sein wird, inwiefern die Lehre der Selbstaffektion den eigentlichen Inhalt des zweiten Argumentationsschrittes darstellt (Kapitel 5). Im Zuge dieser Analyse wird zweitens zu erläutern sein, wie die Lehre der Selbstaffektion einerseits für die Lehre des ‚doppelten Ichs' (Kapitel 6), und andererseits für die ‚Form der Anschauung / formale Anschauung' – Unterscheidung (Kapitel 7) eine begründende Funktion einnimmt. Der Auseinandersetzung mit der *Transzendentalen Deduktion* werde ich jedoch eine Analyse der *Transzendentalen Ästhetik* vorausschicken (Kapitel 4), um die Voraussetzungen der letzteren für die erstere bezüglich des kognitiven Dualismus zu klären und um der Reihenfolge von Kants Darstellung dieser Theoriestücke gerecht zu werden.

Einleitende Bemerkungen

Gemäss den von Kant im Amphiboliekapitel ausgeführten Überlegungen ist es uns Menschen „nicht einmal gegeben [...], unser eigenes Gemüth mit einer andern Anschauung, als die unseres inneren Sinnes zu beobachten" (A278/B334). Diese Äusserung steht hier im Zusammenhang mit Kants Ansicht, dass es der menschlichen Verstandeserkenntnis nicht möglich ist, „das Innere der Dinge" zu erkennen, nämlich als „was die Dinge, die uns erscheinen, an sich sein mögen" (A277/B333). Denn letztere Möglichkeit würde ein „der Anschauung und Art nach gänzlich unterschiedenes Erkenntnißvermögen" (A278/B333 f.) voraussetzen, wodurch den Menschen der epistemische Zugang zum Inneren der Dinge gegeben sein könnte. Dass es für uns Menschen nun keine Möglichkeit gibt, wenigstens Selbsterkenntnis von uns an uns selbst – so wie wir uns selbst durch den reinen Verstand erkennen können – zu haben, und wir „uns selbst nur durch innern Sinn mithin als Erscheinung kennen" (A278/B334), macht Kant selbst für einen Moment stutzig. Um diese Ansicht zu rechtfertigen, weist er uns auf das „das Geheimniß des Ursprungs unserer Sinnlichkeit" (A278/B334) hin.

Die grundlegende kantische Unterscheidung von Dingen als Erscheinungen und Dingen, wie sie an ihnen selbst sind (wie das Innere ihres Wesens durch den reinen Verstand zu erkennen wäre), gilt demgemäss auch für eine mögliche Selbsterkenntnis. Die Entfaltung der Lehre des transzendentalen Idealismus und damit der These der Restriktion unserer Erkenntnis auf Erscheinungen muss daher in enger Verbindung mit der Lehre der Eigenständigkeit der Sinnlichkeit als Erkenntnisquelle erörtert werden. Unser intellektueller Zugang zum Ich als Subjekt des Denkens sieht sich auf die Sinnlichkeit verwiesen, deren Zugehörigkeit zur menschlichen Erkenntniskraft jedoch von uns in unserer Rolle als intellektuelles Subjekt nicht durchschaut wird, so dass die Sinnlichkeit als „Geheimnis" (für die reine Verstandeserkenntnis) erhalten bleibt. Ich benutze Kants Ausdruck des *Geheimnisses des Ursprungs unserer Sinnlichkeit* als Motto für das gegenwärtige Kapitel, weil hier die Heterogenität von Verstand und Sinnlichkeit auf eine Weise zur Sprache kommt, die den Fokus auf die verstandes*fremde* Eigenart der menschlichen Sinnlichkeit legen wird.

Kant verteidigt die Ansicht, dass die Erkenntnis unserer selbst auf den inneren Sinn limitiert ist, d. h. darauf angewiesen ist, dass wir uns selbst im inneren Sinn als ein Objekt der Sinnlichkeit gegeben werden, und unterscheidet zwischen dem Selbst als einer Erscheinung (dem Objekt der sinnlichen Erkenntnis) und dem epistemisch unzugänglichen Selbst als dem transzendentalen Grund seiner Erscheinungen oder als sein Wesen an sich selbst. Diese Ansicht sei im Folgenden die *Phänomenalitätsthese* bezüglich der Selbsterkenntnis genannt. Kant legt sie zwar als die seine dar, weist jedoch im gleichen Atemzug auf einen Zustand der Perplexität hin, den eine solche Ansicht offenbar auch in ihm selbst hervorruft.

So bezeichnet er beispielsweise in §24 der B Deduktion diese These als „das Paradoxe, was jedermann bei der Exposition der Form des inneren Sinnes (§6) auffallen mußte" (B152), um gerade anzufügen, dass diese Stelle nun in §24 dazu da ist, jenen widersprechend scheinenden Sachverhalt „verständlich zu machen" (B152). Kants Verweis auf die „Exposition der Form des inneren Sinnes" bezieht sich auf die der metaphysischen und transzendentalen Erörterung der Zeit folgenden „Schlüsse aus diesen Begriffen" (§6), in denen Kant folgende drei Konklusionen darstellt: (1.) die Zeit ist eine „subjektive Bedingung", „unter der alle Anschauungen in uns stattfinden können", sie ist daher weder ein an sich subsistierendes Ding noch eine den Dingen an ihnen zukommende Bestimmung (A33/B49). Die Zeit ist (2.) die Form „des Anschauens unserer selbst und unseres inneren Zustandes" (A33/B49) und (3.) die „formale Bedingung aller Erscheinungen überhaupt", und zwar „unmittelbare Bedingung der inneren [Erscheinungen] (unserer Seelen)" (A34/B50). Die sich aus diesen Bemerkungen über die Zeit als der Form des inneren Sinnes ergebende These besteht nun darin, dass nach Kant ein Anschauen unserer Selbst (d. h. unserer Seelenzustände) durch eine unmittelbare Bedingung (eine subjektive Bedingung des Stattfindenkönnens von menschlicher Anschauung), die Zeit, strukturiert ist. Letztere ist aber ausdrücklich nicht eine Struktureigenschaft von Dingen an sich selbst, sondern nur Bedingung des sinnlichen Erscheinungshaften.[1]

Das Anschauen unserer selbst ist also ein *sinnliches*, a priori strukturiertes *Anschauen* eines bloss phänomenalen Etwas. Es ist ein anschauliches Vorstellen, das notwendigerweise Strukturbedingungen seines repräsentationalen Inhalts voraussetzt, die uns nach Kant an uns selbst nicht zukommen. Dabei ist es aber wiederum fraglich, worauf sich das „uns" beziehen soll, oder das „selbst" in „Selbsterkenntnis". Mit „selbst" kann hier nicht das menschliche Gemüt gemeint sein, dem die zeitlichen Strukturen als Anschauungsbedingungen zukommen, sondern „selbst" kann nur das Subjekt von Denkhandlungen meinen. Das scheinbar Paradoxe ergibt sich dann, wenn man Kants Thesen auf folgenden Satz zuspitzt: *Dem selbstreflexiven Denken ist sein Denken als innerer Zustand nur so gegeben, wie es an sich selbst nicht ist*, weil, was auch immer einem menschlichen Verstandesvermögen anschaulich zugänglich ist, durch den Rahmen der Gege-

---

[1] Schon allein das Thema dieser Aufzählung und die daraus zu ziehenden Implikationen zur Selbsterkenntnis zeigen auf, dass der Verweis im §24 auf §6 adäquat ist, und nicht etwa, wie Nakano (2011, S. 214) vermeint, Kant ein Fehler unterlaufen ist, indem letzterer nämlich auf den §8 verweisen wollte.

benheitsbedingung der menschlichen Sinnlichkeit (die Zeit) strukturiert sein muss.

Die Phänomenalitätsthese besagt nun, dass der innere Sinn „uns selbst, nur wie wir uns erscheinen, nicht wie wir an uns selbst sind, dem Bewußtsein" (B152) darstellt, was Kant in §24 damit begründet, dass „wir nämlich uns nur anschauen, wie wir innerlich afficirt werden" (B153). Die Begründung der Phänomenalitätsthese wird also in einem Sachverhalt gesehen, den Kant mit „innerlich affiziert [W]erden" beschreibt. Letzteres Szenario können wir nun Kants Lehre der *Selbstaffektion* nennen. Kants Lehre der Selbstaffektion – wie sie (als solche benannt) ausschliesslich in der zweiten Auflage der *Kritik der reinen Vernunft* entwickelt wird – wird in der *Transzendentalen Ästhetik* unter §8 („Allgemeine Anmerkungen zur transzendentalen Ästhetik") in den in der B-Version zusätzlich hinzufügten Anmerkungen behandelt, aber dann erst in der *Transzendentalen Deduktion* ab §24 ausführlicher entwickelt. Ich werde nun zunächst auf die Anmerkungen der Ästhetik eingehen, um ein erstes Vorverständnis des Zusammenhangs der Selbstaffektion zu leisten, bevor ich sie dann mit den Erläuterungen in §24 kontrastieren und die zu erarbeitenden zentralen Diskussionspunkte hervorheben werde.

Selbstaffektion in der transzendentalen Ästhetik
Der Einführung des Selbstaffektionsbegriffs gehen einige Erläuterungen über die Rolle des inneren Sinnes und seines Bezugs zu den Vorstellungen des äusseren Sinnes wie auch zu seiner Form (der Zeit) voraus:

> Nicht allein, daß darin die Vorstellungen äußerer Sinne den eigentlichen Stoff ausmachen, womit wir unser Gemüth besetzen, sondern die Zeit, in die wir diese Vorstellungen setzen, die selbst dem Bewußtsein derselben in der Erfahrung vorhergeht und als formale Bedingung der Art, wie wir sie im Gemüthe setzen, zum Grunde liegt, enthält schon Verhältnisse des Nacheinander=, des Zugleichseins und dessen, was mit dem Nacheinandersein zugleich ist (des Beharrlichen). (B67)

Kant spricht hier vor allem zweierlei Sachverhalte an. *Zum einen* führt er ohne weitere Erläuterung eine Eigenschaft des inneren Sinns an, die darin bestehen soll, dass die „Vorstellungen äusserer Sinne" den „Stoff" des inneren Sinnes „eigentlich" ausmachen. Der innere Sinn hat nach Kant also die Repräsentationen räumlicher Gegenstände als eigentlichen Inhalt. Dieser Umstand wurde in der Kantforschung auch oft so interpretiert, dass der innere Sinn im Gegensatz zum äusseren Sinn keine eigene innere Mannigfaltigkeit darbietet. Allison beispielsweise interpretiert dieses Textstück damit, dass nur äussere Vorstellungen Inhalte des inneren Sinnes sein können: „inner sense has no manifold of its own" (Allison 2004, S. 277). Ich selbst würde diese Textstelle nicht so interpretieren, weil Kant ja noch von einem „eigentlichen Stoff" spricht, der in äusseren Vorstellungen bestehen soll, wobei das „eigentlich" nach einer hier unspezifizierten Intention verlangt. Ein Grund für diese Äusserung kann beispielsweise in einer epistemischen Abhängigkeit des bestimmten Erkennens innerer Inhalte vom Vorstellen äusserer Inhalte liegen, z. B. dass die zeitliche Bestimmung eines Wechsels der innerlich zugänglichen Phänomene abhängig gemacht wird von der Bestimmung eines objektiv-räumlich Beharrlichen im Kontext der *Widerlegung des Idealismus*. Ein weiterer Grund könnte aber auch sein, dass Kant innere Phänomene (wie Lust, Unlust, Schmerz, vgl. A374) nicht zu eigentlich epistemischen Vorstellungsinhalten zählt, weil sie für die Vorstellung von Dingen in der Welt nicht hinreichend sind.[2]

Zum anderen weist Kant in B67 darauf hin, dass der innere Sinn etwas Spezifisches mit sich bringt, nämlich die Zeit als seine Form. Kant bezeichnet die Zeit hier als eine „formale Bedingung" für das „Bewusstsein" äusserer Vorstellungen „in der Erfahrung", sie ist eine Bedingung „der Art", „wie wir" äussere Vorstellungen „im Gemüthe setzen". Die Zeit wird als eine dem Akt des „Setzens" im Felde äusserer Vorstellungen durch den Verstand epistemisch prioritäre Strukturbedingung angesprochen, welche mit einem ihr eigenen strukturellen Mannigfaltigen daherkommt. Dies kommt darin zum Ausdruck, dass Kant darauf hinweist, dass die Zeit unabhängig des Setzens von Vorstellungen „schon Verhältnisse" enthalte. Dazu gehören die relational zeitlichen Strukturen des Nacheinanderseins, des Zugleichseins und der Beharrlichkeit, die von Kant als „Modi der Zeit" bezeichnet werden (A177/B219).

Um die Lehre der Selbstaffektion vorzubereiten, weist Kant also (1) auf eine gewisse epistemische Abhängigkeit des inneren Sinnes von Vorstellungen des äusseren Sinnes, und (2) auf ein a priori anschauungshaftes und verstandesunabhängiges Vorausliegen der zeitlichen Struktur gegenüber der Betätigung eines „Setzens" hin. Der zweite Punkt erfährt noch in den folgenden Textpassagen eine weitere Differenzierung:

> [...] die Form der Anschauung [kann] nichts anders sein [...] als die Art, wie das Gemüth durch eigene Thätigkeit, nämlich dieses Setzen seiner Vorstellung, mithin durch sich selbst afficirt wird, d. i. ein innerer Sinn seiner Form nach. Alles, was durch einen Sinn vorgestellt wird, ist

---

2 Ich denke hier vor allem an spezifisch innere phänomenale Erlebnisse, die mit sich keinen Sinn von strenger Objektivität führen. Kant weist uns auf solche Erlebnisse ebenfalls in der *Transzendentalen Ästhetik* hin, wobei er diese Art von „Vorstellungen" für das Projekt einer Ergründung der kritischen Begrenzung einer Vernunftwissenschaft als irrelevant einstuft, so z. B.: „Der Wohlgeschmack eines Weines gehört nicht zu den objectiven Bestimmungen des Weines, mithin eines Objects sogar als Erscheinung betrachtet, sondern zu der besondern Beschaffenheit des Sinnes an dem Subjecte, was ihn genießt" (A28/B44).

> sofern jederzeit Erscheinung, und ein innerer Sinn würde also entweder gar nicht eingeräumt werden müssen, oder das Subject, welches der Gegenstand desselben ist, würde durch denselben nur als Erscheinung vorgestellt werden können, nicht wie es von sich selbst urtheilen würde, wenn seine Anschauung bloße Selbstthätigkeit, d. i. intellectuell, wäre. (B67f.)

Die Zeit als Form der inneren Anschauung beschreibt Kant als „die Art, wie das Gemüth [...] durch sich selbst afficirt wird", und zwar dadurch, dass das Gemüt tätig ist in dem Sinne des Setzens seiner selbst als Vorstellung. Nach Kant wird demnach durch die Tätigkeit des Verstandes das Gemüt durch sich selbst *affiziert* – ich verstehe hier „Gemüt" als eine sowohl das denkende wie auch das anschauende Vorstellungsvermögen umfassende Bezeichnung, und zumindest als einen Inbegriff all unserer Vorstellungs- und Empfindungsfähigkeiten. Als Selbst*affektion* kann dieser Prozess benannt werden, weil es nach Kant eine „Art" gibt, *der gemäss* der tätige Verstand, das tätige Gemüt, seine Vorstellung (die Vorstellung seiner selbst) setzen muss, und diese „Art" ist die Form der inneren Anschauung, die Zeit.

Als „eigentlicher Stoff" des inneren Sinnes wurden oben gemäss B67 die äusseren Vorstellungen bezeichnet, während nun, nach Einführung des Selbstaffektionsbegriffs, auch „das Subjekt" als „der Gegenstand desselben [d. h. des inneren Sinnes]" herausgehoben wird. Für Kant kann der innere Sinn durch Selbstaffektion einen Gegenstand (sich selbst) bekommen. Jedoch, so Kants angedeutete Argumentation, wird dieser Gegenstand „nur als Erscheinung vorgestellt werden können" (B68), weil die „innere Wahrnehmung" die Art voraussetzt, wie das Vorstellungsmannigfaltige „ohne Spontaneität im Gemüthe gegeben wird", die „um dieses Unterschiedes Willen Sinnlichkeit heißen" (B67) muss.

Selbstaffektion in der B Deduktion
In Bezug auf die Phänomenalitätsthese der Selbsterkenntnis bestimmt Kant die §§24–25 („hier ist nun der Ort", B152) als den systematischen Ort, um die Schwierigkeiten des Unterschieds von Mir an mir selbst und Mir als Erscheinung betrachtet mit einer ausführlicheren Doktrin zu heben. Die Affektion des Gemüts durch sich selbst wurde in der transzendentalen Ästhetik noch als ausgehend von der Tätigkeit des Subjekts in Form eines Setzens betrachtet, eine Betrachtung, die in §24 eine genauere Hinsicht zulässt, weil in den vorausgehenden Teilstücken der *Transzendentalen Analytik* das setzende Vorstellungsvermögen weitestgehend in seine ursprünglichen Elemente differenziert wurde. So beschreibt Kant die Selbstaffektion unter anderem durch folgenden Satz: „[Es] kann der Verstand als Spontaneität den inneren Sinn durch das Mannigfaltige gegebener Vorstellungen

der synthetischen Einheit der Apperception gemäß bestimmen [...]" (B150). Die ‚Selbstaffektion' genannte Handlung des Setzens als einer Tätigkeit des Gemüts findet ihre Differenzierung als Handlung des Bestimmens, die vom Verstand ausgeht. Der Verstand ist das Bestimmende, der innere Sinn das Bestimmte, und die Handlung kann nur vollzogen werden „durch das Mannigfaltige gegebener Vorstellungen", welche durch den inneren Sinn anschaulich gegeben sind.

Die Handlung der Selbstaffektion ist also gleichbedeutend damit, den inneren Sinn, insofern darin ein Vorstellungsmannigfaltiges gegeben ist, der synthetischen Einheit der Apperzeption gemäss zu bestimmen:

> Ich sehe nicht, wie man so viel Schwierigkeit darin finden könne, daß der innere Sinn von uns selbst afficirt werde. Jeder Actus der Aufmerksamkeit kann uns ein Beispiel davon geben. Der Verstand bestimmt darin jederzeit den inneren Sinn der Verbindung, die er denkt, gemäß zur inneren Anschauung, die dem Mannigfaltigen in der Synthesis des Verstandes correspondirt. Wie sehr das Gemüth gemeiniglich hiedurch afficirt werde, wird ein jeder in sich wahrnehmen können. (B156 f.)

Wenn Kant von „uns selbst" als Affizierenden spricht, so meint er mit „uns" den menschlichen Verstand.[3] Der menschliche Verstand *denkt* sich bei einem gegebenen anschaulichen Vorstellungsmannigfaltigen eine bestimmte Verbindung. Das Affizierte ist im engeren Sinne der innere Sinn, welcher die Bestimmung durch den Verstand in sich aufnimmt, und im weiteren Sinne das Gemüt als ein Inbegriff der menschlichen Vorstellungsvermögen. Das Gemüt affiziert sich selbst, oder: Ich

---

3 In seiner Auseinandersetzung mit der *Transzendentalen Ästhetik* vertritt Willaschek die systematische These einer externalistischen Lesart des kantischen Anschauungsbegriffs, der zufolge der die Anschauungshaftigkeit auszeichnende unmittelbare Bezug der Vorstellung auf den einzelnen Gegenstand primär durch äusserliche Verursachung zu erklären sei (vgl. Willaschek 1997, S. 548). In Bezug auf die reine Form der Anschauung, die ja selbst als Inhalt der Anschauung vorgestellt werden kann, ergibt sich daraus die These, dass eine im Subjekt angelegte „stehende kausale Bedingung" die Anschauungshaftigkeit der Anschauung auszeichnet (vgl. Willaschek 1997, S. 553). Insofern Willaschek nun im entsprechenden Kontext von einer „Verursachung der reinen Anschauung durch die Struktur unseres Gemüts" (Willaschek 1997, S. 554) spricht, weist er darauf hin, dass dadurch das Gemüt durch sich selbst affiziert werde, woraus sich eine strukturelle Verbindung zur Lehre der Selbstaffektion ergäbe. Das Affizierende – wenn ich diesen Vorschlag richtig verstehe – wäre dann das Gemüt mit seiner in der Sinnlichkeit angelegten Strukturbedingungen. Obwohl ich Willascheks Analyse der Anschauung nicht entgegenstehe, bin ich mit diesem nur am Rande ausgeführten Vorschlag nicht einverstanden. Denn das Affizierende in Kants Lehre der Selbstaffektion scheint mir auf das Ich als denkendes Vermögen (also als Verstand) eingeschränkt zu sein. Hier zeigt sich jedoch eine Schwierigkeit der Deutung dieser Lehre, nämlich die Zweideutigkeit des „Selbst", als das denkende Ich einerseits und als das Gemüt andererseits.

als tätiger Verstand affiziere den inneren Sinn als sinnliches Vermögen meines Gemüts.

Die vom Verstand gedachte Verbindung wird jedoch nicht *als solche* im inneren Sinn gegeben, sondern die gedachte Verbindung wird im inneren Sinn nur gemäss dessen Form, der Zeit gegeben. Wie also kommt der Verstand als ein Vermögen des begrifflichen Denkens zum Bestimmen des inneren Sinnes vermittelst dem anschaulich gegebenen Vorstellungsmannigfaltigen?

> [Der Verstand] also übt unter der Benennung einer transscendentalen Synthesis der Einbildungskraft diejenige Handlung aufs passive Subject, dessen Vermögen er ist, aus, wovon wir mit Recht sagen, daß der innere Sinn dadurch afficirt werde. Die Apperception und deren synthetische Einheit ist mit dem inneren Sinne so gar nicht einerlei, daß jene vielmehr, als der Quell aller Verbindung, auf das Mannigfaltige der Anschauungen überhaupt, unter dem Namen der Kategorien vor aller sinnlichen Anschauung auf Objecte überhaupt geht; dagegen der innere Sinn die bloße Form der Anschauung, aber ohne Verbindung des Mannigfaltigen in derselben, mithin noch gar keine bestimmte Anschauung enthält, welche nur durch das Bewußtsein der Bestimmung desselben durch die transscendentale Handlung der Einbildungskraft [...] möglich ist. (B153 f.)

Die Affektion des inneren Sinnes durch den Verstand ist eine Ausübung einer Handlung der transzendentalen Synthesis der Einbildungskraft. Über sie macht der Verstand das im inneren Sinn vorliegende Vorstellungsmannigfaltige zu einer „bestimmte[n] Anschauung". Die transzendentale Synthese der Einbildungskraft ist dadurch ein „synthetischer Einfluß des Verstandes auf den inneren Sinn" (B154). Wir haben es hier also mit einer engen Verbindung, gar mit einer Gleichsetzung der Lehre der transzendentalen Synthesis der Einbildungskraft nach zweiter Auflage der *Kritik der reinen Vernunft* mit der Lehre der Selbstaffektion zu tun.

Insofern nun die Selbstaffektion den Unterschied eines Verbindungsvermögens, das in Abstraktion von der menschlichen Struktur der Sinnlichkeit durch seine reinen Funktionen (Verstandesbegriffe) eine Beziehung gegebener Vorstellungen auf ‚Objekte überhaupt' zu konstituieren sucht, von einer auf *unsere* raumzeitliche, sinnliche Anschauung angewandten Realisierung dieses Vermögens klären soll, ist die Lehre der Selbstaffektion zentral für die Erläuterung des Unterschiedes zwischen dem ersten (§§15 – 20) und deren zweiten Schritt (§§21 – 27) der B Deduktion. Des Weiteren spielen in der Erörterung des zweiten Schritts der B Deduktion Raum und Zeit nicht nur als Formen der menschlichen Sinnlichkeit, sondern auch als *formale Anschauungen* eine gewichtige Rolle. In der Tat finden wir in Kants Unterscheidung der formalen Anschauung von der Form der Anschauung ein weiteres Element, welches durch die Selbstaffektionsdoktrin begründet wird. So soll diese u. a. klären, wie wir uns die Zeit selbst als thematischen

Gegenstand der Anschauung vorstellen können. Wie dieses komplexe Begründungsverhältnis davon, wie eine denkende, begreifende Bezugnahme von uns als Verstand auf die Zeit als formale Strukturvoraussetzung jeder uns anschaulich gegebenen Vorstellung möglich ist, und wie dadurch die Zeit als formale Anschauung konstituiert wird, wird daher ebenfalls zu klären sein.

Drei Hauptthemen der Selbstaffektionsdoktrin
Ich mache also drei zentrale, ineinandergreifende Themen bezüglich des komplexen Beziehungsverhältnisses zwischen Sinnlichkeit und Verstand im Bereich der Selbstaffektion aus: Kants Lehre von der Selbstaffektion
1. ist ein wesentliches und entscheidend neues Element im 2. Schritt der B Deduktion. Eine Analyse des systematischen Orts der Selbstaffektionslehre wird uns Anleitung für ein Verständnis der Selbstaffektionslehre geben, *et vice versa*.
2. begründet die Phänomenalitätsthese der Selbsterkenntnis.
3. erläutert den epistemischen Zusammenhang, welcher formale Anschauungen des Raumes und der Zeit ermöglicht.

Ich werde im folgenden eine möglichst umfassende Lesart der Selbstaffektionsdoktrin vorschlagen, welche die drei genannten Hauptpunkte einheitlich entwickeln können muss. Dies ist zusätzlich eine Forderung, die ich an jede Interpretation der Selbstaffektion stelle.

Gegenläufige Interpretationen

Obschon jede Auseinandersetzung mit der *Transzendentalen Deduktion* nach zweiter Auflage in ihrem Kern eine implizite oder explizite Analyse der Lehre des Selbstaffektion leisten muss, wird diese Lehre in der Kantforschung sehr uneinheitlich aufgenommen. Im folgenden möchte ich kurz auf drei verschiedene Interpretationen der Selbstaffektionsdoktrin eingehen (Allison, Nakano und Longuenesse), die der vorzuschlagenden Analyse jeweils auf eine ganz bestimmte Weise entgegenstehen.

Allison fokussiert seine Analyse der Selbstaffektionsdoktrin auf die Phänomenalitätsthese der Selbsterkenntnis. Seine Auseinandersetzung mit diesem Thema besteht dabei in zwei kritischen Versuchen, die kantische Lehre der Phänomenalität der Selbsterkenntnis zu rekonstruieren, und in einem Lösungsvorschlag. Diese sollen im folgenden skizziert werden.

Die erste kritische Erläuterung der Phänomenalitätsthese beruht auf Allisons Verständnis davon, wie Kant die Rolle des inneren Sinnes und die innere Erfahrung insgesamt konzipiert. Der innere Sinn – nach Kant ein Sinn, vermittelst welchem das Gemüt sich selbst anschaut – hat nach Allison keine eigene Mannigfaltigkeit von erkenntnisrelevanten Vorstellungen spezifisch in sich. Er ist in Allisons Lesart eine Art von sinnlichem Bewusstsein der eigenen Vorstellungen (vgl. Allison 2004, S. 277). Für die *innere Erfahrung* kommen demgemäss nur die Vorstellungen äusserer Sinne in Frage, und sie besteht – wenn ich Allison hier richtig verstehe – in einer Art des reflexiven Gewahrens („reflexive reappropriation", Allison 2004, S. 278) der Inhalte äusserer Erfahrung, also einer Art bewussten Bezugnahme auf die durch den äusseren Sinn gegebenen Vorstellungen als explizit meine Vorstellungen.

Daraus ergibt sich eine Asymmetrie von innerer und äusserer Erfahrung. Für die äussere Erfahrung ist das Mannigfaltige der äusseren Gegenstände durch den äusseren Sinn gegeben, die zustandekommende Erfahrung ist dann Erfahrung dieser Gegenstände. Die Vorstellungen des inneren Sinnes wären daher nicht im selben Sinne Vorstellungen von mir, wie die Vorstellungen der äusseren Sinne Vorstellungen der äusseren Objekte sind, vielmehr wären sie auf mich bezogen (vgl. Allison 2004, S. 278). Und wie Allison es ausdrückt, ist das Objekt, auf das die Vorstellungen des inneren Sinns bezogen werden, nicht ein empirisches Objekt, sondern eines, das gar nicht in der Erfahrung gegeben ist, das Ich als Substrat („I as substratum", Allison 2004, S. 279). Aus dieser Asymmetrie ergibt sich Allisons Ansicht, dass die kantische These der Phänomenalität des Ichs (hier verstanden als Substrat der inneren Erfahrung) höchst problematisch wird, denn das Objekt, dem die inneren Vorstellungen zugeschrieben werden, das Objekt der inneren

Erfahrung, ist selbst nicht erfahrungsmässig (also auch nicht phänomenal) gegeben (vgl. Allison 2004, S. 280).

Um die Lehre der Phänomenalität der Selbsterkenntnis doch noch retten zu können, so Allisons zweite kritische Erläuterung, greift Kant auf die Lehre der Selbstaffektion zurück. Die Selbstaffektionslehre beschreibt Allison so: Während des Aktes der Apprehension der Vorstellung äusserer Sinne affiziert sich das Gemüt auf gewisse Weise selbst und bekommt dadurch einen sinnlichen Aspekt, der nur als Erscheinung erkannt werden könne. Nach Allison besteht der springende Punkt hinter der Einführung der Selbstaffektion in der Verbindung der Bedeutungen von „Affektion" und „Sinnlichkeit". Alles, was auf Affektion beruht, wird als sinnlich gegeben innerhalb der reinen Strukturvoraussetzungen von Raum und Zeit verstanden und ist daher nur Erscheinung. Das Problem, das Allison hier jedoch ausmacht, ist ähnlich zu seinem ersten kritischen Punkt: Es bestehe eine Disanalogie zwischen der Affektion von aussen und der Affektion von innen (vgl. Allison 2004, S. 282). Allisons Kant behauptet daher, dass das Ich nur als Erscheinung vorgestellt wird, weil es von sich selbst affiziert wird. In diesem Argument wird daher die Analogie zur Affektion von aussen unterstellt. Diese Analogie sei aber nicht gegeben: Affektion von aussen versorge das Gemüt mit Material, Affektion von innen aber mit einer Kombinationsleistung dieses zeitlich gegebenen Materials. Wenn die Selbstaffektion mit der transzendentalen Synthesis der Einbildungskraft identisch sei, dann sei die Bedeutung des Affektionsbegriffs nicht derselbe, und könne daher nicht die Phänomenalität der Selbsterkenntnis klar machen (vgl. Allison 2004, S. 283).

Der Lösungsvorschlag Allisons besteht darin, zwei Sinne von Selbstaffektion zu unterscheiden. Der erste Sinn von Selbstaffektion besteht nach Allison in der Handlung der transzendentalen Synthesis der Einbildungskraft, welche nicht primär eine Selbsterkenntnis begründet, sondern eine erste Konzeptualisierung der gegebenen Erscheinungen erreicht. Sie sei dadurch eine ursprüngliche Konzeptualisierung der Anschauungen, welche den Objektbezug der gegeben Erscheinungen konstituiert. Ein zweiter Sinn von Selbstaffektion besteht nach Allison in der Handlung der empirischen Synthesis der Apprehension, gesehen als eine Bedingung der spezifisch inneren Erfahrung. Sie sei eine zweite Konzeptualisierung der Anschauungen, welche die erste voraussetze und die dadurch gegebenen Vorstellungen als *mein* thematisches Objekt bestimme. Sie geht nach Allison einher mit einer Änderung des epistemischen Fokus' und ist dadurch eine Rekonzeptualisierung der Vorstellungen mit dem Ziel, diese als Objekte der inneren Erfahrung zu konzeptualisieren, eine Handlung, die jederzeit der formalen Bedingung des inneren Sinnes, der Zeit, gemäss sein muss. Die Produkte dieser zweiten Verstandesaktivität seien daher in der Zeit, womit wieder eine gewisse Analogie zur äusseren Erfahrung etabliert wäre (vgl. Allison 2004, S. 284 f.).

Die dadurch verständlich gemachte Phänomenalität der inneren Erfahrung bezieht sich bei Allison – nach meinem Verständnis – jedoch nicht auf eine Erfahrung eines Ichs als Subjekt des Denkens, sondern auf die Erfahrung unseres konzeptualisierten Erfahrens äusserer Gegenstände. Innere Erfahrung ist demgemäss eine Art der Metaerfahrung. Ich werde im folgenden eine andere Lesart des inneren Sinnes und des Objektes der Selbsterkenntnis vorschlagen. In Bezug auf den inneren Sinn bin ich mit Allison nicht einverstanden, was dessen Funktion anbelangt, denn Allison scheint sich den inneren Sinn als eine Form des bewussten Repräsentierens von auf mich bezogenen Vorstellungen zu konzipieren. In Bezug auf das Objekt der Selbsterkenntnis scheint mir Allison zu wenig darauf einzugehen, dass – nach meiner Lesart – Kant auf verschiedene Weise über die Seele und das Gemüt spricht. Das Gemüt, will man es als Substrat aller Vorstellungen verstehen, ist sowohl logisches Substrat unserer Denkhandlungen wie auch Substrat unserer sinnlichen Repräsentationen. Jedoch die Seele oder das Ich als denkendes Wesen, welches meiner Ansicht nach gemäss Kant der eigentliche Inhalt des inneren Sinns sein sollte, ist das Ich in seiner Rolle als Verstand. Die These der bloss phänomenalen Selbsterkenntnis bezieht sich primär auf eine Erkenntnis unserer Denkoperationen. Dennoch halte ich die von Allison ausgearbeiteten Punkte für sehr wertvoll, weil sie uns Anleitung geben, in einer Analyse der Selbstaffektion darauf zu achten, was 1. als phänomenales Ich und Inhalt des inneren Sinnes gelten soll, wie 2. die Selbstaffektion als Affektion analog zu einer Affektion von aussen fungiert, und 3. wie die Selbstaffektion als begründende Theorie für die Phänomenalität der Selbsterkenntnis zu verstehen ist.

Hirotaka Nakanos Beschäftigung (in „Selbstaffektion in der transzendentalen Deduktion") mit dem Thema setzt ein mit einer Kritik einer bestimmten Lesart der Selbstaffektion, welche er (Dirschauer 2004 folgend) die „Interpretation der Selbstaffektion durch Nachwirkung" nennt (Nakano 2011, S. 215). Diese Lesart besteht nach ihm darin, dass die Selbstaffektion, als transzendentale Synthesis der Einbildungskraft, eine „vorher gegebene Materie verknüpft" (Nakano 2011, S. 215), also ein solches Vorstellungsmannigfaltiges, das unabhängig von der Spontaneität des Verstandes im inneren Sinn gegeben ist. Die Einwirkung auf ein solches Mannigfaltiges hinterlässt (daher „Nachwirkung") ein neuartiges Mannigfaltiges, welches wiederum „einerseits als ein Stoff zur Hervorbringung des Zeitbegriffs, andererseits als Selbsterkenntnis angesehen werden" (Nakano 2011, S. 215) könne. Dabei bezieht sich Nakanos Kritik nicht so sehr darauf, dass die Selbstaffektion einen Einfluss auf das Mannigfaltige im inneren Sinn hat, der im Weiteren für eine mögliche Selbsterkenntnis oder für die Konzeptualisierung zeitlicher Strukturen benutzt werden kann, sondern viel mehr darauf, dass von einem *zunächst* gegebenen synthesisunabhängigen Vorstellungsmannigfaltigen im inneren Sinn ausgegangen wird.

Nakanos Interpretation besteht darin, dass die zeitlichen Strukturen, innerhalb deren das gegebene Anschauungsmannigfaltige erscheint oder gegeben ist, von der spontanen Einwirkung des Verstandes auf den inneren Sinn durch Selbstaffektion abhängig sind. Die „Aufnahme der Anschauung" setze „nicht nur unsere Rezeptivität, sondern auch Spontaneität" (Nakano 2011, S. 213) voraus. Der Sinn von „Aufnahme" bleibt in seinem Beitrag allerdings ungeklärt. Ich gehe jedoch davon aus, dass es so etwas wie den Prozess, der zu einem inhaltlichen Vorstellen führt, bedeutet. Die entsprechende Lesart der Lehre der Selbstaffektion kann daher als konzeptualistische Interpretation dieses Zusammenhangs gelten: Es liegt nie ein vom Verstande unabhängiges inhaltliches, sinnliches Vorstellen vor.

Werfen wir nun einen Blick auf die Argumente Nakanos. Nakanos Meinung, dass die zeitliche Struktur des gegebenen Anschauungsmannigfaltigen bei Kant nicht ohne Selbstaffektion möglich ist, beruht zum einen auf einem systematischen Argument über die ‚Einheitlichkeit' des zeitlichen Vorstellens, zum andern auf einer exegetischen Überlegung zu einer Formulierung Kants in der *Transzendentalen Ästhetik*.

Beim ersten Argument stützt sich Nakano auf Kants Aussage, dass „alle bestimmte Größe der Zeit nur durch Einschränkungen einer einigen zum Grunde liegenden Zeit möglich sei" (A32/B47f.). Bestimmte Grössen oder bestimmte Zeitabschnitte sind nach Kant nur als Einschränkungen einer als „uneingeschränkt" gegebenen, „einigen" Anschauung vorstellbar. Nakano versteht nun diese Überlegung Kants so: Es darf selbst die ursprüngliche Anschauung der Zeit „der Einheit nicht entbehren" (Nakano 2011, S. 271). Ohne die einheitliche Vorstellung der Zeit würde es nach Nakano „keine Vergangenheit noch Zukunft, noch eine sukzessive Ordnung zwischen den Jetztpunkten geben" (Nakano 2011, S. 271f.). Eine Zeitlichkeit des gegebenen Vorstellungsmannigfaltigen für den für Nakano kontrafaktischen Fall einer verstandesunabhängigen Aufnahme ist als einheitsloses Etwas nicht eine Vorstellung, der wir Zeitlichkeit zusprechen könnten. Man müsste „eine Zeitlichkeit einräumen, die keine Einheit hat. Da die Zeit in der einigen Ordnung der mannigfaltigen Vorstellungen besteht, ist diese Auffassung nicht überzeugend" (Nakano 2011, S. 219). Gesteht man jedoch, entgegen Nakanos Prämisse, auch einem nichtbegrifflichen Inhalt ein Vorstellen von irgendwie geordneten zeitlichen Strukturen zu, so verliert Nakanos Argument meines Erachtens seine Stichhaltigkeit.

Ein zweites Argument Nakanos geht aus von einer Stelle, in der Kant die Zeit als „die Art, wie das Gemüth durch eigene Thätigkeit, nämlich dieses Setzen seiner Vorstellung, mithin durch sich selbst afficirt wird" (B67f.), bezeichnet. Nakano nimmt diese Erläuterung als definitorisch für die Zeitlichkeit unserer Vorstellungen an, in dem Sinne, dass Zeitlichkeit nur da bestehe, wo es auch einen Akt der

Selbstaffektion gibt (Nakano 2011, S. 218). Eine Ansicht, welche der verstandesunabhängigen Gegebenheit des Anschauungsmannigfaltigen Zeitlichkeit zuschreiben würde, so Nakano, müsste nach Kants Definition diesem Mannigfaltigen auch zuschreiben, dass es mitunter durch Selbstaffektion konstituiert wäre, welches widersprüchlich sei (vgl. Nakano 2011, S. 218).

Kants Beschreibung der Zeit als „die Art, wie" das Gemüt sich durch Spontaneität selbst affiziert, ist jedoch m. E. nicht nur damit kompatibel, dass die Zeit eine verstandesunabhängige Bedingung des Gegebenwerdens von Anschauungsmannigfaltigem ist, sondern weist gerade auf diesen Umstand hin. Denn soll sich der spontane Verstand auf das Mannigfaltige unserer menschlichen Anschauung beziehen, kann er dies nur tun, indem er auf „die Art, wie" das Mannigfaltige verstandesunabhängig gegeben ist, Rücksicht nimmt. Die Form des Affiziertwerdens (Bedeutung von „Form" in Bezug auf die Sinnlichkeit) und die Form des Selbst-Affizierens („Form" in Bezug auf den Verstand) dürfen nicht verwechselt werden. Die Zeit ist eine dem sinnlichen Mannigfaltigen und nicht dem spontanen Verstandesvermögen inhärierende Bedingung. Durch Nakanos Interpretation von Kants Lehre der Selbstaffektion wird der innere Sinn zur passiven Entsprechung der Spontaneität. Der innere Sinn ist „nichts anderes [...] als das Affiziertwerden von dem Verstand" (Nakano 2011, S. 228). Sinnlichkeit und Verstand werden zu zwei Aspekten „einer einzigen Aktivität" (Nakano 2011, S. 228). Diese Marginalisierung der Irreduzibilitäts- und Vernachlässigung der Ursprünglichkeits- wie Isolierbarkeitsthese bezüglich des sinnlichen Teils in Kants kognitivem Dualismus bringt mich zu einer Bemerkung über eine inhärente Schwäche der konzeptualistischen Position in Bezug auf die Selbstaffektion.

Die Identifizierung der Selbstaffektion mit der transzendentalen Synthesis der Einbildungskraft, welche Kant in der Deduktion vornimmt, wird von konzeptualistischer Seite so verstanden, dass der Verstand über Selbstaffektion selbst Bedingung der inhaltlichen *Gegebenheit* unserer Vorstellungen ist. Wenn nun die zeitliche Struktur von Anschauungsinhalten selbst durch Verstandesaktivität konstituiert wird, und die Sinnlichkeit zu einem passiven Aspekt innerhalb dieser Aktivität zurückgestuft wird, ergibt sich keine unmittelbare Beziehung des Aktes der Selbstaffektion zur kantischen Lehre der Phänomenalität der Selbsterkenntnis. In der Tat geht Nakano gar nicht auf diese Lehre ein, obwohl sie Kant ausführlich kurz nach Einführung der Synthesis der Einbildungskraft in §24 der B Deduktion erörtert. Wenn die Selbstaffektion die begriffliche oder vor-diskursive Bestimmung des gegebenen Anschauungsmannigfaltigen sein soll, und das Anschauungsmannigfaltige uns nur durch Selbstaffektion eigentlich gegeben wird, und die raumzeitliche Struktur des Anschauungsmannigfaltigen durch diese Aktivitäten erzeugt wird, ist der raumzeitliche Vorstellungsinhalt *wesentlich* den

Handlungen des spontanen Verstandes geschuldet.[4] Es wird daher unklar, wie der Konzeptualismus folgende Frage beantworten kann: Wieso soll die so gesehene Bestimmungshandlung des Vorstellungsmannigfaltigen selbst ein erscheinendes Ich, das phänomenale Ich, darstellen? Wenn das spontane Ich Raumzeitlichkeit konstituiert, dann wird die unmittelbare Beziehung der Selbstaffektion zur Phänomenalität der Selbsterkenntnis fraglich. Dies scheint mir ein schwerwiegender Einwand gegenüber der konzeptualistischen Interpretation der Selbstaffektion und des ganzen Zusammenhangs des zweiten Schritts der Deduktion zu sein.

Eine ähnlich geartete Schwierigkeit treffen wir an der Interpretation von Longuenesse in *Kant and the Capacity to Judge* an. In ihrer Lesart der transzendentalen Synthesis der Einbildungskraft wird diese zu einem Vermögen unseres Gemüts, welches das gegebene Anschauungsmannigfaltige in Ordnungen bringt. Diese Ordnungen seien Wirkungen einer Aktivität, welche das Ziel hat, das diskursiv-begriffliche Urteilsvermögen auf das gegebene Anschauungsmannigfaltige anzuwenden. Die so konzipierte Aktivität der Einbildungskraft ist eine Handlung, welche „sensible orderings (figure, succession, simultanteity ...)" generiere, „that make possible reflection according to the forms of discursive combination" (Longuenesse 1998, S. 203). Worin jedoch genau diese implizit auf Verstandeshandlungen zweckmässig ausgerichtete Handlung der Einbildungskraft genau bestehe, d. h. wie letztere genau zu beschreiben wäre, so Longuenesse, lasse Kant offen. „This is why, after the first part of §24 has expounded figurative synthesis as the effect of understanding on sensibility, the second part asserts that the ‚I think' does not cognize itself as it is ‚in itself,' but only in the manner in which it affects itself in sensibility" (Longuenesse 1998, S. 203). Wenn ich Longuenesse, in deren Analyse von Kants Philosophie die Selbstaffektion als synthesis speciosa eine zentrale und sehr fruchtbare Rolle einnimmt, hier richtig verstehe, schliesst sie von einer gewissen Form der Agnostik Kants gegenüber den zielgerichteten Prozessen der Einbildungskraft und von deren Vorliegen in den im inneren Sinn anschaulich gegebenen, mannigfaltigen Vorstellungen auf die Phänomenalität der Selbsterkenntnis. Diesen von Longuenesse beschriebenen Zusammenhang halte ich nur für einen kleinen Fingerzeig, jedoch nicht für eine ausgereifte Theorie

---

4 Nakano scheint sich dieser Problematik bewusst zu sein: „Dabei soll nicht geleugnet werden, dass die Zeit Form der Rezeptivität, nicht der Spontaneität ist, und dass die Anschauungen durch die Sinnlichkeit gegeben, nicht durch den Verstand bestimmt oder hervorgebracht werden. Die Lehre der Selbstaffektion hebt den Unterschied zwischen Rezeptivität und Spontaneität nicht auf, sondern zeigt nur, dass beide nicht trennbar sind" (Nakano 2011, S. 230). Die Nicht-Trennbarkeit führt aber auch zu einer theoretischen Unmöglichkeit, den Unterschied zwischen den der Sinnlichkeit ursprünglich und rein anhängenden Bedingungen und den der Aktivität der Spontaneität anhängenden Bedingungen anzugeben oder fassbar zu machen.

der Beziehung der Selbstaffektionslehre mit der Phänomenalitätsthese der Selbsterkenntnis. Die These, dass nach Kant die Agnostik gegenüber den Prozessen der Einbildungskraft eine die Phänomenalitätsthese rechtfertigende Kraft besitze, halte ich zudem für nicht überzeugend, zumal ich im folgenden mir vorgenommen habe, überzeugendere Argumente für diesen Zusammenhang vorzubringen.

Kapitel 4: Die Anschauungshaftigkeit der Zeit und der innere Sinn

In diesem Kapitel sollen die verschiedenen Thesen Kants sowohl zur zeitlichen Form aller uns sinnlich gegebenen Vorstellungen (4.1), als auch zum inneren Sinn als dessen Form die Zeit ausgezeichnet ist (4.2), ausführlicher zur Sprache kommen. Es wird in 4.1 auf folgende Fragen einzugehen sein: (a) Welcher Natur ist die uns ursprünglich gegebene Vorstellung der Zeit? Und (b) wofür ist die Zeit eine formale Strukturvoraussetzung? Im 4.2 wird zu besprechen sein, welcher Art die Gemütseigenschaft des *inneren Sinnes* ist, als dessen Form Kant die Zeit bezeichnet. Es ist Ziel dieses Kapitels, die in den Kapiteln 5 bis 7 folgende Analyse der Selbstaffektion durch eine Auseinandersetzung mit der *Transzendentalen Ästhetik* vorzubereiten. Die Untersuchung dieser Fragen wird das Verständnis der sinnlichkeitsseitigen Beiträge zur menschlichen Erkenntnis, so wie sie Kants kognitiver Dualismus vorgesehen hat, weiter verfeinern. Die drei genannten Fragen können daher auch so formuliert werden: 1. Wie ist die ursprüngliche Anschauungshaftigkeit der Zeit zu verstehen? 2. Wie ist die Zeit als sinnliche Form der Erkenntnis zu verstehen? Und 3. wie ist der innere Sinn als sinnliche Gemütsfunktion zu interpretieren?

4.1 Die Anschauungsnatur der Zeit

Kants Isolationsverfahren verlangt, in der *Transzendentalen Ästhetik* „zuerst die Sinnlichkeit [zu] isolieren" (A22/B36). Es wird als ein Verfahren eingeführt, welches in einer Abstraktionsleistung besteht, die von einer gegebenen Vorstellung sowohl das begrifflich Gedachte wie auch das empirische Anschauungsmannigfaltige abzieht, bis schliesslich nur „übrig bleibe", was „die Sinnlichkeit a priori liefern kann" (A22/B36). Das dadurch gewonnene Residuum besteht in der „reine[n] Anschauung" und der „bloße[n] Form der Erscheinungen" (A22/B36). Der Abstraktionsprozess legt dasjenige frei, das weder begrifflich ist und das daher zur sinnlichen Anschauung gehört, noch empirisch ist und das daher das von der Sinnlichkeit ursprünglich Mitgegebene bezeichnet. Dieses ursprünglich ‚Mitgegebene' ist einerseits sinnlich anschauungshaft und andererseits allem durch Sinnlichkeit empfangenen Mannigfaltigen vorausgesetzt (qua Form der Erscheinungen). Wenn wir uns nun also fragen, was nach Kant die Zeit in ihrer Anschauungsnatur ausmacht, so wird auf die zwei eben genannten Aspekte einzugehen sein. Auf die verschiedenen Beschreibungen der Zeit als Form der

Erscheinungen werde ich in 4.1.2 eingehen. Hier (4.1.1) soll die Frage nach der Anschauungshaftigkeit der Zeitvorstellung selbst gestellt werden.

4.1.1 Die ursprüngliche Anschauungshaftigkeit der Zeitvorstellung

Was zeichnet die spezifische Anschauungshaftigkeit der Zeit aus? Um diese Frage zu beantworten, werde ich zunächst, sozusagen ex negativo, auf das Problem eingehen, weshalb Kant ab der zweiten Auflage der *Transzendentalen Ästhetik* von einer Erörterung „des Begriffs der Zeit" spricht, innerhalb deren Kant die Anschauungshaftigkeit der Zeitvorstellung belegt. Ich werde dafür argumentieren, dass diese Betitelung einer Charakterisierung der Zeit als anschauungshaft und nichtbegrifflich nicht widerspricht. Darauf folgend werde ich versuchen, Charaktere, welche ebendiese ursprüngliche Anschauungshaftigkeit der Zeit beschreiben, anhand der Zeitargumente der *metaphysischen Erörterung* herauszuheben. Letztlich werde ich zwei argumentative Annäherungen an die These der Phänomenalität der Selbsterkenntnis wagen, die sich direkt auf die besprochenen Thesen der *Transzendentalen Ästhetik* stützen.

„Erörterung": begriffliche Analysis *und* ursprünglich anschauungshaftes Vorstellen

In der zweiten Auflage erhalten die Zeitargumente den folgenden Titel: „Metaphysische Erörterung des Begriffs der Zeit". Das prima facie Paradoxe besteht darin, dass die Zeit als zur Anschauung gehörig gerade nicht ein Begriff ist, und zeigt sich in den Zeitargumenten selbst, in welchen die Zeit nicht als „allgemeiner Begriff" (A31/B47), sondern als „unmittelbare Anschauung" (A32/B48) erwiesen wird. Ich werde im folgenden versuchen, diese Paradoxie durch eine kurze Analyse davon, wie Kant eine „Erörterung" charakterisiert, aufzulösen.

Nachdem Kant im ersten Abschnitt der *Transzendentalen Ästhetik* sagt, dass er „den Begriff des Raumes erörtern" möchte, gibt er ebenso an, was er unter einer „Erörterung" bzw. einer „expositio" verstanden wissen will, nämlich eine „deutliche (wenn gleich nicht ausführliche) Vorstellung dessen, was zu einem Begriffe gehört" (B38). Dies zeigt zunächst an, wie allgemein Kant hier den Ausdruck der „Erörterung" fasst, der m.E. zunächst als „Darlegung", „Darstellung" oder „Belichtung" verstanden werden muss. So spricht Kant in der ersten Auflage noch nicht davon, den Begriff der Raumes zu „erörtern", sondern ruft dazu auf, „den

Raum" selbst zu „betrachten" (A23).[1] Des Weiteren unterscheidet Kant zwischen einer metaphysischen und einer transzendentalen Erörterung eines Begriffs, wobei die metaphysische „dasjenige [enthalte], was den Begriff als a priori gegeben darstellt" (B38). Die metaphysische Erörterung ist also charakterisiert durch die a priori Gegebenheit des zu exponierenden Begriffs sowie durch die Nicht-Ausführlichkeit und Deutlichkeit der Darlegung des Begriffsinhalts. Diese drei Charakterisierungen möchte ich im folgenden auch mit Blick auf die *Jäsche Logik* einer Klärung zuführen.[2]

Zunächst ist der Charakter der exponanda aufzuhellen, nämlich was sie zu *a priori gegebenen* Begriffen macht. Die *Jäsche Logik* unterscheidet zwischen „gegebene[n] (a priori oder a posteriori) und gemachte[n] Begriffe[n]" (Log, AAIX, S. 93). Gegebene Begriffe a priori – die einzigen Kandidaten einer metaphysischen Erörterung – sind nach Kant nicht-empirische Begriffe, die nicht anhand von „synthetischen Definitionen" (Log, AAIX, S. 93) bestimmt werden können.[3] Es handelt sich dabei um a priori gegebene Vorstellungen, welche nicht durch synthetische Definitionen erzeugt, sondern nur durch Analysis deutlich werden können (vgl. Log, AAIX, S. 141). Gegebene Begriffe a priori sind solche, die nicht durch eine Realdefinition bestimmt werden können, aber dennoch einen reinen Vorstellungsgehalt haben, insofern sie eine nicht-empirische Notwendigkeit ausdrücken.[4]

---

[1] In der *Jäsche Logik* steht geschrieben, dass „das Exponiren eines Begriffs [...] in der an einander hängenden (successiven) Vorstellung seiner Merkmale, so weit dieselben durch Analyse gefunden sind" (Log, AAIX, S. 143), besteht. „Erörterung" bzw. „*expositio*" wird hier deutlich als Begriffsanalysis verstanden. Allerdings bieten sich innerhalb einer formalen Logik auch noch keine anderen Sinne der Erörterung an.
[2] Die *Jäsche Logik* bietet sich für die Erläuterung der technischen Termini Kants an, weil wir davon ausgehen können, dass sie von Kant als Grundlage seiner Logikvorlesungen genutzt wurde. Die darin vorkommenden Begrifflichkeiten haben sicherlich Kants Verwendung dieser Begriffe auch in der *Kritik der reinen Vernunft* geprägt. Da sie allerdings eine *formale* Logik vorstellt, und nicht eine *transzendentale* (inhaltliche), müssen die jeweiligen Passagen mit der Vorsicht gelesen werden, dass sie teilweise Kants kognitiven Dualismus, der für die Fundierung der Inhaltlichkeit der transzendentalen Logik zentral ist, nicht berücksichtigen kann.
[3] Die einzigen Kandidaten für gemachte Begriffe a priori sind nach Kant Begriffe, die durch „Construction" definiert werden können, sie sind also mathematisch-geometrische Begriffe (Log, AAIX, S. 93).
[4] Der a priori gegebene Begriff ist vor allem negativ bestimmt, er ist nicht-empirisch und nicht geometrisch-mathematisch. Die Begriffe des Raumes und der Zeit sind nach Kant gegebene Begriffe, während Begriffe, die über räumliche Konstruktionen (und zeitliche Konstruktionen, falls es solche gibt) definiert werden, gemachte Begriffe sind. Es ist allerdings davon auszugehen, dass Kant noch mehr apriorische Begriffe für gegebene hält. Ich denke hier zunächst an alle Kategorien und die aus ihnen Zusammengesetzten „abgeleitete[n] Verstandesbegriffe" (A82/B108).

Eine Erörterung gegebener Begriffe ist nun *nicht-ausführlich:* „[D]ie Beschreibung ist die Exposition eines Begriffs, sofern sie nicht präcis ist", so Kant, sie ist aber dennoch „eine wahre und brauchbare Darstellung eines Begriffs" (Log, AAIX, S. 143), d.h. die durch Exposition gewonnenen mannigfaltigen Vorstellungen müssen das exponandum nicht in klare Grenzen einschließen. Sie müssen zwar korrekt sein, aber das exponans muss nicht alle Merkmale des exponandum ausschöpfend angeben. Die Exposition stellt, wenn sie nicht-ausführlich ist, zwar nicht alle Aspekte des Inhalts des infrage stehenden Begriffs vor, letztere genügen aber doch, um diesen Begriff wahrhaft und brauchbar zum Vorschein zu bringen.[5]

Die dritte Charakterisierung der metaphysischen Erörterung des Begriffs des Raumes und der Zeit ist das *deutliche Vorstellen*. In der *Jäsche Logik* werden zwei verschiedene Formen der Deutlichkeit von Vorstellungen unterschieden, „eine sinnliche" und „eine intellectuelle" (Log, AAIX, S. 35). Wird etwas (sinnlich oder intellektuell) deutlich vorgestellt, so wird das Mannigfaltige, was in der infrage stehenden Vorstellung enthalten ist, mit Bewusstsein vorgestellt werden, was zum einen das „Bewußtsein des Mannigfaltigen in der Anschauung" meint, und zum anderen die „Zergliederung des Begriffs in Ansehung des Mannigfaltigen, das in ihm enthalten liegt" (Log, AAIX, S. 35). Die Deutlichkeit einer Vorstellung besteht daher im bewussten Vor-sich-Bringen des mannigfaltigen Vorstellungsinhalts, sei es nun ein begrifflicher (Begriffsintension) oder ein anschauungshafter (Anschauungsgehalt).[6]

Ich schlage nun vor, die erwähnte scheinbare Widersprüchlichkeit der Betitelung der metaphysischen Erörterung des „Begriffs der Zeit" mit ihrem Argumentationsinhalt, der im Ausweisen der anschauungshaften bzw. nichtbegrifflichen Natur der Zeit besteht, wie folgt aufzulösen: Kants sogenannter „Begriff der Zeit" ist zwar ein a priori gegebener Begriff – er drückt nicht-empirische Notwendigkeiten aus und ist nicht-gemacht, d.h. wird nicht durch eine synthetische Definition generiert. Die Darstellung dieses Begriffs der Zeit zeigt jedoch auf, dass

---

[5] Eine *präzise, ausführliche* Erörterung würde nach meiner Erläuterung hier einer Definition gleichkommen.

[6] Es ist wichtig zu sehen, dass eine mögliche *sinnliche* Deutlichkeit nicht nur in der *Jäsche Logik* Erwähnung findet, sondern Kants Erörterungen auch in der *Kritik der reinen Vernunft* begleitet. Es ist daher davon auszugehen, dass die in der *Jäsche Logik* auftauchende Unterscheidung der anschaulichen und begrifflichen Deutlichkeit Kant selbst zuzuschreiben ist. Denn Kant kritisiert hiermit die „Leibniz=Wolffische Philosophie". Der Unterschied zwischen sinnlicher und intellektueller Vorstellung besteht nach Kant nicht in einer Unterscheidung von Verworrenheit und Deutlichkeit der Vorstellungen, „der Unterschied einer undeutlichen von der deutlichen Vorstellung ist blos logisch und betrifft nicht den Inhalt" (A43/B60f.). Kant bezeichnet den Unterschied von rein-sinnlichen und intellektuellen (begrifflichen) Vorstellungen als einen *transzendentalen* Unterschied, der den „Ursprung und den Inhalt derselben" betreffe (A44/B62).

die in dem Begriff gedachten Eigenschaften nichtbegrifflicher Natur sind, zur Anschauung gehören, insofern sie bspw. durch mereologische Verhältnisse bestimmt sind, die sich wesentlich von begrifflichen Verhältnissen unterscheiden.[7] Diese Unterschiedenheit ist aber nur sinnlich-deutlich vorzustellen – sie wird in der anschauungshaften Bedeutung von „Deutlichkeit" erörtert (dargestellt). Wird im Zuge der metaphysischen Erörterung diese spezifisch anschaulich-sinnliche Deutlichkeit bewusst gemacht und gründen sich die bekannten Charakterisierungen der Zeit auf dieser Art von Deutlichkeit, so ist im Rahmen einer Erörterung des Begriffs der Zeit die Zeit als ursprünglich anschauungshaft ausgewiesen. Ich werde, nach dem folgenden kurzen Exkurs, mit einer Analyse der Zeitargumente versuchen, diese Lesart anhand des Textes aufzuzeigen.

„Begriff der Zeit", Zeitanschauung und transzendentaler Idealismus

Dass Kant in der zweiten Auflage der *Kritik der reinen Vernunft* bei der Einführung der Raumargumente nicht mehr von „den Raum betrachten" (A23) spricht, sondern davon, den „Begriff des Raumes zu erörtern" (B38), und zudem die unterschiedlichen Erörterungen als Erörterungen von den Begriffen von Raum und Zeit betitelt, ist kontrovers diskutiert worden. Will Kant, der in den Raum- und Zeitargumenten für die Anschauungsnatur der Raum- und Zeitvorstellung argumentiert, doch nahelegen, dass es sich bei diesen Vorstellungen im Grunde um begriffliche Vorstellungen handelt?

Brandt macht in der A-Auflage der *Ästhetik* aus, dass darin die Ausdrucksweise „Begriff des Raumes" noch vermieden wird, weil Kant herausstellen wolle, dass der Raum als nichtbegriffliche Vorstellung eine Anschauung ist; entsprechend sagt Brandt „,Raum' aber ist der *Name* eines singulären Dinges" (Brandt 1998, S. 91). Der Wechsel der Ausdrucksweise zu „Begriff des Raumes" in der B-Auflage stellt nach ihm ein Indiz für die stärkere Bedeutung des Verstandes in der Konstitution der Raumvorstellung dar, „denn der Begriff [stiftet] alle Einheit, auch die des Raumes und der Zeit" (Brandt 1998, S. 91). Diese These ist so zu fassen, dass alle Vorstellungseinheit – und bei Brandt wohl mitgemeint: jeder epistemisch relevante Inhalt – eine einheitsstiftende Handlung des Verstandes und dadurch begriffliche Einheitsleistungen voraussetzt. Falls Brandt hiermit implizieren will, der Ausdruck „Begriff der Zeit" mache daher nur innerhalb der B-Auflage Sinn, so ist einzuwenden, dass Kant beispielsweise in A37, wo er gegen die These eines metaphysischen Realismus bezüglich der Zeit argumentiert, bereits in der A-

---

[7] Siehe die Ziffern 3 und 4 bei der metaphysischen Erörterung des Begriffs des Raumes und Ziffern 4 und 5 der Erörterung des Begriffs Zeit.

Auflage vom „Begriff der Zeit" spricht: „Wenn man von ihr [d. h. von der Zeit, MB] die besondere Bedingung unserer Sinnlichkeit wegnimmt, so verschwindet auch der Begriff der Zeit" (A37/B54). Den Ausdruck „Begriff der Zeit" verwendet Kant also bereits innerhalb der A-Auflage. Es ist daher festzuhalten, dass diese Formulierung Kants nicht auf der Umarbeitung der Deduktion für die zweite Auflage beruhen kann.

Es bleibt die Frage zu klären, ob die Interpretation, dass die Einführung des Ausdrucks der „Erörterung des Begriffs der Zeit" in der zweiten Auflage darauf schliessen lässt, dass der Verstand wesentlich an der Konstitution des Gehalts der Zeit als ursprünglicher Anschauung beteiligt ist, zwingend ist. Dazu möchte ich im folgenden anmerken, dass zum einen der Ausdruck des „Begriffs der Zeit" nicht wesentlich mit der These der Verstandeskonstitution des Vorstellungsgehalts der Zeit verbunden sein muss, und dass zum anderen die These des transzendentalen Idealismus in Bezug auf die Zeit, die Kant ja auch in der B-Auflage vertritt, eine Möglichkeit voraussetzen muss, wie die ursprüngliche Vorstellung der Zeit explizit der Sinnlichkeit, und nicht dem Intellekt, zugeschrieben werden kann.

Onof und Schulting weisen darauf hin, dass es immer möglich ist, einen Begriff von Raum und Räumlichkeit zu bilden, auch wenn der Raum ursprünglich nicht eine begriffliche Vorstellung ist (vgl. Onof und Schulting 2015, S. 34). Bei Onof und Schulting ist der Begriff des Raumes als eine begriffliche Beschreibung von der Räumlichkeit unserer Anschauungsform verstanden.[8] Dieser Ansicht möchte ich hier beipflichten. Der Gedanke lässt sich folgendermassen ausführlicher darlegen: Wir können wohl mit Bestimmtheit sagen, dass, was auch immer Gegenstand menschlicher Untersuchungen ist oder sein kann, wir dies meist auf gewisse Weise durch Begriffe beschreiben oder ausdrücken können. So können wir beispielsweise eine bestimmte Rose begrifflich beschreiben, ohne dass die Rose deshalb ihrer Natur nach als Begriff angesehen werden muss. In diesem Beispiel mag daher die Frage, ob die Rose selbst ein Begriff sei, wenn wir uns einen Begriff von ihr machen können, absurd klingen. Die Frage aber, ob der Gehalt unserer Wahrnehmung der Rose ein begrifflicher Gehalt ist, hängt davon ab, durch welches Vermögen ihr Gegenstandsbezug geleistet ist und wie sich die Elemente dieses Inhalts begrifflich beschreiben lassen. Diese Frage ist daher nicht mit der Frage nach der begrifflichen Natur der Rose zu identifizieren. In Bezug auf Raum und Zeit mag dies zunächst ähnlich aussehen. Jedoch treffen wir aber gerade bei Kant die These an, dass die Raum- wie die Zeitvorstellung vom Raum und der Zeit

---

8 „[It] does not imply that space is thereby fully captured conceptually [...], the concept in question is rather a description of the content of the representation of space, i.e., of spatiality (spatialness)" (Onof und Schulting 2015, 34 f).

selbst nicht in bestimmter Weise getrennt werden, sondern nach der Lehre des transzendentalen Idealismus der Raum und die Zeit, „wenn man von den subjektiven Bedingungen der sinnlichen Anschauung abstrahiert, gar nichts" (A36/B52) sind. Spielen die Vorstellungen von Raum und Zeit spezifisch in Abhandlungen über die Metaphysik (wie der *Kritik der reinen Vernunft*) eine wesentliche Rolle, so ist zu klären, welcher Natur diese Vorstellungen sind. Sofern sie in gewisser Weise objektive Vorstellungen sind, müssen sie nach Kants Stufenleiter ihrer Natur nach entweder Anschauung oder Begriff (A320/B377) sein. Nach Kants kognitivem Dualismus (vgl. Kapitel 2) sind sie daher entweder durch die Spontaneität des Verstandes gegeben als Allgemeinvorstellungen, die mit Handlungsweisen der Vereinigung verschiedener Vorstellungen identifiziert werden, oder sie sind durch Rezeptivität gegeben. Wenn sie durch Rezeptivität gegeben werden, so erlauben sie analog zur Wahrnehmungsvorstellung der Rose eine begriffliche Beschreibung ihrer Eigenschaften und Strukturen.

All dies erläutert nur, dass wir einen Begriff von Raum und Zeit haben können, macht aber Raum und Zeit nicht selbst zu begrifflichen Vorstellungen. Die notwendige Singularität (vgl. A32/B47) von Raum und Zeit macht nach Kant diese bereits zu Vorstellungen, die nicht begrifflicher Natur sein können. Dass wir aber einen Begriff von der Räumlichkeit unseres Anschauungsraumes haben können, impliziert, dass für den Verstand, durch dessen Auseinandersetzung mit dem Raummannigfaltigen dieser Begriff entsteht, Räumlichkeit nicht etwas ist, das nur – aus Verstandesgründen – einem einzigen Gegenstand zukommen kann. Wenn der Raum überhaupt aus logischen Gründen (aus Gründen des Verstandes) ein einziger wäre, d.h. wenn es für unseren Verstand nicht möglich wäre, verschiedene Weisen von Räumlichkeiten zu denken, so wäre es nach Kant gar nicht möglich, einen Begriff des (logisch einzigen) Raumes zu haben, weil dann dieser die Eigenschaft der Allgemeinheit des Begriffs nicht gewährleisten könnte. Der Begriff der Räumlichkeit *unseres* Anschauungsraumes muss das Bilden höherer, aber auch niedrigerer Begriffe zulassen können.

Ist es nach obigem möglich, einen Begriff von Räumlichkeit zu haben, so kann dieser jedoch nicht unseren Anschauungsraum begriffslogisch als einen *einzigen* ausweisen, sondern letzteres kann nur durch eine Sinnlichkeitsfunktion gewährleistet werden. Wie wir dadurch nun sehen können, ist die These, dass es einen Begriff vom Raum und der Zeit gibt, nicht mit der These der Verstandeskonstitution des Vorstellungsgehalts vom Raum und der Zeit unserer Anschauung identisch. Dass es einen Begriff von Raum und Zeit gibt, bedeutet nicht, dass unsere Sinnlichkeit einen gewissen Vorstellungssinn von Räumlichkeit und Zeitlichkeit nicht selbständig gewährleisten kann. Diese Interpretation lässt sich nun auch mit der Art und Weise, wie ich im Vorigen versucht habe, die Argumentationsintention der metaphysischen Erörterung zu rekonstruieren, vereinbaren: Wir haben a priori gegebene Begriffe von Raum und Zeit, diese drücken Charaktere von Räumlichkeit und Zeitlichkeit aus, deren deutliches Fassen aber verlangt von uns, die mannigfaltige Struktur von Raum und Zeit in der sinnlichen Anschauung darzustellen. Dass unsere Raum- und Zeitvorstellungen nach Kant ursprünglich Anschauungen sind (vgl. z. B. A32/B48), und es z. b. einen Sinn von notwendiger Singularität gibt, den diese Vorstellungen nur als Anschauungen, nicht aber als Begriffe haben können, wird gar offensichtlicherweise gegen eine These sprechen, welche die Verstandeskonstitution für jeden Sinn einer Vorstellung von Raum und Zeit voraussetzt.

Wenn gerade das anschauliche Vorstellen des durch den Begriff der Zeit bezeichneten Vorstellungsinhalts uns anzeigt, dass unsere Zeitvorstellung wesentlich und a priori nichtbegrifflich ist, so muss sie ursprünglich einer Sinnlichkeit zugeschrieben werden, und nicht einem spontanen Verstandesvermögen. Der Verlauf der metaphysischen Erörterung des Begriffs der Zeit ist demnach eine *Ursprungsklärung*, denn diese Erörterung zeigt uns auf, dass wir, obwohl wir über einen a priori gegebenen Begriff der Zeit und des Raumes verfügen, den durch diesen Begriff ausgedrückten Inhalt wesentlich als einen nichtbegrifflichen vorfinden müssen. Daher kann es sich bei der Raum- und Zeitvorstellung nicht um eine ursprünglich intellektuelle Vorstellung handeln, vielmehr ist deren sinnlicher Ursprung ausgewiesen.

Durch diese Ursprungsklärung innerhalb der *Transzendentalen Ästhetik* erarbeitet sich Kant eine Differenzierungsfähigkeit bezüglich der Möglichkeit der ontologischen Zuschreibung räumlicher und zeitlicher Merkmale auf Dinge überhaupt und erklärt, „was in Ansehung der Grundbeschaffenheit der sinnlichen Erkenntnis überhaupt unsere Meinung sei" (A41f./B59): Raum- und Zeitcharaktere werden nicht zu ontologischen Bestimmungen von Dingen an sich, zu Bestimmungen, die den Dingen auch unter Abstraktion des sinnlichen Anschauens zukommen, sondern sie sind nur formale Voraussetzungen für Erscheinungen. „Was es für eine Bewandtniß mit den Gegenständen an sich und abgesondert von aller dieser Receptivität unserer Sinnlichkeit haben möge, bleibt uns gänzlich unbekannt" (A42/B59). Diese These, dass die ursprüngliche Vorstellung von Raum und Zeit als anschauungshaft ausgewiesen werden kann, und damit als solche, die nicht durch das intellektuelle Vermögen gestiftet oder konstituiert wird, ist in der *Transzendentalen Ästhetik* Kants zentrale Prämisse für die These der transzendentalen Idealität von Raum und Zeit. Sie sind nicht metaphysisch, aber doch empirisch real, gerade weil sie sinnlichen Ursprungs sind, d. h. eine anschauungsmässige, nicht-intellektuelle Notwendigkeit in ihrem Vorstellungsgehalt zur Darstellung bringen. Sie sind damit *nur* Prinzipien alles sinnlich empfangenden Vorstellens. Die Konsequenzen dieser Lehre bestehen nun zunächst darin, dass, von unserer Sinnlichkeit abstrahierend, wir den Gegenständen an sich selbst weder Räumlichkeit noch Zeitlichkeit zuschreiben können, denn: „Wenn man von ihr [d. h. von der Zeit, MB] die besondere Bedingung unserer Sinnlichkeit wegnimmt, so verschwindet auch der Begriff der Zeit" (A37/B54).

Der „Begriff der Zeit", um abschliessend nochmals auf das exponandum der Erörterungen in der *Transzendentalen Ästhetik* zurückzukommen, muss sich also als ein solcher erweisen, der gegenständlichen Inhalt spezifiziert, der nicht ursprünglich einem begrifflichen Vermögen beigelegt werden darf, sondern der Natur nach anschauungshaft ist und daher nur für Dinge „im Verhältniß auf unsere Anschauung" (A36/B52) von Relevanz ist. Um die These des transzendentalen Idealismus in Bezug auf die Zeit gewährleisten zu können, muss die Erörterung des Begriffs der Zeit auf ihre ursprüngliche Anschauungshaftigkeit führen, so dass die Zeit nicht dem Verstand (als begriffliches Vermögen), sondern der Sinnlichkeit zugeschrieben werden muss.

Die Zeitargumente

Ich habe bisher versucht, zweierlei herauszustellen. 1. Die Erörterung des Begriffs der Zeit bleibt nicht in der diskursiven Erkenntniseinstellung. Sie muss auf ein spezifisch sinnliches Vorstellen führen, welches Inhalte so vorstellt, wie es durch Begriffsanalyse nicht geschehen kann. Als Erörterung bleibt sie aber dennoch eine deutliche Darstellung der Zeit, daher muss die Deutlichkeit hier in einer sinnlich-anschauungshaften Deutlichkeit liegen. Damit enthält 2. die Erörterung des Begriffs der Zeit eine Ursprungsklärung. Sie muss auf etwas führen, was die Zeit ausdrücklich nicht dem intellektuellen Vermögen zuschreiben lässt. Auf der eindeutigen Zuschreibbarkeit der zeitlichen Vorstellung zur Sinnlichkeit beruht die These des transzendentalen Idealismus bezüglich der Zeit.

Die fünf Zeitargumente (oder Ziffern zur Zeit)[9] innerhalb der *Transzendentalen Ästhetik* sollen nun die so spezifizierte Erörterung der Zeit vornehmen. Dabei scheint innerhalb der Kantforschung weitgehend Einigkeit darüber zu herrschen,

---

9 Blomme weist darauf hin, dass es sich bei einer metaphysischen Exposition eines Begriffs – wie Kant dies für Raum und Zeit unter 4 respektive 5 Ziffern vornimmt – nicht um einen „strengen Beweis" (ein deduktives Argument mit explizit diskursiv gerechtfertigten Prämissen) für etwas in einem eigentlichen Sinne handelt, sondern um die Darstellung einer Sache (die im vorliegenden Falle die Zeit ist). Daher handle es sich bei den vier „Ziffern" um eine „clarification", nicht um einen Beweis (Blomme 2012, S. 144). Ich halte diese Ansicht für sinnvoll, möchte aber anfügen, dass auch Klärungen argumentativ sind, insofern sie von Etwas die Art und Weise seiner Beschaffenheit aufweisen. Wenn sich die Natur von Etwas deutlich anzeigt, so kann man z. B. gerechtfertigt darauf schliessen, dass das infrage stehende Etwas nicht von einer anderen Natur ist. Ich möchte daher an den Ausdrücken „Raum-" und „Zeitargument" festhalten.

dass die ersten zwei Argumente die Apriorität und die letzteren zwei die Intuitivität der Zeitvorstellung erweisen sollen (vgl. Mohr 1998; Parsons 1992). Es wird sich jedoch zeigen, dass, obwohl die genannte Einteilung von den Argumentskonklusionen her sinnvoll erscheint, sich diese Unterscheidung von den ganzen Argumenten her nicht deutlich aufrechterhalten lässt. So beruhen meines Erachtens auch die ersten beiden Argumente auf der bestimmten Eigenart der sinnlichen Intuitivität der Zeitvorstellung. Denn die Erörterung der Apriorität der Zeitvorstellung stützt sich auf eine Analyse sinnlicher Art (auf das Bewusstsein des Mannigfaltigen einer Anschauung).

I. Zeitargument:
Das erste Zeitargument lautet wie folgt:

> 1) Die Zeit ist kein empirischer Begriff, der irgend von einer Erfahrung abgezogen worden. Denn das Zugleichsein oder Aufeinanderfolgen würde selbst nicht in die Wahrnehmung kommen, wenn die Vorstellung der Zeit nicht a priori zum Grunde läge. Nur unter deren Voraussetzung kann man sich vorstellen: daß einiges zu einer und derselben Zeit (zugleich) oder in verschiedenen Zeiten (nach einander) sei. (A30/B46)

Nach Kants Dualismus der Vorstellungsarten muss die Vorstellung der Zeit entweder Anschauung oder Begriff sein, die sich wiederum in entweder reine oder empirische Vorstellungen unterteilen. Die empirische Anschauung als Alternative scheint Kant von Vornherein auszuschliessen. Es wird sich also um eine der drei Alternativen *empirischer Begriff*, *reiner Begriff* oder *reine Anschauung* handeln. Nach traditioneller Lesart schliesst das 1. Zeitargument die Alternative ‚empirischer Begriff' aus, indem die Nicht-Empirizität der Zeitvorstellung aufgezeigt wird (womit auch die von Kant nicht erwähnte Alternative der ‚empirischen Anschauung' ausgeschlossen werden kann): die Zeit ist nicht „von einer Erfahrung abgezogen worden" (A30/B46).

Zur Analyse dieses komplexen Arguments wird sich ein Blick auf die Auseinandersetzungen mit dem parallelen Raumargument lohnen. Das Raumargument ist parallel, weil es dieselbe Konklusion für den Raum herausstellt. Jedoch lautet die Aussage mit der Hauptfunktion, die Natur der Sache aufzuweisen, anders.[10] Gottfried Martin beispielsweise hebt jene Hauptaussage folgendermassen hervor: „damit ich etwas als nebeneinander soll vorstellen können, dazu muss die

---

10 „Denn damit gewisse Empfindungen auf etwas außer mir bezogen werden (d. i. auf etwas in einem andern Orte des Raumes, als darin ich mich befinde), imgleichen damit ich sie als außer- und neben einander, mithin nicht blos verschieden, sondern als in verschiedenen Orten vorstellen könne, dazu muß die Vorstellung des Raumes schon zum Grunde liegen", A23/B38.

Vorstellung des Nebeneinander schon zum Grunde liegen" (Martin 1969, S. 34). Die Argumentationsstruktur sei eine solche, die, so Martin, „ganz allgemein für jeden apriorischen Begriff die Apriorität begründet" (Martin 1969, S. 34). Die Räumlichkeit in Bezug auf den Raum oder die Zeitlichkeit in Bezug auf die Zeit sind gemäss dem so verstandenen Argument etwas Vor-verstandenes – oder etwas Vorangeschautes –, wenn mir dieser Ausdruck erlaubt sei. Ob es jedoch Verstandenes (d. h. a priori begrifflich Gedachtes) oder Angeschautes ist, bleibt in dieser Analyse der ersten Argumentationsform noch offen.

Einer solchen Lesart hält Parsons entgegen, dass es in der Hauptaussage des ersten Raumarguments darum gehe, eine ursprüngliche Raumvorstellung als Voraussetzung jeder bestimmten einzelnen Vorstellung einer räumlichen Relation zu erweisen (vgl. Parsons 1992, S. 68). In der Tat ist Kants Wortlaut nicht so, wie Martin sagt, dass das Nebeneinander bereits verstanden sein muss, um räumliche Gegenstände nebeneinander vorzustellen. Er lautet: für das Vorstellen des Nebeneinander muss „die Vorstellung des Raumes schon zum Grunde liegen" (A23/B38). In Parsons Analyse spielt daher die Eigenschaft der Raumvorstellung eine zentrale Rolle, die von Kant erst in der vierten Ziffer (nach A-Auflage) explizit erläutert wird, nach welcher die Vorstellung bestimmter Teilstrukturen des Raumes die Vorstellung eines ursprünglich einigen Ganzen voraussetzt, welches nach Kant nicht eine Struktur begrifflicher, sondern anschauungshafter Vorstellungen ist (vgl. „Verschiedene Zeiten sind nur Theile eben derselben Zeit" (A31 f./B47), „Theile können auch nicht vor dem einigen, allbefassenden Raume gleichsam als dessen Bestandtheile (daraus seine Zusammensetzung möglich sei) vorhergehen", A25/B39). D. h. obwohl die Anschauungshaftigkeit des Raumes erst in den weiteren Argumenten explizit zur Sprache kommt, muss bereits das erste Argument auf eine solche Weise den Raum *klären*, dass ihre anschauungshafte Natur darin zum Vorschein kommt, die erst die Stichhaltigkeit des Arguments ermöglicht – durch eine sinnliche, nicht-intellektuelle Deutlichkeit.

In der Tat scheinen innerhalb des ersten Raumarguments die Aufforderungen, „etwas in einem andern Orte des Raumes, als darin ich mich befinde" und etwas „nicht blos verschieden, sondern als in verschiedenen Orten" vorzustellen (A23/B38), einen Vorgriff auf die Analyse der deutlichen sinnlichen Vorstellbarkeit im Kapitel über die *Amphibolie der Reflexionsbegriffe* darzustellen.[11] In ihr geht es

---

11 Hier eines der Beispiele Kants: „So kann man bei zwei Tropfen Wasser von aller innern Verschiedenheit (der Qualität und Quantität) völlig abstrahiren, und es ist genug, daß sie in verschiedenen Örtern zugleich angeschaut werden, um sie für numerisch verschieden zu halten" (A263 f./B319 f.). Darin bringt Kant m. E. zum Ausdruck, dass wir die notwendige Unterschiedenheit der zwei Tropfen hinreichend erkennen, weil wir über ein sinnliches Vermögen verfügen,

meiner Meinung darum, dass wir über ein sinnliches Vermögen verfügen, das deutlich zwischen Orten unterscheidet, ohne begriffliche Fähigkeiten anzuwenden. Zwei verschiedene Dinge, die sich nicht in der prädikativen Beschreibung unterscheiden, es sei denn in ihrem Ort, unterscheiden wir nicht durch den begrifflichen Gehalt voneinander. Beinhaltet das erste Raumargument nun die Aktualisierung dieses nichtbegrifflichen Vermögens, so stützt sich dieses Argument nicht auf eine diskursive Analyse eines Begriffs von Räumlichkeit, sondern die Sache, die in der Hauptaussage angesprochen wird, muss sich uns im Anschauungshaften aufzeigen (darstellen).[12]

Wegen der Parallelität der Vortragsweise und der unter der 1. Ziffer erwähnten Konklusionen können wir versuchen, die Überlegungen zum Raumargument auf das Zeitargument zu übertragen. Kant bespricht in seiner argumentativen Hauptaussage[13] zwei bestimmte zeitliche Verhältnisse, einerseits „das Zugleichsein", oder „dass einiges zu einer und derselben Zeit" sei, und andererseits das „Aufeinanderfolgen", oder dass einiges „in verschiedenen Zeiten (nach einander) sei" (A30/B46). Der *wahrnehmungshaften* Vorstellung dieser zwei bestimmten Verhältnisse liegt nun nach Kant als „Voraussetzung" die „Vorstellung der Zeit [...] a priori zum Grunde" (A30/B46). Sehen wir diese zeitlichen Relationen als Relationen zwischen dinglichen Eigenschaften bzw. Vorkommnissen an, dann ergibt sich nach Kants Ansicht, dass die empirische Wahrnehmung eines solchen be-

---

das uns Gegenstände in gewissen notwendigen Relationen zueinander vorstellt, die nicht auf begrifflichen Notwendigkeiten basieren können.

12 Meine Analyse der Vorgehensweise Kants innerhalb der Raum und Zeitargumente in den jeweiligen metaphysischen Erörterungen ist daher beispielsweise jener von Blomme entgegengesetzt. Blomme meint: „[...] bei der metaphysischen Erörterung geht es nicht um eine *Betrachtung* des (ursprünglichen) Raumes, sondern um eine Analyse der *unserem Raumbegriff korrespondierenden* Vorstellung (des Raumes). Diese den Raumbegriff ermöglichende Vorstellung kann aber nicht ohne Einheit gebende Synthesis bestehen. Deswegen betreffen die Aussagen der metaphysischen Erörterung nicht den ursprünglichen Raum als solchen, sondern unsere Vorstellung des Raumes als formale Anschauung" (Blomme 2013, S. 32). Meines Erachtens betreffen Kants Aussagen nicht allein die formale Anschauung, respektive die begrifflich mitkonstituierte Vorstellung des Raumes, sondern sie finden ihren Ausgang in der begrifflich mitkonstituierten Vorstellung des Raumes und zeigen auf, dass diese begriffliche Vorstellung sich auf eine formale Anschauung stützt, die wiederum nur innerhalb eines anschaulichen Voraussetzungsgefüges vorstellbar ist und sich wiederum in ursprünglicher Anschauunghaftigkeit gründet. Kant legt damit den nichtbegrifflichen Ursprung und Charakter der Raum- und Zeitvorstellung frei.

13 „Denn das Zugleichsein oder Aufeinanderfolgen würde selbst nicht in die Wahrnehmung kommen, wenn die Vorstellung der Zeit nicht a priori zum Grunde läge". Den darauffolgenden Satz halte ich nur für eine Ergänzung („Nur unter deren Voraussetzung kann man sich vorstellen: daß einiges zu einer und derselben Zeit (zugleich) oder in verschiedenen Zeiten (nach einander) sei", A30/B46).

stimmten Relationsgefüges (z. B. sich zeitlich abfolgende Eigenschaften eines Erfahrungsgegenstandes) eine einheitliche und umfassende anschauungshafte Zeitvorstellung bereits voraussetzt. Wie Kant beispielsweise im 4. Zeitargument darstellt, sind „verschiedene Zeiten nur als Teile ebenderselben Zeit" (A31 f./B47) vorstellbar. Es liegt nach Kant der Wahrnehmung bestimmter zeitlicher Relationen ein einheitlicher Ordnungsrahmen des Erscheinungshaften bereits voraus, der in den zwei letzten Zeitargumenten deutlich als eine ursprünglich reine Anschauung herausgestellt wird. Die infrage stehenden bestimmten zeitlichen Relationen sind daher nicht so zu verstehen, dass sie begrifflich auf etwas Vor-verstandenes verweisen, sondern es ist die anschauungshafte Art und Weise, wie sie „in die Wahrnehmung kommen" (A30/B46), die immer einen jeweils umfassenderen Ordnungsrahmen voraussetzt.

Die Zeit ist also spezifisch *nicht* als Vor-verstandenes zu interpretieren, sondern wesentlich und explizit als etwas, das der menschlichen sinnlichen Wahrnehmbarkeit voraus liegt. Die vorausliegende Zeit einer nichtbegrifflichen Fähigkeit der Sinnlichkeit zuzuschreiben ist zwar nicht explizites Ziel des ersten Arguments, jedoch scheint sich die Deutlichkeit, die in der Hauptaussage des Arguments in Anspruch genommen wird, nur auf einer sinnlich anschauungshaften Vorstellung gründen zu können, und nicht auf einer begrifflichen Erwägung. Dasjenige also, wofür in den letzten beiden Zeitargumenten argumentiert wird (die ursprüngliche Anschauungshaftigkeit der Zeit), scheint mir bereits im ersten Zeitargument implizit in Anspruch genommen zu sein. Kant gibt im ersten Zeitargument zwar explizit Gründe für die nicht-empirische Gegebenheit der Vorstellung der Zeit an – und schliesst daher von den genannten drei Alternativen („empirischer Begriff", „reiner Begriff", „reine Anschauung") den „empirischen Begriff" aus, jedoch beruht die argumentative Hauptaussage auf der Fähigkeit des deutlichen, anschauungshaften Vorstellens, was bereits als impliziter Hinweis auf die reine Anschauungshaftigkeit der Zeit verstanden werden muss. Die Anschauungshaftigkeit (Ziffern 4. und 5.), sowie das Thema der Zeit, als einer wesentlich der menschlichen sinnlichen Wahrnehmbarkeit vorausliegenden Bedingung (Ziffer 2.), werden in den folgenden Ziffern daher explizit exponiert.

II. Zeitargument:
Mit einem ähnlichen Gedankengang lässt sich nun auch das zweite Zeitargument analysieren:

> 2) Die Zeit ist eine nothwendige Vorstellung, die allen Anschauungen zum Grunde liegt. Man kann in Ansehung der Erscheinungen überhaupt die Zeit selbst nicht aufheben, ob man zwar ganz wohl die Erscheinungen aus der Zeit wegnehmen kann. Die Zeit ist also a priori gegeben.

> In ihr allein ist alle Wirklichkeit der Erscheinungen möglich. Diese können insgesammt wegfallen, aber sie selbst (als die allgemeine Bedingung ihrer Möglichkeit) kann nicht aufgehoben werden. (A31/B46)

Mit diesem Argument will uns Kant dazu bringen, durch unsere Einbildungskraft eine reine anschauliche Vorstellung der Zeit zu erzeugen – wir sollen „die Erscheinungen aus der Zeit wegnehmen" (A31/B46). Dabei sollen wir darauf achten, wie zwar die so anschaulich gemachten zeitlichen Strukturen in den Erscheinungen respektive der Wahrnehmung immer mit enthalten sind (wie dies auch unter Ziffer 1 Erwähnung fand), die Zeit aber auch ohne Bezug auf Erscheinungen oder Wahrnehmungen anschaulich vorstellbar ist. Kant weist daher auf asymmetrische Aufhebungsverhältnisse hin, um Abhängigkeiten zu verdeutlichen (exponere), nämlich dass alle Erscheinungen wegfallen können, ohne die Zeit aufzuheben, dass aber das Aufheben der Zeit eo ipso das Aufheben der Erscheinungen mitbedeutet. Das ‚Vorausliegen' der Zeit, die in ihrer Apriorität bereits unter Ziffer 1 Thema war, wird nun explizit als ein Vorausliegen im Feld der „Wirklichkeit der Erscheinungen" (A31/B46) dargestellt. Die Zeit ist eine für sinnliche Anschauungen (Erscheinungen) „nothwendige Vorstellung" (A31/B46). Das nicht-aufhebbare Abhängigkeitsverhältnis ist explizit auf das Feld unserer Sinnlichkeit bezogen, und es ist hier nicht die Rede davon, dass alle Gegenstände überhaupt (auch z. B. wie wir sie notwendigerweise *denken* müssen) aufgehoben werden, wird die Zeit aufgehoben. Was ist es nun in diesem Argument, was uns die Zeit auf den Bereich der Sinnlichkeit einschränken lässt?

Dadurch, dass wir die Zeit als leere Vorstellung in uns erzeugen, scheint diese Gebietseinschränkung bereits zu geschehen, obwohl dies implizit bleibt. Wenn nun das 2. Zeitargument wirklich diese Gebietseinschränkung vollzieht, dann muss der Grund darin liegen, dass wir die Zeit als leere Zeit nur über unsere sinnlichen Vorstellungsfähigkeiten vorstellen können. Es ist m. E. also auch unter Ziffer 2 zu konstatieren, dass das Argument zwar nicht explizit auf die Anschauungshaftigkeit Bezug nimmt, es jedoch nur unter einem impliziten Hinweis auf die reine Anschauungshaftigkeit der Zeit deutlich werden kann. Die Notwendigkeit, die in der Konklusion des 2. Zeitarguments Erwähnung findet, ist nicht als ‚notwendige, apriorische Vorstellung überhaupt' zu verstehen, sondern sie ist eine im Gebiet der menschlichen Sinnlichkeit liegende Notwendigkeit.

Die Prinzipienhaftigkeit der Zeit wird daher von Kant als eingeschränkt auf alle uns Menschen sinnlich-gebbaren Vorstellungen ausgewiesen. Dieses Argument ist nur mit dem Hinweis auf diesen zentralen Punkt überhaupt sinnvoll, dass die Zeit nämlich nicht Voraussetzung der Dinge überhaupt ist, sondern dass unsere sinnliche Vorstellungskraft nur innerhalb der Zeit möglich ist und dass daher die Zeit als umfassender Ordnungsrahmen die sinnliche Vorstellbarkeit für uns Menschen ausmisst.

IV. und V. Zeitargument:
Explizit auf die Anschauungsnatur der Zeit nehmen die letzteren beiden Artikel Bezug. Mit ihnen erweist Kant die Konklusion, dass die Zeit als ursprüngliche Vorstellung eine „unmittelbare Anschauung" (A32/B48) und nicht eine diskursiv begriffliche Vorstellung ist:[14]

> 4) Die Zeit ist kein discursiver oder, wie man ihn nennt, allgemeiner Begriff, sondern eine reine Form der sinnlichen Anschauung. Verschiedene Zeiten sind nur Theile eben derselben Zeit. Die Vorstellung, die nur durch einen einzigen Gegenstand gegeben werden kann, ist aber Anschauung. [...] (A31f./B47)
>
> 5) Die Unendlichkeit der Zeit bedeutet nichts weiter, als daß alle bestimmte Größe der Zeit nur durch Einschränkungen einer einigen zum Grunde liegenden Zeit möglich sei. Daher muß die ursprüngliche Vorstellung Zeit als uneingeschränkt gegeben sein. Wovon aber die Theile selbst und jede Größe eines Gegenstandes nur durch Einschränkung bestimmt vorgestellt werden können, da muß die ganze Vorstellung nicht durch Begriffe gegeben sein (denn da gehen die Theilvorstellungen vorher) [B: denn sie enthalten nur Theilvorstellungen,], sondern es muß ihre [B: ihnen] unmittelbare Anschauung zum Grunde liegen. (A32/B47f.)

Die Zeit ist gemäss den Argumenten 4 und 5 eine unendliche, uneingeschränkte, einzige, einige, zum Grunde liegende, ursprüngliche Anordnungsbedingung für die spezifischen Verhältnisse, in denen alle Dinge als Erscheinungen miteinander in Relation stehen können. All dies sind Charakterisierungen der anschauungshaften Natur der Zeit.[15] Sie sollen im folgenden kurz umschrieben werden.

Die Zeit als ein solcher Anordnungsrahmen bringt einen spezifischen Sinn von *Singularität* zum Ausdruck. Dies heisst zunächst nicht nur, dass die Zeit ein Singuläres (eine Einzelvorstellung) und damit einer Allgemeinvorstellung entgegengesetzt ist, sondern auch, dass die Zeit nicht wiederum als ein Singuläres einer allgemeinen Art, d.h. potentialiter als Element der Extension eines Begriffs, verstanden werden kann.[16] Die Singularität der Zeit, die auch den Raum als ur-

---

[14] Ziffer 3 sowie der hier ausgelassene Teil zu Ziffer 4 halte ich inhaltlich für zur transzendentalen Erörterung gehörig.
[15] Das Zugleichsein, das Nacheinandersein und die Eindimensionalität charakterisieren ebenfalls die Zeit in der Erörterung des Begriffs der Zeit, jedoch sind die vorhin genannten Prädikate Auszeichnungen der spezifischen Anschauungshaftigkeit der Zeit selbst, und kommen in demselben Sinne nicht dem Innerzeitigen zu.
[16] Die Zeit ist einig, aber nicht einzig in der Art, dass wir die Zeit in einer Erkenntniseinstellung als Einzelding wahrnehmen könnten, denn dieser Wahrnehmung müsste dann wiederum eine

sprüngliche Anschauung auszeichnet, muss als Etwas gelten, das sein Eines-Sein nicht der begrifflichen Aktivität verdankt. Jede Einheit, die durch den Intellekt gestiftet ist, muss durch eine Handlung der Synthesis nach Begriffen zustande kommen. Eine solche Handlung kann aber qua Handlung in unterschiedlichen Kontexten Einheit stiften. D. h. die Singularität der Zeit und des Raumes hat als solche einen spezifischen nicht-intellektuellen Sinn.

Die Zeit ist zwar „durch einen einzigen Gegenstand gegeben" (A32/B47), ist aber nicht Einzelding im Sinne eines durch Wahrnehmung identifizierbaren einzelnen Gegenstands. Denn sie ist einzig, enthält aber in dieser *Einzigkeit* alle Gegenstände der Anschauung in sich, d. h. sie ist all-umfassend für die empirischsinnlichen (2. Zeitargument) Vorstellungen wie auch für die reinen Teilvorstellungen der Zeit. Diese Einzigkeit geht also über die begrifflich verstandene Singularität in dem Sinne hinaus, dass sie nicht als Einzelnes eines solchen verstanden werden kann, von denen es mehrere Vorstellungen gibt, sondern ihre Singularität bildet den Rahmen für jedes (sinnlich) Einzelne, das als Einzelnes, wovon es Viele gibt, bestimmt werden kann. Jede andere sinnliche Anschauung eines Partikulären (was jeweils Einzelnes eines Begriffs sein kann) ist in der Zeit enthalten, diese ist daher vorausliegender, all-umfassender sinnlicher Vorstellungsrahmen. Sie ist ein Rahmen, den unser sinnliches Vorstellungsvermögen nicht beschränkend umreissen und sozusagen von aussen betrachten kann.

Des Weiteren ist für Kant alle quantitative Bestimmung („bestimmte Grösse") einzelner Zeitausschnitte „nur durch Einschränkung einer einigen zum Grunde liegenden Zeit möglich" (A32/B47 f.). Wollen wir die quantitative Bestimmung als eine Bestimmung anschaulicher Inhalte durch Begriffe der Quantität verstehen, so ist die Zeit zwar nach Kant auf eine gewisse Weise quantitativ fassbar, dies gilt jedoch nur unter der Voraussetzung, dass die grundlegenden Einheiten des quantitativ Begreifbaren selbst zunächst Einschränkungen der „einigen zum Grunde liegenden Zeit" (A32/B48) sein müssen.[17] Kant schlägt nun vor, die Ei-

---

sinnliche Form vorausliegen, die uns dieses Wahrnehmen ermöglicht. Die Zeit ist nun aber die einzige (umfassende) Anschauungsform, die wir haben, und wir können nicht sozusagen einen Standpunkt von ausserhalb der Zeit wählen, um die Zeit als Einzelding identifizieren zu können, vgl. dazu Heidemann (1998, S. 153).

17 Onof und Schulting schlagen in ihrer Auseinandersetzung mit der Raumvorstellung vor, die ursprüngliche Einigkeit des Raumes als eine nichtbegriffliche Einheit zu verstehen, und benennen diese Einheit daher als „unicity" (Einigkeit), um sie von einer durch das intellektuelle Vermögen gestifteten respektive produzierten Einheit (gemäss der transzendentalen Einheit der Apperzeption) deutlich zu unterscheiden. Drei Hauptcharaktere machen nach ihnen diese nichtbegriffliche Einheit aus: *Singularität*, *Unendlichkeit*, und was sie *mereologische Inversion* nennen, welche die der ursprünglich anschaulichen Einheit innewohnende Teil-Ganzes Relation bezeichnet, die darin besteht, dass die Bestimmung der Teile nur unter Bezug auf das Ganze möglich sind und dass diese

4.1 Die Anschauungsnatur der Zeit — 131

genschaft der Uneingeschränktheit als Eigenschaft der *einigen Zeit* zu verstehen. Als letztere ist die Zeit jedoch nicht als begriffliche Totalität zu verstehen, denn zur Möglichkeit einer quantitativen Bestimmung ist diese Einigkeit der Zeit als unendlicher Ordnungsrahmen, der bereits alle Erscheinungen und alle ihre Ausschnitte als solche anschaulich in Beziehung setzt, vorausgesetzt. Die Zeit ist mehr als nur potentiell quantitativ-unendlich, sie ist ein allem Anschaulichen zugrundeliegender anschaulich-„uneingeschränkter" Anordnungsrahmen.

Zum Schluss des 5. Zeitarguments weist Kant noch auf ein Argument bezüglich der Intensionseigenschaft begrifflicher Vorstellung hin. Haben begriffliche Vorstellungen Teilvorstellungen zu ihrem intensionalen Inhalt (d.h. sind sie nicht primitive Begriffe wie die Kategorien), so sind diese Teilvorstellungen der Definition des Begriffs vorgeordnet und können ohne Referenz auf den zu definierenden Begriff gedacht werden. Der intensionale Gehalt des Begriffs ‚Mensch' zum Beispiel beinhaltet die Begriffe ‚Lebewesen' und ‚Rationalität', die beide ohne Referenz auf den Begriff ‚Mensch' bestimmt gedacht werden können. Wovon aber die Teile nur durch Einschränkung erfasst werden, da ist das Ganze kein Begriff, da die Teile nicht eigenständig bestimmt sind.[18] Dies ist nun bei der Zeit der Fall, also ist sie kein Begriff. Die Teile der Zeit als Anschauung (z.B. Zeitabschnitte) sind zu unterscheiden von Teilen des Zeitbegriffs (Simultaneität, Sukzession etc.). Teilvorstellung der Zeit sind in der Zeit (Teilzeiten, Zeitabschnitte), sie sind auch Zeiten, da die Zeit einen homogenen, ausdehnungshaften und kontinuierlichen Charakter hat. Die Teilvorstellungen der Zeit können nun nur als Einschränkungen der schon zugrundeliegenden Vorstellung vorgestellt werden. Sie sind immer ein Ausschnitt, der aufgrund der Homogenität immer auf das Ganze bezogen ist. Teilvorstellungen bei Begriffen sind im Gegensatz dazu keine Einschränkungen. Sie sind nicht mit anderen Teilvorstellungen als Einschränkungen miteinander koordiniert. Ihr logisches Verhältnis ist ein anderes (das der Subordination). Die Teilvorstellungen der Zeit sind daher keine logischen Teilvorstellungen. Die Raum und Zeit zukommende spezifische Teil-Ganzes Relation ist demzufolge nicht eine die begriffliche Vorstellung auszeichnende mereologische Relation, aber dennoch besteht eine deutlich vorstellbare sinnliche Mereologie. Teilvorstellungen sind daher bei der Zeit als inhaltliche Elemente ihres Mannigfaltigen vorstellbar, jedoch nur so, dass die umfassende Zeit ihnen wiederum anschaulich zugrunde liegt.

---

den bestimmten Teilen sozusagen vorgelagert ist (vgl. Onof und Schulting 2015, 14 f., 52). Diese erwähnten Charaktere des Raumes als ursprüngliche Anschauung lassen sich ohne weiteres auf die Anschauung der Zeit übertragen.
18 Für eine ausführlichere Darstellung der kantischen Theorie der Mereologie des Raumes, vgl. Unruh (2007, 199 ff.).

All diese die anschauungshafte Natur der Zeit ausdrückenden Charaktere können von uns – nach der hier exponierten Interpretation – *deutlich* vorgestellt werden. Ihre Deutlichkeit jedoch ist nicht eine intellektuelle Deutlichkeit, sondern ist unseren nichtbegrifflichen Vorstellungsfähigkeiten zuzuschreiben.

Annäherung an die Phänomenalität der Selbsterkenntnis

In den folgenden zwei Unterabschnitten möchte ich erste Folgerungen der so erörterten Anschauungshaftigkeit der Zeit auf Kants These der Phänomenalität der Selbsterkenntnis skizzieren, insofern letztere in der *Transzendentalen Ästhetik* Erwähnung findet. Beide Ansätze bleiben jedoch dem vorläufigen Rahmen ebendieser Ästhetik verhaftet.

Das Thema der deutlichen sinnlichen Erkenntnis: Die eben entwickelte Position nimmt eine Form der sinnlich-anschauungshaften Deutlichkeit der menschlichen Erkenntnis in Anspruch. Diese ist nun auch im Kontext der Argumentation für die These der Phänomenalität der Selbsterkenntnis zu besprechen. Die Begriffe von Raum und Zeit bekommen durch die Ursprungsklärung eine spezifische Rolle in der Erkenntnis des Seienden überhaupt zugewiesen. Da ihr Ursprung in der Sinnlichkeit liegt, sind sie keine Bedingungen des intellektuellen Denkens von Gegenständen überhaupt, sondern nur Bedingungen dafür, wie uns Menschen sinnliche Erscheinungen gegeben werden können. Als solche haben sie nun ausschliesslich eine prinzipiierende Funktion für sinnliche Gegenstände, nicht aber dafür, wie Gegenstände durch den Verstand gedacht werden. Ich möchte hier Kants Äusserungen zu dieser Bereichszuordnung innerhalb der *Transzendentalen Ästhetik* genauer betrachten:

> Wenn wir diese unsre Anschauung auch zum höchten Grade der Deutlichkeit bringen könnten, so würden wir dadurch der Beschaffenheit der Gegenstände an sich selbst nicht näher kommen. Denn wir würden auf allen Fall doch nur unsre Art der Anschauung, d. i. unsere Sinnlichkeit, vollständig erkennen und diese immer nur unter den dem Subject ursprünglich anhängenden Bedingungen von Raum und Zeit; was die Gegenstände an sich selbst sein mögen, würde uns durch die aufgeklärteste Erkenntniß der Erscheinung derselben, die uns allein gegeben ist, doch niemals bekannt werden. (A43/B60)

Raum und Zeit sind „dem Subject ursprünglich anhängende[] Bedingungen" (A43/B60) alles sinnlich-anschaulichen Vorstellens, d. h. ihr strukturelles Mannigfaltiges ist in allem sinnlich erscheinendem Vorstellungsmannigfaltigen enthalten. Was auch immer, so Kants Argument, sinnliche Vorstellung ist *und* zur Deutlichkeit gebracht werden soll, wird alle diejenigen Elemente vorstellen müssen, welche diese Vorstellung als eine sinnliche auszeichnen. Und dies sind nach Kant primär, unabhängig von variierenden Inhalten, die reinen Anschauungen von

Raum und Zeit. Ihr Vorstellungsmannigfaltiges geht nicht über die sinnliche Beschränkung hinaus. Daher kommt man auch dann, wenn man anhand der Sinnlichkeit etwas so deutlich wie möglich vorstellt, „der Beschaffenheit der Gegenstände an sich selbst nicht näher" (A43/B60).

Sehen wir nun die Erkenntnis des Selbst als Etwas, das anschaulich fundiert sein muss, an, so lassen sich folgende Überlegungen zu Kants Äusserungen anstellen: Ist in dieser anschaulich fundierten Selbsterkenntnis eine sinnliche Vorstellung involviert, so wird diese, qua sinnliche Vorstellung, die sinnlichen Strukturvoraussetzungen der Zeit in ihrem Inhalt immer mit-vorstellen. Soll diese Vorstellung nun zur Deutlichkeit gebracht werden, würden letztlich einige ihrer inhaltlichen Aspekte, die ursprünglich sinnlich sind, den Gehalt der infrage stehenden Vorstellung so strukturieren, dass sie nicht für die Erkenntnis von Gegenständen, wie sie an sich selbst sein mögen, verwertbar sein kann. Über die Sinnlichkeit haben wir keinen Zugang zu unserem Sein, wie es an sich selbst beschaffen sein mag, so sehr wir auch den sinnlich gegebenen Zustand zergliedern und bewusst vorstellen. Selbst der „höchste Grad an Deutlichkeit" würde doch nur eine vollständige Erkenntnis von den dem „Subject ursprünglich anhängenden Bedingungen von Raum und Zeit" (A43/B60), d.h. der Art seiner (Selbst)Anschauung, ermöglichen.

Die transzendentale Erörterung und das Antizipationsargument: Im Zuge der Artikulation der These der transzendentalen Idealität von Raum und Zeit wird sich ein zusätzliches für die Phänomenalitätsthese der Selbsterkenntnis ins Felde zu führendes Argument entwickeln lassen. Ich werde es das *Antizipationsargument* nennen.[19] Es handelt sich dabei um einen spezifischen Aspekt der Anschauungshaftigkeit und der transzendentalen Idealität der Zeit, den ich über Kants Äusserungen in der transzendentalen Erörterung zur Zeit erläutern möchte. Dabei werde ich zunächst betrachten, was nach Kant eine transzendentale Erörterung ausmacht (1), worauf ich darlege, wie die transzendentale Erörterung der Zeit die

---

[19] In den „Anticipationen der Wahrnehmung" unterscheidet Kant zwei verschiedene Weisen seines Verständnisses des Begriffs einer „Antizipation". Einerseits seien „reine Bestimmungen im Raume und der Zeit sowohl in Ansehung der Gestalt als Größe Anticipationen der Erscheinungen" zu nennen, andererseits jedoch verdiene dasjenige, „was sich an jeder Empfindung als Empfindung überhaupt (ohne daß eine besondere gegeben sein mag) a priori erkennen läßt[,...] im ausnehmenden Verstande Anticipation genannt zu werden" (A167/B209). Antizipation im weiteren Sinne ist daher etwas, das wir vermittelst der Eigenschaften von Raum und Zeit über die Gegenstände unserer sinnlichen Anschauung a priori ausmachen können, im engeren Sinne bedeutet „Antizipation" also nach Kant ein Vorwegnehmen der Natur des ‚Empfindungshaften' in unserer Anschauung. Ich benutze hier den Ausdruck „Antizipation" im ersteren, weiteren Sinne.

Kriterien einer solchen erfüllt (2), und schliesslich soll aus den darin dargelegten Überlegungen Kants das genannte Antizipationsargument entwickelt werden (3).

Ad 1. Die Kriterien einer transzendentalen Erörterung führt Kant wie folgt ein:

> Ich verstehe unter einer transscendentalen Erörterung die Erklärung eines Begriffs als eines Princips, woraus die Möglichkeit anderer synthetischer Erkenntnisse a priori eingesehen werden kann. Zu dieser Absicht wird erfordert: 1) daß wirklich dergleichen Erkenntnisse aus dem gegebenen Begriffe herfließen, 2) daß diese Erkenntnisse nur unter der Voraussetzung einer gegebenen Erklärungsart dieses Begriffs möglich sind. (B40)

Die beiden Begriffe der Zeit und des Raumes müssen also, wenn sie sich transzendental erörtern lassen, als Prinzipien fungieren, aus denen synthetische Erkenntnisse a priori ihrer Möglichkeit nach erklärt werden können. Die Prinzipienhaftigkeit ist erwiesen, wenn die beiden Begriffe sowohl faktische synthetische Erkenntnis a priori ermöglichen, wie auch aus ihrer Erklärungsart *synthetische Erkenntnis a priori* philosophisch begreiflich machen, welches des Weiteren auch in einem Ausschluss alternativer Erklärungsarten von Raum und Zeit bestehen soll.

Ad 2. Im Gegensatz zu den Raumargumenten ist die Gliederung in fünf Ziffern bei den Zeitargumenten in der B-Auflage aufrecht erhalten worden. Über die Gründe dieser Revision möchte ich keine Spekulation anstellen. Was sich jedoch sagen lässt, ist, dass das dritte Raumargument (nach A) seinem Inhalt nach in die transzendentale Erörterung verschoben wurde, die in der B-Auflage neu den Raum- und Zeitargumenten (der metaphysischen Erörterung nach B) angeschlossen wird. Gehen wir wiederum von einer Parallelität zwischen den jeweiligen Raum- und Zeitargumenten aus, so ist der Inhalt der Ziffer 3 zur Zeit auch für die transzendentale Erörterung mit zu berücksichtigen.[20]

So wie ich Kants Äusserungen in der transzendentalen Erörterung zur Zeit verstehe, verweist er für die gesuchte Klärung von Apriorität und Synthetizität auf die Ziffer 3 aus den Zeitargumenten (und fügt für die Deklaration des Faktums synthetischer Erkenntnis a priori in einem Zusatz auf den „Begriff der Veränderung" und auf die „Bewegungslehre" (B49) hin). M.E. gehört jedoch der Sache nach sowohl Ziffer 3 wie auch eine Erörterung aus Ziffer 4 zur infrage stehenden Klärung, denn erst in 4 wird die Eigenschaft der Synthetizität der aus der Vorstellung der Zeit zu ziehenden Erkenntnisse begreiflich gemacht. So argumentiert Kant unter Ziffer 3 dafür, dass es faktische Erkenntnis *a priori* gibt, welche sich auf

---

[20] So Kant in der transzendentalen Erörterung: „Ich kann mich deshalb auf Nr. 3 berufen, wo ich, um kurz zu sein, das, was eigentlich transscendental ist, unter die Artikel der metaphysischen Erörterung gesetzt habe" (B48).

eine gegebene nicht-empirische Vorstellung der Zeit stützt,[21] und unter Ziffer 4 dafür, dass es sich bei dieser Erkenntnis um eine *synthetische* Erkenntnis handelt, die nicht auf begrifflicher Analysis beruhen kann, sondern ein nichtbegriffliches Anschauungsprinzip voraussetzt.[22] Erst wenn diese beiden Aspekte zusammengenommen werden, kann den ersten Anforderungen an eine transzendentale Erörterung Rechnung getragen werden.

Als Konklusion dieser transzendentalen Überlegungen kann man festhalten, dass nach Kant ausschliesslich die Kennzeichnung der Zeit als eine der ursprünglichen Erkenntnisquelle der Sinnlichkeit zugeordneten Anschauungsform mit ihren Eigenschaften der Apriorität und Intuitivität es erlaubt, die Möglichkeit einer reinen Zeitwissenschaft zu verstehen, deren Synthetizität und „apodiktische Gewißheit" zumindest in ihren „Axiomen" (A31/B47) offensichtlich ist. Diese von Kant konzipierte Wissenschaft der Zeit scheint er in ihrem Kern als Analogon zur Geometrie als einer reinen Raumwissenschaft oder zu einer anderen Form einer der Axiome fähigen apriorischen Untersuchung des Raumes zu denken (z. B. einer reinen Topologie).

Zur transzendentalen Erörterung gehört zusätzlich noch ein Ausschluss alternativer Erklärungsweisen, dieser ist jedoch erst im folgenden Abschnitt („Schlüsse aus diesen Begriffen") zu finden. Nach Kants eigener „Erklärungsart" sind Raum und Zeit für den Bereich der sinnlichen Vorstellungen prinzipiierend, d. h. sie sind apriorische Vorstellungen mit der Eigenschaft, selbst anschauungshaft zu sein. Diese Erklärungsart begründet Kants These von der empirischen Realität und der transzendentalen Idealität von Raum und Zeit. Raum und Zeit haben nämlich „objective Gültigkeit in Ansehung aller Gegenstände, die jemals unsern Sinnen gegeben werden mögen" (A35/B52), ohne dass wir aber „sagen [könnten]: alle Dinge sind in der Zeit [oder im Raum], weil bei dem Begriff der Dinge überhaupt von aller Art der Anschauung derselben abstrahirt wird" (A35/B51 f.). Die Zeit ist damit weder an sich eine Substanz, noch eine Relation zwischen Dingen (Substanzen) an sich, noch eine Eigenschaft von Dingen (Substanzen) an

---

21 Siehe unter Ziffer 3 in A31/B47: „3) Auf diese Nothwendigkeit a priori [d. h. auf die Zeit als eine für alle Anschauungen notwendige Vorstellung] gründet sich auch die Möglichkeit apodiktischer Grundsätze von den Verhältnissen der Zeit oder Axiomen von der Zeit überhaupt. Sie hat nur eine Dimension: verschiedene Zeiten sind nicht zugleich, sondern nach einander [...]. Diese Grundsätze gelten als Regeln, unter denen überhaupt Erfahrungen möglich sind, und belehren uns vor derselben und nicht durch dieselbe".
22 Siehe unter Ziffer 4 in A32/B47: „4) [...] Auch würde sich der Satz, daß verschiedene Zeiten nicht zugleich sein können, aus einem allgemeinen Begriff nicht herleiten lassen. Der Satz ist synthetisch und kann aus Begriffen allein nicht entspringen. Er ist also in der Anschauung und Vorstellung der Zeit unmittelbar enthalten".

sich (vgl. dazu Mohr 1998, S. 144). Damit wird sowohl die newtonsche Position ausgeschlossen, nach welcher Raum und Zeit als metaphysisch reale Dinge verstanden werden, wie auch die leibnizsche, nach welcher Raum und Zeit in der Art und Weise bestehen, wie metaphysisch reale Substanzen interagieren, wie auch eine kartesische Position, die beispielsweise den Raum in den metaphysisch realen körperlichen Gegenständen fundiert sieht (vgl. Falkenstein 2004, S. 147).

Ad 3. Die erwiesene Anschauungshaftigkeit und Apriorität der Zeit (metaphysische Erörterung), zusammen mit der durch diese Charakterisierungen einzusehenden Möglichkeit synthetischer Erkenntnis a priori (transzendentale Erörterung), bringen Kant in eine Position, konkurrierende Erklärungen der epistemischen Funktion und des ontologischen Status der Zeit als verfehlt auszuweisen. Eine dieser Positionen sei hier erwähnt, da die kritischen Äusserungen Kants ihr gegenüber für das *Antizipationsargument* konstitutiv sind:

> a) Die Zeit ist nicht etwas, was [...] den Dingen als objective Bestimmung anhinge, mithin übrig bliebe, wenn man von allen subjectiven Bedingungen der Anschauung derselben abstrahirt: [...] Was aber [... dieses] betrifft, so könnte sie als eine den Dingen selbst anhängende Bestimmung oder Ordnung nicht vor den Gegenständen als ihre Bedingung vorhergehen und a priori durch synthetische Sätze erkannt und angeschaut werden. (A32f./B49)

Kant weist hier die genannten rationalistischen Alternativen, nach welchen die Zeit als Eigenschaft einer Substanz oder als Relation, welche in den Substanzen selbst gegründet ist, anzusehen ist, in einem zurück. Kants Argument scheint hier folgendes zu sein: Wenn die Zeit den Dingen als solchen anhängen würde, dann bliebe sie auch dann erhalten, wenn von allen subjektiven Bedingungen der Anschauung abstrahiert wird. Dann wäre allerdings sowohl unmöglich, dass die Zeit vor den Gegenständen als ihre Bedingung vorhergeht, wie auch, dass die Zeit a priori durch synthetische Sätze zu erkennen ist. Wir würden also dasjenige nicht einsehen können, was die transzendentale Erörterung deutlich gemacht hat, sie hat nämlich Möglichkeit gewisser Gebiete der synthetischen Erkenntnis a priori gegründet und ihre Faktizität aufgezeigt. Das von Kant in Anspruch genommene Faktum, dass Geometrie und Zeitwissenschaft einerseits rein und daher apodiktisch, andererseits synthetisch und daher nicht aus a priori gegebenen Begriffen zu entwickeln sind (sondern erkannt *und* angeschaut werden), kann von diesen Alternativen nicht auf natürliche Art und Weise gezeigt werden. Zur Erkenntnis über die Zeit könnten wir erst durch die Vermittlung von denjenigen Dingen, denen die Zeit als „objektive Bestimmung anhinge", gelangen. Dies führt aber zu empirischer Erkenntnis, nicht zu reiner Erkenntnis. Denn das Faktum, dass wir über solche *synthetische* Erkenntnis *a priori* verfügen, bringt uns in eine Position, die Gegenstände der Sinne, die notwendig zeitlich bestimmt sind, in eben dieser

Bestimmtheit zu *antizipieren*. Diese Antizipation vermögen die besagten Alternativen nicht befriedigend zu erklären.

Wie sieht nun das Argument von der transzendentalen Erörterung aus, welches wir auf das Thema der Phänomenalität der Selbsterkenntnis übertragen können? Gehen wir von der These aus, dass wir uns auf unser Denken in einer zeitlichen Ordnung beziehen, einerseits, und andererseits von der kontrafaktischen Annahme, dass die Zeit eine unserem Denken oder den Operationen unserer Verstandes objektiv (d. h. den Operationen an ihnen selbst) inhärierende Eigenschaft wäre. Um etwas über die Zeit zu erkennen, wäre es notwendig, die Handlungen des Denkens selbst vor sich zu bringen, und ihre zeitlichen Strukturen davon abzulesen, welches – wenn ich Kant hier adäquat nachzeichne – nur zu einer möglichen empirischen Zeitwissenschaft führen könnte. Da die ursprüngliche Zeitanschauung eine a priori Wissenschaft zeitlicher Strukturen – deren Sätze apodiktisch, unmittelbar gewiss und allgemeingültig sind – begründet, können wir als erkennende Subjekte gewissermassen antizipieren, wie wir uns selbst erscheinen und wie wir folglich erkannt werden können. Sofern wir also unser Denken nur innerhalb zeitlicher Strukturen vor uns bringen können, so kann dieses Denken gemäss Kant nicht so, wie es an sich selbst ist, gegeben werden. Dieses Denken kann sich, insofern es sich in der Zeit erkennt, nicht als für sich selbst bestehend vergewissern (quasi als fundamentum inconcussum). Ich nenne dieses Argument für die These der Phänomenalität das Antizipationsargument.[23]

Die Argumente für die These der Phänomenalität der Selbsterkenntnis können vor dem Hintergrund der in der *Transzendentalen Ästhetik* ausgeführten Argumentation jedoch nur vorläufige Annäherungen sein, da Kant erst innerhalb des zweiten Schritts der B Deduktion ausführlich auf die These eingehen kann, weil darin sowohl für die Verstandesoperationen geklärt sein wird, wie sie sich auf ein gegebenes Mannigfaltiges beziehen, als auch wie sie sich als Anschauungsverbindungen auf die spezifisch menschliche Art des Angeordnetseins des gegebenen

---

23 Das Argument ist analog zu demjenigen von der Geometrie für die transzendentale Idealität der uns gegebenen äusserlichen Vorstellungen. Die Apriorität und Synthetizität müssen nach Kant in einer adäquat dargestellten Raumvorstellung gründen, die innerhalb der transzendentalen Erörterung als einzige Erklärungsart des Raumes jene Charaktere ermöglichen muss. So schliesst Kant in B41: „Wie kann nun eine äußere Anschauung dem Gemüthe beiwohnen, die vor den Objecten selbst vorhergeht, und in welcher der Begriff der letzteren a priori bestimmt werden kann? Offenbar nicht anders, als sofern sie bloß im Subjecte, als die formale Beschaffenheit desselben von Objecten afficirt zu werden und dadurch unmittelbare Vorstellung derselben, d. i. Anschauung, zu bekommen, ihren Sitz hat, also nur als Form des äußeren Sinnes überhaupt".

Mannigfaltigen (Raum und Zeit) beziehen können. Auf diese nähere Erläuterung wird in Kapitel 6 einzugehen sein.

4.1.2 Die Zeit als formale Voraussetzung

Nachdem im vorhergehenden Abschnitt darauf eingegangen wurde, was unter der ursprünglichen Anschauungshaftigkeit der Zeit zu verstehen ist, soll im gegenwärtigen Abschnitt danach gefragt werden, *wofür* die Zeit nach Kant eine formale Voraussetzung ist. Die anschauungshafte Zeit, wie dies bereits oben zum Ausdruck kam, ist eine formale Voraussetzung im (restringierten) Bereich der menschlichen Sinnlichkeit, sie ist eine „Form der Erscheinung" (A20). Als eine solche Form ist sie nach Kant „dasjenige [...], welches macht, daß das Mannigfaltige der Erscheinung, in gewissen Verhältnissen geordnet, angeschauet wird" (A20). Sie ist ein gänzlich umfassender Anordnungsrahmen unserer empirischer Anschauungen und eine, wie Kant sagt, „subjective Bedingung [...], unter der alle Anschauungen in uns statt finden können" (A33/B49). Sie gehört nach Kant zu den „Bedingungen der Receptivität unseres Gemüths, unter denen es allein Vorstellungen von Gegenständen empfangen kann" (A77/B102). Die Zeit ist also, gemäss Kants Äusserungen, ein gänzlich umfassender Anordnungsrahmen, welcher wir dem rezeptiven Vermögen des menschlichen Gemüts zuschreiben müssen, und der die Bedingungen gerade dieser Rezeptivität ausdrückt, insofern nämlich das Empfangen und das Stattfindenkönnen von sinnlichen Anschauungen durch diesen Ordnungsrahmen bedingt ist.

In dieser Eigenschaft des Ordnungsrahmens davon, wie das menschliche Gemüt das Mannigfaltige der Anschauung empfängt und wie Anschauung darin stattfinden kann, ist die Zeit noch nicht vom Raum, der ebenfalls als eine solche Form der Erscheinung zu betiteln ist, unterschieden (vgl. A20/B34). Kant unterscheidet nun aber den Raum als Form des äusseren Sinnes von der Zeit als „Form des innern Sinnes" (A33/B49). Als Form des inneren Sinnes ist die Zeit nach Kant spezifisch die Form „des Anschauens unserer selbst und unsers innern Zustandes" (A33/B49). Sie bestimmt, als Ordnungsprinzip, „das Verhältniß der Vorstellungen in unserm innern Zustande" (A33/B50) und ist dadurch „formale Bedingung a priori aller Erscheinungen überhaupt. [...] die unmittelbare Bedingung der inneren (unserer Seelen) und eben dadurch mittelbar auch der äußern Erscheinungen" (A34/B50). Der innere Sinn ermöglicht also, gemäss diesen Ausführungen Kants, ein Anschauen unserer inneren Seelenzustände, wozu ebenfalls die Anschauungen des äusseren Sinns gezählt werden müssen. Die Zeit, als Form des inneren Sinns, ist – wenn wir die hier aufgeführten Passagen mit denjenigen des obigen Absatzes kombinieren – ein umfassender Ordnungsrahmen des rezeptiven Ge-

4.1 Die Anschauungsnatur der Zeit

müts, welcher allem Empfangen und Stattfinden von Anschauungen der inneren Gemütszustände zugrunde liegt und deren Verhältnisse bestimmt. Auf diese Weise wird die Zeit von Kant als formale Voraussetzung unserer Sinnlichkeit innerhalb der *Transzendentalen Ästhetik* umschrieben.

In den in der B-Auflage ergänzten Passagen der Ästhetik, welche Kants Lehre der Selbstaffektion mit in Betracht ziehen, geht Kant nun spezifisch auf die Rolle der Zeit als einer formalen Voraussetzung unserer Sinnlichkeit ein, sofern sie zu Verstandesoperationen in Verbindung steht. Diese Passagen sollen hier in extenso aufgeführt werden, um anzuzeigen, welche Art der Voraussetzung die Zeit bezüglich der Verstandeshandlungen für Kant darstellt:

> [...] die Form der Anschauung [kann] nichts anders sein [...] als die Art, wie das Gemüth durch eigene Thätigkeit, nämlich dieses Setzen seiner Vorstellung, mithin durch sich selbst afficirt wird, d. i. ein innerer Sinn seiner Form nach. (B67f.)

> Wenn das Vermögen sich bewußt zu werden das, was im Gemüthe liegt, aufsuchen (apprehendiren) soll, so muß es dasselbe afficiren und kann allein auf solche Art eine Anschauung seiner selbst hervorbringen, deren Form aber, die vorher im Gemüthe zum Grunde liegt, die Art, wie das Mannigfaltige im Gemüthe beisammen ist, in der Vorstellung der Zeit bestimmt [...]. (B68f.)

> Nicht allein, daß [im inneren Sinn] die Vorstellungen äußerer Sinne den eigentlichen Stoff ausmachen, womit wir unser Gemüth besetzen, sondern die Zeit, in die wir diese Vorstellungen setzen, die selbst dem Bewußtsein derselben in der Erfahrung vorhergeht und als formale Bedingung der Art, wie wir sie im Gemüthe setzen, zum Grunde liegt, enthält schon Verhältnisse des Nacheinander=, des Zugleichseins und dessen, was mit dem Nacheinandersein zugleich ist (des Beharrlichen). (B67)

> Im Menschen erfordert [das] Bewußtsein [seiner selbst] innere Wahrnehmung von dem Mannigfaltigen, was im Subjecte vorher gegeben wird, und die Art, wie dieses ohne Spontaneität im Gemüthe gegeben wird, muß um dieses Unterschiedes Willen Sinnlichkeit heißen. (B68)

Vorhin ging ich in Kürze auf Nakanos Interpretation der Zeitlichkeit bei Kant ein, die ihre scheinbare Berechtigung aus einer der hier angeführten Stellen (B67f.) zieht, und die zeitliche Strukturen menschlicher Vorstellungsinhalte in strikte Abhängigkeit zu den Operationen des Verstandes stellt (vgl. Nakano 2011, S. 218). Nimmt man die anderen Passagen hier hinzu, erscheint aber selbst B67f. in einem anderen Lichte. Denn „die Art, wie das Gemüth durch eigene Thätigkeit, nämlich dieses Setzen seiner Vorstellung, mithin durch sich selbst afficirt wird" (B67f.), muss man durchaus so verstehen, dass ebendiese „Art" eine strikte Bedingung der Sinnlichkeit ist, und nicht so, dass etwa das Affizierende Gemüt diese Art hervorbringen würde. Die Zeit ist zwar die formale Voraussetzung der „Anschauung seiner selbst" (B68). Das „Vermögen sich bewußt zu werden" – eine Umschreibung für das Vermögen des Verstandes – scheint aber, so wie Kant hier diese Zusammenhänge darstellt, von dieser „Art" einen gewissen Zwang zu erleiden: es „kann *allein* auf solche Art" (B68, meine Hervorhebung) sich selbst anschauen. Ebendieser Zwang gründet nun darauf, dass die Selbstanschauung auf ein Mannigfaltiges der Sinnlichkeit angewiesen ist, eine gewisse materiale Abhängigkeit hat, dieses Mannigfaltige aber durch „die Art, wie [es] im Gemüthe beisammen ist" (B68), welches wiederum die Zeit umschreibt, bestimmt ist. Die Zeit, in die nach Kant unser Verstand gegebene Vorstellungen setzen muss, enthält in sich bereits eine eigene Weise der Bestimmtheit und bestimmt als formale Voraussetzung des Beisammenseins des sinnlichen Mannigfaltigen ebendieses Mannigfaltige durch die zeitliche Struktur. Anhand von Kants Äusserungen (vgl. B67) ist diese Bestimmung des sinnlichen Mannigfaltigen durch die Zeit eine vom setzenden spontanen Vermögen des Verstandes unabhängige Weise der Bestimmtheit.

Der umfassende Ordnungsrahmen, welcher die Zeit im Feld unserer Sinnlichkeit darstellt, ist nach diesen Ausführungen nicht auf Vorstellungen begrenzt, die dem Verstande auf welche Weise auch immer einverleibt werden. Die umfassende Ordnung der Zeit erstreckt sich zunächst auf das Stattfinden, das Empfangen und das Beisammensein der Anschauungen, ob diese nun in Relation zu einem Verstandesvermögen stehen oder nicht. Die Zeit ist eine solche formale Voraussetzung, dass sie sich selbst als die „Art" bezeichnen lassen kann, „wie [das Wahrnehmungsmannigfaltige] ohne Spontaneität im Gemüthe gegeben wird" (B68). Meiner Lesart zufolge ist daher in den zitierten Passagen deutlich zu sehen, dass die Zeit demjenigen zugeschrieben wird, was 1. nicht der Verstand ist respektive dem Verstande fremd ist, und 2. unabhängig vom Verstand im Gemüt gegeben ist. Nakanos Interpretation ist also aufgrund dieser Textlage zurückzuweisen. Die „Art" des durch den Verstand Affiziertwerdens ist nicht selbst eine Konstitutionsleistung ebendieses Verstandes, sondern eine dem Verstand zunächst fremdartige und vorgegebene Weise des Vorgestelltseins des Mannigfaltigen, welches der Verstand durch ebendiese Leistung zu untersuchen sich vornimmt. Ebensowenig kommt diese „Art" erst durch das Affektionsverhältnis zustande, da sie nach Kant auch das unaffizierte Beisammensein des sinnlichen Mannigfaltigen bestimmt.

Die hier dargelegte Interpretation vertritt daher, dass bei Kant selbst unbewusste und unkonzeptualisierte Vorstellungen innerhalb eines umfassenden zeitlichen Ordnungsrahmens stattfinden. Eine andere Meinung vertritt Düsing. Ihm gemäss sind die ohne Spontaneität im Gemüt gegebenen Vorstellungen bei Kant „nur dunkle, voneinander nicht klar abgehobene […], d.h. unbewusste Vorstellungen" (Düsing 1980, S. 23). Diese Vorstellungen müssen nun, nach seiner Lesart, bewusst gemacht werden, und die „Form dieses Bewußtwerdens […] ist die Zeit" (Düsing 1980, S. 23). Wenn die Zeit die Form des Bewusstwerdens ist, so ist sie, nach Düsing, „auf das Verhältnis der dunklen Vorstellungen untereinander […] nicht anwendbar" (Düsing 1980, S. 23). Nach der eben entwickelten Interpretation jedoch ist die umfassende zeitliche Strukturiertheit sinnlicher Vorstellungen derart, dass ebendieses sinnliche Mannigfaltige zueinander immer in einer zeitlichen Relation steht, weil die Zeit die Form des Beisammenseins dieses Mannigfaltigen im menschlich-sinnlichen Gemüt darstellt. Sie bestimmt dieses Mannigfaltige unabhängig vom spontanen Vermögen des Verstandes oder vom Vermögen des (intellektuellen) Bewusstseins. Demgemäss müssten dunkle Vorstellungen bei Kant ebenfalls in einer zeitlichen Struktur zueinander stehen und diese nicht erst durch Selbstaffektion erhalten.

Dunkle Vorstellungen, obschon ihrer in der *Kritik der reinen Vernunft* keine Untersuchung gewidmet ist, spricht Kant an anderen Stellen seines Werks an. Sie werden bereits in vorkritischer Phase von ihm als Vorstellungen konzipiert, denen wir uns nicht bewusst sind, so hätten wir beispielsweise im „tiefen Schlafe" ebensolche Vorstellungen (vgl. UD, AAII, S. 290). Der kritische Kant geht innerhalb der *Anthropologie* auf dunkle Vorstellungen ein:

> Vorstellungen zu haben und sich ihrer doch nicht bewußt zu sein, darin scheint ein Widerspruch zu liegen; denn wie können wir wissen, daß wir sie haben, wenn wir uns ihrer nicht bewußt sind? Diesen Einwurf machte schon Locke, der darum auch das Dasein solcher Art Vorstellungen verwarf. – Allein wir können uns doch mittelbar bewußt sein, eine Vorstellung zu haben, ob wir gleich unmittelbar uns ihrer nicht bewußt sind. – Dergleichen Vorstellungen heißen dann dunkle […]. (Anth, AAVII, S. 135)

In der Ansicht, es gäbe dunkle Vorstellungen, liegt nach Kant nur prima facie ein epistemisches Paradox, denn obschon wir uns dunkler Vorstellungen nicht bewusst sind und sie daher durch unser thematisierendes Bewusstsein nicht begleiten können, gibt es doch eine Art und Weise, wie wir deren Existenz verifizieren können. Die dunklen Vorstellungen lassen sich nach Kant durch Erfahrung ausweisen, insofern nämlich aufgezeigt werden kann, dass unser Gemüt über jene Vorstellung verfügen musste, nämlich durch die Gegebenheit von bewussten Vorstellungen, aufgrund deren wir mittelbar auf das Vorliegen unbewusster schliessen können (vgl. „ob wir gleich unbezweifelt schließen können, daß wir sie haben", Anth, AAVII, S. 135). Kants an jener Stelle angeführtes Beispiel handelt von einem wahrgenommenen Mitmenschen, bei der sich das wahrnehmende Subjekt einiger Teile dieser Wahrnehmung nicht bewusst ist, wie, so Kants Beispiel, dessen Augen, Nase oder Mund (vgl. Anth, AAVII, S. 135). Aufgrund dessen, dass ich mir diese Teile des wahrnehmungshaft gegebenen Objekts nicht bewusst mache, kann ich aber nicht zur Behauptung, „die Vorstellung derselben in meiner Anschauung gar nicht zu haben" (Anth, AAVII, S. 135), übergehen.

Das menschliche Gemüt verfügt nach Kant also über dunkle Vorstellungen. Die in der *Anthropologie* zur Sprache kommende Weise des dunklen Vorstellens bezieht sich stets auf sinnliche Vorstellungen. Dasjenige in der sinnlichen Wahrnehmung, welches nicht bewusst gemacht wird, aber doch gegeben ist, ist eine dunkle Vorstellung. Dies bringt Kant so weit zu behaupten, dass „das Feld dunkler Vorstellungen das grösste im Menschen" und gar „unermesslich sei" (Anth, AAVII, S. 135 f.). Dunkle Vorstellungen, die sinnlich gegeben sind, haben nach Kant einen grossen Anteil am „Feld unserer Sinnenanschauungen und Empfindungen" (Anth, AAVII, S. 135). Wir können daher festhalten, dass es sich bei derjenigen Art der dunklen Vorstellungen, über die Kant in der *Anthropologie* spricht, um sinnlich gegebene Vorstellungen handelt, gar um Anschauungen, wenn wir darunter die auf ein Objekt gerichteten sinnlichen Vorstellungen verstehen (wie die Augen, die Nase und der Mund in Kants Beispiel des wahrgenommenen Menschen). Anschauungen, die das menschliche Gemüt wirklich hat, sind gemäss Kants Lehre des inneren Sinns in der *Transzendentalen Ästhetik* Inhalte ebendieses inneren Sinns. Ich habe oben herausgestellt, dass die Zeit als die formale Voraussetzung des Empfangens, Stattfindens und des Beisammenseins von Anschauungen im menschlichen Gemüt verstanden werden muss. Demgemäss müssen also auch die dunklen Vorstellungen, über die Kant in der *Anthropologie* spricht, der anschauungshaften und umfassenden zeitlichen Form unterworfen sein. Die Aufnahme des Anschauungsmannigfaltigen ins Bewusstsein mag eine zeitliche Form haben, diese zeitliche Form liegt aber an der Gegebenheitsweise des Mannigfaltigen und nicht an der Bewusstmachung ebendieses Mannigfaltigen. Um jedoch diese Interpretation weiter unterlegen zu können, muss auch noch ein weiteres, bisher implizit gebliebenes Element in Kants Lehre zeitlich sinnlichen Vorstellens untersucht werden, nämlich der innere Sinn selbst, als dessen Form die Zeit ausgezeichnet wird. Es wird die Frage nach der Natur der Gemütsfunktion des inneren Sinnes zu stellen sein.

4.2 Was für eine Gemütseigenschaft ist der innere Sinn?

Kants Theorie des inneren Sinnes ist sehr komplex und bringt nicht unbedeutende Interpretationsschwierigkeiten mit sich. Diese bestehen einerseits darin, den inneren Sinn im Geflecht von Sinnlichkeit und Verstand einzuordnen,[24] und an-

---

[24] Dies ist nicht der Unterlassung einer gründlichen Kantforschung geschuldet, sondern verdankt sich vielmehr Kants eigener Denkentwicklung, die verschiedene Konzeptionen des inneren Sinns aufweist und daher entwicklungsgeschichtlich nur sehr komplex zu rekonstruieren ist. Die Unterscheidung von innerem und äusserem Sinn nimmt Kant von einer Tradition auf, zu der si-

4.2 Was für eine Gemütseigenschaft ist der innere Sinn? — 143

dererseits spielen weitere problematische Begriffe in die Konzeption des inneren Sinns hinein, die für Denkmodelle innerer Erfahrung relevant sind, wie beispielsweise die Begriffe von Bewusstsein, Introspektion, und Selbstzuschrei-

---

cherlich Locke zu zählen ist, der die Quellen der menschlicher Erkenntnis einerseits in der Wahrnehmung der Gegenstände sieht („sensation") und andererseits in einer „reflexion" auf diese Wahrnehmungen, welche uns eine weitere Quelle der Erkenntnis zu Verfügung stellt (Locke, Essay; II.1., §2). Die Reflexion ist dabei ebenfalls als eine Wahrnehmung zu verstehen, welche auf „internal operations of our minds" (Locke, Essay; II.1., §3) ausgerichtet ist. Kant nimmt ebenso das von Locke diskutierte Thema der personalen Identität mit auf in seine frühen Gedanken zur Konzeption des inneren Sinns. Dies zeigen unter anderem Reflexionen auf, welche den inneren Sinn in ein enges Verhältnis zur „beständige[n] Persöhnlichkeit" (R 4559, Refl, AAXVII, S. 593f., vgl. R 4562, S. 594) stellen. So steht auch in der *Metaphysik L1 (Pölitz)* geschrieben: „Das Bewußtseyn seiner selbst und die Identität der Person beruht auf dem innern Sinn. Der innere Sinn aber bleibt doch auch noch ohne den Körper, [...] also auch die Persönlichkeit" (V-Lo/Pölitz, AAXXVIII/1, S. 296), vgl. dazu auch Mohr (1991, S. 73). Dem menschlichen Gemüt wird dabei zur Ergänzung der äusseren Wahrnehmungsquelle auch eine solche innere zugesprochen: „das Bewusstseyn ist sensus internus. [...] animalia habent sensum externum, non internum" (R 1680, Refl, AAXXVI, S. 80). Direktere Vorgängerkonzeptionen des inneren Sinns (des „sensus internus") finden sich aber auch bei Kants Lehrer Martin Knutzen (vgl. Klemme 1996, S. 47) und beispielsweise bei Baumgarten in dessen *Metaphysica:* „Habeo facultatem sentiendi, i. e. SENSUM. SENSUS repraesentat vel statum animae meae, INTERNUS, vel statum corporis mei, EXTERNUS" (Baumgarten, 1779, §535, S. 188). Kant nimmt diese Lehre des sensus internus in seiner vorkritischen Philosophie auf (vgl. u. a. MSI, AAII, S. 397, PND, AAI, S. 403): „Anima nempe internis mutationibus est obnoxia (per sensum internum)" (PND, AAI, S. 411). Diese Grunddefinition, dass der innere Sinn als sinnliches Vermögen den Zustand oder die Veränderungen der Seele vorstellt, bleibt erhalten. Jedoch ändern sich wohl Kants Meinungen dazu, wie diese Definition zu verstehen ist. So schreibt Kant [im Jahr 1762] in *Die falsche Spitzfindigkeit der vier syllogistischen Figuren erwiesen*: „Meine jetzige Meinung geht dahin, daß diese Kraft oder Fähigkeit nichts anders sei als das Vermögen des innern Sinnes, d. i. seine eigene Vorstellung zum Objecte seiner Gedanken zu machen" (DfS, AAII, S. 60). Düsing weist in Bezug auf diese Stelle darauf hin, dass der innere Sinn in vorkritischer Zeit auch als „Grundkraft intellektueller Leistungen" in Anspruch genommen wird (Düsing 1980, S. 21). Dabei hat der innere Sinn nicht nur die Eigenschaft der Ermöglichung einer reflexiven Bezugnahme auf seine eigenen Gedanken, sondern er ist als solcher wohl eher dasjenige, was der kritische Kant die *transzendentale Apperzeption* bezeichnet. Des Weiteren zeigt Klemme auf, wie die vorkritische Bedeutung des sensus internus, z. B. auch bei Baumgarten, im Kontext eines inneren Daseinsgefühls steht (vgl. Klemme 1996, S. 301). Die vorkritischen Vorläufer der Theorie des inneren Sinnes weisen also eine ähnliche Verständnisschwierigkeit wie die Lehre des inneren Sinnes in der *Kritik der reinen Vernunft* aus. Einerseits in der sensus internus ein Gefühl, ein sinnliches Vermögen, andererseits erlaubt er die intellektuelle reflexive Bezugnahme auf das Selbst und wird gar mit einem genuin intellektuellen (den Tieren nicht zukommenden) Vermögen der Selbstreflexion und der personalen Identität enggeführt, oder verweist gar auf die Immaterialität einer intellektuellen Seele.

bung.[25] In diesem Abschnitt möchte ich eine Interpretation vorschlagen, wie wir bei Kant den inneren Sinn primär anhand von dessen Einführung in der *Transzendentalen Ästhetik* als eine der Sinnlichkeit zugehörige Gemütseigenschaft verstehen können. Kant führt den inneren Sinn wie folgt in Parallelität zum äusseren Sinn ein:

> Vermittelst des äußeren Sinnes (einer Eigenschaft unsres Gemüths) stellen wir uns Gegenstände als außer uns und diese insgesammt im Raume vor. [...] Der innere Sinn, vermittelst dessen das Gemüth sich selbst oder seinen inneren Zustand anschauet, giebt zwar keine Anschauung von der Seele selbst als einem Object, allein es ist doch eine bestimmte Form, unter der die Anschauung ihres innern Zustandes allein möglich ist, so daß alles, was zu den innern Bestimmungen gehört, in Verhältnissen der Zeit vorgestellt wird. (A22 f./B37)

Der innere Sinn, so Kant an dieser Stelle, ist zunächst einmal eine „Eigenschaft unsres Gemüths", wie dies auch der äussere Sinn ist. Analog zu diesem äusseren Sinn ist auch der innere Sinn eine solche Eigenschaft, die uns ein Anschauen ermöglicht. Dies ist nun die primäre (wenn auch noch nicht hinreichend bestimmte) Bedeutung von „innerer Sinn", welche ich als fundamental auch für andere Konnotationen dieses Begriffs vorschlagen möchte: Der innere Sinn ist eine Anschauung ermöglichende Gemütseigenschaft, ein Aspekt unseres Vermögens, anzuschauen. Ihn primär als Introspektions-, Selbstzuschreibungs- oder Bewusstseinsvermögen zu verstehen, wird der kantischen Einführung in der *Transzendentalen Ästhetik* nicht gerecht.

Als ein Vermögen zur Anschauung ist der innere Sinn nun spezifisch ein Vermögen der „Selbst"-Anschauung, der Anschauung des inneren Zustandes.

---

[25] Allison beispielsweise bemerkt: „Consequently, what the mind is aware of through inner sense or, equivalently, introspection, are just its own representations, all of which pertain to outer sense" (Allison 2004, S. 277). Er identifiziert damit die Gemütseigenschaft des inneren Sinnes mit einem Vermögen der Introspektion, eine Lesart, der ich kritisch gegenüber stehe. Denn wenn wir Introspektion als eine Form der Aufmerksamkeit verstehen, und die Aufmerksamkeit wiederum auf der transzendentalen Apperzeption beruht, so ist wohl eher die letztgenannte das Vermögen der Introspektion, und der innere Sinn, nach meiner Lesart, kann höchstens ein die Introspektion ermöglichendes Vermögen sein. Schmitz (Schmitz 2013) kritisiert in ihrem Aufsatz andere Ansätze der Auseinandersetzung mit dem inneren Sinn meiner Meinung nach adäquat, bringt jedoch ein Modell der Interpretation des inneren Sinns ins Spiel, welches man wiederum als konzeptualistische Lesart zu bezeichnen hat: der innere Sinn ist demgemäss eine den äusseren Empfindungen und der Einflussnahme der transzendentalen Einheit der Apperzeption nachgelagerte Selbstzuschreibungsfähigkeit für synthetisierte Anschauungen (vgl. Schmitz 2013, S. 11). Die transzendentale Apperzeption bedingt dann sozusagen den inneren Sinn und nicht umgekehrt. Dies nivelliert jedoch Kants kognitiven Dualismus und lässt zudem seine Zuschreibung des inneren Sinnes zum Vermögen der Sinnlichkeit unberücksichtigt.

Dabei entsteht aber nun bereits die Schwierigkeit der Frage nach dem eigentlichen Inhalt des inneren Sinnes. Nach der obigen Einführung wird durch den inneren Sinn die Anschauung des *Gemüts selbst* ermöglicht, allerdings ist dadurch gemäss Kant nicht die *Seele als ein Objekt* anschaulich zugänglich, sondern nur der *innere Zustand der Seele*. Wie sich diese drei Bestimmungen zueinander verhalten, ist zunächst unklar. Ist das *Gemüt selbst* und die *Seele als Objekt* nicht dasselbe? Benutzt Kant diese beiden Begriffe in derselben Bedeutung oder unterscheidet er sie voneinander? Oder ist es so, dass er ihre Bedeutungen innerhalb der *Kritik* variiert, dass sie je nach Kontext zum Teil identisch und zum Teil verschieden zu sein scheinen? Ferner: Was ist der Gehalt einer Vorstellung des inneren Zustandes des Gemüts oder der Seele? Diese hier aufgeworfenen Fragen werde ich in vorliegender Untersuchung nicht ausführlich besprechen und Kants Verwendungsweisen dieser Begriffe entwicklungsgeschichtlich nicht nachzeichnen können. Ich untersuche allerdings sehr wohl Sachprobleme, die Einordnungen dieser Begriffe hervorstehen lassen.

4.2.1 Inhalte des inneren Sinnes

Die Ausführungen Kants zur Frage nach dem Inhalt des inneren Sinnes sind nicht einheitlich. So weist Kant beispielsweise in B67 darauf hin, dass die Vorstellungen des äusseren Sinns den eigentlichen Stoff des inneren Sinnes ausmachen. Dies könnte darauf hinweisen, dass wir nach Kant im inneren Sinn nichts anschauen könnten, das nicht durch den äusseren Sinn gegeben wird: Uns würden dann sozusagen die Vorstellungen des äusseren Sinnes *als* innere Zustände anschaulich gegeben sein, worin sich die Funktion des inneren Sinnes ausmessen liesse. Dies scheint jedoch nicht die einzig mögliche Interpretation zu sein, und es spricht einiges gegen sie, da Kant an vielen anderen Stellen den Inhalt des inneren Sinnes anders beschreibt. Am Anfang der A Deduktion schreibt Kant beispielsweise:

> Unsere Vorstellungen mögen entspringen, woher sie wollen, ob sie durch den Einfluß äußerer Dinge oder durch innere Ursachen gewirkt sind, sie mögen a priori oder empirisch als Erscheinungen entstanden sein: so gehören sie doch als Modifikationen des Gemüths zum innern Sinn, und als solche sind alle unsere Erkenntnisse zuletzt doch der formalen Bedingung des innern Sinnes, nämlich der Zeit, unterworfen, als in welcher sie insgesammt geordnet, verknüpft und in Verhältnisse gebracht werden müssen. (A98)

Vorstellungen haben nach Kant das Charakteristikum, „Modifikationen des Gemüths" zu sein, und in seiner Sicht gehören alle Vorstellungen „zum inneren Sinn", weil sie solche Modifikationen oder Bestimmungen des Gemüts sind. Eine Modifikation des Gemüts ist ein innerer Zustand des Gemüts. Ist dieser innere

Zustand als innerer Zustand anschaulich gegeben, ist er Gegentand des inneren Sinnes. Wenn nun zwar alle Vorstellungen Modifikationen des Gemüts sind, aber nicht alle Vorstellungen (als solche Modifikationen des Gemüts) bewusst bzw. mit Bewusstsein gegeben sind, so muss der innere Sinn nicht koextensiv mit einem Bewusstseinsvermögen respektive einer Bewusstseinsbestimmung sein. Ebenfalls weist uns Kant darauf hin, dass nicht nur die Vorstellungen des äusseren Sinnes im inneren Sinn sind, sondern auch jene, die „durch innere Ursachen gewirkt sind" (A98). Was diese inneren Ursachen genau sind, darauf geht Kant hier nicht ein. Nimmt man aber die Rolle der Einbildungskraft in den folgenden Passagen der A Deduktion in den Blick, so kann sie als eine solche Ursache verstanden werden. Innerlich verursachte Inhalte müssen jedoch wiederum nicht die einzigen spezifisch innerlich anschaubaren Inhalte sein, so spricht Kant beispielsweise in den Paralogismen von den „Empfindungen Lust und Schmerz" (A374)[26], welche er von anderen Empfindungen, die er dem äusseren Sinn zuschreibt („Farben, Wärme", A374), unterscheidet. Lust und Schmerz, wollen wir sie als Modifikationen des Gemüts bezeichnen, von welchen wir unmittelbar innere Anschauung haben können, sind daher auch Inhalte des inneren Sinns. Da sie jedoch für das Unternehmen einer *Kritik der reinen Vernunft* keine Rolle spielen – d. h. in meiner Sicht: insofern sie nicht als metaphysische Bestimmungen von gewissen Dingen angesehen werden können –, vernachlässigt Kant in diesem Untersuchungskontext ihre Bedeutung für den inneren Sinn.

An einer anderen Stelle in den Paralogismen bringt uns Kant wiederum andere Anhaltspunkte dafür, was wir als den Inhalt des inneren Sinnes zu verstehen haben.

> Wir haben in der transscendentalen Ästhetik unläugbar bewiesen, daß Körper bloße Erscheinungen unseres äußeren Sinnes und nicht Dinge an sich selbst sind. Diesem gemäß können wir mit Recht sagen, daß unser denkendes Subject nicht körperlich sei, das heißt, daß, da es als Gegenstand des inneren Sinnes von uns vorgestellt wird, es, in so fern als es denkt, kein Gegenstand äußerer Sinne, d. i. keine Erscheinung im Raume, sein könne. Dieses will nun so viel sagen: es können uns niemals unter äußeren Erscheinungen denkende Wesen als solche vorkommen, oder: wir können ihre Gedanken, ihr Bewußtsein, ihre Begierden etc. nicht äußerlich anschauen; denn dieses gehört alles vor den innern Sinn. (A357 f.)

Das Fazit dieser Ausführungen in A357 f. – sofern wir dadurch mehr über den Inhalt des inneren Sinnes erfahren wollen – ist, dass für Kant „unser denkendes

---

[26] Lust und Schmerz werden hier als Empfindungen angegeben, die zwar nicht auf die oben genannte innere Ursächlichkeit zurückzuführen sind, jedoch als solche Empfindungen nicht Empfindungen von äusserlich anschaubaren Gegenständen sind. Vielmehr machen sie etwas spezifisch innerlich Zugängliches aus.

Subject" als „Gegenstand des inneren Sinnes vorgestellt wird". Des Weiteren gehören neben den „Gedanken" auch die „Begierden" eines Subjekts „vor den inneren Sinn". Diese Bestimmungen des Gemüts werden anschaulich innerhalb eines zeitlichen Rahmens gegeben. Neben den Vorstellungen des äusseren Sinnes, welche als Modifikationen, oder als innerer Zustand des Gemüts Inhalte des inneren Sinns sind, sind demnach auch Gedanken und Begierden Inhalte des inneren Sinns.[27] Dass im speziellen die Gedanken ein wesentlicher Inhalt des inneren Sinns sind, ist für die Thematik der Selbstaffektion ein nicht zu vernachlässigender Aspekt, da wir für ein Verständnis der Phänomenalitätsthese der Selbsterkenntnis eine Gegebenheit unseres denkenden Subjekts im inneren Sinn voraussetzen. Dabei ist jedoch wiederum darauf Rücksicht zu nehmen, dass die Seele bei Kant nicht als Objekt im inneren Sinn vorgestellt wird. Verstehen wir den Ausdruck „Seele" hier in der Bedeutung einer denkenden Substanz oder einer subsistierenden res cogitans im kartesischen Sinne, so kann diese nach Kant nicht im inneren Sinn gegeben werden. Jedoch hält Kant die These aufrecht, dass uns im Inneren Gedanken als innere Zustände gegeben sind. Damit sind auch wir uns in unseren uns zuzuschreibenden Gedanken gegeben – ohne dass dies jedoch uns in unserem substantiellen An-sich-Sein näher bringen kann.

4.2.2 Das Innere und das Äussere

In seiner Auseinandersetzung mit Kants Konzeption des inneren Sinnes weist uns Georg Mohr auf drei verschiedene Thesen Kants bezüglich der Beziehung der Vorstellungen des äusseren zu denjenigen des inneren Sinns hin, die ich kurz skizzieren möchte. Erstens habe Kant zufolge der innere Sinn seine eigenen Inhalte (z. B. Gedanken) wie auch der äussere Sinn seine ihm eigenen Inhalte besitze (Vorstellungen von räumlichen Gegenständen). Damit gehe die These der *Koordination* zweier voneinander unabhängiger Sinnesvermögen einher. Zweitens gebe es Ansätze in Kants Ausführungen, die auf eine *Inklusion* der äusseren Vorstellungen in die Vorstellung des inneren Sinnes hinweisen. Diesen gemäss werde also die umfassende Rolle des inneren Sinnes hervorgehoben. Drittens weise Kant mehrfach darauf hin, dass den inneren Vorstellungen eine gewisse *Abhängigkeit* von äusseren Vorstellungen zukomme (vgl. dazu Mohr 1991, 83 ff.).[28]

---

[27] Kant sagt hier auch, dass das „Bewußtstein" denkender Wesen „vor den innern Sinn" gehört, allerdings ist es schwierig zu interpretieren, welchen Sinn von Bewusstsein Kant hier anspricht.
[28] Auf die kontrastierenden Thesen der Koordination und der Inklusion („Subordination") weist bereits Reininger hin (Reininger 1900, S. 23). Heidemann unterscheidet von den Thesen der Subordination und der Koordination noch jene der epistemischen Interdependenz des inneren

Unter Berücksichtigung dieser drei Sichtweisen, die unterschiedliche Verhältnisse betonen, schlägt Mohr vor, die Beziehung zwischen inneren und äusseren Vorstellungen als eine Art wechselseitig wirksame Zusammenarbeit zu bestimmen:

> Jedem Datum des äußeren Sinns korrespondiert ein Datum des inneren Sinns. Dabei kommt dem äußeren Sinn die Funktion zu, die sinnliche Qualität eines raumzeitlichen Gegenstandes, den Inhalt einer Wahrnehmung, vorzustellen („Ich sehe *rot*"), wohingegen aufgrund des inneren Sinns das Vorstellen als solches sinnlich gegeben ist („Ich *sehe* rot"). Nur wenn beide sinnliche Funktionen simultan in Kraft sind, kann es ein Bewußtsein davon geben, daß ich etwas vorstelle. (Mohr 1991, S. 104)

Die hier von Mohr vorgeschlagene Interpretation des infrage stehenden Problems hat den Vorteil, ausweisen zu können, auf welche Weise die Vorstellungen des äusseren Sinns zugleich auch Vorstellungen des inneren Sinnes sind. Während der äusseren Anschauung eher die Funktion zukommt, die äusserlich (oder durch äusserliche Affektion) gegebenen Inhalte anschaulich vorzustellen, besteht die Funktion des inneren Sinnes eher darin, über eine anschauliche Gegebenheit des Vorstellens äusserlicher Inhalte selbst zu verfügen. Eine äussere Anschauung hat demnach immer auch einen Aspekt als innere Anschauung, nämlich denjenigen Aspekt, der diese äussere Anschauung als inneren Zustand vorstellt.

Obschon diese Hinsicht auf die wechselseitige Zusammenarbeit hilfreich ist, sind noch einige Punkte anfügen. Der äussere Sinn ist meines Erachtens nicht nur eine Fähigkeit, sinnliche Qualitäten vorzustellen, sondern er besteht in der Fähigkeit, eine unmittelbare, anschauliche, räumlich strukturierte Vorstellung der Gegenstände unserer Sinnlichkeit zu haben. Analog ist es nicht die Funktion des inneren Sinnes, die Empfindung als empfindende Gegebenheit vorzustellen,[29] sondern sie besteht in der Eingliederung alles empfindenden, äusserlich anschauenden Erlebnisses, und innerlich Gewirkten, als einem anschaulich Gegebenen in eine allumfassende zeitliche Ordnungsstruktur. Insofern ist auch nicht nur äusserliches Vorstellen inhaltlich, sondern auch innerliches. Eine analoge

---

und des äusseren Sinnes. Der passive innere Sinn ist seiner Interpretation nach von der Materie des äusseren Sinns abhängig, soll im Medium des inneren Sinnes ein empirisches Selbstbewusstsein durch Selbstaffektion konstituiert werden. Die Bestimmung des eigenen Daseins im inneren Sinn hängt dabei in materialer Hinsicht vom äusseren Sinn ab (vgl. Heidemann 2001, 305ff.).

29 Kant ist nicht Sinnesdatentheoretiker, obschon dies Mohr im obigen Zitat ansatzweise zum Ausdruck zu bringen scheint. Es gibt für Kant, meinem Verständnis nach, keine isolierten singulären Empfindungsgegebenheiten, sondern wir nehmen unsere Erfahrungswelt über unser sinnliches Vermögen wahr, dessen Anschauungsweise immer schon eine räumliche und zeitliche Verwiesenheit der anschaulich (äusserlich oder innerlich) gebbaren Inhalte impliziert.

Herangehensweise ist auch für *nur* innerliches Vorstellen zu empfehlen. Dann können demgemäss auch unsere Gedanken oder unsere Lust oder Unlust (oder andere Formen unseres Trieb- und Emotionslebens) in ihren denkenden oder Lusthabenden Ausprägungen innerhalb eines umfassenden zeitlichen Rahmens durch den inneren Sinn anschaulich und unmittelbar gegeben werden.[30] Die Simultanität von äusserem und innerem Sinn kann also nur als asymmetrische Relation verstanden werden.

Die Beziehung der Vorstellungen des äusseren Sinnes zu denjenigen des inneren Sinnes ist anhand von Kants Aussagen schwer zu eruieren. Denn für Kant gehören zum inneren Sinn u. a. die „Gedanken, [...] Bewußtsein [...] Begierden etc", welche man „nicht äußerlich anschauen" kann (A358). Andererseits gehören Kant zufolge aber die äusseren Anschauungen als „Modificationen des Gemüths zum innern Sinn" und sind „der formalen Bedingung des innern Sinnes, nämlich der Zeit, unterworfen" (A98); die Vorstellungen des inneren Sinnes umfassen also diejenigen des äusseren Sinnes vollständig. In der *Transzendentalen Ästhetik* bestimmt Kant dann den inneren Sinn dadurch, dass „darin die Vorstellungen äußerer Sinne den eigentlichen Stoff ausmachen, womit wir unser Gemüt besetzen" (B67), sodass der innere Sinn ohne jene also inhaltslos („Inhalt" im Sinne von „Stoff", „Materie") wäre. Wie kann nun aufrechterhalten werden, dass a) der innere Sinn nicht auf Erscheinungen im Raume bezogen ist (also einen koordinierten Aspekt hat: Nicht-Äusserliches vorstellt), dass b) Vorstellungen des äusseren Sinnes formaliter durch den inneren Sinn bedingt sind, insofern sie zeitlich sind (Inklusion), und dass c) der innere Sinn materialiter von den Vorstellungen des äusseren Sinns abhängig ist (Dependenz)?

Ein Modell des inneren Sinnes muss zeigen, dass, erstens, im inneren Sinn auch nicht-räumliche Inhalte vorgestellt werden, zweitens, dass alle Vorstellungen des äusseren Sinnes zum inneren Sinn gehören (und insofern formaliter zeitlich strukturiert sind), und drittens, dass in einem bestimmten materiellen Sinne der innere Sinn von den Vorstellungen des äusseren Sinns abhängig ist. Die ersten beiden Aspekte können mit einer Klärung dessen, wie wir die Worte „innen" und „aussen" in Kants Konzeptionen des inneren respektive äusseren Sinns zu verstehen haben, miteinander vermittelt werden, welches ich weiter unten vornehme.

---

30 Die anschauliche Gegebenheit ist hier von der Bestimmung durch den Verstand zu unterscheiden. Nur letztere kann zu einer Beurteilung des vorliegenden Mannigfaltigen führen. Sollen daher die im Inneren wechselnden Zustände *einem* zugrundeliegenden Subjekt zugeordnet werden, muss das Dasein des Vorstellungssubjekt im zeitlichen Wechsel der Vorstellungen bestimmt werden, was nach Kants *Widerlegung des Idealismus* nicht ohne eine zeitbestimmte durch den äusseren Sinn gegebene Materie möglich sein kann, vgl. dazu Heidemann (1998, 166 ff.).

Hier soll zunächst Platz sein für eine kurze Besprechung des Abhängigkeitsverhältnisses innerer Vorstellungsinhalte vom äusseren Sinn.

Die Abhängigkeit des Inneren vom Äusseren

Kants Äusserungen zum Abhängigkeitsverhältnis der Vorstellungen des inneren Sinnes, d. h. derjenigen Vorstellungen, die vermittelst des inneren Sinnes anschaulich gegeben werden, von Vorstellungen des äusseren Sinnes lassen sich in zwei Gruppen einteilen. In der ersten geht es darum, wie wir die Zeit als reine Anschauung vorstellen können:

> [...] weil diese innre Anschauung keine Gestalt giebt, suchen wir auch diesen Mangel durch Analogien zu ersetzen und stellen die Zeitfolge durch eine ins unendliche fortgehende Linie vor, in welcher das Mannigfaltige eine Reihe ausmacht, die nur von einer Dimension ist, und schließen aus den Eigenschaften dieser Linie auf alle Eigenschaften der Zeit außer dem einigen, daß die Theile der erstern zugleich, die der letztern aber jederzeit nach einander sind. (A33/B50)

> Wir können uns keine Linie denken, ohne sie in Gedanken zu ziehen, [...] und selbst die Zeit nicht, ohne indem wir im Ziehen einer geraden Linie (die die äußerlich figürliche Vorstellung der Zeit sein soll) bloß auf die Handlung der Synthesis des Mannigfaltigen [...] Acht haben. (B154)

Kant hat die Zeit als Form der Anschauung so konzipiert zu haben, dass alle sinnlich-anschaulichen Vorstellungen innerhalb einer zeitlichen Ordnungsstruktur gegeben sind. Diese zeitliche Strukturierung ist sowohl den empirischen Vorstellungen als auch der begrifflichen Tätigkeit des Verstandes in Bezug auf die Sinnlichkeit vorgelagert. Wenn nun Kant die Zeitvorstellung in Abhängigkeit zur räumlichen Vorstellung setzt, ist dies meines Erachtens nicht so zu verstehen, dass die Vorstellungen des inneren Sinnes (z. B. unsere Denk- und Emotionserlebnisse) uns nur in Abhängigkeit von räumlichen Verhältnissen gegeben sein könnten. Es ist vielmehr ein Spezifikum unseres Versuchs, diese vorgelagerte zeitliche Struktur selbst thematisch vorzustellen, dass wir für die denkende und begriffliche Bestimmung dieser zeitlichen Strukturen räumliche Figuren (wie die Linie) zur Hilfe nehmen müssen. Die so vorgestellte Zeit wird demnach die Zeit als formale Anschauung sein, welche als Anschauungsinhalt in einem bestimmten Verhältnis zur synthetischen Aktivität der Einbildungskraft unter der Leitung des Verstandes steht. Die Aktivität der bestimmenden Einbildungskraft ist daher nach Kant dadurch charakterisiert, dass sie das zeitlich gegebene, reine Strukturmannigfaltige des inneren Sinnes nur unter Zuhilfenahme von „äußerlich figürliche[n] Vorstellung[en]" (B154) bestimmen kann, um von dieser Bestimmung die „Eigenschaften der Zeit" (A33/B50) zu eruieren.

4.2 Was für eine Gemütseigenschaft ist der innere Sinn?

Die zweite Gruppe nun der Äusserungen Kants über die Abhängigkeit der inneren Vorstellungen vom äusseren Sinn betreffen die Bestimmungen der im inneren Sinn gegebenen Inhalte. Diese Äusserungen weisen auf den Zusammenhang der *Widerlegung des Idealismus* (B274 ff.) hin. Ich werde in vorliegender Arbeit dieses Argument nicht in all seinen Aspekten ausleuchten können, daher geht es mir im folgenden nur um die Frage nach der Bestimmung des genannten Abhängigkeitsverhältnisses. Kant argumentiert zu Beginn seiner Widerlegung wie folgt:

> Ich bin mir meines Daseins als in der Zeit bestimmt bewußt. Alle Zeitbestimmung setzt etwas Beharrliches in der Wahrnehmung voraus. Dieses Beharrliche aber kann nicht etwas in mir sein, weil eben mein Dasein in der Zeit durch dieses Beharrliche allererst bestimmt werden kann. Also ist die Wahrnehmung dieses Beharrlichen nur durch ein Ding außer mir und nicht durch die bloße Vorstellung eines Dinges außer mir möglich. (B275)

Kant argumentiert hier dafür, dass mein Dasein nur durch Voraussetzung von etwas Beharrlichem zeitlich bestimmt werden kann. Dabei impliziert Kant mit dem Ausdruck „mein Dasein" ein im oder durch den inneren Sinn gegebenes Ich, d. h. ein Subjekt, das sich in seinen Denkhandlungen gegeben ist. Für Kant setzt aber ein bestimmtes (begreifendes) Erkennen der Zustände eines solchen Subjekts eine Gegebenheit im inneren Sinn voraus, die als solche zeitlichen Strukturen unterworfen ist. Sollen nun diese Zustände bestimmt erkannt werden, muss auch dessen strukturelle Voraussetzung, die Zeit, mit einbezogen werden und die infrage stehenden Zustände in Bezug auf die anderen zeitlich vorkommenden Mannigfaltigkeiten bestimmt werden. Es muss eine „Zeitbestimmung" vollzogen werden.

Nun setzt aber auch wiederum das bestimmte Erkennen zeitlicher Strukturen eine Analogie zum Raum voraus, wie dies aus der ersten Gruppe der Äusserungen Kants klar geworden ist.[31] Und wollen wir nach Kant ein Dasein unter den Bedingungen der Zeit bestimmen, ihm (und seinen wechselnden Zuständen) also eine Stelle in einem objektiv gedachten Zeitrahmen bestimmen, so kann diese Zeitbestimmung nicht von einer ebenfalls wahrnehmbaren objektiven Zeit abgelesen werden, sondern die objektive Zeitordnung muss erst selbst durch die ihr entsprechenden Ordnungen im räumlich wahrgenommenen Dasein entnommen werden.[32] Das Bestimmen anschaulich gegebener innerer Zustände kann nun nur

---

[31] Nach Reiningers Ausdrucksweise müssen äussere Gegenstände oder Anschauungen „vicariierend für die innere Anschauung eintreten" (Reininger 1900, S. 36).
[32] Gemäss Heidemann ist der innere Sinn dadurch material abhängig vom äusseren Sinn (Heidemann 1998, 166 ff.).

vermittelst eines Bestimmens von etwas der objektiven Zeit selbst Entsprechendem im räumlichen Dasein erfolgen.

Ein Resultat dieser Überlegungen besteht darin, dass es zwar nach Kant im inneren Sinn ihm eigene Vorstellungsinhalte gibt (Gedanken, Begierden, Einbildungen, Vorstellungen des äusseren Sinnes), die nicht alle aus den Materialien der Vorstellungen des äusseren Sinnes stammen. Diese können jedoch nicht in einer Bestimmtheit gefasst werden und dadurch zur (begrifflichen) Einheit der Erfahrung im Allgemeinen beitragen, wenn ihre Bestimmung nicht in Analogie zu oder unter Zuhilfenahme von im äusseren Sinn Gegebenem (reinen Anschauungen oder empirisch wahrgenommenen Daseinsbestimmungen von räumlichen Gegenständen) zustande kommt.

Die Bedeutung von „innen"

Will man eine Interpretation des inneren Sinnes vorschlagen, der nicht auf irgendeiner Form von Bewusstsein beruht, wird danach zu fragen sein, was dieses Vermögen zu einer spezifisch *inneren* Sinn macht respektive welche Bedeutung das Wort „innen" haben kann, wenn es nicht eine von einem Bewusstsein abhängige Eigenschaft sein soll (und also nicht im Sinne von Bewusstseinsimmanenz im Gegensatz zu Bewusstseinstranszendenz verstanden werden soll).

Um die Konnotation der kantischen Ausdrücke „innen" und „aussen" in einem ersten Versuch offenzulegen, ist es ratsam, einen Blick auf Kants Kritik an der Methode der philosophischen Tradition im Anschluss an Leibniz zu werfen, welche Kant im *Amphiboliekapitel* darlegt. Darin entwickelt er nämlich seine innovative Methode der transzendentalen Reflexion als eine Überlegung, anhand derer wir uns bei gegebenen Vorstellungen innewerden können, auf welche Weise wir die Vorstellungen einem der beiden Erkenntnisquellen, der Sinnlichkeit oder dem Verstand, zu verdanken haben: „Sie ist das Bewußtsein des Verhältnisses gegebener Vorstellungen zu unseren verschiedenen Erkenntnißquellen, durch welches allein ihr Verhältniß unter einander richtig bestimmt werden kann" (A260/B316). Das als „transzendentale Topik" bezeichnete methodische Vorgehen, so Kant, gehe Leibniz abhanden, der „alle Gegenstände nur mit dem Verstande und den abgesonderten formalen Begriffen seines Denkens verglich" (A270/B326). Die Reflexionsbegriffe, welche die Vergleichung innerhalb einer kantisch verstandenen Transzendentalen Topik fundieren und Kants Kritik an der leibnizschen Methode motivieren, werden nach der Ordnung der Kategorien in vier Ziffern eingeteilt. Das dritte (also in Korrespondenz mit den Relationskategorien stehende) Paar von Reflexionsbegriffen wird als das „Innere" und das „Äussere" begriffen.

3. Das Innere und Äußere. An einem Gegenstande des reinen Verstandes ist nur dasjenige innerlich, welches gar keine Beziehung (dem Dasein nach) auf irgend etwas von ihm Verschiedenes hat. [...] Als Object des reinen Verstandes muß jede Substanz dagegen innere Bestimmungen und Kräfte haben, die auf die innere Realität gehen. Allein was kann ich mir für innere Accidenzen denken, als diejenigen, so mein innerer Sinn mir darbietet, nämlich das, was entweder selbst ein Denken, oder mit diesem analogisch ist. (A265f./B321)

Die Substanzen überhaupt müssen etwas Inneres haben, was also von allen äußeren Verhältnissen, folglich auch der Zusammensetzung frei ist. Das Einfache ist also die Grundlage des Inneren der Dinge an sich selbst. Das Innere aber ihres Zustandes kann auch nicht in Ort, Gestalt, Berührung oder Bewegung (welche Bestimmungen alle äußere Verhältnisse sind) bestehen, und wir können daher den Substanzen keinen andern innern Zustand als denjenigen, wodurch wir unsern Sinn selbst innerlich bestimmen, nämlich den Zustand der Vorstellungen, beilegen. (A274/B330)

Die hier zitierten Äußerungen geben Kants Kritik am Vorgehen Leibniz' wieder und stellen auch seine Beschreibung von Leibniz' Gedankengang dar. Man kann daher nicht direkt von diesen Äußerungen auf Kants Verwendungsweise der Wörter „innen" und „aussen" schliessen. Allerdings legen die Passagen nahe, dass wir diese beiden Ausdrücke im Kontext einer ontologischen, substanz-metaphysischen Position zu verstehen haben. Leibniz unterscheide, so Kant, nicht zwischen solchen Dingen, die uns innerhalb unserer raumzeitlich strukturierten Sinnlichkeit gegeben werden, und anderen, die durch den reinen Verstand, d. h. ohne Rücksicht auf die Art und Weise unserer menschlichen Anschauung, gedacht werden. Vielmehr gehe Leibniz davon aus, die Dinge als Substanzen oder fundamentale Elemente der Welt innerhalb einer Metaphysik so beschreiben zu können, wie sie notwendigerweise durch das Vermögen unseres Verstandes gedacht werden müssen, insofern die Dinge also Gegenstand „des reinen Verstandes" (A265f./B321) seien. Das Innere wird von Kant dabei verstanden als innere Bestimmungen eines Dinges, als seine „inneren Akzidenzen", seine „innere Realität", also als das Reale, das ihm zukommt, insofern es „gar keine Beziehung (dem Dasein nach) auf irgend etwas von ihm Verschiedenes hat" (A265f./B321). Das so gefasste Innere wird damit abgehoben von einer ontologischen Bestimmung von Substanzen, die in einer Relation zwischen verschiedenen Dingen besteht. Dies wäre eine Bestimmung, die es nicht geben könnte, würde es nicht ein oder mehrere andere Dinge geben, mit denen es in dieser Relation stehen könnte. Solche Relationen sind „äussere Verhältnisse", wie auch die „Zusammensetzung", und sind Bestimmungen, die „Ort, Gestalt, Berührung oder Bewegung" beinhalten (A274/B330).

Die einzigen Bestimmungen, welche den Substanzen nun als *innere* zukommen, sind solche, welche nicht Relationsbestimmungen sind. Und dies sind – nach der kantischen Darstellung von Leibniz' Gedankengang – Vorstellungen, genauer:

dies ist der „Zustand der Vorstellungen" (A274/B330). Vorstellungen, als innere Bestimmungen genommen, werden dabei verstanden als „ein Denken" oder als etwas, das zum Denken „analogisch ist" (A274/B330).

Leibniz' Theorie führte ihn zur Entwicklung des metaphysischen Monadenbegriffs. Wollen wir das Bedeutungsgeflecht der Ausdrücke „innen" und „aussen" aus Kants Kritik an Leibniz' Position ablesen und für ein Verständnis des Rahmens der kantischen Theorie des inneren und äusseren Sinnes fruchtbar machen, muss zunächst festgestellt werden, dass Kant hier Leibniz vorwirft, das Innere der Monaden nach dem Vorbild des inneren Sinnes konzipiert zu haben. So wird für Kant das „Innere" zunächst als das „Innere" des inneren Sinnes zu verstehen sein, womit wiederum eine zusätzliche Schwierigkeit für ein Verständnis der „innenaussen"-Unterscheidung entsteht. Ich schlage jedoch trotzdem vor, „innen" im inneren Sinn grob in dieser Konnotation mit Leibniz' Monadenlehre zu verstehen.[33] Kants Benennung der verschiedenen zwei anschaulichen Fähigkeiten oder Gemütseigenschaften mit „innerer" und „äusserer" Sinn würde dann das Verständnis zulassen, dass der innere Sinn „Modifikationen des Gemüts" (A97) als solche, d.h. als innere Bestimmungen von so etwas wie einer Gemütsmonade anschaulich vorstellt, während durch den äusseren Sinn Gegenstände in äusserer Relation (Externalität, Figürlichkeit, Bewegung, Zusammensetzung) vorgestellt werden.[34] Jedoch sind nicht alle Vorstellungen des inneren Sinns hier als solche zu verstehen, die nicht auf das Dasein anderer Gegenstände angewiesen sind, vielmehr scheinen die empirischen Vorstellungen des äusseren Sinns, die qua Modifikationen des Gemüts Inhalte des inneren Sinns sind, in einer unmittelbaren Beziehung zu weltlichen Gegenständen zu stehen. Derjenige Sinn von „innen", der als losgelöst von jeglicher Beziehung zu anderen Gegenständen gedacht wird, wird also ebenfalls nicht mit dem Sinn von „innen" in „innerer Sinn" zusammenfallen. Die ähnlichen Konnotationen der „innen-aussen"-Unterscheidung bezüglich der Funktionen der Sinnlichkeit mit derjenigen bezüglich der Kritik an der leibnizschen Position sind gegeben, bleiben aber dennoch problematisch.

---

33 Der Grund hiervon ist, dass wir in der *Kritik der reinen Vernunft* keine wesentlich anderen Bedeutungsgeflechte von „innen" und „aussen" vorfinden. So haben wir einerseits wegen Kants kritischen Äusserungen gegenüber Leibniz einen gewissen Abstand zu halten, andererseits müssen wir die darin enthaltenen Konnotationen fruchtbar für das Verständnis von „innen" und „aussen" machen.

34 Die externen Relationen der Räumlichkeit sind aber bei Kant nicht etwa so wie bei Leibniz durch die existierenden Dinge selbst konstituiert, sondern der Raum, der die räumlichen Relationen enthält, ist als ein anschauungshafter Anordnungsrahmen selbst vor der Erkenntnis der Dinge im Raum gegeben.

Nach dieser angedeuteten Lesart sind Vorstellungen, insofern sie anschaulich gegeben und Modifikationen eines Gemüts sind, Inhalte des inneren Sinns. D. h. auch Vorstellungen des äusseren Sinnes gehören, insofern sie als Modifikationen des Gemüts angeschaut werden, zum inneren Sinn.[35] Dies gilt auch für die einzelnen Vorstellungsinhalte äusserer Vorstellungen. Nur, und hier ist Vorsicht geboten, übernimmt der innere Sinn nicht die Funktion des äusseren Sinns, die m. E. darin besteht, die Gegenstände in äusserer Relation unmittelbar in einem allumfassenden anschauungshaften Ordnungsrahmen – dem Raum als Form der äusseren Anschauung – vorzustellen. Doch wie die Vorstellungen des äusseren Sinnes befinden sich diejenigen des inneren Sinnes unmittelbar in einem umfassenden Ordnungsrahmen – der Zeit.

4.2.3 Der innere Sinn als Bewusstsein

Wie ich bereits darzustellen versucht habe, ist der innere Sinn, analog zum äusseren Sinn, eine Gemütseigenschaft, welche in einer bestimmten Fähigkeit *anzuschauen* besteht. Als solche ist er nicht primär als eine Art von Bewusstsein zu verstehen. Dass jedoch die Gemütseigenschaft des inneren Sinnes oft mit einer gewissen Form von Bewusstsein gleichgesetzt oder als eine solche verstanden wird, ist eine Interpretation, die sich auf Kants Charakterisierungen des inneren Sinns berufen kann (auch wenn, m. E., nicht hinreichend).

In seiner *Anthropologie in pragmatischer Hinsicht* beispielsweise kontrastiert Kant den inneren Sinn mit der transzendentalen Apperzeption, scheint sie aber beide als eine gewisse Form von Bewusstsein auszuweisen:

> § 24. Der innere Sinn ist nicht die reine Apperception, ein Bewußtsein dessen, was der Mensch thut, denn dieses gehört zum Denkungsvermögen, sondern was er leidet, wiefern er durch sein eignes Gedankenspiel afficirt wird. Ihm liegt die innere Anschauung, folglich das Verhältniß der Vorstellungen in der Zeit (so wie sie darin zugleich oder nach einander sind) zum Grunde. (Anth, AAVII, S. 161)

---

[35] Reininger drückt hier hilfreich die „doppelte Zuordnung der äusseren Erscheinungen" aus: „ihrem Gegenstande nach" sind sie nämlich dem äusseren Sinn, „der Art ihres Gegebenwerdens nach" sind sie dem inneren Sinn zugeordnet (Reininger 1900, 29 f.). Wie jeder Versuch, die Zugehörigkeit zum inneren Sinn auszudrücken, ist auch dieser letztere problembehaftet. Denn der äussere Sinn hat in der räumlichen Vorstellung selbst eine Art des Gegebenwerdens. Zeitlich werden die äusseren Erscheinungen jedoch als Vorstellungen qua Modifikationen des Gemüts im inneren Sinn betrachtet.

Der Hauptpunkt des Kontrastes zur reinen Apperzeption liegt darin, dass der innere Sinn innerhalb von Kants kognitivem Dualismus nicht dem „Denkungsvermögen", d. h. dem Verstand, sondern der Sinnlichkeit zugeschrieben wird, welches nicht durch dasjenige charakterisiert ist, „was der Mensch thut", sondern durch dasjenige, „was er leidet". Die grammatikalischen Struktur des ersten Satzes scheint auch die These nahezulegen, dass es sich bei dem inneren Sinn um ein Bewusstsein des Affiziertwerdens bzw. ein *Bewusstsein des Erleidens* handelt. D. h. Kant scheint hier den inneren Sinn mit einer Art von Bewusstsein zu identifizieren. Allerdings folgt im zweiten Satz die These, dass die „innere Anschauung" dem inneren Sinn „zum Grunde" liege. Kant zeigt hier daher ein Abhängigkeitsverhältnis an, das wir in der *Kritik der reinen Vernunft* nicht in dieser Weise antreffen. Denn in letzterer besteht der innere Sinn gerade in der Fähigkeit, innere Anschauungen zu haben, und nicht in einem dieser Fähigkeit nachgeordnetem Vermögen, sich auf rezeptive und zeitlich strukturierte Weise dem Spiel der eigenen Gedanken bewusst zu sein.

Auf die Unterscheidung der transzendentalen von der empirischen Apperzeption geht nun Kant an einer weiteren Stelle der *Anthropologie* ein:

> Wenn wir uns die innere Handlung (Spontaneität), wodurch ein Begriff (ein Gedanke) möglich wird, die Reflexion, die Empfänglichkeit (Receptivität), wodurch eine Wahrnehmung (*perceptio*), d.i. empirische Anschauung, möglich wird, die Apprehension, beide Acte aber mit Bewußtsein vorstellen, so kann das Bewußtsein seiner selbst (*apperceptio*) in das der Reflexion und das der Apprehension eingetheilt werden. Das erstere ist ein Bewußtsein des Verstandes, das zweite der innere Sinn; jenes die reine, dieses die empirische Apperception, da dann jene fälschlich der innere Sinn genannt wird. (Anth, AAVII, S. 134)

Kant unterscheidet an dieser Stelle die Spontaneität von der Rezeptivität, denen er gemäss seinem Erkenntnisdualismus wiederum die zwei Weisen des Vorstellens zuschreibt, nämlich des Vorstellens durch Begriffe oder durch Wahrnehmung. Wenn nun das Vorstellen durch Begriffe eine „innere Handlung" ist, die „mit Bewusstsein" vorgestellt wird, so müssen wir dieses Bewusstsein nach Kant die „Reflexion" oder das „Bewußtsein des Verstandes" nennen. Im Gegensatz dazu ist das Bewusstsein einer empirischen Anschauung die „Apprehension", respektive deren Vermögen die „empirische Apperception" oder der „innere Sinn". Der innere Sinn, auf dessen Unterschied zur transzendentalen Apperzeption es Kant auch in dieser Passage absieht, wird ebenso wie vorhin als eine Fähigkeit des Bewusstseins verstanden, während die noch ohne Bewusstsein vorliegende empirische Anschauung nicht mit dem inneren Sinn identifiziert wird. In beiden hier zitierten Passagen der *Anthropologie* kommt also zum Ausdruck, dass das Vermögen der inneren Anschauung und die Weise des inneren und empirischen Selbstbewusstseins zwei zu unterscheidende Gemütseigenschaften sind, von welchen Kant

4.2 Was für eine Gemütseigenschaft ist der innere Sinn? — 157

in der *Anthropologie* entgegen der *Kritik der reinen Vernunft* dem letzteren den Titel des inneren Sinns gibt.[36]

Allerdings treffen wir auch in der *Kritik der reinen Vernunft*, und zwar in der *Transzendentalen Deduktion* sowohl der A- wie auch der B-Auflage, eine Engführung der Begriffe des inneren Sinns und eines empirischen (Selbst-)Bewusstseins an, wobei Kant letzteres auch hier deutlich von der transzendentalen Apperzeption unterschieden wissen will.

> Diese ursprüngliche und transscendentale Bedingung ist nun keine andere, als die transcendentale Apperception. Das Bewußtsein seiner selbst nach den Bestimmungen unseres Zustandes bei der innern Wahrnehmung ist blos empirisch, jederzeit wandelbar, es kann kein stehendes oder bleibendes Selbst in diesem Flusse innrer Erscheinungen geben, und wird gewöhnlich der innre Sinn genannt, oder die empirische Apperception. Das, was nothwendig als numerisch identisch vorgestellt werden soll, kann nicht als ein solches durch empirische Data gedacht werden. (A106 f.)

> Die transscendentale Einheit der Apperception ist diejenige, durch welche alles in einer Anschauung gegebene Mannigfaltige in einen Begriff vom Object vereinigt wird. Sie heißt darum objectiv und muß von der subjectiven Einheit des Bewußtseins unterschieden werden, die eine Bestimmung des inneren Sinnes ist, dadurch jenes Mannigfaltige der Anschauung zu einer solchen Verbindung empirisch gegeben wird. Ob ich mir des Mannigfaltigen als zugleich oder nach einander empirisch bewußt sein könne, kommt auf Umstände oder empirische Bedingungen an; daher die empirische Einheit des Bewußtseins durch Association der Vorstellungen selbst eine Erscheinung betrifft und ganz zufällig ist. (B139 f.)

Kant führt in zitierter Passage aus der A Deduktion eine ähnliche Theorie des inneren Sinnes aus, wie wir sie oben in der Anthropologie gefunden haben. Es kann ein „Bewußtsein seiner selbst nach den Bestimmungen unseres Zustandes bei der innern Wahrnehmung" geben, welches Kant als „empirisch, jederzeit wandelbar" beschreibt; es unterscheidet sich aber von der transzendentalen Apperzeption, weil es keine Grundlage für ein „stehendes oder bleibendes Selbst in diesem Flusse innrer Erscheinungen" bieten kann (A107). Kant scheint hier also

---

[36] Diese Mehrdeutigkeit liegt verschiedenen Artikulationen Kants bezüglich der Möglichkeit empirischen Selbstbewusstseins oder innerer Erfahrung (vgl. Anth, AAVII, S. 134) zugrunde. Bringt man nämlich die Konzeption der empirischen Apperzeption mit der Lehre der Selbstaffektion in Verbindung, so scheint es zunächst angebracht zu sein, den inneren Sinn mit der empirischen Apperzeption zu identifizieren, und diese wiederum mit dem Resultat der Selbstaffektion, insofern durch diese das zeitlich bestimmte Daseinsbewusstsein unserer selbst konstituiert wird. Nur würde dadurch der innere Sinn wiederum zweifach: zum einen nämlich ist er das passive Subjekt, das durch die Selbstaffektion affiziert wird (vgl. B153 f.), andererseits soll er, nach diesen Ausführungen der *Anthropologie*, mit dem resultierenden Bewusstsein seiner Zustände und dadurch mit dem Vermögen innerer Erfahrung gleichgesetzt werden.

von einer gewissen Form empirischen Bewusstseins von inneren Zuständen zu sprechen, die er die „empirische Apperception" nennt. Die empirische Apperzeption werde „gewöhnlich der innre Sinn genannt" (A107). Derselbe Aspekt liegt auch Kants Beschreibung des inneren Sinnes in der *Anthropologie* zugrunde.

Meiner Interpretation zufolge erweckt Kant an einigen Stellen den Eindruck, als würde er den inneren Sinn mit der empirischen Apperzeption identifizieren. Aus den Ausführungen der *Transzendentalen Ästhetik* wird aber deutlich, dass der innere Sinn primär das Vermögen innerer Anschauung ist, nicht jedoch das nachgeordnete Vermögen eines empirischen, aber nicht notwendig durchgängigen Bewusstseins dieser Anschauungen. Letzteres wäre eher als dasjenige zu interpretieren, was „gewöhnlich der innre Sinn genannt" (A107) wird („gewöhnlich" wird von mir hier als distanzierend gelesen), jedoch bei Kant in der *Kritik der reinen Vernunft* nicht (mehr) mit dem inneren Sinn zu identifizieren ist.

Wenn wir nun die beiden oben zitierten Passagen parallel lesen, so ist diejenige Bewusstseinsform, welche Kant im zweiten Zitat aus der B Deduktion mit dem Bewusstsein als der transzendentalen Apperzeption kontrastiert, wiederum identisch mit der empirischen Apperzeption. Das infrage stehende Bewusstsein wird als „subjective[] Einheit des Bewußtseins" bezeichnet, welche nach Kant eine „Bestimmung des inneren Sinnes ist" (B139). Eine solche subjektive Einheit des Bewusstseins beinhaltet die von „Umstände[n]" abhängige Möglichkeit, dem „Mannigfaltigen [...] empirisch bewußt sein" (B139) zu können. Dass das empirische Bewusstsein als eine Bestimmung des inneren Sinnes (ich lese hier „Bestimmung" als eine bestimmte, aber nicht für alle Inhalte des inneren Sinns geltende Charakterisierung) beschrieben wird, eröffnet die Möglichkeit, die Konzeptionen der empirischen Apperzeption und des inneren Sinnes auseinanderzuhalten. Im letzteren Zitat deute ich die Konzeption des „inneren Sinnes" gemäss derjenigen der Ästhetik, während ich diejenige aus dem Zitat der A Deduktion und der *Anthropologie* in einem aus der philosophischen Tradition stammenden Sinne verstehe. Die empirische Apperzeption wird demnach in der kantischen Lehre eine gewisse Form des Bewusstseins sein, welche als eine Bestimmung des inneren Sinnes dafür verantwortlich ist, dass einige anschaulich gegebene Vorstellungen des inneren Sinnes *bewusst sind*.

Da Kant ja auch Raum für unbewusste, dunkle Vorstellungen lässt, müssen wir innere oder äussere Anschauungen ihrer Existenz nach nicht davon abhängig verstehen, dass sie bewusste Zustände sein müssen. Als sinnliche Anschauungen sind sie Vorstellungen, welche etwas Singuläres unmittelbar sinnlich vorstellen. Innere Anschauungen (als deren Vermögen Kant in der *Ästhetik* den inneren Sinn auszeichnet) sind Voraussetzungen für die Bewusstheit innerer Zustände, jedoch muss es einen Sinn geben, in welchem sie von der empirischen Apperzeption wie auch von einem transzendentalen Bewusstsein zunächst noch unabhängig sein können. Diese Art und Weise des innerlichen Gegebenseins von Anschauungen möchte ich damit mit der primären Bedeutung von „innerer Sinn" identifizieren.

Fazit
Wenn wir zu beantworten suchen, um was für eine Eigenschaft des menschlichen Gemüts es sich beim inneren Sinn handelt, so sind die folgenden Problematiken miteinzubeziehen. Gibt es Inhalte des inneren Sinns, welche nicht aus der Materie der äusseren Vorstellungen stammen? Inwiefern sind Vorstellungen des äusseren Sinns als solche im inneren Sinn gegeben? Worin besteht die Abhängigkeit innerer Erkenntnisinhalte von äusseren Vorstellungen? Was ist die Bedeutung von „innen", insbesondere im Kontrast zu „aussen"? Und schliesslich: mit welcher Art von Bewusstsein ist der innere Sinn zu verbinden und wie? – All diese Fragen habe ich in diesem Abschnitt aufgeworfen, ohne abschliessende Antworten zu geben.

Es ist mein vorläufiger Vorschlag, den inneren Sinn primär als Anschauungsfähigkeit, im Spezifischen als Fähigkeit, Vorstellungen in einer bestimmten Weise anzuschauen, zu lesen. Unserem Vermögen der Sinnlichkeit werden von Kant Fähigkeiten zugeschrieben, und der innere Sinn besteht nun in der Fähigkeit, dasjenige anzuschauen, was dem menschlichen Gemüt (in einer substanzmetaphysisch gedachten Weise) als innerer Zustand beigelegt werden kann. Dabei ist hier „innen" als dasjenige an den Vorstellungen zu verstehen, was nicht in ihrem Vorstellen von äusseren Relationen angesehen werden kann. Das Vorstellen selbst, oder der Zustand, in dem der Vorstellende ist, gehört dem inneren Sinn an.

Ich verstehe hier den eigentlichen Inhalt des inneren Sinns als einen *anschaulichen* Inhalt, der einen Zustand des Gemüts vorstellt. Dabei übernimmt der innere Sinn nicht die Funktion des äusseren, die darin besteht, äussere Relationen der unmittelbar wahrgenommenen Gegenstände im räumlichen Ordnungsrahmen vorzustellen. Dennoch sind die äusseren Vorstellungen, als Vorstellungen selbst angeschaut, wiederum Inhalte des inneren Sinnes. Es gibt aber noch zusätzliche Inhalte des inneren Sinnes, die vom Gemüt selbst bewirkt sind – mag dies nun die Affektion durch den Verstand sein (konzeptualisierte Inhalte oder Verstandesoperationen selbst, die zu anschaulich gegebenen Inhalten werden), ein blosses Gedankenspiel, die reine Einbildung oder ein rationales respektive nicht-rationales Begehren etc. Die so verstandenen Inhalte des inneren Sinnes können zwar bewusst sein, müssen es aber nicht. „Innen" ist nicht gleich „bewusstseinsimmanent". Sie können, müssen aber nicht eine explizite und begrifflich vermittelte Selbstzuschreibung beinhalten oder von Aufmerksamkeit begleitet sein, d. h. sie müssen nicht konzeptualisiert im Sinne der Verbindung durch die transzendentale Einheit der Apperzeption sein. Der innere Sinn ist schliesslich eine Fähigkeit, Vorstellungen auf eine gewisse Weise anzuschauen (wenngleich die Engführung mit der empirischen Apperzeption nicht geleugnet werden kann). Die Weise des Anschauens ist zudem a priori strukturiert, nämlich durch das Mannigfaltige der Zeitvorstellung.

Da nun der innere Sinn primär als diese Fähigkeit des Anschauens von Vorstellungen interpretiert wird, kann auch die zeitliche Struktur, in der diese Vorstellungen auftreten, ohne direkten Verweis auf eine Verstandesaktivität interpretiert werden. Dieser Interpretationsvorschlag ist zwar nicht unproblematisch, jedoch befreit er von Vorurteilen und Konnotationen, welche Kants Konzeption des inneren Sinns in der *Kritik der reinen Vernunft* m. E. nicht gerecht werden. Wie sich diese Interpretation jedoch zu Kants Theorie der Selbstaffektion, respektive der Lehre der transzendentalen Synthesis der Einbildungskraft verhält, in welcher die komplexe Beziehung vom Verstand auf die Sinnlichkeit zur Sprache kommt, wird im folgenden zu besprechen sein. Dabei möchte ich vor allem die Frage angehen, ob sich die hier bereits in einigen Elementen zum Ausdruck gekommene Eigenbedeutung der Sinnlichkeit für unsere menschliche Erkenntnis in Anbetracht der Theorie der Selbstaffektion aufrecht erhalten lässt.

Kapitel 5: Der zweite Schritt der B Deduktion als *locus* der Selbstaffektion

Die Resultate aus Kapitel 4, die Natur der Anschauungshaftigkeit der Zeit sowie die Konzeption des inneren Sinnes primär als eines Vermögens der Anschauung, bieten nun eine Grundlage für eine Interpretation der Selbstaffektionsdoktrin innerhalb der *Transzendentalen Deduktion* der zweiten Auflage, welche die Eigenbedeutung der Sinnlichkeit nicht zugunsten des Verstandes aufgeben muss. In diesem Kapitel gehe ich nun auf Kants Lehre der Selbstaffektion ein, so wie sie in der in zwei Schritte gegliederten B Deduktion ausgeführt wird. Ich werde hier zunächst Kants Gliederung der zwei Schritte in verschiedenen Hinsichten analysieren (5.1). Daraufhin werde ich verschiedene Objektivitätsbedeutungen unterscheiden, die der Einteilung der zwei Schritte zugrunde liegen (5.2), sowie darauf beruhend verschiedene Aspekte der Synthesisleistung, so wie sie Kant in der B Deduktion konzipiert, aufweisen (5.3). Vor dem hiermit erarbeiteten Hintergrund kann schliesslich ein erstes Verständnis der Lehre der Selbstaffektion präsentiert werden (5.4).

5.1 Die zwei Schritte der B Deduktion

5.1.1. Die zweifache Fragerichtung der transzendentalen Deduktion der Kategorien

Zunächst müssen wir uns darüber klar werden, worin Kant die Aufgabe einer *transzendentalen Deduktion der reinen Verstandesbegriffe* überhaupt sieht.

Der hier relevante Sinn von *Deduktion* orientiert Kant ausdrücklich an der juristischen Terminologie. Eine Deduktion muss in einem „Rechtshandel" über „Befugnisse und Anmassungen" entscheiden, d.h. sich die „Frage über das, was Rechtens ist (*quid iuris*)", stellen und erweisen, wozu man befugt ist und wozu nicht (A84/B116). In der Epistemologie fragt sie daher nach der Rechtfertigung eines Anspruchs auf Erkenntnis respektive nach der Befugnis eines infrage stehenden Erkenntnisanspruchs. In Bezug auf Begriffe lässt sich nun fragen, inwiefern man mit dem in ihnen ausgedrückten Gehalt befugt ist, auf Erkenntnis Anspruch zu erheben. Den Erkenntnisanspruch von empirischen Begriffen hält Kant prima facie für unproblematisch, weil „wir jederzeit Erfahrung bei der Hand haben, ihre objektive Realität zu beweisen" (A84/B116 f.). Damit zeigt uns Kant an, dass es in einer epistemischen Deduktion von begrifflichen Vorstellungen um deren *objektive Realität* geht. Die Deduktion muss mit anderen Worten erweisen, dass gewisse Begriffe auch wirklich die Beschaffenheit der Gegenstände betreffen.

Die infrage stehende transzendentale Deduktion ist nun zunächst keine empirische. Empirische Begriffe haben eine berechtigte Anwendung, weil die spezifische Situation ihres Gebrauchs erklärt werden kann. Sie sind durch den empirischen Kontext in ihrem Gebrauch (vorläufig) festgelegt und drücken daher stets die Beschaffenheit der wahrgenommenen Gegenstände aus. Der Beweis der objektiven Realität begrifflicher Inhalte muss nun aber nicht ausschliesslich orientiert am Beispiel empirischer Begriffe erfolgen. Dies zeigt Kant indirekt in seiner Besprechung der Begriffe „Glück" und „Schicksal": Diese haben keine epistemische Befugnis, da ihr „Rechtsgrund *weder* aus der Erfahrung, *noch* aus der Vernunft" erwiesen werden könne (A84f./B117, meine Hervorhebung). Die Deduktion ist also nicht in jedem Fall auf ein Vorzeigen von Erfahrung angewiesen – ein solches Vorgehen ist nur für Begriffe mit ausschliesslich empirischer Bedeutung ein genügsamer Rechtsgrund ihres objektiv realen Gebrauchs –, sondern sie kann auch aus der Vernunft, d.h. a priori geschehen. Eine *transzendentale* Deduktion nennt Kant nun eine Deduktion von solchen Begriffen, „die auch zum reinen Gebrauch a priori (völlig unabhängig von aller Erfahrung) bestimmt sind" (A85/B117). Sie muss für diese Begriffe, die ihren Gehalt „aus keiner Erfahrung hernehmen" und also einen nicht-empirischen Sinn im Erkenntnisinhalt ausdrücken, erweisen, wie sie sich „a priori auf Gegenstände beziehen können" (A85/B117). Für Begriffe a priori kann daher die empirisch kontextuelle Rechtfertigung nicht gelten. Glaubt man, ihre Rechtmässigkeit in Orientierung an empirischen Begriffen darlegen zu können, vollzieht man Kant zufolge eine „Behauptung [ihres] empirischen Ursprungs" und begeht dadurch „eine Art von *generatio aequivoca*" (B167), d.h. den Fehlschluss der empiristischen Erklärung apriorischer Vorstellungen. Dem Sinn von Notwendigkeit und Normativität der apriorischen begrifflichen Vorstellungen wird das situative Erklären von Begriffsverwendungen nicht gerecht.

Die Situation von *reinen Verstandesbegriffen* steht des Weiteren in einem Gegensatz zu derjenigen von reine Strukturen der Raumzeitlichkeit ausdrückenden Begriffen. Raum und Zeit sind, wie in Kapitel 4 dargestellt, strukturelle Voraussetzungsbedingungen im Bereich der menschlichen Sinnlichkeit. Sie „stellen uns" unmittelbar „die Bedingungen vor, unter denen Gegenstände in der Anschauung gegeben werden" (A89/B122). Nur unter solchen reinen Strukturbedingungen kann ein Gegenstand „ein Object der empirischen Anschauung sein" und nur insofern hat „die Synthesis" in Raum und Zeit, welche den Gebrauch von rein sinnlichen Begriffen (wie denjenigen geometrischer Figuren) umsetzt, „objektive Gültigkeit" (A89/B121f.). Da rein sinnliche Begriffe unmittelbare Voraussetzungen der menschlichen Sinnlichkeit ausdrücken, drücken sie damit auch unmittelbare Voraussetzungen wirklicher (empirisch erfahrbarer) Gegenstände aus. Aus diesem Grund haben sie die in einer transzendentalen Deduktion geforderte objektive Realität. Verstandesbegriffe oder Kategorien jedoch haben weder die Eigenschaft, spezifische Synthesisweisen der Anschauung a priori zu sein, noch die Eigenschaft, dass sich ihre Synthesis auf Erfahrung gründet.

Im Gegenteil. Reine Verstandesbegriffe „erregen" nach Kant „wegen der objektiven Gültigkeit und der Schranken ihres Gebrauchs" Verdacht (A88/B120). D. h. sie enthalten zwar wie die rein-sinnlichen Begriffe einen Sinn nicht-empirischer Notwendigkeit, jedoch ist prima facie unklar, wie dieser die Gegenstände in ihrem Dasein wirklich betrifft, d. h. wie ein solcher begrifflicher Gehalt überhaupt objektive Realität haben kann. Die „Schranken des Gebrauchs" werden daher für die reinen Verstandesbegriffe eigens zum Thema.[1] Als reine Verstandesbegriffe drücken sie daher ursprünglich einen von unserer menschlichen Sinnlichkeit freien Vorstellungsgehalt aus. Es fragt sich daher nicht nur, wie sie von objektiver Realität sein können, sondern auch, ob sie Anspruch auf Erkenntnis erheben, die nicht auf denjenigen Bereich beschränkt ist, innerhalb dessen die Kategorien überhaupt wirkliche Gegenstände betreffen können.

Die *quid-juris*-Frage bezüglich der reinen Verstandesbegriffe erhält dadurch innerhalb einer transzendentalen Deduktion ihren eigentümlichen Fragesinn, nämlich durch die folgenden zwei Fragerichtungen: (1.) Wie lässt sich die objektive Realität des spezifisch notwendigen Sinns des kategorialen Vorstellungsinhalts überhaupt erweisen, d. h. wie können sie Gegenstände wirklich betreffen? (2.) Wie können wir die gültige Verwendung dieser Begriffe qualifizieren und einschränken und somit eine eingeschränkte Verwendungsweise von einer uneingeschränkten unterscheiden? Die beiden Fragen beziehen sich sowohl darauf, *ob und wie* wir befugt sind, die Kategorien zu gebrauchen, als auch darauf, *wozu* wir bei ihrem Gebrauch befugt sind. Dies ist die Eigenart des Befugnisaufweises innerhalb einer transzendentalen Deduktion der reinen Verstandesbegriffe.

Alternativ lässt sich die Aufgabe der transzendentalen Deduktion gemäss Kants kritischer Auseinandersetzung mit Locke und Hume in der B Deduktion (B127–129) folgendermassen beschreiben: Einerseits dürfen wir nicht Hume folgen, der die objektive Gültigkeit der Kategorien empirisch erklärt und „consequent" bleibt, indem er die Kategorien nur wie empirische Begriffe behandelt, weil dies zu einem für Kant inakzeptablen „Scepticism" bezüglich eigentlich kategorial gedachter Notwendigkeit führt (B128). Andererseits dürfen wir in unseren Über-

---

[1] So erinnert Kant noch in §27 den Leser daran, „dass die Kategorien im Denken durch die Bedingungen unserer sinnlichen Anschauung nicht eingeschränkt sind, sondern ein unbegrenztes Feld haben, und nur das Erkennen dessen, was wir uns denken, das Bestimmen des Objects, Anschauung bedürfe" (B166, Anm.).

legungen zur Geltung der Kategorien nicht, durch Locke inspiriert, „der Schwärmerei Thür und Thor" öffnen, sondern müssen vielmehr den Gebrauch der Kategorien „in Schranken halten" (B128). Die transzendentale Deduktion muss nach Kant „die menschliche Vernunft zwischen diesen beiden Klippen glücklich durchbringen", also sowohl „das ganze Feld ihrer zweckmässigen Thätigkeit für sie geöffnet erhalten", wie auch ihr „bestimmte Grenzen anweisen" (B128).

Kants Antwort auf beide Fragerichtungen ist, *erstens*, dass durch die Kategorien etwas „als Gegenstand überhaupt gedacht wird" (A93/B125), insofern durch die Kategorien erst eine gedachte Notwendigkeit des Gegenstandsbezugs unserer Vorstellungen konstituiert wird, und *zweitens*, dass die Kategorien, insofern sie die Dinge wirklich betreffen, nichts anderes als die Bedingungen sein müssen, unter denen etwas „als Object der Erfahrung möglich ist" (A93/B126). Es stellt sich daher bei Kant das „Principium" der transzendentalen Deduktion wie folgt dar:

> [Es] wird die objective Gültigkeit der Kategorien als Begriffe a priori darauf beruhen, daß durch sie allein Erfahrung (der Form des Denkens nach) möglich sei. Denn alsdann beziehen sie sich nothwendiger Weise und a priori auf Gegenstände der Erfahrung, weil nur vermittelst ihrer überhaupt irgend ein Gegenstand der Erfahrung gedacht werden kann. (A93/B126)

Als Resultat der Untersuchung der *quid-juris*-Frage antizipiert Kant also eine verstandesseitige Erkenntnisvoraussetzung, die zum einen das Denkobjekt oder das begrifflich Gegenständliche einer eigentlichen Erkenntnis betrifft, zum anderen aber auf Gegenstände der Erfahrung eingeschränkt bleiben muss. Die hier jeweils implizierte zweifache Fragerichtung gibt zugleich einen Fingerzeig auf die Struktur des Deduktionsarguments in zwei Schritten.

5.1.2 Die zwei Schritte der B Deduktion

Das Argument der B Deduktion wird von Kant in zwei Teile eingeteilt. Die Erörterungen in den §§15–20 lassen sich dem ersten Schritt zuordnen, diejenigen in den §§22–27 dem zweiten.[2] Im §21 scheint Kant eine vorläufige Pause in der Darstellung des Arguments einzulegen, um dem Leser wichtige Anhaltspunkte für eine Strukturierung des Gangs der Argumentation mitzuteilen:

> Im obigen Satze ist also der Anfang einer Deduction der reinen Verstandesbegriffe gemacht, in welcher ich, da die Kategorien unabhängig von Sinnlichkeit bloß im Verstande ent-

---

[2] Für andere Besprechungen der Zwei-Schritte-Struktur des Deduktionsarguments, siehe Henrich (1969), Baum (1986) und Allison (2004).

springen, noch von der Art, wie das Mannigfaltige zu einer empirischen Anschauung gegeben werde, abstrahiren muß, um nur auf die Einheit, die in die Anschauung vermittelst der Kategorie durch den Verstand hinzukommt, zu sehen. In der Folge (§26) wird aus der Art, wie in der Sinnlichkeit die empirische Anschauung gegeben wird, gezeigt werden, daß die Einheit derselben keine andere sei, als welche die Kategorie nach dem vorigen §20 dem Mannigfaltigen einer gegebenen Anschauung überhaupt vorschreibt, und dadurch also, daß ihre Gültigkeit a priori in Ansehung aller Gegenstände unserer Sinne erklärt wird, die Absicht der Deduction allererst völlig erreicht werden. (B144 f.)

Gemäss dieser Mitteilung wird im ersten Schritt der B Deduktion zunächst gezeigt, dass die Kategorien „bloss im Verstande entspringen" und insgesamt „unabhängig" (B144) von unserer Sinnlichkeit sind. Von ihrer intellektuellen, d. h. nicht sinnlichen und nicht empirischen, Natur wird dann erwiesen, dass sie sich auf Gegenstände beziehen, indem durch sie „Einheit [...] in die Anschauung" (B144) kommt. Sie bringen die objektive Einheit in das in der Anschauung gegebene Mannigfaltige hinein. Sie konstituieren gewisse Objektivitätsaspekte des anschaulichen Vorstellungsgehalts, indem sie einer „gegebenen Anschauung überhaupt" (B145) objektiv gedachte Einheit vorschreiben.

Die Darstellung des ersten Schrittes abstrahiert, nach obigem Zitat, „von der Art, wie das Mannigfaltige zu einer empirischen Anschauung gegeben werde" (B144). Erst der zweite Schritt wird auf diese „Art" Rücksicht nehmen. Der zweite Schritt besteht wiederum aus den zwei zentralen §§ 24 und 26, wobei §24 wichtige Unterscheidungen einführt und unter anderem die Rolle der Einbildungskraft in den Gang der Deduktion integriert und §26 in einer abschliessenden Darstellung des vollendeten Deduktionsarguments besteht. In ihm wird schliesslich die „Gültigkeit a priori" der Kategorien „in Ansehung aller Gegenstände unserer Sinne erklärt" (B145).

§20 präsentiert die Konklusion des ersten Schritts der B Deduktion in der Form eines Paragraphentitels: „Alle sinnliche Anschauungen stehen unter den Kategorien als Bedingungen, unter denen allein das Mannigfaltige derselben in ein Bewußtsein zusammenkommen kann" (B143). Das Mannigfaltige „in einer sinnlichen Anschauung" wird nach Kant nur dann zur „Einheit der Anschauung", wenn das gegebene Mannigfaltige (von dessen sinnlicher Art der erste Schritt abstrahiert) „unter die ursprüngliche synthetische Einheit der Apperception" (B143) gebracht wird. Dies heisst nach Kant wiederum, dass die Einheit der Anschauung durch das spontane Verstandesvermögen gestiftet wird, dessen ursprüngliche Handlungen in den logischen Funktionen des Denkens bestehen. Das gegebene Anschauungsmannigfaltige wird durch diese logischen Funktionen bestimmt. Letztere werden schliesslich in ihrer Eigenschaft als Anschauungsbestimmungen Kategorien genannt (vgl. B143). Die Kategorien stiften daher nach dem ersten Schritt der B Deduktion die Einheit des Mannigfaltigen einer gegebenen (sinnlichen) Anschauung und haben dadurch objektive Gültigkeit.

Nun stellt sich die Frage, wozu der zweite Schritt der Deduktion noch nötig ist, da doch der erste Schritt bereits gezeigt hat, wie die Gültigkeit der Kategorien als Einheitsbestimmungen des Denkens von gegebenem Mannigfaltigen zustande kommt. Denn wenn dies in Bezug auf *gegebene (sinnliche) Anschauung überhaupt* gezeigt wurde, so wird dies auch für *unsere sinnliche Anschauung* als einer Unterart der gegebenen (sinnlichen) Anschauung überhaupt gelten. In der Tat scheint Kant in §26 (und auch im oben zitierten §21), also an dem Ort, wo er die Deduktion zu vollenden beansprucht, ein solches Argument der Spezifikation anzudeuten:

> Diese synthetische Einheit [der Anschauungen in Raum und Zeit] aber kann keine andere sein, als die der Verbindung des Mannigfaltigen einer gegebenen Anschauung überhaupt in einem ursprünglichen Bewußtsein, den Kategorien gemäß, nur auf unsere sinnliche Anschauung angewandt. (B161)

Das Argument nimmt dieselbe Handlung des spontanen Verstandes in Anspruch, sei es in Bezug auf eine gegebene (sinnliche) Anschauung überhaupt oder in Bezug auf „unsere sinnliche Anschauung" (B161).

Wird dieses Argument ausschliesslich nach der Logik der Spezifikation verstanden, würde seine Trivialität mit der ausführlichen Ausarbeitung des zweiten Schritts (§§22–27) in einem groben Kontrast stehen. Was nun ist die eigentliche crux des zweiten Schritts der B Deduktion?[3] Der oben aufgeführte erste Fragesinn einer transzendentalen Deduktion der Kategorien ist durch den ersten Schritt geklärt, denn wir wissen durch ihn, *dass* und *wie* die Kategorien rechtmässig sind, da sie den als notwendig gedachten Zusammenhalt des Mannigfaltigen einer gegebenen (sinnlichen) Anschauung überhaupt stiften. Allerdings ist dadurch die Antwort auf den zweiten Fragesinn noch nicht klar, worin nämlich die Schranken liegen, durch welche die objektive Gültigkeit der Kategorien eingeschränkt wird. Die Kategorien werden in Schranken gewiesen, die nicht in ihrer eigenen Natur liegen. Denn erstere sind dem Verstand entspringende Anschauungsbestim-

---

[3] Die Diskussion über ein angemessenes Verständnis der Zwei-Schritte-Einteilung der Deduktionsstruktur reisst innerhalb der Kantforschung nicht ab. Gegenwärtige Beiträge liefern u. a. Rauscher und Gomes. Rauschers These zur Struktur der B Deduktion besteht darin, dass er dem ersten Schritt den Beweis der Notwendigkeit der Kategorien für eine mögliche Erfahrung zuweist, während er dem zweiten Schritt den Beweis der Allgemeinheit oder Universalität der Kategorien für alle menschliche Erfahrung zuordnet (Rauscher 2014). Gomes folgt Van Cleve darin, im ersten Schritt ein Argument dafür zu sehen, dass wir die Kategorien anwenden müssen, während der zweite Schritt a priori zeigen soll, dass die Kategorien ihre Anwendung (d. h. ihren Gegenstand) finden müssen (Van Cleve 1999; Gomes 2014).

mungen *überhaupt* und daher vorderhand nicht auf unsere Art der gegebenen sinnlichen Anschauung eingeschränkt. Die Bestimmung der Schranken kann daher nicht innerhalb der verstandesseitigen Erwägung des ersten Schritts stattfinden.[4]

In §25 macht uns Kant darauf aufmerksam, dass das spontan bestimmende „Verbindungsvermögen" des Verstandes „einer einschränkenden Bedingung, die [man] den inneren Sinn nennt, unterworfen" sei, und daher – soll das Verbindungsvermögen seinen Funktionen Realität verleihen – die Verbindungen „nach Zeitverhältnissen, welche ganz außerhalb den eigentlichen Verstandesbegriffen liegen" (B158 f.), leisten müsse. Der zweite Schritt der B Deduktion muss sich also, um die Restriktionsthese bezüglich der Gültigkeit der Verstandesbegriffe zu entwickeln, mit der Vermittlung des Verstandesvermögens mit den ihm *externen* Formen der menschlichen Sinnlichkeit befassen. Die objektive Realität der Kategorien lässt sich daher nicht allein bezüglich ihrer einheitsstiftenden Funktion für ein Anschauungsmannigfaltiges überhaupt erklären, sondern es muss ebenso erörtert werden, wie sich die Kategorien mit der menschlichen Sinnlichkeit vermitteln lassen, welche die Bedingungen der Restriktion kategorialer Erkenntnisansprüche enthält.

Um die 2 Schritte der B Deduktion gemäss den ausgeführten Gedanken richtig fassen zu können, ist nun zunächst eine genauere Unterscheidung der verschiedenen Anschauungskonzeptionen, welche innerhalb der Struktur der B Deduktion relevant sind, erforderlich.

5.1.3 Verschiedene Anschauungskonzeptionen in der B Deduktion

Die zwei Schritte der B Deduktion zeichnen sich durch verschiedene Anschauungskonzeptionen aus. Während der erste Schritt die Rolle der reinen Verstandesbegriffe in Bezug auf eine *gegebene (sinnliche) Anschauung überhaupt* erörtert, wird durch den zweiten Schritt die zusätzliche Bedingung *unserer Sinnlichkeit* eingeführt, bestehend aus unserer menschlichen Art der raumzeitlichen Anschauung. In diesem Abschnitt sollen daher die für das Verständnis dieser Anschauungskonzeptionen relevanten Punkte besprochen werden.

---

[4] Dass diese Einteilung der zwei Schritte zutrifft, zeigt sich daran, dass Kant in §23 erstmals in der B Deduktion von den „Grenzen des Gebrauchs der reinen Verstandesbegriffe" (B148) handelt. Man sieht daher, dass das Thema der *Beschränkung* der Gültigkeit der Kategorien nicht innerhalb des ersten Schrittes behandelt werden kann und folglich auch innerhalb des ersten Schritts gar nicht Erwähnung findet.

Mit der berühmten „Stufenleiter"-Stelle (A320/B376 f.) innerhalb der *Transzendentalen Dialektik* führt Kant Unterschiede innerhalb des Gattungsbegriffs „Vorstellung überhaupt *(repraesentatio)*" ein. Dabei wird eine sogenannte „objective Perception" als Vorstellung mit Bewusstsein eingeführt, die sich nicht „lediglich auf das Subject als die Modification seines Zustandes" (A320/B376) bezieht, sondern eine gegenstandsbezogene Vorstellung ist. Eine solche ist nach Kant anschaulich oder begrifflich *(„intuitus vel conceptus"),* wobei sich die Vorstellung als Anschauung „unmittelbar auf den Gegenstand" bezieht und „einzeln" ist, während der Begriff „mittelbar" ist und „mehreren Dingen gemein sein kann" (A320/B377). Die Eigenschaften der Unmittelbarkeit des Gegenstandsbezugs und der Singularität sind daher die Fixpunkte des kantischen Anschauungsbegriffs und bilden den Hintergrund der hier zu unterscheidenden Anschauungskonzeptionen.

Gegebene (sinnliche) Anschauung überhaupt, auf welche nach Kants Ausführungen im §21 die Kategorien sich als präskriptive Funktionen des Verstandes beziehen und deren begriffliche Einheit sie konstituieren, scheint auf den ersten Blick der Gattungsbegriff der Anschauungsvorstellung zu sein, so wäre sie eine nach der eben zitierten Einteilung der „Vorstellung überhaupt" untergeordnete allgemeine Art der Anschauung überhaupt, die als einzelne unmittelbar auf einen Gegenstand Bezug nimmt. Jedoch ist bei dieser Einteilung Vorsicht geboten: Gegebene (sinnliche) Anschauung überhaupt ist nicht dasselbe wie Anschauung überhaupt. Kant setzt die gegebene (sinnliche) Anschauung überhaupt nicht mit einem allgemeinen Anschauungsbegriff gleich, sondern er grenzt erstere von einer anderen Anschauungsmöglichkeit ab: der intellektuellen Anschauung. Die Konzeption der gegebenen (sinnlichen) Anschauung überhaupt mag daher ein Gattungsbegriff sein, jedoch nicht einer aller metaphysisch möglichen Anschauungsweisen.

Die Konzeption einer ‚gegebenen (sinnlichen) Anschauung überhaupt' schliesst die intellektuelle Anschauung aus. Diese Unterscheidung ist analog zu derjenigen zwischen einem endlichen Verstand und dem unendlichen oder anschauenden Verstand. Kant weist uns in der Deduktion mehrfach darauf hin, dass die Ausführungen nicht für solche Erkenntniswesen gelten, die einer intellektuellen Anschauung fähig sind. Diesen Ausschluss begründet er in Bezug darauf, wie ein Mannigfaltiges gegeben ist:

> Denn durch das Ich als einfache Vorstellung ist nichts Mannigfaltiges gegeben; in der Anschauung, die davon unterschieden ist, kann es nur gegeben und durch Verbindung in einem Bewußtsein gedacht werden. Ein Verstand, in welchem durch das Selbstbewußtsein zugleich alles Mannigfaltige gegeben würde, würde anschauen; der unsere kann nur denken und muß in den Sinnen die Anschauung suchen. (B135)

Der menschliche Verstand ist also nicht selbst ein Anschauungsvermögen. Wir können uns zwar die metaphysische Idee eines anschauenden Verstandes bilden, jedoch ist dieser unserem Verstand ungleich, denn letzterer braucht ein Anschauungsvermögen, das ihm von sich aus Mannigfaltiges darbietet. „[I]n der Anschauung" ist das Mannigfaltige der Vorstellungen gegeben, „durch das Ich", das hier die Rolle des reinen (aber menschlichen) Verstandes einnimmt, „ist nichts Mannigfaltiges gegeben" (B135). Würde die anschauliche Gegebenheit eines Mannigfaltigen der Vorstellungen durch die Handlungen des Verstandes zustandekommen, „würde" ein solcher Verstand „anschauen" (B135), er wäre sodann selbst zur intellektuellen Anschauung befähigt.

An einer anderen Stelle in der B Deduktion beschreibt Kant den anschauenden Verstand als einen, „durch dessen Vorstellung zugleich die Objecte dieser Vorstellung existierten" (B138 f.). Durch die anschauende Verstandesvorstellung würde demnach ein Objekt nicht nur als Vorstellung gegeben sein, sondern auch als solches existieren.[5] Die im ersten Schritt der B Deduktion entwickelte Lehre der Spontaneität als einer verstandesseitigen Theorie der reinen Verbindungsleistung und der Konstitution von Anschauungseinheit bezieht sich u. a. daher auf gegebene (sinnliche) Anschauung überhaupt, weil ein unendlicher bzw. anschauender Verstand „eine[s] besondern Actus der Synthesis des Mannigfaltigen zu der Einheit des Bewußtseins nicht bedürfen" (B138 f.) würde. Der menschliche Verstand ist also wesentlich ein synthetisierender Verstand. Weder entsteht das Mannigfaltige durch seine Aktivität noch kann er Wesenheiten der Dinge direkt anschauen. Er muss ein gegebenes Mannigfaltiges synthetisierend bestimmen, um es intellektuell fassbar zu machen. Kant schildert somit die Konzeption des menschlichen oder endlichen Verstandes, „dessen ganzes Vermögen im Denken besteht, d. i. in der Handlung, die Synthesis des Mannigfaltigen, welches ihm anderweitig in der Anschauung gegeben worden, zur Einheit der Apperception zu bringen" (B145).[6]

Das mit der Konzeption der ‚gegebenen (sinnlichen) Anschauung überhaupt' beschriebene Szenario weist also auf einen Verstand hin, der das gegebene Mannigfaltige nicht selbst produzieren kann. So ist die ‚gegebene (sinnliche) Anschauung überhaupt' zunächst nicht als eine philosophische Idee eines metaphysisch möglichen Anschauungsvermögens zu verstehen, sondern als etwas, was das menschliche Erkenntnisvermögen zunächst ex negativo charakterisiert.

---

[5] Dieser Verstand stellt „nicht gegebene Gegenstände vor [...], sondern durch dessen Vorstellung [würden] die Gegenstände selbst zugleich gegeben oder hervorgebracht" (B145).
[6] Vgl. dazu B145: „Allein von einem Stücke konnte ich im obigen Beweise doch nicht abstrahiren, nämlich davon, daß das Mannigfaltige für die Anschauung noch vor der Synthesis des Verstandes und unabhängig von ihr gegeben sein müsse; wie aber, bleibt hier unbestimmt".

Sie bedeutet daher zunächst die Funktion eines nicht aus dem Verstand entspringenden sinnlichen Vermögens, welches dem Verstand zu synthetisierendes Material zur Verfügung stellt. Dieses Mannigfaltige ist *für* aber nicht *durch* den Verstand gegeben.

Die von Kant im ersten Schritt der B Deduktion besprochenen Handlungen des Verstandes beziehen sich auf „Gegenstände der Anschauung überhaupt, unbestimmt ob sie die unsrige oder irgend eine andere, doch sinnliche sei" (B150). Da Kant unter dieser Anschauungskonzeption eine sinnliche versteht, welche die Gegebenheitsfunktion erfüllt, jedoch die Art dieser Gegebenheitsfunktion offenlässt, nenne ich sie *gegebene (sinnliche) Anschauung überhaupt*.

Es ist gut ersichtlich an Kants Terminologie, dass die Art des Anschauens „unbestimmt" gelassen wird, da Kant jeweils den unbestimmten Artikel in der Erörterung der durch Verstandesfunktionen strukturierten Anschauung benutzt. So verwendet er unter anderem Ausdrücke wie „*ein* Mannigfaltiges gegebener Vorstellungen" (B133), oder das „in *einer* Anschauung gegebene Mannigfaltige" (B139), und spricht auch von einer Anschauung, die „als Anschauung überhaupt […] *ein* gegebenes Mannigfaltiges enthält" (B140); die Verbindungsleistungen des Verstandes im ersten Schritt der B Deduktion sind erörtert als solche „*eines* gegebenen Mannigfaltigen *einer* Anschauung" (B144) [alles meine Hervorhebungen]. Die durch die eben genannten Ausdrucksformen intendierte Anschauungskonzeption abstrahiert von jeglicher spezifischen Weise des Anschauens, lässt also die menschliche Form wie auch andere Formen der gegebenen sinnlichen Anschauung überhaupt unberücksichtigt. Sie ist gegebene (sinnliche) Anschauung, wobei eben vom sinnlichen Gehalt selbst abstrahiert wird.

Die Konzeption der *gegebenen (sinnlichen) Anschauung überhaupt* hat also zwei Kontraste: das bestimmte *Wie* der sinnlichen Anschauung und die intellektuelle Anschauung. Beide sind wesentlich für das Verständnis der Argumentation im ersten Schritt der B Deduktion. Diese handelt vom endlichen Verstand als einem ursprünglichen Verbindungsvermögen mit den in ihm angelegten reinen Einheitsformen und nimmt Rücksicht auf die menschliche Art der Erkenntnis, was die Verstandesseite betrifft, ohne jedoch die menschliche Form der sinnlichen Anschauung miteinzubeziehen. Die Konzeption der ‚gegebenen (sinnlichen) Anschauung überhaupt' erlaubt es Kant, die relevanten Verstandeshandlungen unabhängig von den Beiträgen der menschlichen Sinnlichkeit zu erklären. Der erste Schritt zeichnet sich durch eine Art von ‚Einklammerung' von sinnlichen Beiträgen aus.

Die gegebene (sinnliche) Anschauung überhaupt als eine solche, die „von der Art, wie das Mannigfaltige zu einer empirischen Anschauung gegeben werde" (B144), abstrahiert, unterscheidet sich nun von derjenigen Anschauungskonzeption, welche eben auf diese „Art, wie in der Sinnlichkeit die empirische Anschauung" (B144) für uns Menschen gegeben wird, Rücksicht nimmt. Kant verwendet auch bei der Bezeichnung dieser Anschauungskonzeption verschiedene Beschreibungsweisen. Da im zweiten Schritt der B Deduktion das Einschränkungsthema der menschlichen Spontaneität behandelt wird, sind insbesondere auch die „Gegenstände der Erfahrung" (B146) solche, welche der menschlichen Art des Anschauens gemäss sein müssen. Manchmal spricht Kant von dieser Art des Anschauens als der *sinnlichen Anschauung* (so z.B. in: „nun ist alle uns mögliche Anschauung sinnlich", B146), wobei festzuhalten ist, dass auch bei der Konzeption der gegebenen Anschauung überhaupt auf die Sinnlichkeit verwiesen wird. Eindeutig sind hingegen diejenigen Stellen, in denen Kant von den „Gegenstände[n] der Sinne überhaupt" (erste Erwähnung in der B Deduktion in §22, in B147, auch in B150) spricht, welche nämlich „Gegenstände [sind], die nur immer *unseren* Sinnen vorkommen mögen" (B159). Die „Gegenstände der Sinne" sind also Gegenstände unserer menschlichen Sinnlichkeit, auch „Gegenstände *unserer* (der *menschlichen*) Anschauung" (B150) oder „Gegenstände, die *uns* in der Anschauung gegeben werden können" (B150 f.) [alles meine Hervorhebungen]. In diesen Stellen nimmt Kant auf *uns* Bezug, um auf die spezifisch menschliche Art der gegebenen Anschauung hinzuweisen.

„Unsere sinnliche und empirische Anschauung" (B149) besteht in der „bestimmte[n] Art der Anschauung, dadurch [das] Mannigfaltige gegeben wird" (B157), und diese bestimmte Art der Anschauung ist bei uns Menschen die spezifisch raumzeitliche Struktur der Sinnlichkeit. D. h. unsere Art der Anschauung ist a priori raumzeitlich strukturierte, gegebene (nicht-intellektuelle) sinnliche Anschauung. Unsere Sinnlichkeit ist ein gebendes Element, welches ein raumzeitlich und verstandesunabhängig strukturiertes Mannigfaltiges liefert und Objekte in dieser Struktur unmittelbar gibt respektive als wirklich vorstellt. Die kantische Anschauungskonzeption *unserer sinnlichen Anschauung* beinhaltet nun alle die hier erwähnten Konnotationen. Sie ist nicht nur eine Fähigkeit, die in der verstandesunabhängigen *Gegebenheit* des anschaulichen Mannigfaltigen besteht, sondern sie strukturiert darüber hinaus mit ihrem originären Ordnungsrahmen alle uns anschaulich gegebenen Inhalte a priori, als *Art des menschlichen Anschauens*.

Fazit
Betrachten wir beide Fragerichtungen der transzendentalen Deduktion der reinen Verstandesbegriffe, so wird klar, dass letztere nicht nur darin bestehen kann, den Grund der objektiven Realität ebendieser Begriffe herauszustellen, sondern sie muss auch darlegen, wie sich die Gültigkeit der durch Kategorien erhobenen Erkenntnisansprüche begrenzen lässt. Nun enthält aber die verstandesseitige Er-

örterung der Objektivität der Kategorien, im 1. Schritt der Deduktion, keine solchen Bedingungen der Restriktion. Diese können erst im zweiten Schritt untersucht werden, in welchem auf unsere spezifisch menschliche Anschauungsform eingegangen wird.

In meiner Interpretation folge ich damit einer Bemerkung von Onof und Schulting, nämlich dass der Argumentationsgang innerhalb des zweiten Schritts nur dann zwingend erforderlich (nicht-trivial) ist, wenn die raumzeitlichen Strukturen unserer Sinnlichkeit nicht einfach das Resultat eines spontanen Verstandesvermögens sind, welches sich, weil es Vorstellungsinhalte einer beliebigen Anschauung konstituiert, nun eben die Vorstellungsinhalte mit raumzeitlichen Strukturen konstituiert. Ohne die prinzipielle Isolierbarkeit des Beitrags unserer menschlichen Sinnlichkeit und ohne die Unabhängigkeit einiger ihrer Vorstellungsinhalte von der transzendentalen Einheit der Apperzeption, in welcher sich die Kategorien als Anschauungseinheitsbestimmungen gründen, entsteht die Notwendigkeit eines zweiten Schritts der B Deduktion gar nicht als ein systematisches Problem (vgl. Onof und Schulting, 2015, S. 22–23). Denn nur eine Sinnlichkeit, die mit der ihr eigenen Form des Anschauens und Art, wie das Mannigfaltige der Wahrnehmungen in ihr gegeben ist, ausgestattet ist, kann einen nicht-trivialen zweiten Schritt der Deduktion einsichtig machen und damit auch Bedingungen für eine Restriktion der Verstandesbegriffe, welche ausserhalb des spontanen Vermögens liegen, liefern.

5.2 Objektivität in der B Deduktion

Gemäss Ginsborg bietet die Deduktion die einer konzeptualistischen Lesart entsprechende Theorie, dass nämlich die Verstandesaktivitäten bei uns Menschen bereits bei der Apprehension des Wahrnehmungsmannigfaltigen involviert sind, wodurch die Wahrnehmungen ihren (einzigen) Objektbezug bekommen (vgl. Ginsborg 2008, S. 73). Entgegen dieser Ansicht werde ich im folgenden versuchen, die B Deduktion in ihrem zweiten Schritt als ein Argument darzustellen, das nur einen scheinbar angemessenen Rahmen für eine konzeptualistische Interpretation bietet. Denn obschon die verstandesseitige Erörterung der Konstitution des Objektbezugs unserer Vorstellungen das Hauptthema der Deduktion ist, ist doch die Vermittlung der Verstandesobjektivität mit den originären Inhalten der menschlichen Sinnlichkeit das eigentliche Thema im zweiten Schritt. Wenn wir es nun aber mit einer Vermittlung zweier heterogener Arten des Vorstellungsinhalts zu tun haben, muss sich im zweiten Schritt auch eine eigene Art des Gegenstandsbezugs der Sinnlichkeit ausweisen lassen. Lässt sich diese Interpretation anhand des kantischen Texts aufzeigen, so müssen sich verschiedene Konzeptionen der Objektivität innerhalb der B Deduktion anzeigen.

Ich werde im folgenden verschiedene Bedeutungen der Objektivität in der B Deduktion ausmachen. Zunächst betrachte ich die objektivitätskonstitutiven Leistungen des Verstandes, welche begriffliche Einheit im Mannigfaltigen einer gegebenen (sinnlichen) Anschauung überhaupt stiften (5.2.1). Des Weiteren wird herauszustellen sein, dass sich diese Leistungen in erfahrungsermöglichende Handlungen des Verstandes einerseits und in einen transzendentalen Gebrauch der reinen Verstandesbegriffe andererseits einteilen lassen, wobei nur die ersteren zu Erkenntnis im eigentlichen Sinne führen können, weil sie explizit auf unsere menschliche Anschauungsart eingeschränkt sind (5.2.2). Um aber den zweiten Schritt der B Deduktion und die mit ihm einhergehende Einschränkungsthese nachvollziehen zu können, muss die menschliche Anschauungsart als restriktive Bedingung einen apriorischen und verstandesexternen Vorstellungsrahmen bieten, innerhalb dessen sich eine erfahrungsermöglichende Form der Verstandesobjektivität realisieren muss. Als verstandesextern muss dieser Rahmen einen Gehalt darbieten, der nicht dem Vermögen der Begriffe zuzuschreiben ist, und daher eine bestimmte Weise des nichtbegrifflichen Gegenstandsbezugs ausmachen (5.2.3).

5.2.1 Die Objektivität des endlichen Verstandes

Innerhalb des ersten Schritts der B Deduktion entwickelt Kant die Lehre der Ursprünglichkeit der Verstandesfunktionen dahingehend weiter, dass er die Kategorien als ein Objekt überhaupt denkende Synthesisleistungen ansieht, deren Gegenstandsbezug gerade darin besteht, dass sie sich in der transzendentalen Apperzeption gründen und in Beziehung auf ein gegebenes (sinnliches) Anschauliches überhaupt synthetische Einheit stiften.[7] Ich werde im folgenden die

---

[7] Die „synthetische Einheit des Bewußtseins" ist zugleich die „objective Einheit des Selbstbewußtseins" (B137). Die transzendentale Deduktion ist nun noch von der metaphysischen Deduktion der reinen Verstandesbegriffe streng zu trennen. Während in der metaphysischen Deduktion die reinen Verstandesbegriffe nach einem systematischen Leitfaden aufgefunden werden müssen (vgl. B159), fragt die transzendentale Deduktion nach der Rechtfertigung einer Erkenntnis vermittelst der reinen Verstandesbegriffe. In der metaphysischen Deduktion steht daher die Auffindung der Verstandesbegriffe aus den Urteilsformen im Vordergrund, während die transzendentale Deduktion zunächst im ersten Schritt zeigt, wie die reinen Verstandesbegriffe in der transzendentalen Apperzeption sich gründende Einheitskonzeptionen sind, welche einen als notwendig gedachten Zusammenhang in einem gegebenen Mannigfaltigen konstituieren, um damit zu zeigen, „wie sich Begriffe a priori auf Gegenstände beziehen können" (A85/B117). Die

Punkte zusammenfassend herausarbeiten, welche für den von spontanen Denkleistungen gestifteten Sinn von Objektivität relevant sind. Ab dem §17 kommt dieser Objektbezug ausdrücklich zur Sprache, wobei Kants Erörterung mit folgendem Satz beginnt: „Verstand ist, allgemein zu reden, das Vermögen der Erkenntnisse" (B137). Dies zeigt auch auf, dass es hier nur um eine verstandesseitige Erwägung geht, da der Verstand alleine, aber ganz „allgemein", als „Vermögen der Erkenntnisse" (B137) angesprochen wird. Die Gegenstandsbeziehung der Vorstellungen geschieht durch eine durch den Verstand gestiftete „bestimmte Beziehung [...] auf den Gegenstand", indem das Mannigfaltige in einen Begriff vom Objekt vereinigt wird, welches „Einheit des Bewußtseins in der Synthesis" (B137) voraussetzt, welche wiederum ein notwendiger Bestandteil der Erörterung der Natur des infrage stehenden Gegenstandsbezugs darstellt.

In Anknüpfung an Düsing unterscheide ich nun vier wichtige Aspekte der Objektivitätsleistung durch den reinen Verstand und die genannte „Einheit des Bewusstseins" (B137).[8] Zu den zu unterscheidenden Aspekten gehören (I) die grundlegende *Verstandeseinheit*, (II) die durch sie gestiftete *objektive Einheit* als Einheit des Sachverhalts des Mannigfaltigen der Vorstellungen, (III) das innerhalb dieser Leistung durchgängig identische Bewusstsein als *Identität der Apperzeption*, und schliesslich (IV) die für diese Objektivitätsstiftung vorauszusetzenden Einheitsfunktionen, die als „Begriffe von einem Gegenstande überhaupt" (B128) mit den *Kategorien* zu identifizieren sind.

I. Die Verstandeseinheit: Die im §17 genannte „Einheit des Bewusstseins", welche nach Kant „allein die Beziehung der Vorstellungen auf den Gegenstand [...] ausmacht" (B137), wird als notwendige Bedingung aller denkenden Verbindungsleistungen erörtert. Diese Einheit des Bewusstseins benennt Kant als „synthetische Einheit der Apperception", die „der höchste Punkt [ist], an dem man allen Verstandesgebrauch, selbst die ganze Logik und nach ihr die Transscendental-Philosophie heften muß, ja dieses Vermögen ist der Verstand selbst" (Anm. 1, B133). Wir können daher diese oberste Einheit des Bewusstseins das Prinzip jeglichen intellektuellen Bewusstseins nennen. Das intellektuelle Be-

---

metaphysische Deduktion macht die Rechtfertigung und Natur des Gegenstandsbezugs der Kategorien nicht selbst zum Thema.

8 Vgl. dazu Düsing (1992, S. 95): „Erstens fügt die intellektuelle Synthesis Vorstellungsinhalte zur Einheit eines Sachverhalts zusammen, den die Apperzeption weiss. Zweitens muss diese Synthesis selbst geregelt sein durch eine sie leitende, ihr insofern vorausgehende Einheit, die eine Verstandesfunktion ist. Die verschiedenen Verstandesfunktionen aber gründen drittens in einer sie begründenden ursprünglichen Einheit des reinen Selbstbewusstseins, [... dieses] muss viertens der Identität seiner selbst bewusst sein, nämlich dass es eines und dasselbe ist in der Vielfalt der von ihm synthetisierten Vorstellungen [...]".

wusstsein, als Prinzip alles denkenden Erkennens, ist nun mit dem Verstandesvermögen selbst gleichgesetzt und wird von Kant als „Einheit" charakterisiert. Kant spricht auch vom Verstand als einer „für sich selbst beständige[n], sich selbst genugsame[n] und durch keine äußerlich hinzukommende Zusätze zu vermehrende[n] Einheit" (A65/B89 f.) und bezeichnet den Verstand damit als ein Prinzip, welches über eine organisierte Struktur von Funktionen verfügt. So entspringen die Kategorien nach Kant „aus dem Verstande als absoluter Einheit rein und unvermischt" (A67/B92). Wie jedoch genau Verstandesfunktionen ihren Ursprung im Intellekt haben oder wie sie sich aus der absoluten Einheit des Verstandes als Mannigfaltiges seiner Funktionen entwickeln lassen, hat Kant nicht im Detail erörtert. Er weist uns lediglich darauf hin, dass sie sich, da der Verstand eine solche Einheit eines strukturellen Mannigfaltigen in sich hat, aus dem „Princip, nämlich dem Vermögen zu urteilen" (A80 f./B106), systematisch einteilen und auffinden lassen. Die Verstandeseinheit als Prinzip der *systematischen* Natur aller Denkleistungen des menschlichen Gemüts ist ein erster Aspekt der zu erörternden Objektivität durch den reinen Verstand.

II. Die objektive Einheit: Als Bedeutung des Objektbezugs wird im §17 festgelegt, dass das Objekt dasjenige sei, „in dessen Begriff das Mannigfaltige einer gegebenen Anschauung vereinigt ist" (B137). Die gegebene Anschauung erhält vermittelst einer von der Spontaneität des Verstandes geleisteten Handlung eine objektive Einheit, welche die Einheit eines Sachverhalts oder die Einheit eines objektiven Zusammenhangs ist, in welchem ein gegebenes Mannigfaltiges von Vorstellungen steht. Innerhalb des *Leitfadenkapitels* geht Kant darauf ein, was er unter einer solchen „Einheit des Begriffs" versteht, die Bestandteil „[i]n jedem Erkenntnisse eines Objects" (B114) ist. Im Gegensatz zu der Quantitätskategorie der Einheit ist die zu beschreibende objektive Einheit eine „qualitative Einheit", so Kant, „so fern darunter nur die Einheit der Zusammenfassung des Mannigfaltigen der Erkenntnisse gedacht wird, wie etwa die Einheit des Thema in einem Schauspiel, einer Rede, einer Fabel" (B114). Die hier zur Sprache kommende Bedeutung von Einheit muss als dasjenige verstanden werden, *worum* es in dem gegebenen Mannigfaltigen gehen soll, wobei dieses *worum* als der Grund der Zusammensetzung gedacht werden muss. Kant gibt dem genannten Thema, als der von der Verbindung des Mannigfaltigen intendierten Einheit, im §18 den Namen der „objective[n] Einheit des Selbstbewußtseins" (B139). Ich werde im folgenden daher die objektive Einheit auch *thematische Einheit* nennen, sie besteht im Denken eines Grundes, von dem angenommen wird, dass alles Gegebene einer (sinnlichen) Anschauung überhaupt darin zusammenhängt, und der daher die Art und Weise des Zusammennehmens dieses Mannigfaltigen bestimmt. Als thematisches Objekt des intellektuellen Bewusstseins ist jede der konstituierten Anschauungseinheiten im Prinzip der Verstandeseinheit fundiert. Nach A79/B105 wird für das Mannigfaltige einer Anschauung überhaupt ein „transscendentale[r] Inhalt" gestiftet.[9] Der transzendentale Inhalt besteht nun gerade in den ursprünglichen oder basalen Weisen des Denkens thematischer Einheit, welche in der Systematizität der Verstandeseinheit selbst gegründet sind.

III: Die Identität der Apperzeption: Das thematische Objekt eines gegebenen Anschauungsmannigfaltigen kann auch die synthetische Einheit genannt werden, weil es das Resultat einer Synthesisleistung darstellt. Die analytische Einheit des Bewusstsein dagegen drückt das durch die jeweilige Selbstbezüglichkeit der Denkhandlungen, welche das Verstandesvermögen durch seine Verbindung des gegebenen Vorstellungsmannigfaltigen leistet, ermöglichte begleitende Bewusstsein aus, als Identität der Apperzeption. Durch die im vorigen Punkt ausgeführte, gestiftete Einheit des Sachverhalts wird es möglich, sich der „durchgängige[n] Identität der Apperception eines in der Anschauung gegebenen Mannigfaltigen" (B133) selbst bewusst zu werden. Die „[s]ynthetische Einheit", so Kant, ist „der Grund der Identität der Apperception selbst" (B134). Wird also etwas als in einem notwendigen Zusammenhang stehend vermittelst der Funktionen des reinen Verstandes gedacht, muss es zugleich möglich sein, dass das Mannigfaltige, das als in diesem Zusammenhang stehend gedacht wird, jeweils in Beziehung zu einem begleitenden Bewusstsein stehen kann. Dieses begleitende Bewusstsein muss, der Notwendigkeit der objektiven Einheit geschuldet, ebenfalls ein *notwendig* und *durchgängig* identisches Bewusstsein sein. D. h. das verbundene Mannigfaltige muss in „Beziehung auf die Identität des Subjects" (B133) der jeweiligen Denkhandlungen stehen. Die apriorische Beziehung auf das Subjekt des Denkens wird nach Kant dabei nur ermöglicht, wenn „ich eine [Vorstellung] zu der andern hinzusetze und mir der Synthesis derselben bewußt bin" (B133).

IV. Die Kategorien: Die hinzusetzende Synthesis kann aber das gegebene Vorstellungsmannigfaltige nur auf eine solche Weise auf ein Objekt beziehen und so das Thema dieses Mannigfaltigen Denken, respektive im Zusammenbringen des Mannigfaltigen sich seiner Identität nur so bewusst sein, wenn diese Handlungen des denkenden Bezugs auf Objekte in der systematischen Verstandeseinheit selbst angelegt sind. Wie Kant in §17 sagt, vereinigt die Verstandesleistung dieses Mannigfaltige in einen Begriff von einem Objekt (vgl. B137). Nun sind die reinen Verstandesbegriffe (Kategorien) nach Kant die „Begriffe von einem Gegenstande überhaupt" (B128). Die Kategorien gründen sich darüberhinaus nach Kant „auf

---

9 Vgl. A79/B105: „Derselbe Verstand also und zwar durch eben dieselbe Handlungen, wodurch er in Begriffen vermittelst der analytischen Einheit die logische Form eines Urtheils zu Stande brachte, bringt auch vermittelst der synthetischen Einheit des Mannigfaltigen in der Anschauung überhaupt in seine Vorstellungen einen transscendentalen Inhalt [...]".

logische[n] Functionen in Urtheilen" (B131), also auf den Urteilsfunktionen als den ursprünglichen Handlungen des Verstandes.[10] Die Kategorien sind mit den Urteilsfunktionen identifiziert, insofern letztere auf das Mannigfaltige einer gegebenen (sinnlichen) Anschauung überhaupt angewandt werden und so „einer Anschauung die Art überhaupt [...] bestimmen, wie sie zu Urteilen dienen kann" (Prol, AAIV, S. 300, siehe auch B128 f.). Die Urteilsfunktionen als Kategorien stiften daher die basale Weise des Bezugs des Anschauungsmannigfaltigen zum Objekt. Es sind also die Kategorien, welche – wenn wir hier wieder nach dem *quid-juris* fragen – die objektkonstitutiven Handlungen des Verstandes selbst sind. Ihre objektive Gültigkeit (verstandesseitig betrachtet) besteht nun genau darin, dass sie die Prinzipien des Denkens objektiver Einheit eines gegebenen Anschauungsmannigfaltigen überhaupt sind, daher in der Verstandeseinheit gegründet sind und dadurch Weisen der Synthesis an die Hand geben, die die Identität des (intellektuellen) Bewusstseins in der Verbindung des gegebenen Mannigfaltigen gewährleisten.

Durch diese Lehre der Kategorien wird die durch sie gestiftete Objektivität in den apriorischen Prinzipien menschlich intellektuellen Bewusstseins gegründet. Als Konsequenz muss der objektive Sachverhalt als ein für einen menschlichen Verstand überhaupt gültiger Sachverhalt gedacht werden. Die konstituierte Objektivität ist daher gültig für jedes rationale Wesen, welches über einen endlichen Verstand verfügt, der dieselbe Systematizität wie der menschliche aufweist.

Der als gesetzmässig gedachte Zusammenhang als Sinn der intellektuellen Objektivität

Kants Untersuchungen über die fundamentalen und originären Handlungen des Verstandes innerhalb des ersten Schrittes der B Deduktion erörtern diejenige Art und Weise des Objektbezugs der Kategorien, welche er manchmal die objektive Gültigkeit eines Erkenntniszusammenhangs nennt. Allerdings muss man hier Vorsicht walten lassen, dass man die Ausdrücke „objektive Gültigkeit" und „objektive Realität" im Kontext der B Deduktion nicht vermischt. Obwohl Kant diese Begriffe oft co-extensiv benutzt, sind sie gerade innerhalb der Zwei-Schritte-Struktur der B Deduktion auseinanderzuhalten. Der erste Schritt der B Deduktion zeigt gewissermassen nur die Verstandesseite der objektiven Gültigkeit, die als solche alleine genommen noch keine objektive Realität ausmacht. Erst wenn die

---

[10] Denn es ist „[d]ieselbe Function, welche den verschiedenen Vorstellungen in einem Urtheile Einheit giebt, die [...] auch der bloßen Synthesis verschiedener Vorstellungen in einer Anschauung Einheit [giebt], welche, allgemein ausgedrückt, der reine Verstandesbegriff heißt" (A79/B104 f.).

erkenntniskonstitutive Leistung des Verstandes innerhalb des zweiten Schritts mit den originären Inhalten unserer Sinnlichkeit vermittelt wird, werden die beiden Ausdrücke gleichbedeutend.

Im §18 versucht Kant die objektive Gültigkeit (aber noch nicht Realität) der Kategorien weiter zu bestimmen, indem er die durch sie gestiftete Objektivität eingehender umschreibt:

> Einer verbindet die Vorstellung eines gewissen Worts mit einer Sache, der andere mit einer anderen Sache; und die Einheit des Bewußtseins in dem, was empirisch ist, ist in Ansehung dessen, was gegeben ist, nicht *nothwendig* und *allgemein geltend*. (B140, meine Hervorhebung)

Die intellektuelle Verbindungsleistung des Anschauungsmannigfaltigen muss daher eine gewisse Form der *Normativität*, der *Allgemeingültigkeit* und *Notwendigkeit*, beanspruchen. Dieser Sinn von Objektivität lässt sich zunächst durch Kontrast genauer bestimmen. Die „objektive Gültigkeit" unterscheidet Kant von einer „subjective[n] Gültigkeit" (B140). Die Normativität beanspruchende Einheit eines Vorstellungsmannigfaltigen überhaupt wird durch die denkende Synthesisleistung „als [eine] dem Verstande angehörige" gestiftet; dies kontrastiert nach Kant mit möglichen Vorstellungsinhalten, die „nach Gesetzen der reproductiven Einbildungskraft (welches nur subjective Gültigkeit hat)" zustande kommen (B141). Bei letzteren kommt es nämlich „auf Umstände oder empirische Bedingungen" (B139) an, welche nach Kant „ganz zufällig" (B140) sind. Der infrage stehende Sinn von Notwendigkeit und Allgemeingültigkeit kann also nicht durch reproduzierende oder assoziierende Mechanismen konstituiert werden – denn er ist *a priori* oder ursprünglich durch den Verstand gestiftet. Ex negativo lässt sich daher sagen, der Sinn der infrage stehenden Objektivität lässt sich weder durch empirische Erklärungen einholen, noch kann er als solcher erklärt werden, der nur für ein bestimmtes Erkenntnissubjekt gültig ist (subjektive Gültigkeit hat), während dies für andere Vorstellungsinhalte, welche nicht über diese Form der Objektivität verfügen, durchaus der Fall sein könnte.

Wie lässt sich diese Form von Objektivität nun positiv formulieren? Wie Kant bereits in §16 aufführt, geht es darum, wie ein Mannigfaltiges in einer notwendigen Beziehung „auf das: Ich denke" (B132) stehen kann, welches Kant wiederum so formuliert, dass dieses gegebene Vorstellungsmannigfaltige „in einem allgemeinen Selbstbewußtsein zusammenstehen können" (B132) muss. Gegebene (sinnliche) Vorstellungen stehen jedoch nicht als solche in einem *allgemeinen* Selbstbewusstsein zusammen, welches auch die eben erwähnte subjektive Gültigkeit oder das assoziative Vorstellen verunmöglichen würde, sondern jene müssen erst durch eine „Verrichtung des Verstandes, [...] das Mannigfaltige gegebener Vorstellungen unter Einheit der Apperception zu bringen" (B135), verbunden werden. Erst diese Verrichtung bringt das Mannigfaltige in einen Zusammenhang, der sich durch die Kategorien denken lässt. Der infrage stehende Sinn von Objektivität besteht daher in der gestifteten kategorialen Denkbarkeit eines gegebenen Vorstellungsmannigfaltigen. Was Kant innerhalb des ersten Schritts der Deduktion „Object" nennt, ist der kategoriale oder gesetzmässige Zusammenhang, durch den Objektivität gedacht wird. Erst der gestiftete kategoriale Zusammenhang macht das gegebene Mannigfaltige zu etwas, das, in Kants Worten, dem Verstande angehört, respektive in einem allgemeinen Selbstbewusstsein zusammensteht.

Ein solcher Sinn von Objektivität, der alleine durch unsere Verstandesfunktionen konstituiert wird, bleibt, da unser Verstand synthetisierend und nicht selbst anschauend ist, immer im Feld des Begrifflichen und Allgemeinen. Die Weisen des Denkens dieser Objektivität sind zudem durch das gegliederte Ganze des ursprünglichen Verstandes vorgegeben, d. h. durch die unserer Art des Verstandes möglichen Funktionen der Einheitsbestimmung im gegebenen Mannigfaltigen (den Kategorien). Da der Anspruch auf objektive Gültigkeit so bloss vermöge des unseres Verstandes erhoben wird, kann man auch sagen, dass nach Kant Wesen mit einem gleich gearteten Verstandesvermögen, die aber über eine anders geartete Sinnlichkeit verfügten, über denselben hier dargelegten Sinn von Objektivität verfügen würden. D. h. ein gegebener kategorialer Zusammenhang wird als notwendig und allgemeingültig für alle derartigen rationalen Wesen beansprucht.

Dieser Sinn von Objektivität nimmt zunächst keine Rücksicht auf die menschliche Art der Gegebenheit der sinnlichen Vorstellungen, er ist „von allen Bedingungen der sinnlichen Anschauung ganz unabhängig" (B136). Das durch den ersten Schritt erörterte Szenario objektiver Erkenntnis nennt Kant daher eine „erste reine Verstandeserkenntniß" (B137). Mit dieser Kennzeichnung deutet Kant aber auch an, dass einer solchen Objektivität ein wesentliches Element fehlt, um einen durch sie ausgezeichneten Vorstellungsinhalt als eine Erkenntnis im restringierten und gerechtfertigten Sinne auszuweisen. Der erörterte Sinn von Objektivität liesse sich beispielsweise auch anhand rein metaphysischer Gedanken illustrieren, wie in der natürlichen Theologie, in welcher darüber diskutiert wird, welche Eigenschaften wir in welchem Sinne Gott zusprechen können. Die dabei vorgenommenen Behauptungen beanspruchen Allgemeinheit und einen gesetzmässigen Zusammenhang, sie setzen sich von einer bestimmten Form von Subjektivität bewusst ab. Rationale Gesetzmässigkeit alleine, d. h. objektive Gültigkeit im intellektuellen Sinne, weist sie nicht als objektiv *reale* Erkenntnisse aus.

5.2.2 Die objektive Realität der reinen Verstandesbegriffe

Der Beginn des zweiten Schritts der Argumentation (§22) bringt eine wesentliche Wende. Denn Kant, wie wir eben gesehen haben, abstrahiert in den §§15–20 von jeglichem spezifischen sinnlichen Beitrag und spricht über die Erkenntnis in der Form einer reinen Verstandeserkenntnis (eines endlichen Verstandes), dessen Ansprüche nun durch den zweiten Schritt (§§22–26) entscheidend restringiert werden müssen. Um die Wendung zu illustrieren, zitiere ich hier den Anfang von §24:

> Die reinen Verstandesbegriffe beziehen sich durch den bloßen Verstand auf Gegenstände der Anschauung überhaupt, unbestimmt ob sie die unsrige oder irgend eine andere, doch sinnliche sei, sind aber eben darum bloße Gedankenformen, wodurch noch kein bestimmter Gegenstand erkannt wird. Die Synthesis oder Verbindung des Mannigfaltigen in denselben bezog sich bloß auf die Einheit der Apperception und war dadurch der Grund der Möglichkeit der Erkenntniß a priori, so fern sie auf dem Verstande beruht, und mithin nicht allein transscendental, sondern auch bloß rein intellectual. (B150)

Nach Kant bleibt eine Bezugsleistung „durch den *bloßen* Verstand" eine „*bloße* Gedankenform[]" (B150, meine Hervorhebung), die nicht zu einer wirklichen Erkenntnis führt. Diese negative Bedeutung, die hier Kant erstmals innerhalb der B Deduktion den reinen Verstandesbegriffen zuspricht, ist darauf zurückzuführen, dass sich diese innerhalb der gemäss den verschiedenen Anschauungskonzeptionen geführten Argumentationsstruktur bisher nur auf „Gegenstände der Anschauung überhaupt" bezogen haben, wobei Kant nun sagt, dass – solange es „unbestimmt [bleibt], ob sie die unsrige oder irgend eine andere" ist – diese denkenden Beziehungsleistungen auf der Ebene des „rein intellectual[en]" (B150) bleiben. Die Ausführungen des ersten Schritts bieten Raum für einen nur negativen Sinn der objektiven Verstandesaktivität, der auch in der „Einheit der Apperception" (B150) gründet. Dies führt schliesslich zu einer Unterscheidung zwischen zwei verschiedenen Hinsichten von intellektueller Objektivität.

Genau diese Unterscheidung wird in einer Passage von §23 ausgeführt:

> Raum und Zeit gelten als Bedingungen der Möglichkeit, wie uns Gegenstände gegeben werden können, nicht weiter als für Gegenstände der Sinne, mithin nur der Erfahrung. Über diese Grenzen hinaus stellen sie gar nichts vor; denn sie sind nur in den Sinnen und haben außer ihnen keine Wirklichkeit. Die reinen Verstandesbegriffe sind von dieser Einschränkung frei und erstrecken sich auf Gegenstände der Anschauung überhaupt, sie mag der unsrigen ähnlich sein oder nicht, wenn sie nur sinnlich und nicht intellectuell ist. Diese weitere Ausdehnung der Begriffe, über unsere sinnliche Anschauung hinaus, hilft uns aber zu nichts. Denn es sind alsdann leere Begriffe von Objecten, von denen, ob sie nur einmal möglich sind oder nicht, wir durch jene gar nicht urtheilen können, bloße Gedankenformen ohne objective

Realität, weil wir keine Anschauung zur Hand haben, auf welche die synthetische Einheit der Apperception, die jene allein enthalten, angewandt werden, und sie so einen Gegenstand bestimmen könnten. Unsere sinnliche und empirische Anschauung kann ihnen allein Sinn und Bedeutung verschaffen. (B148 f.)

Im Sinne einer Transzendentalen Topik weist Kant hier Raum und Zeit wiederum der Sinnlichkeit zu, und zwar unserer menschlichen Sinnlichkeit, der Art, „wie *uns* Gegenstände gegeben werden können" (B148, meine Hervorhebung). Diese Bereichszuweisung bezieht räumliche und zeitliche Strukturen also ausschliesslich auf „Gegenstände [unserer] Sinne" respektive Gegenstände „der Erfahrung" (B148). Nach Kant „stellen" die raumzeitlichen Strukturen über die „Grenzen", die durch unsere Sinnlichkeit gegeben sind, hinaus „nichts vor" (B148). D. h. sie haben keinen sinnvollen Vorstellungsgehalt, wenn wir sie auf Gegenstände beziehen, und dabei von der Art und Weise der Konstitution der menschlichen Sinnlichkeit absehen. Raum und Zeit als Bestimmungen von Dingen anzusehen, die nicht explizit auf die menschliche Art der Anschauung verwiesen sind, ist nach Kant eine Art von μετάβασις εἰς ἄλλο γένος. Die Bedingungen der menschlichen Anschauung sind Raum und Zeit. Wird von diesen Bedingungen abstrahiert, wird von Raum und Zeit abstrahiert. Etwas räumlich zu verstehen, das nicht in den Bereich der menschlichen Sinnlichkeit fällt, ist nicht nur falsch, sondern es ist unmöglich.[11]

Dies trifft jedoch nicht in derselben Weise auf die Kategorien zu. Die Kategorien beziehen sich zwar auf das Mannigfaltige der menschlichen Sinnlichkeit, also auf Gegenstände der Sinne oder Gegenstände der Erfahrung. Sie sind jedoch von derjenigen „Einschränkung frei" (B148), den räumlichen und zeitlichen Be-

---

[11] Wie dies nun aber genau zu verstehen ist, dazu gibt Kant eher wenige und widersprüchliche Überlegungen. Diese Frage wird mit dem Problem zu verbinden sein, wie Kant eine „Transzendentale Deduktion" des Raums und der Zeit gedacht hat, denn so scheint er zwar in der Einleitung zur Transzendentalen Deduktion der Kategorien zu behaupten, dass eine solche für Raum und Zeit nicht nötig ist. Allerdings denkt er doch an einer Stelle an einen Gebrauch des Raumbegriffs, der nicht auf menschlich sinnliche Bedingungen eingeschränkt ist: Er wirft Kontrahenten vor, sie würden „jenen Begriff des Raumes zweideutig machen, dadurch daß sie ihn über die Bedingungen der sinnlichen Anschauung zu gebrauchen geneigt sind" (A88/B120 f.). Ich lese dies jedoch so, dass nur durch eine falsch verstandene Räumlichkeit der Begriff des Raumes über die Bedingungen der Sinnlichkeit hinaus gebraucht wird (d. h. der Raumbegriff transzendental verwendet wird), d. h. nur ein solcher Begriff des Raumes, der diesen nicht in der Ursprünglichkeit unserer Sinnlichkeit fundiert sieht, sondern ihn beispielsweise auf die Kategorien der Gemeinschaft respektive der kausalen Wechselbeziehung der Dinge reduziert, ist des transzendentalen Gebrauchs fähig. Nach Kant ist der Raum „nichts anders, als nur die Form aller Erscheinungen äußerer Sinne" (A88/B120 f.), und als solcher ist der Gebrauch eines Raumbegriffes über die Bedingungen der Sinnlichkeit nicht einfach ein verfehlter Gebrauch, sondern ein sinnfreier.

stimmungen unterworfen zu sein. D. h. obwohl sie sich auf Gegenstände innerhalb des erwähnten Feldes beziehen können, können sie sich auch auf „Gegenstände der Anschauung überhaupt, sie mag der unsrigen ähnlich sein oder nicht, wenn sie nur sinnlich und nicht intellectuell ist" (B148), beziehen. Durch die Kategorien konstituiert der Verstand die begriffliche Einheit des Anschauungsmannigfaltigen und damit eine Objektivität in einem verstandesseitigen Sinne. Der dadurch vermeinte Vorstellungsinhalt ist als solcher nicht auf unsere menschliche Anschauung eingeschränkt.

Sofern der durch die Verstandesbegriffe mitkonstituierte Vorstellungsinhalt jedoch nicht durch die Bedingungen der menschlichen Sinnlichkeit beschränkt ist, sind solche Inhalte nach Kant „bloße Gedankenformen ohne objective Realität" (B148). Sofern er daher von der ‚objektiven Realität' handelt, meint er mit diesem Ausdruck nicht den Sinn von Objektivität, der durch Verstandeshandlungen in einem beliebigen Vorstellungsmannigfaltigen bewirkt wird. Vielmehr hat der Begriff der ‚objektiven Realität' hier, im Kontrast zur ‚objektiven Gültigkeit' aus dem ersten Schritt, auch noch die Bedeutung, dass die rein-anschauliche Struktur der menschlichen Sinnlichkeit mitberücksichtigt wird. In denjenigen Fällen also, in welchen Kant ‚objektive Gültigkeit' synonym mit ‚objektiver Realität' (in Bezug auf die Kategorien) verwendet, ist nicht nur von einer durch Verstandesleistung an einem gegebenen Anschauungsmannigfaltigen überhaupt gestifteten, gedachten Objektivität die Rede, sondern von einer solchen, die auch die sinnlichkeitsseitigen Bedingungen der menschlichen Rezeptivität berücksichtigt und dadurch die restriktiven Bedingungen des Kategoriengebrauchs miteinbezieht.

Wir haben also eine Unterscheidung zweier (intellektueller) Objektivitätshinsichten: einerseits eine Objektivität, die durch Verstandesbegriffe für Vorstellungen bewirkt wird, deren Vorstellungsinhalt die Bedingungen der menschlichen Sinnlichkeit miteinbezieht, die nach Kant den Kategorien „allein Sinn und Bedeutung verschaffen" (B149) können, und *andererseits* eine Objektivität, die durch Verstandesbegriffe für Vorstellungen bewirkt wird, die als Vorstellungsinhalte „über unsere sinnliche Anschauung" hinausgehen und deshalb uns Menschen „zu nichts" (B148) nützen.

Empirischer und transzendentaler Kategoriengebrauch
Kant vollzieht dieselbe Unterscheidung (intellektueller) Objektivitätshinsichten im Kapitel über die „Unterscheidung aller Gegenstände überhaupt in Phaenomena und Noumena" (A235 ff./B294 ff.). Er unterscheidet darin einen transzendentalen von einem empirischen Gebrauch der reinen Verstandesbegriffe:

Das Denken ist die Handlung, gegebene Anschauung auf einen Gegenstand zu beziehen. Ist die Art dieser Anschauung auf keinerlei Weise gegeben, so ist der Gegenstand blos transscendental, und der Verstandesbegriff hat keinen andern als transscendentalen Gebrauch, nämlich die Einheit des Denkens eines Mannigfaltigen überhaupt. Durch eine reine Kategorie nun, in welcher von aller Bedingung der sinnlichen Anschauung als der einzigen, die uns möglich ist, abstrahirt wird, wird also kein Object bestimmt, sondern nur das Denken eines Objects überhaupt nach verschiedenen modis ausgedrückt. (A247/B304)

Die durch den Verstand geleistete Objektbeziehung, welche innerhalb des ersten Schritts der B Deduktion erörtert wird und in Bezug auf ein gegebenes (sinnliches) Anschauungsmannigfaltiges überhaupt steht, differenziert sich also in einen zweifachen Gebrauch. Wenn erstens die Handlung auf ein Anschauungsmannigfaltiges überhaupt hin ausgerichtet ist, jedoch nicht auf die menschliche Art dieser Anschauung Rücksicht genommen wird, kann es sein, dass der intendierte objektive Anschauungsgehalt für einen Menschen „auf keinerlei Weise gegeben" (A247/B304) werden kann. Dieses Szenario beschreibt Kant als den „transscendentalen Gebrauch" (A247/B304) der Kategorien. Der Gegenstand des Vorstellungsinhalts ist dabei „blos transscendental". Der durch den transzendentalen Gebrauch konstituierte Vorstellungsinhalt unterscheidet sich nicht verstandesseitig vom empirischen Gebrauch, und konstituiert daher ebenfalls einen als notwendig und allgemeingültig gedachten objektiven Zusammenhang. Jedoch anstatt Kontakt zur Realität, und d. h. hier zur menschlichen Anschauungswelt, herzustellen, drückt der transzendentale Gebrauch der Kategorien eigentlich nur „das Denken eines Objects überhaupt nach verschiedenen *modis* aus" (A247/B304) und ist leer an wirklichem Gehalt.[12]

---

[12] Kant spricht dem transzendentalen Gebrauch der Kategorien sogar den eigentlichen Sinn eines Gebrauchs ab: „Es kann daher rathsam sein, sich also auszudrücken: die reine Kategorien ohne formale Bedingungen der Sinnlichkeit haben blos transscendentale Bedeutung, sind aber von keinem transscendentalen Gebrauch, weil dieser an sich selbst unmöglich ist, indem ihnen alle Bedingungen irgend eines Gebrauchs (in Urtheilen) abgehen, nämlich die formale Bedingungen der Subsumtion irgend eines angeblichen Gegenstandes unter diese Begriffe" (A248/B305). Auch wenn der so konstituierte Vorstellungsinhalt nicht „Sinn und Bedeutung" hat, spricht Kant also trotzdem davon, dass er eine „blos transscendentale Bedeutung" hat, und bringt damit zum Ausdruck, dass dadurch in der Tat Vorstellungs*inhalte* konstituiert werden. Ein eigentlicher Gebrauch zu sein, spricht Kant dem transzendentalen Gebrauch ab, weil „formale Bedingungen der Subsumtion" fehlen. Dies sind Bedingungen der Urteilskraft, welche für die korrekte oder gerechtfertigte Anwendung der Verstandesbegriffe deren Schemata braucht, in welche schliesslich die Bedingungen unserer menschlichen Sinnlichkeit mit eingehen müssen. An dieser Stelle muss nun ebenfalls bemerkt werden, dass in Kants Verwendung des Wortes „Bedeutung" eine Ambiguität liegt. Nicht nur wird dieses Wort verschieden gebraucht, sondern Kant bringt jeweils seine Zurückhaltung im Gebrauch dieses Wortes zum Ausdruck. Ferrarin beschreibt dieses Faktum

Den transzendentalen Gebrauch der Kategorien unterscheidet Kant vom empirischen Gebrauch, welcher im Gegensatz zu ersterem auf die Gegenstände unserer Sinne, d.h. auf unsere menschliche Art der Sinnlichkeit, eingeschränkt ist, und daher auch auf dasjenige, was diese Art a priori ausmacht: die raumzeitliche Struktur. So schreibt Kant:

> Nun gehört zum Gebrauche eines Begriffs noch eine Function der Urtheilskraft, worauf ein Gegenstand unter ihm subsumirt wird, mithin die wenigstens formale Bedingung, unter der etwas in der Anschauung gegeben werden kann. Fehlt diese Bedingung der Urtheilskraft (Schema), so fällt alle Subsumtion weg; denn es wird nichts gegeben, was unter den Begriff subsumirt werden könne. (A247/B304)

Kant spricht hier vom Vermögen der Urteilskraft, welches die *casus-datae-legis* Frage beantworten muss, indem sie entscheidet, wann ein Gebrauch eines reinen Verstandesbegriffs gerechtfertigt ist und wann nicht. Nach dem zweiten Schritt der B Deduktion ist nun dieser Gebrauch, insofern er objektive Realität haben will, auf die Bedingungen der menschlichen Sinnlichkeit eingeschränkt. Und die Strukturen oder Vorstellungsinhalte, die durch unsere menschliche Art der Sinnlichkeit gegeben sind, bilden die Bedingungen eines objektiv realen Gebrauchs der Kategorien. Sie *realisieren* sozusagen die denkenden Bezugsleistungen des Verstandes. Der zweite Schritt der Deduktion bringt so die Notwendigkeit eines transzendentalen Schemas zum Ausdruck. Dieses erlaubt uns nämlich, expliziten Bezug auf die Art der Anschauungsstruktur der menschlichen Sinnlichkeit zu nehmen und zwischen einer gerechtfertigten und ungerechtfertigten Anwendung a priori zu unterscheiden, doch darauf werde ich erst in Teil III dieser Untersuchung vertiefter eingehen.[13]

---

wie folgt: „That 'meaning' has two different senses is undeniable already here, because within the space of a few lines Kant says first that categories without reference to sensibility have significance (KrV A 147/B 186), and then that 'significance comes to them from sensibility, which realizes the understanding at the same time as it restricts it' (KrV A 147/B 187)" (Ferrarin 2015, S. 297).

13 Siehe dazu eine weitere Stelle aus dem *Phaenomena und Noumena* Kapitel: „Daß dieses aber auch der Fall mit allen Kategorien und den daraus gesponnenen Grundsätzen sei, erhellt auch daraus, daß wir sogar keine einzige derselben definieren [B: d.i. die Möglichkeit ihres Objekts verständlich machen] können, ohne uns sofort zu Bedingungen der Sinnlichkeit, mithin der Form der Erscheinungen herabzulassen, als auf welche als ihre einzige Gegenstände sie folglich eingeschränkt sein müssen, weil, wenn man diese Bedingung wegnimmt, alle Bedeutung, d. i. Beziehung aufs Object, wegfällt, und man durch kein Beispiel sich selbst faßlich machen kann, was unter dergleichen Begriffe denn eigentlich für ein Ding gemeint sei" (A240f./B300). Das hier angesprochene Objekt ist nicht verstanden als Objektivität überhaupt, so wie sie vom Verstand gedacht wird, sondern als wirklich angebbares Objekt, insofern es als ein solches gefasst wird, das

Die beiden Bedeutungen von Objektivität, d.h. Objektivität durch einen transzendentalen Gebrauch der Kategorien einerseits und durch deren empirischen Gebrauch andererseits, beinhalten beide den im ersten Schritt der B Deduktion zur Sprache kommenden verstandesseitigen Aspekt des Objektbezugs. Deren Unterscheidung setzt allerdings voraus, dass es ein spezifisches Mannigfaltiges der menschlichen Sinnlichkeit gibt, welches die Bedingungen für diesen Unterschied liefern kann. Die Bedingungen dieses Unterschieds liegen jedoch weder im Verstand selbst noch in einer als blosse Gegebenheit gedachten Sinnlichkeit, sondern sie liegen in der menschlichen Struktur der Sinnlichkeit, deren Elemente, das sind a priori ihre raumzeitlichen Charaktere, zunächst verstandesunabhängig sind und auch verstandesunabhängige Bedeutung haben müssen. Sie machen für sich sich selbst einen Objektivitätssinn aus, den ich im folgenden kurz erörtern werde.

5.2.3 Raumzeitliche Wirklichkeit

Ich habe bereits in 3.3.3 dargelegt, aufgrund welcher Theoriestücke wir bei Kant einen solchen nichtbegrifflichen Objektivitätssinn ausmachen können. Die Objektivitätsfunktion der blossen Anschauung habe ich darin bezüglich verschiedener Aspekte analysiert. Zunächst nämlich bezüglich des empirischen Wahrnehmungsgehalts: Die empirische Anschauung (Wahrnehmung) stellt uns ihren Gegenstand durch Empfindung immer als eine partikuläre Qualität habend vor, welche die bestimmte sui generis Singularität des wahrgenommenen Gegenstands ausmachen. Dabei habe ich herausgestellt, dass die sui generis Singularität keine Funktion des begrifflichen Vermögens sein kann, das in seinen Handlungen stets im Bereich des Allgemeinen bleibt. Trotz immer weitergehender Bestimmbarkeit können wir daher nicht davon sprechen, dass uns die Sinnlichkeit nach Kant Gegenstände in einer potentiell begrifflich individuierbaren Weise vorstellt. Zu dieser empirischen Individualitätsfunktion der blossen Anschauung kommt die Individualitätsfunktion der raumzeitlichen Struktur unseres Anschauens hinzu. Die Anschauung stellt uns unterscheidbare Gegenstände vor, deren Unterscheidbarkeit jedoch in einer apriorischen Funktion unseres anschauungshaften Vorstellens, im Gegensatz zu einer begrifflichen, deutlich-fassbaren Differenz, besteht.

---

innerhalb der Voraussetzungen des möglichen anschaulichen Gegebenseins für uns Menschen zugänglich wird.

Die Objektivitätsfunktion der blossen Anschauung liegt, schliesslich, nicht bloss in den zwei genannten Aspekten ihrer Individualitätsfunktion, sondern auch in ihrer Unmittelbarkeit. Über die Empfindung gibt uns die empirische Anschauung direkt den im raumzeitlichen Ordnungsrahmen situierten Gegenstand. Dieser wird als unmittelbar anwesend vorgestellt. Anschauliche Vorstellungen haben daher nach Kant einen Sinn von Unmittelbarkeit, den begriffliche Vorstellungen nicht haben. Die eingangs der *Transzendentalen Ästhetik* ausgedrückte Unmittelbarkeitsthese beinhaltet auch, dass selbst Begriffe dieser Eigenschaft der Anschauung bedürfen, wollen sie ihren Zweck, nämlich wirkliche Gegenstände zu erkennen, erfüllen (vgl. A19/B33). Bezüglich der Unmittelbarkeit habe ich im genannten Abschnitt auch darauf hingewiesen, wie Kant von der „Wirklichkeit äußerer Gegenstände" spricht, für welche die „unmittelbare Wahrnehmung […] ein genugsamer Beweis" (A371) sei. Die Anwesenheit der Realität der jeweiligen Gegenstände, ihre *Wirklichkeit*, ist durch die blosse Anschauung gegeben. Die Unmittelbarkeit der empirischen Anschauung und die Anwesenheit eines wirklichen Gegenstandes sind in Kants Ausdrucksweise einerlei.

Es ist also noch zu erweisen, dass Kant im zweiten Schritt der B Deduktion von diesem Sinn der unmittelbaren raumzeitlichen Wirklichkeit, insofern dieser nämlich einen verstandesfremden Beitrag zur menschlichen Erkenntnis darstellt, nämlich denjenigen der blossen (menschlichen) Anschauung, spricht. Dieser Sinn von Objektivität zeigt sich bezeichnenderweise gleich zu Beginn der Erörterung zum zweiten Schritt im §22 an:

> Sich einen Gegenstand denken und einen Gegenstand erkennen, ist also nicht einerlei. Zum Erkenntnisse gehören nämlich zwei Stücke: erstlich der Begriff, dadurch überhaupt ein Gegenstand gedacht wird (die Kategorie), und zweitens die Anschauung, dadurch er gegeben wird; denn könnte dem Begriffe eine korrespondirende Anschauung gar nicht gegeben werden, so wäre er ein Gedanke der Form nach, aber ohne allen Gegenstand und durch ihn gar keine Erkenntniß von irgend einem Dinge möglich, weil es, so viel ich wüßte, nichts gäbe, noch geben könnte, worauf mein Gedanke angewandt werden könne. Nun ist alle uns mögliche Anschauung sinnlich (Ästhetik), also kann das Denken eines Gegenstandes überhaupt durch einen reinen Verstandesbegriff bei uns nur Erkenntniß werden, so fern dieser auf Gegenstände der Sinne bezogen wird. Sinnliche Anschauung ist entweder reine Anschauung (Raum und Zeit) oder empirische Anschauung desjenigen, was im Raum und der Zeit unmittelbar als wirklich, durch Empfindung, vorgestellt wird. (B146 f.)

Um nicht „Gedanke der Form nach" zu sein, muss sich also die intellektuelle Synthesis, die denkende Bezugsleistung des Verstandes, – gemäss dem Anfang des zweiten Schrittes der B Deduktion – einer anschaulichen Korrespondenz versichern, die nur innerhalb der „uns mögliche[n] Anschauung" (B146) gegeben werden kann. Die menschliche Anschauung charakterisiert Kant so, dass sie eine „empirische Anschauung desjenigen" liefert, „was in Raum und Zeit unmittelbar als wirklich" (B147) gegeben ist. Kant spricht also in der Tat gleich eingangs des zweiten Schrittes von diesem sinnlichen Sinn von Objektivität. Dieser Sinn wird in der ganzen zitierten Passage ausdrücklich mit dem kategorialen Denken kontrastiert.

Die bereits genannte Frage nach der geforderten Unterscheidbarkeit eines transzendentalen von einem objektiv realen (empirischen) Gebrauch der Kategorien lässt sich daher nach Kant nur dann beantworten, wenn wir den Rahmen für den objektiv realen Gebrauch der Kategorien primär als einen verstandesfremden annehmen. Um die Aufgabe des Vereinbarens der verstandesseitig gedachten Objektivität mit dem Anschauungshaften unserer Sinnlichkeit als sinnvoll erachten zu können, müssen wir der Sinnlichkeit einen eigenständigen Sinn der Gegenstandsvorstellung zuschreiben.

Zusammenfassung
Ich mache bei Kant damit zwei fundamentale Objektivitätssinne aus. Einerseits kommt eine Objektivität unserer Vorstellungen durch die im ersten Schritt der B Deduktion abgehandelten Verbindungsweisen zustande, durch die der Verstand als transzendentale Apperzeption die synthetische und objektive Einheit des Mannigfaltigen einer gegebenen (sinnlichen) Anschauung überhaupt stiftet, und dadurch das Mannigfaltige als in einem kategorialen Zusammenhang stehend denkt, für den wir Allgemeingültigkeit und Notwendigkeit über ebendiese kategorialen Denkformen beanspruchen. Dieser Sinn von Objektivität kommt durch die Art und Weise der Beschaffenheit und der Verrichtungen *unseres endlichen Verstandes* zustande. Im folgenden werde ich auf diesen Objektivitätssinn mit O1 referieren. Ein anderer Sinn von Objektivität kommt durch die Art und Weise der Beschaffenheit *unserer menschlichen Sinnlichkeit* zustande, er beinhaltet unter anderem die eben genannte sinnliche Funktion des individuellen Vorstellens und die Einordnung eines unmittelbar gegebenen Gegenstandes in einen anschauungshaft vorgegebenen, allumfassenden, raumzeitlichen Vorstellungsrahmen. Auf den sinnlichen Sinn von Objektivität werde ich im folgenden mit O2 referieren.

Für eine gegenstandsbezogene menschliche Vorstellung muss gemäss dieser Interpretation Kants nun also folgendes Szenario gelten: Eine gegenstandsbezogene Vorstellung muss in genau einer von dreierlei Hinsichten Gegenstandsbezug haben können. Denn die infrage stehende Vorstellung muss mindestens einen der beiden unterschiedenen Objektivitätssinne aufweisen. Die drei Hinsichten sind also:
1. die gegenstandsbezogene Vorstellung hat Objektivität im Sinne von O1, aber nicht im Sinne von O2

2. die gegenstandsbezogene Vorstellung hat Objektivität im Sinne von O1 und im Sinne von O2
3. die gegenstandsbezogene Vorstellung hat Objektivität im Sinne von O2, aber nicht im Sinne von O1

Unter *1.* fällt ein Vorstellungsgehalt, der durch eine intellektuelle Verbindungsleistung zustande gebracht wird, die nicht auf die spezifische Anschauungsstruktur der menschlichen Sinnlichkeit Rücksicht nimmt. Für die Konstitution eines solchen Gehalts werden die Kategorien über die Schranken der menschlichen Sinnlichkeit hinaus gebraucht. Dieser wird also durch einen bloss transzendentalen Gebrauch der Kategorien konstituiert. Unter *2.* fällt ein Vorstellungsgehalt, welcher einerseits durch intellektuelle Leistung zustande gebracht wird, andererseits aber einen sinnlichen Sinn von Objektivität ausweist. Für die Konstitution eines solchen Gehalts muss der Verstand über die Kategorien einen notwendigen und allgemeingültigen Zusammenhang denken, der innerhalb unserer anschauungshaft und unmittelbar als wirklich vorgestellten Welt statthat. Unter *3.* schliesslich fällt eine uns sinnlich gegebene Vorstellung, die autonom von den Verstandeshandlungen uns einen Gegenstand als wirklich in einem allumfassenden raumzeitlichen Rahmen vorstellt. Der Gehalt dieser Vorstellung weist keine kategorial gedachte Objektivität, und daher keine Notwendigkeit und Allgemeingültigkeit im ausgeführten intellektuellen Sinne aus. Dies sind die drei Hinsichten, in welcher gegebene Vorstellungen bei Kant Gegenstandsbezug aufweisen können.

5.3 Die Synthesisbezeichnungen in der B Deduktion

Zur Klärung der verschiedenen Sinne von Objektivität innerhalb der B Deduktion gehört eine Einordnung der Unterscheidungen, die Kant darin für Synthesisleistungen vornimmt. Diese werden innerhalb des §24 eingeführt, sind aber auch hinsichtlich einer bestimmten Passage im Leitfadenkapitel zu besprechen. Ich werde mich hier den folgenden zwei Fragen widmen:
1. Wie lassen sich die von Kant unter verschiedenen Namen eingeführten Synthesisleistungen (die *synthesis intellectualis*, die *synthesis speciosa* und die *transzendentale Synthesis der Einbildungskraft*) systematisch voneinander unterscheiden?
2. Wie muss die Stelle im Leitfadenkapitel verstanden werden, innerhalb derer Kant davon spricht, dass es „[d]ieselbe Function" sei, welche sowohl dem Urteil wie auch der Anschauung Einheit gibt (vgl. A79/B104 f.)?

Ad 1: Zur Unterscheidung der Synthesisbezeichnungen im §24

Im §24 handelt Kant „Von der Anwendung der Kategorien auf Gegenstände der Sinne überhaupt". Er forscht dabei der Frage nach der Objektivitätskonstitution durch die Verstandesfunktionen nach, insofern diese sich auf die menschliche Art der Sinnlichkeit beziehen, und führt die Unterscheidung zwischen synthesis intellectualis und synthesis speciosa ein:

> Diese Synthesis des Mannigfaltigen der sinnlichen Anschauung, die a priori möglich und nothwendig ist, kann figürlich (*synthesis speciosa*) genannt werden zum Unterschiede von derjenigen, welche in Ansehung des Mannigfaltigen einer Anschauung überhaupt in der bloßen Kategorie gedacht würde und Verstandesverbindung (*synthesis intellectualis*) heißt; beide sind transscendental, nicht bloß weil sie selbst a priori vorgehen, sondern auch die Möglichkeit anderer Erkenntniß a priori gründen. (B151)

Die synthesis intellectualis wird von Kant beschrieben als eine Synthesisleistung, die in Bezug auf das „Mannigfaltige[] einer Anschauung überhaupt" steht und deren Verbindungsleistung im Denken eines Objekts durch die „bloße[] Kategorie" (B151) besteht. Meiner Meinung nach ist nun ebendiese synthesis intellectualis unter der erwähnten Beschreibung eindeutig den objektivitätskonstitutiven Verbindungsleistungen durch den reinen Verstand zuzuordnen, die im ersten Schritt der B Deduktion erörtert wurden. Diese Leistungen des Verstandes stehen in Bezug auf ein Mannigfaltiges einer gegebenen (sinnlichen) Anschauung überhaupt. Als synthesis intellectualis ist demnach jene Verbindungsleistung zu bezeichnen, die den oben erörterten Objektivitätssinn O1 stiftet.

Die synthesis speciosa (auch „figürliche Synthesis", B151) ist als eine „Synthesis des Mannigfaltigen der sinnlichen Anschauung" (B151) auf die menschliche Art des raumzeitlichen Anschauens hin ausgerichtet. Wie die synthesis intellectualis geht sie a priori vonstatten und ist transzendental, d. h. prinzipiierend für andere Erkenntnis. Die synthesis speciosa weist Kant dem Vermögen der Einbildungskraft zu. Ihre Fähigkeit besteht daher primär darin, Vorstellungsgehalte sinnlich-anschaulich vorzustellen, auch wenn diese Gegenstände nicht unmittelbar der empirischen Anschauung gegenwärtige Gegenstände sein müssen, d. h. sie stellt anschauungshaft vor und vollzieht Handlungen, die ihr Vorstellen von einer bloss passiven Hinnahme unterscheiden.[14]

---

[14] Vgl. Kants Erörterung der Einbildungskraft als ein „Vermögen, einen Gegenstand auch ohne dessen Gegenwart in der Anschauung vorzustellen" (B151).

Zusätzlich zur Konzeption der synthesis speciosa führt Kant im anschliessenden Textteil in §24 die Konzeption einer transzendentalen Synthesis der Einbildungskraft ein:

> Allein die figürliche Synthesis, *wenn sie* bloß auf die ursprünglich synthetische Einheit der Apperception, d. i. diese transscendentale Einheit, geht, welche in den Kategorien gedacht wird, muß zum Unterschiede von der bloß intellectuellen Verbindung die transscendentale Synthesis der Einbildungskraft heißen. (B151, meine Hervorhebung)

Kant definiert hier die transzendentale Synthesis der Einbildungskraft als einen Aspekt der figürlichen Synthesis, und zwar als denjenigen Aspekt, durch den die figürliche Synthesis *auf* „die ursprünglich synthetische Einheit der Apperception" *geht*, d. h. auf das Stiften von „transcendentale[r] Einheit" (B151) hin ausgerichtet ist. Die infrage stehende transzendentale Einheit ist diejenige, „welche in den Kategorien gedacht wird" (B151), und fällt daher mit der Objektivitätskonstitution durch den Verstand nach O1 zusammen, die im Vorigen von mir mit der synthesis intellectualis gleichgesetzt wurde. Die transzendentale Synthesis der Einbildungskraft wird von Kant ferner so beschrieben:

> Da nun alle *unsere* Anschauung sinnlich ist, so gehört die Einbildungskraft der subjectiven Bedingung wegen, unter der sie allein den Verstandesbegriffen *eine correspondirende Anschauung* geben kann, zur Sinnlichkeit; so fern aber doch ihre Synthesis eine Ausübung der Spontaneität ist [...], mithin a priori *den Sinn seiner Form nach* der Einheit der Apperception gemäß bestimmen kann, so ist die Einbildungskraft so fern ein Vermögen, die Sinnlichkeit a priori zu bestimmen, und ihre Synthesis [ist] eine Wirkung des Verstandes auf die Sinnlichkeit und die erste Anwendung desselben (zugleich der Grund aller übrigen) auf *Gegenstände der uns möglichen Anschauung* [...]. (B151 f., meine Hervorhebung)

Die hier von Kant eingeführte epistemische Funktion der transzendentalen Synthesis der Einbildungskraft ist eindeutig auf die menschliche Anschauungskonzeption hin ausgerichtet, denn sie hat mit „Gegenstände[n] der uns möglichen Anschauung" (B152) zu tun. Die transzendentale Einbildungskraft hat die Rolle, der intellektuellen Verbindung „eine correspondirende Anschauung" (B151) zu geben. Um für diese Korrespondenz zu sorgen, muss sie „den Sinn seiner Form nach" (B152) bestimmen. Die Konzeption einer transzendentalen Synthesis der Einbildungskraft hat nach Kant also folgende zwei Hauptaufgaben: 1. ist sie auf die Einheit der synthesis intellectualis hin ausgerichtet, und 2. hat sie die Aufgabe, korrespondierende Anschauungen innerhalb der raumzeitlichen, menschlichen Art der Sinnlichkeit zu beschaffen. Eine durch transzendentale Synthesis der Einbildungskraft konstituierte Vorstellung verfügt daher über beide Objektivitätshinsichten, O1 und O2. Der empirische Gebrauch der Kategorien ist stets durch transzendentale Synthesis der Einbildungskraft vermittelt.

Zu klären gilt es darüber hinaus noch die Frage nach dem Verhältnis der transzendentalen Synthesis der Einbildungskraft zur synthesis speciosa. Während Kant beispielsweise in B154 die zwei Namen für Synthesisleistungen der Einbildungskraft quasi synonym verwendet,[15] ist er bei ihrer Einführung im §24 darauf bedacht, einschränkende Beschreibungen zu verwenden (wie „wenn sie bloss" oder „so fern", vgl. B151). Letztere lassen eher darauf schliessen, dass für Kant die transzendentale Synthesis der Einbildungskraft eine echte Teilmenge der synthetischen Aktivitäten der Einbildungskraft (synthesis speciosa) bildet. Es gibt jedoch nur sehr geringe Anhaltspunkte zur Klärung dieses Verhältnisses. Aufgrund der Textlage in der B Deduktion halte ich folgende Thesen zur Beziehung von synthesis intellectualis, synthesis speciosa und zur transzendentalen Synthesis der Einbildungskraft für naheliegend:

1. *Die These der Synthesis der Einbildungskraft als Eingliederung in den Verstand:* Nach dieser These ist jede Leistung der Synthesis durch die Einbildungskraft und auch alle Momente dieser Leistung auf den Verstand hin ausgerichtet und durch dessen Weisen des Denkens transzendentaler, objektiver Einheit vorgegeben.
2. *Die These der eingeschränkten Autonomie der synthesis speciosa:* Nach ihr findet keine Verbindungsleistung der synthesis speciosa statt, ohne dass sie auf die Einheit der Apperzeption und damit auf die synthesis intellectualis hin ausgerichtet ist. Dass nun jede synthesis speciosa auch eine synthesis intellectualis vollbringt, heisst jedoch nicht, dass es in der Synthesisleistung der synthesis speciosa nicht Aspekte gibt, die von einer möglichen intellektuellen Verbindung unabhängig und damit in dieser Hinsicht autonom sind.
3. *Die These der Autonomie der synthesis speciosa:* Die synthesis speciosa kann auch stattfinden, ohne dass sie auf die synthesis intellectualis hin ausgerichtet wäre. Synthesis speciosa kann eine autonom und nicht-intellektuell synthetisierende Fähigkeit des menschlichen Gemüts sein.

Zunächst ist auf die Unterscheidung von synthesis speciosa und transzendentaler Synthesis der Einbildungskraft einzugehen. Nach den Thesen (1) und (2) ist es nicht notwendig, zwischen synthesis speciosa und transzendentaler Synthesis der Einbildungskraft zu unterscheiden. Beide bedeuten dieselben Handlungen der Einbildungskraft, welche die Denkfunktionen des Intellekts im Felde der Sinnlichkeit realisieren. Nach These drei jedoch muss ein grundsätzlicher Unterschied zwischen synthesis speciosa und transzendentaler Synthesis der Einbildungskraft

---

15 „[...] durch die transscendentale Handlung der Einbildungskraft (synthetischer Einfluß des Verstandes auf den inneren Sinn), welche ich die figürliche Synthesis genannt habe", B154.

postuliert werden, wenn an der von Kant definierten Funktion der transzendentalen Synthesis der Einbildungskraft festgehalten werden soll, derzufolge sie nämlich eine Einwirkung des Verstandes auf die Sinnlichkeit ist und insofern den Verstandesfunktionen gemässe Verbindungen leistet. Gibt es jedoch eine apriorische Synthesis der Einbildungskraft, die von dieser Funktion unabhängig ist, dann wäre sie nicht eine transzendentale Synthesis der Einbildungskraft, sondern eine synthesis speciosa, die auch ohne die intellektuelle Funktion stattfinden kann.

Die erste These, obwohl ich sie exegetisch im Zusammenhang von §24 für eine möglicherweise Kant zuzuschreibende Position halte, erscheint mir unter Berücksichtigung der in der Deduktion insgesamt zu eruierenden verschiedenen Sinne von Objektivität unplausibel. Denn wenn schliesslich alle Synthesis der Einbildungskraft eine intellektuelle Synthesis sein kann, die keine prinzipiell und a priori nichtbegrifflichen Elemente aufweist, so fällt sie potentialiter mit der synthesis intellectualis zusammen. Damit würden wir wiederum vor dem Problem stehen, dass der Unterschied von empirischem und transzendentalem Kategoriengebrauch nicht deutlich gefasst werden kann. Damit würde eine deutliche Fassung der Restriktionsthese sowie die Notwendigkeit eines nicht-trivialen zweiten Schrittes der B Deduktion wegfallen.

Ob man sich dagegen für die zweite oder dritte These entscheiden muss, ist m. E. aufgrund der Text- und Sachlage nicht auszumachen. Nur letztere zwei Thesen können der menschlichen Art der Anschauung einen eigenen Anschauungssinn zuordnen. Sowohl These (2) wie auch These (3) können der transzendentalen Synthesis der Einbildungskraft die Aufgabe zuordnen, den Objektivitätssinn der synthesis intellectualis innerhalb des menschlich sinnlichen Rahmens zu realisieren, der seinerseits in seinen Anschauungen einen eigenständigen Sinn von Objektivität aufweist (O2). Der Unterschied von (3) zu (2) liegt nur darin, dass (3) die Existenz einer Handlung der Einbildungskraft annimmt, die nur innerhalb des Objektivitätssinnes O2 stattfindet, ohne notwendigerweise eine intrinsische Beziehung zu O1 aufzuweisen. D. h. die These (3) würde auch der isolierten menschlichen Sinnlichkeit einen Aspekt der reinen Synthesis der Einbildungskraft zuordnen.

Zum Schluss dieser Erörterung ist es für ein besseres Verständnis meiner Lesart angebracht, sie mit einer Alternative zu kontrastieren. Eine solche finden wir beispielsweise bei Schulting:

> [...] the passage we have been discussing, at B151–2, makes sufficiently clear that figurative synthesis does not come apart from intellectual synthesis, since figurative synthesis is the effect of the understanding's own act of synthesis (intellectual synthesis). If you remove intellectual synthesis, you remove figurative synthesis. One could argue that, in a formal

analysis, it would be possible to have an intellectual synthesis that does not imply the instantiation of a figurative synthesis, if, for example, one abstracts from the application of the categories to a spatiotemporal sensible manifold [...]. (S. 72)
Figurative and intellectual synthesis are thus always coextensive. (Schulting 2012, S. 80)

Schultings Lesart unterscheidet sich in zwei Punkten von der von mir vorgeschlagenen Interpretation: Erstens halte ich es für wesentlich, der synthesis intellectualis einen eigenständigen Sinn zuzuordnen (die These der Autonomie der intellektuellen Synthesis). Der Objektivitätssinn O1 ist in Schultings Sicht hingegen nur ein abstrahierter, d. h. er kann nur unter Abstraktion von der Handlung der Einbildungskraft für sich genommen werden. Die synthesis intellectualis muss nach meiner Lesart ebenfalls verantwortlich dafür sein, die Kategorien nicht nur empirisch, sondern auch transzendental zu gebrauchen. Obwohl ihr transzendentaler Gebrauch für uns Menschen nach Kant ein fehlgeleiteter Gebrauch ist, wird Kant nicht daran zweifeln, dass es einen solchen Gebrauch gibt. Zweitens spricht Schultings These der Koextensivität von synthesis intellectualis und synthesis speciosa der letzteren eine eindeutige Abhängigkeit von der ersteren zu. Diese Interpretation ist nach Obigem nur kompatibel mit den Thesen (1) und (2), jedoch nicht mit (3). Mit dieser Lesart geht daher die notwendige Identifikation von transzendentaler Synthesis der Einbildungskraft mit synthesis speciosa einher, welches ich hier offen lassen will.

Ad 2: Die Bezeichnung der Synthesis im §24 im Vergleich zu A79/B104f. aus §10

Die hier vorgeschlagene Ausarbeitung der Natur der jeweiligen Synthesisweisen (synthesis intellectualis, transzendentale Synthesis der Einbildungskraft und synthesis speciosa) muss nun noch in Bezug auf die Stelle A79/B104f. im Leitfadenkapitel diskutiert werden.

Diese Passage beinhaltet Kants Identifizierung der Funktionen, welche in der allgemeinen oder formalen Logik die Urteilseinheit konstituieren, mit den Verstandesfunktionen, welche anschauliche Einheit konstituieren, also inhaltlich gegenstandsbezogen sind und von Kant als „Kategorien" angesprochen werden. Um ein Verständnis der zu interpretierenden Textpassage vorzubereiten, ist kurz auf den Unterschied der allgemeinen Logik von einer *Transzendentalen Logik* einzugehen, auf die Kant in jener Passage anspielt. Kant charakterisiert die allgemeine Logik wie folgt:

> Als allgemeine Logik abstrahirt sie von allem Inhalt der Verstandeserkenntniß und der Verschiedenheit ihrer Gegenstände und hat mit nichts, als der bloßen Form des Denkens zu tun. (A54/B78)

> Die allgemeine Logik abstrahirt [...] von aller Beziehung [...] auf das Object, und betrachtet nur die [...] Form des Denkens überhaupt. (A55/B79)

Der allgemeinen Logik geht nach Kant jegliches Element der Inhaltlichkeit ab. Letztere charakterisiert sich ganz allgemein durch den Bezug auf die „Verschiedenheit [der] Gegenstände" (A54/B78), oder alternativ durch die „Beziehung [einer Vorstellung] auf das Object" (A55/B79). Die allgemeine Logik behandelt die Form des Denkens unter Abstraktion der genannten Inhaltlichkeit.

Im Gegensatz dazu muss die transzendentale Logik qua Logik zwar sehr wohl auch von Leistungen des Verstandes handeln. Jene Leistungen bestehen aber nicht „nur" oder „bloss" in einem formallogischen Aspekt, sondern beinhalten ein wesentlich inhaltsbezogenes Element. An diese Differenz von allgemeiner und transzendentaler Logik schliesst nun Kant die zu analysierende Stelle von A79/B104 f. an:

> Dieselbe Function, welche den verschiedenen Vorstellungen in einem Urtheile Einheit giebt, die giebt auch der bloßen Synthesis verschiedener Vorstellungen in einer Anschauung Einheit, welche, allgemein ausgedrückt, der reine Verstandesbegriff heißt. Derselbe Verstand also und zwar durch eben dieselbe Handlungen, wodurch er in Begriffen vermittelst der analytischen Einheit die logische Form eines Urtheils zu Stande brachte, bringt auch vermittelst der synthetischen Einheit des Mannigfaltigen in der Anschauung überhaupt in seine Vorstellungen einen transscendentalen Inhalt, weswegen sie reine Verstandesbegriffe heißen, die a priori auf Objecte gehen, welches die allgemeine Logik nicht leisten kann. (A79/B104 f.)

Die allgemeine Logik hat nun nur mit der „analytischen Einheit", der „logische[n] Form eines Urtheils" (A79/B105), zu tun. Die analytische Einheit des Urteils, als solche und bloss in ihrer Form betrachtet, abstrahiert sowohl vom Vorstellungsinhalt der in dem Urteil vorkommenden Begriffe als auch von jeglicher Differenzierung der Art der Gegenstandsbezüglichkeit von den begrifflichen Denkgehalten in Urteilen. Anders verhält es sich jedoch, wenn die Funktionen zu Urteilen in ihrer einheitsstiftenden Funktion in Bezug auf die „Synthesis verschiedener Vorstellungen in einer Anschauung" (A79/B104) betrachtet werden. Dieser Aspekt derselben Funktion stiftet nach Kant die „synthetische[] Einheit des Mannigfaltigen in der Anschauung überhaupt" und somit den „transscendentalen Inhalt" (A79/B105) der infrage stehenden anschaulichen Vorstellung. Letzterer Aspekt der Urteilsfunktionen, d. h. Urteilsfunktionen qua „reine Verstandesbegriffe" (A79/B105), ist Thema innerhalb einer *transzendentalen Logik*.

5.3 Die Synthesisbezeichnungen in der B Deduktion — 195

Die infrage stehende Differenz der zwei epistemischen Aspekte der Verstandesfunktionen verstehe ich nun als die Differenz zwischen einer Handlung des Verstandes innerhalb eines diskursiven Rahmens, in dem von jedem Sinn von Objektivität (und von jeder begrifflicher Bedeutung) abgesehen wird, einerseits, und einer Handlung des Verstandes, welche sich objektivitätsstiftend auswirkt und in Bezug auf das „Mannigfaltige[] in der Anschauung überhaupt" (A79/B105) steht, andererseits. Bei letzterer Handlung muss es sich nun um eine der synthesis intellectualis handeln, welche den Sinn von Objektivität O1 konstituiert und welche in Bezug auf ein Mannigfaltiges einer ‚gegebenen (sinnlichen) Anschauung überhaupt' steht.

Folglich handelt es sich bei der infrage stehenden Unterscheidung nicht um diejenige zwischen einer synthesis intellectualis, als nicht-gegenstandsbezogener, nicht-inhaltlicher, diskursiver Verbindung von Begriffen, und einer synthesis speciosa, als einer mit unserem Wahrnehmungsmannigfaltigen beschäftigten Verbindungshandlung des reinen Verstandes. Denn die synthesis intellectualis differenziert sich im Weiteren in den empirischen Gebrauch der Kategorien, der die synthesis speciosa involviert, und in ihren transzendentalen Gebrauch, der über die Grenzen unserer raumzeitlichen Art der Sinnlichkeit hinausgeht. Da sich letztere Differenz nicht aus der Entwicklung der Funktionen des reinen Verstandes selbst ergibt, kann die infrage stehende Stelle von A79/B104 f. gar nicht hinzugezogen werden. Die in A79/B104 f. genannte Differenz ist diejenige zwischen einer nicht-inhaltlich gebrauchten Funktion (für die formale und allgemeine Logik) und einer inhaltlich angewandten Funktion im Sinne der synthesis intellectualis.

Auch hier bietet es sich an, meine Interpretation mit anderen Lesarten zu kontrastieren. Longuenesse nimmt eine Identifikation der synthesis speciosa – synthesis intellectualis Unterscheidung mit der Aspektunterscheidung der Verstandesfunktionen (formallogischer und inhaltlicher Sinn) in A79/B104 f. vor:

> The *synthesis intellectualis* is a "mere form of thought," a form of combination thought in the categories independently of any sensible given. Although Kant does not say it explicitly here, this purely intellectual synthesis – *Verstandesverbindung* – can be nothing other than the synthesis performed in accordance with the logical forms of judgments. It corresponds to the discursive aspect of the function of unity mentioned in section 10. (Longuenesse 1998, S. 202)

Die synthesis intellectualis besteht nach meiner Lesart jedoch nicht in der völligen Unabhängigkeit von der Gegebenheit des Mannigfaltigen, sondern sie ist die objektivitätsstiftende Leistung des Verstandes in Bezug auf ein gegebenes (sinnliches) Mannigfaltiges überhaupt. Sie ist nicht die blosse Form des Denkens (wie eine formallogische Verbindung, die von aller Inhaltlichkeit abstrahiert), sondern die Form des Denkens in Bezug auf einen als gegeben gedachten Gegenstand, und drückt dadurch die Unterschiede der Inhaltlichkeit unserer Erkenntnis aus, sofern sie auf dem reinen Verstand beruhen. Die synthesis intellectualis drückt dadurch nicht Formen des Denkens im Allgemeinen aus, sondern Gedankenformen, d. h. Formen des inhaltlich denkenden Vorstellens. Die Differenzierung der Objektivitätssinne in der B Deduktion und die damit einhergehende These der Autonomie der synthesis intellectualis in Bezug auf die Konstitution eines gewissen Sinnes von Objektivität ist daher inkompatibel mit gängigen Interpretationen der synthesis intellectualis – synthesis speciosa Unterscheidung.

5.4 Das Auszeichnende der Selbstaffektion

In der Argumentation der B Deduktion müssen wir zwischen dem ersten Schritt, innerhalb dessen die objektivitätsstiftende Konstitutionsleistung des Verstandes in Bezug auf eine gegebene (sinnliche) Anschauung überhaupt erörtert wird, und dem zweiten Schritt, innerhalb dessen die genannte Leistung in Vermittlung mit dem gegebenen sinnlichen Mannigfaltigen der menschlichen Art der Anschauung gebracht wird, unterscheiden. Im ersten Schritt ist die Konstitutionsleistung von Objektivität im Sinne von O1 Thema, im zweiten wird diese mit einem sinnlichen Objektivitätssinn O2 vermittelt. Die O1 und O2 aufweisenden Vorstellungen unterscheiden sich dabei von Vorstellungen, die durch einen bloss transzendentalen Gebrauch der Kategorien (nur O1) zustande kommen. O2 ist daher die Bedingung dieser Differenz, die nicht in der Natur des menschlichen Verstandes selbst liegt. Es ist die transzendentale Synthesis der Einbildungskraft, welche die Bedingung O2 mit in ihre Handlungen aufnimmt, während sie den intellektuellen Sinn von Objektivität O1 stiftet. Dieses Szenario zeichnet nun die systematische Stelle der Selbstaffektionslehre innerhalb der B Deduktion aus: Die durch den reinen Verstand geleistete Verbindung tritt über das Vermögen der Einbildungskraft mit der spezifisch menschlichen Art der Sinnlichkeit, die einen dem Verstand fremden Sinn des Objektbezugs mit sich bringt, in Verbindung.

Nach Kant bedeutet die Selbstaffektion, dass „der innere Sinn von uns selbst afficirt werde" (B156). Der Verstand bestimme, so Kants Umschreibung der Selbstaffektion, „den inneren Sinn der Verbindung, die er denkt, gemäß zur inneren Anschauung, die dem Mannigfaltigen in der Synthesis des Verstandes correspondirt" (B156). Wir haben es also bei der Selbstaffektion zum einen mit der Verbindungsleistung des Verstandes nach synthesis intellectualis (mit „der Verbindung, die [der Verstand] denkt", B156) zu tun, zum anderen mit dem inneren Sinn, der eine „innere[] Anschauung" liefert, welche die Funktion der Korrespondenz zu der Verstandesverbindung nach synthesis intellectualis erfüllt. Ich lese also die Ausdrücke ‚Selbstaffektion', ‚von uns selbst ausgehende Affektion des inneren Sinnes', und „Bewußtsein der Bestimmung [des inneren Sinnes] durch die transscendentale Handlung der Einbildungskraft (synthetischer Einfluß des Verstandes auf den inneren Sinn)" (B153f.) als synonym gebrauchte Bezeichnungen des Selbstaffektionsszenarios.

Zunächst ist die Frage zu klären, weshalb Kant hier spezifisch den inneren Sinn nennt bzw. inwiefern die Selbstaffektion eine Bestimmung des inneren Sinns ist und nicht etwa auch des äusseren Sinns. Ich möchte hier drei mögliche Antworten auf diese Frage skizzieren, die jedoch nicht als exklusiv, sondern als kompatibel zu verstehen sind:

1. Es gibt eine Funktion des äusseren Sinnes (und auf andere Weise auch des inneren Sinnes), welche nicht ein Produkt des Verstandes ist. Dies ist die unmittelbare Referenz auf die räumlichen (und zeitlichen) Gegenstände. Unsere sinnlich anschaulichen Vorstellungen verfügen so bereits über einen Sinn unmittelbarer Objektivität, unabhängig davon, ob sie auch von einem intellektuellen Sinn von Objektivität begleitet werden. Die Selbstaffektion bringt nun in diese von sich aus unmittelbar gegenstandsbezogenen Vorstellungen einen intellektuellen Sinn des Gegenstandsbezugs hinein. Um dies zu bewerkstelligen, bezieht sich der Verstand auf die anschaulich gegebenen Vorstellungen, wobei er also Vorstellungen, und nicht unmittelbar Gegenstände, mit einer intellektuellen Struktur versieht. Dadurch affiziert er den inneren Sinn, der Vorstellungen qua Vorstellungen zur Gegebenheit bringt. Durch Selbstaffektion werden daher sehr wohl auch Vorstellungen des äusseren Sinns strukturiert, allerdings qua Vorstellungen, nicht qua unmittelbar gegenwärtige Gegenstände selbst.

2. Der innere Sinn hat einen inklusiven Aspekt, d. h. er stellt neben den äusseren Vorstellungen auch die inneren Vorstellungen anschaulich vor. Der Einfluss des Verstandes über die Einbildungskraft auf die gegebenen Vorstellungen betrifft daher nicht nur die äusseren Vorstellungen (die simultan als Vorstellungen im inneren Sinn gegeben sind), sondern auch die nur im innerlichen Sinn(bereich) gegebenen Vorstellungen. D. h. es können auch solche Vorstellungen durch Selbstaffektion strukturiert werden, die nicht durch den äusseren Sinn gegeben werden können, insbesondere die Denkhandlungen selbst.

3. Der Einfluss des Verstandes auf die Sinnlichkeit ist eine von innen gewirkte Ursächlichkeit. Es ist ein innerer Einfluss auf den inneren Zustand. Sein Ergebnis wird daher nicht im äusseren, sondern im inneren Sinn anschaulich vorgestellt. Die Handlung durch transzendentale Synthesis der Einbildungskraft wirkt immer auf den inneren Sinn. Da dieser Einfluss innerhalb des Gemüts stattfindet, hat dies Kant auch zur Benennung der Affektion von *Innen* gebracht.

Dies sind nun die drei miteinander kompatiblen Elemente, die eine Rolle in Kants Formulierungen des Selbstaffektionsaktes als einer Bestimmung spezifisch des inneren Sinns spielen.

Am Anfang des §24 wird die Selbstaffektion, als Bestimmung des inneren Sinnes durch den Verstand, erstmals in der Deduktion erläutert. Zum Abschluss der Verortung der Selbstaffektionslehre in der Argumentation der B Deduktion soll diese zentrale Passage hier ausführlich erörtert werden:

> Weil in uns aber eine gewisse Form der sinnlichen Anschauung a priori zum Grunde liegt, welche auf der Receptivität der Vorstellungsfähigkeit (Sinnlichkeit) beruht, so kann der Verstand als Spontaneität den inneren Sinn durch das Mannigfaltige gegebener Vorstellungen der synthetischen Einheit der Apperception gemäß bestimmen und so synthetische Einheit der Apperception des Mannigfaltigen der sinnlichen Anschauung a priori denken, als die Bedingung, unter welcher alle Gegenstände unserer (der menschlichen) Anschauung nothwendiger Weise stehen müssen, dadurch denn die Kategorien als bloße Gedankenformen objective Realität, d. i. Anwendung auf Gegenstände, die uns in der Anschauung gegeben werden können, aber nur als Erscheinungen bekommen; denn nur von diesen sind wir der Anschauung a priori fähig. (B150 f.)

Ich möchte für die Analyse diese Passage in die relevanten Einzelteile zerlegen:

> [1] Der Hauptsatz dieser Passage ist folgende Aussage: Der Verstand (als Spontaneität) kann den inneren Sinn durch das Mannigfaltige gegebener Vorstellungen der synthetischen Einheit der Apperzeption gemäss bestimmen und so synthetische Einheit der Apperzeption des Mannigfaltigen der sinnlichen Anschauung a priori denken.

> [2] Der durch „dadurch" eingeführte Nebensatz besteht in einer Konklusion des Arguments und lautet wie folgt: Die Kategorien als blosse Gedankenformen bekommen objektive Realität und werden auf Gegenstände angewandt, die uns in der Anschauung gegeben werden können, aber nur als Erscheinungen.

> [3] Bei dem mit „als die Bedingung" eingefügten Nebensatz ist die Bedingung klärungsbedürftig, die hier angesprochen wird: Dies ist die Bedingung, unter welcher alle Gegenstände unserer (der menschlichen) Anschauung notwendigerweise stehen müssen.

> [4 & 5] Letztlich haben wir zwei Nebensätze am Anfang und am Ende dieser Textstelle, deren Anfangswörter („Weil" und „denn") eine Begründungsfunktion, wohl für die in [2] erwähnte Konklusion, anzeigen. Nämlich [4]: In uns liegt eine gewisse Form der sinnlichen Anschauung a priori zugrunde, welche auf der Rezeptivität der Vorstellungsfähigkeit (Sinnlichkeit) beruht.

> Und [5]: Nur von den Gegenständen, die uns in der Anschauung gegeben werden können (Erscheinungen), sind wir der Anschauung a priori fähig.

Die Aussage [1] ist dabei die erste Formulierung des Selbstaffektionsszenarios. Im Spezifischen wird die Selbstaffektion beschrieben als eine Bestimmung des im inneren Sinn angelegten Mannigfaltigen durch den Verstand. Letzterer, der „als der Quell aller Verbindung" (B154) die synthetische Einheit in Bezug auf „das Mannigfaltige der Anschauungen überhaupt" (B154) stiftet, wird durch die Selbstaffektion auf das Mannigfaltige des inneren Sinns und dadurch auf die menschliche Art der Sinnlichkeit eingeschränkt. D. h. die in [1] aufgeführte Erörterung beschreibt die nach jener Stelle unmittelbar eingeführte transzendentale Synthesis der Einbildungskraft.

Der Nebensatz [2] stellt die Konklusion des Arguments dar. Es besteht zum einen in der Realisierungsthese für die Anwendung der Kategorien, d. h. im Erweisen ihrer objektiven Realität und Gültigkeit, und zum anderen in dem Zusatz, dass diese Realisierung nur innerhalb der Grenzen der menschlichen Art der Anschauung möglich ist. Die Gegenstände unserer menschlichen Art der Anschauung, so die implizite Annahme, sind nur Erscheinungen, nicht Dinge an sich. Die Anwendung der Kategorien über die transzendentale Synthesis der Einbildungskraft auf unsere Art der Anschauung ist daher ebenfalls eine Anwendung auf Dinge als Erscheinungen. Nehmen wir dies zusammen mit Kants These, dass der transzendentale Gebrauch der Kategorien nicht erkenntnisrelevant ist, weil ihm ein bestimmter Sinn von Realität und Korrespondenz abhanden geht, stellen wir fest, dass Kant hier die Thesen der empirischen Realität (i) und der transzendentalen Idealität (ii) der Kategorien innerhalb des Themas der Selbstaffektion erörtert. Ich nenne die (i) und (ii) umspannende These diejenige des *transzendentalen Idealismus in Bezug auf die reinen Verstandesbegriffe*.

Der im eingefügten Nebensatz [3] eingeführte Ausdruck „als die Bedingung" kann auf drei verschiedene Kandidaten referieren: (a) auf die der synthetischen Einheit gemässen Bestimmung: Nach (a) wäre es Kants Intention, darauf hinzuweisen, dass die Bestimmung des inneren Sinnes durch den Verstand dessen Funktionen der Einheit gemäss ist, welches die Bedingung ist, unter der Gegenstände der menschlichen Anschauung notwendigerweise stehen müssen. Diese Lesart ist grammatikalisch sinnvoll, weil der vorhergehende Hauptsatz [1] den Bestimmungsakt erläutert. Die „Bedingung" kann aber auch auf den inneren Sinn (b) verweisen: der innere Sinn als Inbegriff des menschlichen sinnlichen Vermögens würde dann als „die Bedingung" angesprochen, „unter welcher alle Gegenstände unserer (der menschlichen) Anschauung nothwendiger Weise stehen müssen". Diese Lesart ist ebenfalls grammatikalisch möglich, weil der innere Sinn das Akkusativobjekt im Hauptsatz [1] ist. Die „Bedingung" kann aber auch (c) auf die menschliche Anschauung a priori verweisen. Diese Variante ist grammatikalisch zwar problematisch, inhaltlich aber plausibel. Subjekt des ersten, den Hauptsatz begründenden, Nebensatzes ist die uns Menschen zugrundeliegende „gewisse Form der sinnlichen Anschauung a priori". Die formale Struktur der menschlichen Anschauung a priori wäre dann „die Bedingung, unter welcher alle

Gegenstände unserer (der menschlichen) Anschauung nothwendiger Weise stehen müssen". Die Variante (a) würde eine konzeptualistische Interpretation der B Deduktion stützen. Jedoch denke ich, dass diese Variante inhaltlich auszuschliessen ist, weil die Handlungen des Verstandes dann als Bedingungen der menschlichen Anschauung angesprochen würden, was mit dem hier interpretierten Aufbau der B Deduktion konfligiert. Ich bevorzuge hingegen die Varianten (b) oder (c), weil es Kants kognitivem Dualismus entspricht, den inneren Sinn respektive die der menschlichen Sinnlichkeit vorgelagerten Formen der Anschauung als die Bedingungen der Art des menschlichen Anschauens anzusprechen. Dabei tendiere ich trotz grammatikalischen Schwierigkeiten zu (c), weil diese Lesart erstens Kants Emphase der Rolle der menschlichen Fähigkeit des a priori Anschauens Rechnung trägt und zweitens seiner Argumentationsintention in dieser Passage am nächsten kommt.

Wir haben schliesslich in den unter [4 & 5] genannten Sätzen zwei Nebensätze, welche eine begründende Funktion für den Konklusionssatz [2] haben, d. h. für die These des transzendentalen Idealismus der reinen Verstandesbegriffe. Im Sinne einer transzendentalen Topik nimmt Kant in [4] eine Bereichszuweisung vor, d. h. er spricht von einer Fähigkeit a priori vorzustellen, die der Rezeptivität zuzuweisen ist und die als ihre „Form" zugrunde liegt. Die Fähigkeit des a priori Anschauens ist ebenfalls Thema in [5]. Kant betont das a priori Anschauen als eine Fähigkeit, die der menschlichen Art der Sinnlichkeit zukommt, weil – wie im Amphiboliekapitel bezüglich der *Form-Materie* Unterscheidung deutlich wird (A266f./B322f. und A275f./B331) – im Bereich der Sinnlichkeit die Form der Materie vorgelagert ist. Ich habe in Kapitel 4 diese These bereits als *Antizipationsthema* erörtert, welches einen der zentralen Eckpfeiler der These des transzendentalen Idealismus in Bezug auf die reinen Vorstellungen von Raum und Zeit bildet. Es besteht aus der kontrafaktischen Überlegung: Wären die raumzeitlichen Strukturen Eigenschaften der Dinge an sich, so wären sie nicht a priori vorstellbar. Sie sind aber sowohl a priori vorstellbar als auch unmittelbare Voraussetzung der Gegebenheit von inhaltlicher Vorstellung im Bereich der sinnlichen Repräsentationen. Folglich ist ein innerhalb der raumzeitlichen Struktur stehender Vorstellungsinhalt kein Inhalt, der die Dinge als solche (an sich) vorstellt, sondern betrifft immer nur Erscheinungen.

Mit diesen Erörterungen wird nachvollziehbar, worin Kants Argument (das über das Selbstaffektionsthema und die Fähigkeit des a priori Anschauens geführt wird) für die These des transzendentalen Idealismus in Bezug auf die Kategorien besteht: Der Verstand erreicht mit seinen objektivitätskonstituierenden Funktionen in Abstraktion der menschlichen Sinnlichkeit keine objektive Realität, d.h. seine Funktionen realisieren sich erst durch den Akt der Selbstaffektion, weil erst dadurch die Gegebenheitsvoraussetzung für die menschliche Erkenntnis erfüllt ist. Letztere ist jedoch nur erfüllt, wenn die Verstandesfunktionen die menschliche

Art der Sinnlichkeit mitberücksichtigen, deren Inbegriff der innere Sinn ist und die selbst einen unmittelbaren, raumzeitlichen Objektivitätssinn hat. Vom raumzeitlichen Anschauen wurde jedoch bereits gezeigt (wegen der Form-Materie-Priorität im Bereich der menschlichen Sinnlichkeit), dass es nur Erscheinungen und nicht Dinge an sich vorstellen kann. D. h. die Realisierung der Verstandesbegriffe ist auf einen raumzeitlichen Rahmen restringiert, für dessen Inhalte die These des transzendentalen Idealismus gilt. Folglich sind auch die Kategorien in ihrem objektiv realen Gebrauch auf Erscheinungen eingeschränkt. Sie haben keine greifbare Bedeutung, keine Korrespondenz für uns Menschen, wenn sie sich auf Dinge an sich bezögen. Die These des transzendentalen Idealismus für die reinen Verstandesbegriffe fusst also auf der entsprechenden These für Raum und Zeit.

Ich habe nun eine erste Interpretation von Kants Selbstaffektionsdoktrin vorgelegt, indem ich ihre systematische Stelle innerhalb des zweiten Schrittes der B Deduktion aufgezeigt, ihre Aufgabe in der Konstitution eines gemäss den Objektivitätssinnen O1 und O2 gegenstandsbezogenen Vorstellungsinhalts identifiziert, und schliesslich auf ihre Rolle in Bezug auf die These des transzendentalen Idealismus bezüglich des Kategoriengebrauchs hingewiesen habe.

Im folgenden möchte ich untersuchen, wie die so interpretierte Selbstaffektionsdoktrin eine Analyse sowohl der Lehre der Selbsterkenntnis innerhalb der §§24–25 wie auch der „Form der Anschauung" – „formale Anschauung" Unterscheidung innerhalb von §26 an die Hand geben kann. Denn diese zwei Sachthemen der Philosophie Kants wurden eingangs identifiziert als solche, für die jede Interpretation der Selbstaffektionslehre eine Erläuterung zu liefern hat.

Kapitel 6: Die Lehre des doppelten Ich

An einer Stelle in der *Anthropologie* sagt Kant von seiner Lehre der Selbsterkenntnis, dass durch sie das Ich „doppelt zu sein" scheint:

> Hier scheint uns nun das Ich doppelt zu sein (welches widersprechend wäre): 1) das Ich als Subject des Denkens (in der Logik), welches die reine Apperception bedeutet (das blos reflectirende Ich), und von welchem gar nichts weiter zu sagen, sondern das eine ganz einfache Vorstellung ist; 2) das Ich als das Object der Wahrnehmung, mithin des inneren Sinnes, was eine Mannigfaltigkeit von Bestimmungen enthält, die eine innere Erfahrung möglich machen. (Anth, AAVII, S. 134)

Die Lehre des doppelten Ichs ist nicht so zu verstehen, dass es für Kant zwei getrennte Ichs gäbe. Es wird daher ratsam sein, Kants Lehre im Sinne zweier Aspekte zu verstehen. Die zwei Aspekte des Ich sind das „Ich als Subject des Denkens", das Kant auch mit den Ausdrücken „reine Apperception", „reflektierende[s] Ich" und „ganz einfache Vorstellung" beschreibt, und das Ich als „Object der Wahrnehmung", als „Object des inneren Sinnes", welches „eine Mannigfaltigkeit von Bestimmungen enthält", die zu den Ermöglichungsbedingungen der inneren Erfahrung gehören (Anth, AAVII, S. 134).

Kants Lehre des Selbsterkenntnis kommt nun im Anschluss an die Einführung der Selbstaffektion in den §§24–25 ausführlich zur Sprache. Wie sich zeigen wird, stützt sich Kants Argumentation nicht nur für die Phänomenalität der Selbsterkenntnis (6.1), sondern auch für die Lehre des doppelten Ich (6.2), des Weiteren für die Unterscheidung zwischen einem rein intellektuellen Daseinsbewusstsein und einer epistemisch relevanten Daseinsbestimmung, auf die sorgfältige Unterscheidung einer bloss intellektuellen Konstitution der Inhaltlichkeit unserer Erkenntnis von einer verstandesfremden (sinnlichen) inhaltlichen Vorstellungsweise. Dass sich die Thesen Kants zur Selbsterkenntnis direkt aus dem Thema des zweiten Schritts der B Deduktion ergeben, erklärt somit auch, dass die §§24–25 den systematischen Ort innerhalb der *Kritik der reinen Vernunft* für die Erörterung seiner Thesen zur Selbsterkenntnis darstellen.

6.1 Die Phänomenalitätsthese der Selbsterkenntnis

Unmittelbar nach der Einführung der Doktrin der Selbstaffektion kommt Kant auf die genannte Lehre der zwei Aspekte der Selbsterkenntnis zu sprechen. Er unterscheidet dabei die unterschiedlichen Rollen den inneren Sinns und der transzendentalen Apperzeption in der Erkenntnis unserer selbst:

> Hier ist nun der Ort, das Paradoxe, was jedermann bei der Exposition der Form des inneren Sinnes (§ 6) auffallen mußte, verständlich zu machen: nämlich wie dieser auch sogar uns selbst, nur wie wir uns erscheinen, nicht wie wir an uns selbst sind, dem Bewußtsein darstelle, weil wir nämlich uns nur anschauen, wie wir innerlich afficirt werden, welches widersprechend zu sein scheint, indem wir uns gegen uns selbst als leidend verhalten müßten; daher man auch lieber den innern Sinn mit dem Vermögen der Apperception (welche wir sorgfältig unterscheiden) in den Systemen der Psychologie für einerlei auszugeben pflegt. (B152f.)

Ich möchte hier drei Fragen nachgehen: 1. Worin liegt Kants Begründung der Differenz des inneren Sinnes zur transzendentalen Apperzeption? 2. Worauf bezieht sich das Wort „uns" im zitierten Zusammenhang der Selbsterkenntnis? 3. Worauf beruht die Phänomenalitätsthese der Selbsterkenntnis?

Ad 1: Zunächst weist uns Kant darauf hin, dass wir die Funktion des inneren Sinns und diejenige des „Vermögen[s] der Apperception" (B153), d.h. der transzendentalen Apperzeption, auseinander halten müssen. Den inneren Sinn beschreibt er dabei als ein Vermögen, welches „uns selbst […] dem Bewußtsein darstell[t]" (B152), welches also die Rolle hat, etwas dem Bewusstsein darzustellen. Kants Thesen zum inneren Sinn habe ich bereits in Kapitel 4.2 dargelegt, und ebendiesen primär als ein der Sinnlichkeit zuzuschreibendes, und damit eine Anschauungsfunktion erfüllendes, Vermögen identifiziert. Dieses Anschauungs- oder Darstellungsvermögen ist a priori durch Formen der Rezeptivität strukturiert. Es ermöglicht ein Anschauen nur im menschlichen „Wie" des Affiziertwerdens. Wir können „uns nur anschauen, *wie* wir innerlich affiziert werden" (B153). Da der innere Sinn nur unter dem menschlichen „Wie" des Affiziertwerdens etwas anschaulich vorstellt, ist dasjenige, welches da als Inhalt vorgestellt wird, diesem „Wie" unterworfen. Wegen der These des transzendentalen Idealismus bezüglich Raum und Zeit wird der Inhalt der infrage stehenden Vorstellungen „nur" erscheinungshaft vorgestellt, und nicht nach dem, was er an sich selbst sein möge. Das „Wie" der Anschauung ist aber keine in der transzendentalen Apperzeption sich gründende Bedingung. Die in der transzendentalen Apperzeption sich gründende synthesis intellectualis ist zwar selbstbezüglich und stiftet die notwendige Identität des Denksubjekts, die formalen Bedingungen der menschlichen Sinnlichkeit sind aber nicht Bedingungen dieser Verstandesleistung. Daher ist der innere Sinn verschieden von der transzendentalen Apperzeption.

Ad 2: Worauf bezieht sich nun der Ausdruck „uns selbst" hier? Kant spricht oft von „uns Menschen" oder von „unserer Art" der Anschauung und meint damit ganz allgemein die Art und Weise, wie das menschliche Gemüt mit Vermögen (der Sinnlichkeit und des Verstandes) ausgestattet ist. An dieser Stelle jedoch wird sich „uns" nicht allgemein auf das menschliche Gemüt beziehen, sondern auf uns, die wir je ein Ich sind, wobei Kant das Wort „Ich" meist für das „Subject des Denkens"

(Anth, AAVII, S. 134) reserviert. „Ich" meint die Rolle des jeweiligen Subjekts der spontanen Verbindungs- und Denkleistung. Das Ich ist also zunächst nicht identisch mit dem menschlichen Gemüt, welches neben der Fähigkeit zu Denken noch über weitere Fähigkeiten verfügt, die primär mit dem Vermögen der Sinnlichkeit in Verbindung sind (Fähigkeit des raumzeitlichen Anschauens, des Empfindens etc.). Damit ist nun angezeigt, worum es in der Selbsterkenntnis gehen soll: nämlich um eine Erkenntnis desjenigen, das die Rolle des Subjekts der Denkhandlungen übernehmen kann.

Ad 3: Worauf beruht die Phänomenalitätsthese der Selbsterkenntnis? Wie die Differenz zwischen innerem Sinn und transzendentaler Apperzeption bereits anzeigt, beruht die Phänomenalitätsthese der Selbsterkenntnis auf drei zentralen Prämissen: (1) Das denkende Subjekt ist sich in seinen Denkhandlungen nur im inneren Sinn anschaulich gegeben, wobei die anschauliche Gegebenheit eine notwendige Bedingung der Erkenntnis ist, weil sie die *Korrespondenzfunktion* erfüllt. (2) Die menschliche Art der Sinnlichkeit bringt eine *a priori* anschauliche, eigenständige (verstandesfremde) Struktur mit sich: Der innere Sinn im Speziellen stellt Inhalte in einem anschauungshaften allumfassenden zeitlichen Ordnungsrahmen dar. (3) Für alles, was innerhalb dieser Struktur vorgestellt wird, gilt, dass es nur als Erscheinung und nicht als Ding an sich zugänglich ist. Aus diesen drei Prämissen ergibt sich die These der Phänomenalität der Selbsterkenntnis. Die Phänomenalitätsthese der Selbsterkenntnis besagt, dass wir „unser eigenes Subject nur als Erscheinung, nicht aber nach dem, was es an sich selbst ist, erkennen" (B156) können.

Die genannte Grundstruktur von Kants Argumentation lässt sich anhand einer Textpassage aus §24 aufzeigen:

> Daß es aber doch wirklich so sein müsse, kann, wenn man den Raum für eine bloße reine Form der Erscheinungen äußerer Sinne gelten läßt, dadurch klar dargethan werden, daß wir die Zeit, die doch gar kein Gegenstand äußerer Anschauung ist, uns nicht anders vorstellig machen können, als unter dem Bilde einer Linie, so fern wir sie ziehen, ohne welche Darstellungsart wir die Einheit ihrer Abmessung gar nicht erkennen könnten, imgleichen daß wir die Bestimmung der Zeitlänge, oder auch der Zeitstellen für alle innere Wahrnehmungen immer von dem hernehmen müssen, was uns äußere Dinge Veränderliches darstellen, folglich die Bestimmungen des inneren Sinnes gerade auf dieselbe Art als Erscheinungen in der Zeit ordnen müssen, wie wir die der äußeren Sinne im Raume ordnen; mithin, wenn wir von den letzteren einräumen, daß wir dadurch Objecte nur so fern erkennen, als wir äußerlich afficirt werden, wir auch vom inneren Sinne zugestehen müssen, daß wir dadurch uns selbst nur so anschauen, wie wir innerlich von uns selbst afficirt werden, d. i. was die innere Anschauung betrifft, unser eigenes Subject nur als Erscheinung, nicht aber nach dem, was es an sich selbst ist, erkennen. (B156)

Diese Passage enthält den eben erwähnten Passus als Argumentskonklusion: Wir erkennen unser Subjekt nur als Erscheinung, nicht an sich selbst. Ich werde nun die Prämissen dieses Arguments explizit darstellen:

[1] Der Raum ist eine bloße Form der Erscheinungen äusserer Sinne.

Prämisse [1] besteht aus der akzeptierten These des transzendentalen Idealismus in Bezug auf die Raumvorstellung, welche sich darauf gründet, dass der Raum den anschaulichen Materien vorgelagert und eine der Sinnlichkeit zuzusprechende anschauungshafte Vorstellungsstruktur ist.

[2] Die Zeit lässt sich nur über die räumliche Anschauungsweise vorstellig machen.

Die Strukturen der Zeit lassen sich nur deutlich fassen, wenn wir für jedes Charakteristikum der Zeit eine räumliche Darstellungsweise finden, anhand derer die Merkmale der Zeit für das Vorstellungsvermögen fassbar werden.[1] Dies gilt für mathematische wie dynamische Charaktere. Erstere können durch geometrische Anschauungen, letztere nur durch die Anschauung räumlicher Dinge, ihrer Eigenschaften und ihrer Verhältnisse zu anderen Dingen thematisch vorgestellt werden. Diese Überlegung impliziert nach Kant folgende (nicht-explizite) Konklusion:

[3] Die Zeit ist selbst anschauungshafte Bedingung und blosse Form der Erscheinungen.

Bei der These (aus den Prämissen [1] und [2] folgend) des transzendentalen Idealismus in Bezug auf die Zeit spielen mehrere Faktoren eine Rolle. Kant geht bereits in der *Transzendentalen Ästhetik* auf dasjenige ein, was aus der These [2] folgt, nämlich: „Hieraus erhellt auch, daß die Vorstellung der Zeit selbst Anschauung sei, weil alle ihre Verhältnisse sich an einer äußern Anschauung ausdrücken lassen" (A33/B50). D. h. für Kant ergibt sich aus der Notwendigkeit der

---

[1] Obwohl Kant die Relation des *Nacheinander* als eine spezifisch nicht-räumliche oder nicht-räumlich analog darzustellende Relation sieht („außer dem einigen, daß die Theile der erstern zugleich, die der letztern aber jederzeit nach einander sind", A33/B50), so verstehe ich Kant dennoch so, dass auch für die thematische Vorstellung des Nacheinander eine räumliche Darstellung (beispielsweise der Extension der Zeit) notwendig ist, d. h. der Bezug auf Räumlichkeit ist für das thematische Vorstellen der zeitlichen Relationen notwendig, auch wenn letztere kein eigentliches räumliches Analogon haben.

räumlichen Analogie und der These der Anschauungsnatur des Raumes, dass die Zeit ebenso wie der Raum eine ursprünglich anschauliche Vorstellung ist. Das thematische Vorstellen der Zeit ist an ein Vorstellen des Raumes über synthesis speciosa gebunden, wobei diese synthesis speciosa Verhältnisse vorstellen kann, die nicht in einer anderen als der unmittelbar anschauungshaften Weise vorstellbar sind (und daher auch nicht durch Begriffe hinreichend deutlich beschreibbar sind). Diese Überlegungen bringen Kant zur Ansicht, dass die Zeit nur auf anschauungshafte (nicht-intellektuelle) Weise deutlich vorgestellt werden kann. Sie ist damit eine der Sinnlichkeit zuzuschreibende Bedingung. Als Form der Sinnlichkeit ist sie zwar allumfassende Bedingung der Erscheinungen, aber wie der Raum nicht eine Eigenschaft der Dinge an sich. Hiermit wäre die These des transzendentalen Idealismus in Bezug auf die Zeit erwiesen. Die weitere Argumentation gliedert sich wie folgt:

> [4] Wir haben Selbsterkenntnis nur dadurch, dass uns unser Selbst im inneren Sinn und daher innerhalb eines nicht-intellektuellen zeitlichen Rahmens gegeben ist (die Zeit ist mitkonstituierende Bedingung des gegebenen Inhalts der Selbsterkenntnis).
>
> [5] Ein Vorstellungsinhalt, dessen unmittelbare Bedingung als mitkonstituierendes Element etwas ist, das Dinge nur als Erscheinungen vorstellt und nicht als das, was sie an sich selbst sind, kann die Dinge selbst nur als Erscheinungen vorstellen.
>
> Aus [3], [4] & [5] folgt [K]: die Phänomenalitätsthese der Selbsterkenntnis.

Damit wäre aufgezeigt, dass Kant auch dieses Argument für die Phänomenalitätsthese der Selbsterkenntnis im Wesentlichen auf den inneren Sinn (als Korrespondenzfunktion) und dessen anschauungshaften Ordnungsrahmen gründet.

6.2 Der doppelte Aspekt des Ich

Kant unterscheidet denjenigen Aspekt des Ich, von welchem die Denkleistungen ihren Ausgang nehmen, von demjenigen desselben Ichs, sofern seine Leistungen selbst einem bestimmenden intellektuellen Vermögen anschaulich gegeben sein können:

> Wie aber das Ich, der ich denke, von dem Ich, das sich selbst anschauet, unterschieden (indem ich mir noch andere Anschauungsart wenigstens als möglich vorstellen kann) und doch mit diesem letzteren als dasselbe Subject einerlei sei, wie ich also sagen könne: Ich, als

Intelligenz und denkend Subject, erkenne mich selbst als gedachtes Object, so fern ich mir noch über das in der Anschauung gegeben bin, nur gleich andern Phänomenen nicht, wie ich vor dem Verstande bin, sondern wie ich mir erscheine, hat nicht mehr, auch nicht weniger Schwierigkeit bei sich, als wie ich mir selbst überhaupt ein Object und zwar der Anschauung und innerer Wahrnehmungen sein könne. (B155 f.)

Der erste Aspekt ist derjenige, welcher das Ich als „denkend Subject", als „Intelligenz", oder als „das Ich, der ich denke" (B155), auszeichnet. Der zweite Aspekt ist das sich selbst anschauende Ich, mit anderen Worten, das in der Anschauung sich zeigende oder sich darstellende Ich (das Ich in der Rolle des sich unmittelbar selbst Anschauenden oder Angeschauten). Die eben zitierte Stelle ist bemerkenswert, da Kant in Klammern einen begründenden Nebensatz einfügt, welcher für die Unterscheidung der zwei Aspekte des Ich von Bedeutung ist: Ich kann „mir noch andere Anschauungsart wenigstens als möglich vorstellen" (B155). Hiermit spricht Kant darauf an, dass die menschliche Art der Sinnlichkeit, nämlich die a priori strukturierte, raumzeitliche Art des Anschauens, nicht eine der Verstandessynthesis inhärierende Bedingung ist. Das Ich (als Intellekt) bringt die anschaulichen Charaktere der Sinnlichkeit nicht aus sich selbst hervor. Vielmehr kann es sich andere Anschauungsarten denken, nach denen das Ich sich nicht auf solche Art gegeben ist, *wie* es dem menschlichen inneren Sinn gegeben ist.

Das Denkobjekt der Selbsterkenntnis ist das transzendentale Subjekt (das transzendentale Objekt des Selbstbezugs),[2] d. h. es ist diejenige objektive Einheit, die als Grund für ein Urteil über mich selbst als Subjekt des Denkens gedacht wird. Ist aber das Vorstellungsmannigfaltige dieser Einheit selbst nur durch die Vermittlung mit dem inneren Sinn gegeben, der die Denkhandlungen anschaulich vorstellen und ihnen daher für die menschliche Erkenntniskraft Korrespondenz geben kann, so bin „ich mir noch über das in der Anschauung gegeben" (B155).[3] Meines Erachtens ist hier „das in der Anschauung", über welches ich mir selbst gegeben bin als anschauendes Subjekt (respektive Objekt), als die menschliche, sinnliche Strukturbedingung zu lesen, die jeglicher anschaulicher und inhaltlicher Gegebenheit für uns Menschen vorgelagert ist und die daher den Anschauungsgehalt mitstrukturiert und ihn zu etwas Erscheinungshaftem macht. Ich bin

---

[2] Es ist die Vorstellung „Ich; von der man nicht einmal sagen kann, daß sie ein Begriff sei, sondern ein bloßes Bewußtsein, das alle Begriffe begleitet. Durch dieses Ich, oder Er, oder Es (das Ding), welches denkt, wird nun nichts weiter, als ein transzendentales Subjekt der Gedanken vorgestellt = x, welches nur durch die Gedanken, die seine Prädikate sind, erkannt wird" (A346/B404).
[3] Diese Vorstellung stellt nicht „das eigentliche Selbst, so wie es an sich existiert, oder das transzendentale Subjekt" vor, sondern, so Kant, „nur eine Erscheinung, die der Sinnlichkeit dieses uns unbekannten Wesens gegeben worden" (A492/B520) ist.

mir nicht in meinem Selbstsein anschaulich zugänglich, weil die menschliche Anschauungsart, die mir alle anschaulichen Inhalte zugänglich macht, nicht eine Bedingung des Verstandes ist. Was das Verstandesvermögen betrifft, bin ich mir in der anschaulichen Erkenntnis nicht auf solche Weise gegeben, wie ich mir auch gegeben sein könnte (nämlich ohne a priori Bedingungen menschlicher Sinnlichkeit, aber vielleicht nach Bedingungen einer anderen Art der Sinnlichkeit).

Wie die Bedingung der Differenz zwischen objektivitätskonstitutiven Akten des Verstandes in Bezug auf gegebene (sinnliche) Anschauung überhaupt durch synthesis intellectualis und denselben Akten in explizitem Bezug auf unsere menschliche Art der Sinnlichkeit durch transzendentale Synthesis der Einbildungskraft, so liegt auch die Bedingung des Unterschieds der Aspekte des Ich als Subjekt der Verstandeshandlungen einerseits und des Ich als Inbegriff der dem menschlichen Anschauungsvermögen zugänglichen Verstandesoperationen andererseits nicht im Denkvermögen selbst. Die menschliche Sinnlichkeit bleibt für den Verstand ihrem Ursprung nach ein „Geheimnis" (A278/B334). Die entscheidende Bedingung dieser Differenz liegt nicht in einer gewissen formalen Struktur des Denkvermögens (z. B. in einer Strukturdifferenz zwischen dem Ich als Ausgang einer intentionalen Handlung und dem Ich als intentionales Objekt), sondern in der menschlichen Struktur des Anschauungsvermögens, die vom Verstand aus betrachtet als kontingent und fremdartig erscheint.

6.2.1 Das Daseinsbewusstsein gemäss synthesis intellectualis

Im §25 spricht Kant im Kontext seiner Lehre der Selbsterkenntnis von einem rein intellektuellen, unmittelbaren Daseinsbewusstsein. In diesem Zusammenhang stellt sich nun die Frage nach dessen Kompatibilität mit der These der Phänomenalität der Selbsterkenntnis. In der entscheidenden Textstelle sagt Kant folgendes:

> Dagegen bin ich mir meiner selbst in der transscendentalen Synthesis des Mannigfaltigen der Vorstellungen überhaupt, mithin in der synthetischen ursprünglichen Einheit der Apperception bewußt, nicht wie ich mir erscheine, noch wie ich an mir selbst bin, sondern nur daß ich bin. Diese Vorstellung ist ein Denken, nicht ein Anschauen. Da nun zum Erkenntniß unserer selbst außer der Handlung des Denkens, die das Mannigfaltige einer jeden möglichen Anschauung zur Einheit der Apperception bringt, noch eine bestimmte Art der Anschauung, dadurch dieses Mannigfaltige gegeben wird, erforderlich ist, so ist zwar mein eigenes Dasein nicht Erscheinung (vielweniger bloßer Schein), aber die Bestimmung meines Daseins kann nur der Form des inneren Sinnes gemäß nach der besonderen Art, wie das Mannigfaltige, das ich verbinde, in der inneren Anschauung gegeben wird, geschehen; und ich habe also demnach keine Erkenntniß von mir, wie ich bin, sondern bloß, wie ich mir selbst erscheine. (B157 f.)

So wie ich Kant hier verstehe, ist das Ich sich seines Daseins innerhalb einer „transscendentalen Synthesis des Mannigfaltigen der Vorstellungen überhaupt" (B157) bewusst. Diesen Ausdruck lese ich als Paraphrase der synthesis intellectualis. In diesem Sinne bin ich mir meines Daseins sowohl im empirischen wie auch im transzendentalen Gebrauch der Kategorien auf dieselbe Art und Weise bewusst. Durch die synthesis intellectualis wird daher eine gewisse Form des Daseinsbewusstseins konstituiert. Wie ich das bereits bei der Besprechung verschiedener Objektivitätssinne (Kapitel 5.2) gezeigt habe, besteht die objektivitätskonstitutive Leistung des Verstandes nach der synthesis intellectualis unter anderem in einer gewissen Selbstbezüglichkeit aller in dieser Leistung involvierten Momente der Denkoperationen, durch welche die notwendige Durchgängigkeit des Selbstbewusstseins, und dadurch die Möglichkeit einer als notwendig gedachten Einheit eines Mannigfaltigen gewährleistet wird. Wir können nun diese die Durchgängigkeit des Selbstbewusstseins ermöglichende Selbstbezüglichkeit mit dem im §25 erwähnten Daseinsbewusstsein identifizieren.[4]

Da dieses Daseinsbewusstsein aus dem Intellekt entspringt, wäre es nicht anders geartet, hätten wir eine anders konstituierte Sinnlichkeit. Wenn aber die dadurch bewussten Handlungen erkenntnisrelevant vor uns gebracht (und *bestimmt*) werden sollen, müssen sie sich in einer wie auch immer gearteten (korrespondierenden) Anschauung geben lassen. Die Gegebenheit ist nun beim menschlichen Gemüt nur durch dessen Art des raumzeitlichen Anschauens gewährleistet (der „Art, wie" das Vorstellungsmannigfaltige für uns Menschen gegeben ist, d. h. „der Form des inneren Sinnes gemäss", B157). Es unterscheidet sich daher das bloss intellektuelle Daseinsbewusstsein von der Bestimmung des Daseins, die der Korrespondenzfunktion wegen nur innerhalb des nicht-intellektuellen Rahmens der menschlichen Sinnlichkeit geschehen kann.

Wird dieses Daseinsbewusstsein so verstanden, müssen wir gar nicht so weit gehen und das Daseinsbewusstsein nur innerhalb einer inhaltsbezogenen synthesis intellectualis verorten (verstanden als objektivitätskonstitutive Funktion des Verstandes), denn es kann dann auch für intellektuelle Verbindungen relevant sein, die überhaupt keinen Anspruch auf Objektivität hegen, weil sie von jeglicher Inhaltlichkeit der Vorstellungen abstrahieren, d. h. in Verstandesoperationen der bloss formalen und allgemeinen Logik. Nehmen wir als Beispiel den Syllogismus nach Modus BARBARA:

---

[4] Siehe Patricia Kitchers *Kant's Thinker* für eine ausführliche und zeitgenössisch ausgedrückte Interpretation der synthesis intellectualis und des durch diese Handlung konstituierten Daseinsbewusstseins (Kitcher 2011, 196 ff.).

SaM
MaP
―――
SaP

Um die Notwendigkeit der Inferenz innerhalb dieses Syllogismus zu gewährleisten, muss der Verstand in allen Momenten der Handlung des Nachvollziehens eines solchen Arguments eine gewisse Selbstbezüglichkeit aufweisen. D. h. er muss die jeweiligen Momente als Teile eines mentalen Akts so aufeinander beziehen, dass sich die Notwendigkeit der Inferenz ergeben kann. Dies kann er nur tun, indem er seine eigene durchgängige Identität in diesen Momenten stiftet. Er muss also die notwendige Durchgängigkeit des Selbstbewusstseins in allen Aspekten dieser Handlung konstituieren, um die Notwendigkeit der Inferenz zu gewährleisten. Das Ich (als Intellekt) muss hier ein unmittelbares Daseinsbewusstsein aufweisen, welches in der eben beschriebenen Funktion besteht.

6.2.2. Die Bestimmung der eigenen Denkoperationen

Wie kann ich aber nun das Dasein des Ich selbst zum Thema der Erkenntnis machen? Dies scheint nur durch zweierlei Voraussetzungen möglich. Die erste ist die besprochene Eigenschaft der Selbstbezüglichkeit der Denkoperationen respektive ihre Reflexionspotentialität („Das: Ich denke, muß alle meine Vorstellungen begleiten können", B131). Die andere Voraussetzung ist diejenige, dass die Handlungen selbst anschaulich gegebenes Thema sein müssen, damit den Gedanken von ihnen Korrespondenz geben werden kann. Diese Bedingung besteht im inneren Sinn. Um daher überhaupt eine *bestimmte* Erkenntnis des Ich als des Subjekts der Denkoperationen zu erhalten, müssen diese Denkoperationen in den Rahmen der menschlich-sinnlichen Gegebenheit gestellt werden.

Genau dies machen wir, wenn wir z. B. auf unsere Denkoperationen selbst innerhalb des Modus BARBARA achthaben. Dabei erkennen wir die Denkoperationen nur als zeitlich bestimmte. Die einzige Möglichkeit, die Denkoperationen des Verstandes selbst für eine Erkenntnis vor sich zu bringen, ist sie als zeitlich strukturierte anzuschauen und zu bestimmen. So erkennen wir unsere Operationen als solche, die im zeitlichen *Nacheinander* stattfinden. Dieses Nacheinander wiederum müssen wir uns durch die räumliche Analogie klar vorstellen. Die räumliche Ordnung des BARBARA Schlusses stellt dabei ihre zeitliche Strukturiertheit dar:

[1]   SaM

[2]   MaP
─────────
[3]   SaP

Meine logischen Handlungen kann ich also nur so als bestimmt erkennen, wenn ich sie mir zeitlich zur gegebenen Vorstellung mache, ich mich also dabei so beobachte, dass ich *zunächst* [1] und *dann folgend* [2] als Prämissen setze, *bevor* ich die Konklusion [3] aus den Prämissen folgere. Ich sehe meine Denkoperationen in der inneren Beobachtung also als zeitlich bestimmte an.

Dies ändert jedoch nichts daran, dass die hier infrage stehende rein logische Struktur als solche nicht zeitlich ist. Für den Intellekt ist die zeitliche Form unserer Anschauung kontingent. Die logische Form des Arguments ist nicht in unserer Anschauungsweise angelegt, sondern in der Natur des menschlichen Verstandes.

Diese Interpretation wird durch Kants Ausführungen im kleinen Aufsatz, „Beantwortung der Frage, ist es eine Erfahrung, daß wir denken?" (1788–1790, HN, AAXVIII, S. 318 ff.), gestützt. Darin führt Kant aus, dass wir beispielsweise das Denken eines Quadrats (das Denken des Quadratbegriffs) „als Gedanke und nicht als Erfahrung" (HN, AAXVIII, S. 319) verstehen müssen. Dies ändert sich jedoch, wenn wir die „gezeichnete Figur in der Wahrnehmung" (HN, AAXVIII, S. 319) auffassen und vermittelst der begrifflichen Regel „Quadrat" synthetisieren wollen. Denn „[i]n der Erfahrung und durch dieselbe werde ich vermittelst der Sinne belehrt" (HN, AAXVIII, S. 319). Meines Erachtens müssen wir diese Ausführungen so verstehen, dass wir uns für die Erfahrung unseres eigenen Denkens auf eine sinnliche Wahrnehmungsstruktur einlassen müssen. Das blosse begriffliche Denken, welches von logischen Urteilsfunktionen geleitet ist, wird qua logischer Handlung nicht notwendigerweise erfahren. Der Akt des Denkens ist nicht selbst Erfahrung, er steht nicht als ein solcher in der Zeit. Weder ist unser Denkakt selbst etwas zeitliches,[5] noch ist nach Kant das in ihm enthaltene „Bewußtseyn, einen solchen Gedanken zu haben" (HN, AAXVIII, S. 319) eine Erfahrung. Das intellektuelle Bewusstsein müssen wir uns nicht als etwas zeitliches vorstellen, wenn es, nach der von mir hier dargelegten Interpretation, in einer notwendigen Einheit und Selbstbezüglichkeit der Denkhandlungen liegen soll.

Wir können uns daher fragen, wie denn unsere Gedanken, oder das Bewusstsein unserer Gedanken mit einer zeitlichen Struktur in Verbindung gebracht werden kann? Nach Kants Ausführungen im genannten Aufsatz geschieht dies dadurch, dass die Denkhandlungen zu einer „Bestimmung des Gemüths" werden, und als eine solche Bestimmung des Gemüts können sie zu einem „Gegenstand

───────
5 Oder wie Kant an derselben Stelle ausdrückt: „das Denken selbst, ob es gleich auch in der Zeit geschieht, nimmt auf die Zeit gar nicht Rücksicht" (HN, AAXVIII, S. 319).

der Erfahrung" werden, der „beobachtet werden kann, sofern [das Gemüt] nämlich durch das Denkungsvermögen afficirt wird" (HN, AAXVIII, S. 319). Wenn die Denkhandlungen als Bestimmungen des Gemüts vermittelst unserem inneren Sinn anschaulich gegeben werden, können wir ein empirisches Bewusstsein unseres inneren Zustands haben, in welchem unser Denken unter den anschauungshaften Bedingungen der Zeit bestimmbar wird. In diesem Sinne fasst Kant zum Schluss des §25 seine Lehre der Selbsterkenntnis zusammen:

> [S]o bedarf ich auch zum Erkenntnisse meiner selbst außer dem Bewußtsein oder außer dem, daß ich mich denke, noch einer Anschauung des Mannigfaltigen in mir, wodurch ich diesen Gedanken bestimme; und ich existire als Intelligenz, die sich lediglich ihres Verbindungsvermögens bewußt ist, in Ansehung des Mannigfaltigen aber, das sie verbinden soll, einer einschränkenden Bedingung, die sie den inneren Sinn nennt, unterworfen, jene Verbindung nur nach Zeitverhältnissen, welche ganz außerhalb den eigentlichen Verstandesbegriffen liegen, anschaulich zu machen, und sich daher selbst doch nur erkennen kann, wie sie in Absicht auf eine Anschauung (die nicht intellectuell und durch den Verstand selbst gegeben sein kann) ihr selbst bloß erscheint, nicht wie sie sich erkennen würde, wenn ihre Anschauung intellectuell wäre. (B158 f.)

Wollen wir intellektuelle Anschauung in Bezug auf den menschlichen Verstand, d.h. der intellektuellen Anschauung unserer Verstandeshandlungen selbst, ausschliessen, müssen wir über eine Weise der a priori strukturierten (und wiederum verstandesfremden) Art der Sinnlichkeit verfügen. Eine Theorie, die der Sinnlichkeit nur die Rolle des Anstosses bzw. die Rolle des blossen Gebens zuordnet, ohne eigenständige Form-Materie Priorität im Felde der Sinnlichkeit, und folglich die raumzeitlichen Strukturen der menschlichen Anschauungen als solche interpretiert, die wesentlich durch den Verstand gestiftet sind, kann weder eine befriedigende Begründung der Lehre des doppelten Aspekts des Ich leisten noch die Phänomenalitätsthese der Selbsterkenntnis erklären.

Einwände gegen die vorgeschlagene Lesart

Im folgenden werde ich auf einige mögliche Einwände gegen die hier vorgeschlagene Interpretation der kantischen Lehre der Selbsterkenntnis eingehen.

Allison vertritt, dass es sich bei der äusseren Erfahrung und bei der inneren Erfahrung um nicht-analoge Prozesse handelt (vgl. Allison 2004, 282 f.). Innere Erfahrung besteht nach ihm bei Kant hauptsächlich in der Selbstzuschreibung von äusseren Vorstellungen. Das Objekt der äusseren Erfahrung ist gemäss Allison der räumliche Gegenstand, während das Objekt der inneren Erfahrung – da die innere Erfahrung nur äussere Erscheinungen dem Subjekt selbst als eigene Vorstellungen zuschreibt – das transzendentale Subjekt, das Substrat der Vorstellungen, ist, welches gar nicht in der inneren Erfahrung erscheint. Nach Allison erschleicht dann die Einführung des Begriffs der „Selbstaffektion" mit seiner Konnotation zur Sinnlichkeit die Phänomenalitätsthese der Selbsterkenntnis (vgl. Allison 2004, 282f.).

Meines Erachtens jedoch dient der Ausdruck „Affektion" nur dazu, die bestehende Analogie der äusseren mit der inneren Erfahrung nachzuzeichnen. Sowohl in der äusseren Erfahrung, wie auch in der inneren Erfahrung (als Erfahrung der eigenen Denkoperationen – hierin ist meine Lesart derjenigen Allisons klar entgegengesetzt) haben wir es mit einer realisierten begrifflichen Objektivitätsleistung zu tun, die sich innerhalb des sinnlichen Rahmens umsetzt. Der Verstand jedoch denkt sich die Gegenstände auch als solche, die von dieser Art der Sinnlichkeit unabhängig sein können. Dabei denkt er sich auch die Handlungen des transzendentalen Subjekts als solche, die unabhängig von der Art der menschlichen Sinnlichkeit erkennbar sein könnten. Bei beiden, der äusseren wie der inneren Erfahrung, ist das intellektuell gedachte Objekt nur in Vorstellungsgehalten gegeben, die eine sinnliche Struktur enthalten, die selbst nicht Dingen an sich (so wie sie nur vom Verstand gedacht werden) zukommen. Die Annahme einer Analogie ist daher gerechtfertigt und nicht durch die Konnotation des Affektionsbegriffs erschlichen.

Ist nun die transzendentale Synthesis der Einbildungskraft dasselbe wie die Selbsterfahrung ermöglichende Handlung der Selbstaffektion? Diese Frage bezieht sich auf Allisons Versuch, die Theorie der Selbstaffektion zu retten, indem er zwei zu unterscheidende Handlungen der Selbstaffektion annimmt: 1. die Konzeptualisierung der Erscheinungen (vollzogen von der transzendentalen Synthesis der Einbildungskraft), und 2. eine konzeptualisierende Erfahrung des konzeptualisierten Erfahrens der äusseren Gegenstände, d.h. eine Meta-Erfahrung (vgl. Allison 2004, 284f.). Allison trifft hier einen problematischen Punkt in Kants Theorie der transzendentalen Synthesis der Einbildungskraft respektive der Selbstaffektion: Wie sind diese zwei Aspekte, die Versinnlichung der gedachten *Inhalte* der Verstandeshandlung (d.h. der Schritt von der synthesis intellectualis zur transzendentalen Synthesis der Einbildungskraft) einerseits und die Versinnlichung der Verstandeshandlung selbst (d.h. die Handlung, die selbst zum intendierten Vorstellungsinhalt wird) andererseits miteinander vereinbar? Kants Lehre der Selbstaffektion variiert zwischen diesen beiden Aspekten:

1. Die Verbindung, die der reine Verstand nach synthesis intellectualis denkt (die objektive Einheit, der Gehalt des Denkens), muss sinnlich gemacht werden. Die Verbindungsleistung, die der Verstand denkt, muss unmittelbar an den uns Menschen sinnlich gegebenen Anschauungen durchgeführt werden. Dadurch konstituiert sich der empirische Gebrauch der Kategorien durch transzendentale Synthesis der Einbildungskraft. Diese ordnet das im

sinnlichen Rahmen der Anschauung Gegebene zu einem der synthesis intellectualis gemässen Inhalt.
2. Durch Selbstaffektion wird die Verbindungsoperation, die der Verstand durchführt, für ihn selbst thematisch vorgestellt und dadurch sinnlich gemacht, d. h. die Verbindungsleistung wird zum sinnlich thematischen Inhalt. Dies ist auch der Fall, wenn der Verstand formallogisch denkt und kein Objekt intendiert, sondern nur den Regeln der logischen Inferenz folgt. Der durch diese Selbstaffektion konstituierte Inhalt besteht in den sinnlich gemachten Verstandesleistungen, in der sinnlichen Korrespondenz der gedachten Verstandeshandlung.

Beide Aspekte jedoch stellen eine vom Verstand bewirkte Verbindungsleistung innerhalb eines sinnlichen Rahmens vor. D. h. es handelt sich in beiden Fällen um vom Verstand ausgehende Einwirkungen auf das Mannigfaltige, das in der Sinnlichkeit gegeben ist, und muss daher durch die Vermittlung einer Handlung der Einbildungskraft geschehen. Es wird eine objektive Einheit der Vorstellung gedacht, aufgrund welcher ein Urteil über diese Einheit gefällt werden kann, in die explizit auf das in der menschlichen Art der Sinnlichkeit angelegte Mannigfaltige Rücksicht genommen werden muss. Wir können daher in beiden Fällen von einer Wirkung des Verstandes auf den inneren Sinn sprechen, und zwar als ein Szenario, welches Kant mit dem Ausdruck der „Transzendentalen Synthesis der Einbildungskraft" (B152) bezeichnet. Der Fokus und die Intention ist jedoch eine andere.

Im Gegensatz zu Allison sehe ich Punkt 2 nicht in einer zweiten Stufe der Selbstaffektion, sondern fasse beide Aspekte der Selbstaffektion als Handlungen einer transzendentalen Synthesis der Einbildungskraft auf, die jedoch mit verschiedenen Brennpunkten stattfinden kann. Nach meiner Lesart kann eine transzendentale Synthesis der Einbildungskraft, welche eine explizite sinnliche Umsetzung einer synthesis intellectualis ist, aufgrund der in der synthesis intellectualis angelegten Potentialität zur Reflexion, respektive zur ausdrücklichen Thematisierung dieser Verstandeshandlung selbst, zum thematischen Objekt eines innerlich gegebenen Vorstellungsinhalts gemacht werden, indem also ein reflexiver Fokus stattfindet. Die infrage stehende Verstandeshandlung wird somit in einem zeitlichen Rahmen, d. h. im inneren Sinn, angeschaut und bestimmt (und mit räumlichem Analogon für die zeitlichen Strukturen versehen). Erst durch dies wird eine Denkoperation selbst für unsere Erkenntnis bestimmbar respektive bestimmt. Diese kann somit als zeitbestimmte Handlung vorgestellt werden, welches die innere Erfahrung konstituiert.

Kapitel 7: Selbstaffektion und die formale Anschauung der Zeit

Der §26 führt mitunter durch eine Fussnote die Unterscheidung zwischen *Form der Anschauung* und *formaler Anschauung* ein, die innerhalb der Forschungsliteratur zu nicht abreissenden Diskussionen geführt hat.[1] Ich werde im folgenden zeigen, welche Interpretation dieser Unterscheidung sich aus der dargestellten Lehre der Selbstaffektion unmittelbar aufzeigen lässt.

Da Kant in der Fussnote von B160 f. davon spricht, dass Raum und Zeit als einheitliche Anschauungen eine Synthesis voraussetzen, liegt die Auffassung nahe, dass alle repräsentativen Strukturen von Raum und Zeit nur durch verstandesgeleitete Synthesis zustande kommen.[2] Ein solches Verständnis von Kants Text stellt daher eine Herausforderung für die non-konzeptualistische Lesart dar. Um eine konsistente, non-konzeptualistische Lesart der Passagen im §26 vorzuschlagen, werde ich im folgenden zunächst den für die sinnliche Form der Objektivität O2 relevanten Sinn anschauungshafter Bestimmtheit der reinen Strukturen von Raum und Zeit ausführlicher bestimmen (7.1), bevor ich auf die relevanten Passagen zu sprechen komme, durch die sich eine Interpretation der formalen Anschauung entwickeln muss (7.2). Indem ich eine Unterscheidung zwischen Form der Anschauung und formaler Anschauung (im Unterschied etwa zu Longuenesse) aufrecht erhalte, werde ich schliesslich auf die (von Longuenesse aufgeworfene) Frage eingehen, wie wir im Lichte der Deduktion die Erörterungen innerhalb der *Transzendentalen Ästhetik* zu verstehen haben (7.3).

7.1 Sinnliche Bestimmtheit der Form der Anschauung

Wie Kant zu Ende der B Deduktion zusammenfasst, muss innerhalb ihres zweiten Schrittes die Beziehung der Kategorien als in der ursprünglichen Apperzeption einwohnenden Einheitsleistungen auf „Raum und Zeit als ursprüngliche Formen der Sinnlichkeit" (B168 f.) dargestellt werden. Verstehen wir Raum und Zeit in ihrer Ursprünglichkeit als „Formen der Anschauung" und „Form der Anschauung" als

---

[1] Onof und Schulting führen in ihrem Aufsatz „Space as Form of Intuition and as Formal Intuition. On the Note to B160 in Kant's Critique of Pure Reason" den aktuellen Stand der Forschungsliteratur zu dieser Fussnote ausführlich an.
[2] So hält Longuenesse (vgl. 1998, S. 213) daran fest, dass sich Raum und Zeit in §26 als Vorstellungen herausstellen, die bereits einen grundlegenden Vorstellungsgehalt besitzen, der seiner Natur (oder Potentialität) nach ein begrifflicher respektive kategorialer ist.

Bezeichnung des topologischen Aspekts des (in 5.2 aufgeführten) verstandesunabhängigen Objektivitätssinns O2, so ermöglicht die Unterscheidung zwischen formaler Anschauung und Form der Anschauung, letztere in einer ihr eigenen nichtbegrifflichen Weise der *Bestimmtheit* zu denken.

Ich habe bereits in 3.3 aufgezeigt, wie wir bei Kant verschiedene Weisen der Bestimmtheit unterscheiden müssen. Nach Kants Lehre des transzendentalen Idealismus dürfen wir die uns innerhalb unserer sinnlichen Form gegebenen Gegenstände nicht als an sich selbst durchgängig bestimmte Gegenstände ansehen. Die Gegenstände der Sinnlichkeit sind durch den Verstand und dessen Prädikatsbegriffe nur bestimmbar. Hingegen stellt uns die Wahrnehmung ihre Gegenstände stets in einem allumfassenden topologisch strukturierten Anordnungsrahmen vor, den ihre apriorische Form mit sich bringt und ebendiesen Gegenständen auferlegt. Auf mögliche Charakterisierungen der bloss anschauungshaften Struktur der Zeit bin ich bereits in der Diskussion der Zeitargumente in Kapitel 4 ausführlich eingegangen. Obschon nicht mit dem begrifflichen Sinn von Bestimmtheit identifizierbar, habe ich diese Charaktere des Anschauungshaften so erörtert, dass sie ebendiese den Wahrnehmungsgegenständen notwendig auferlegen. Wir können daher auch von einem ursprünglich sinnlichen Sinn von Bestimmtheit sprechen, über den die Gegenstände unserer Sinnlichkeit verfügen.

Zusätzlich zu den bereits ausgeführten Erörterung möchte ich nun die infrage stehende ursprünglich sinnliche Bestimmtheit noch anhand zweier Beispielen illustrieren: (1) die anschaulich bestimmte Unendlichkeit des Raumes und der Zeit, (2) die Reichhaltigkeit an Bestimmtheit des Raumes, insofern sie ein Mannigfaltiges an geometrischer Begrifflichkeit zulässt.

Ad 1. Ein nichtbegrifflicher Sinn von Unendlichkeit: Verschiedene Autoren[3] haben bereits auf eine gewisse Diskrepanz zwischen der mereologischen Natur der verstandesgeleiteten quantitativen Synthesis einerseits und der anschauungshaften Gegebenheit andererseits aufmerksam gemacht. Erstere geht bei Kant immer von der Einheit über die Vielfalt zur Totalität hin und beginnt, bezogen auf den Raum, immer bei den Teilen des Raumes, während sie die Grösse des Raumes durch Aggregation der Teile zu begreifen versucht. Im Anschauungshaften jedoch, wie sich in der von Kant im 5. (A: 4.) Raumargument diskutierten „Unendlichkeit" (A25) des Raumes anzeigt, ist die Unendlichkeit und das Ganze des allumfassenden Raumes jeweils jeder Vorstellung der Teile vorausgesetzt.[4] Eine ähnliche Überlegung lässt sich auch zur Zeit anstellen. Das 5. Zeitargument lautet wie folgt:

---

3 Zum Beispiel McLear (2015) sowie Onof und Schulting (2015).
4 Vgl. dazu Onof und Schulting (2015, S. 38).

Die Unendlichkeit der Zeit bedeutet nichts weiter, als daß alle bestimmte Größe der Zeit nur durch Einschränkungen einer einigen zum Grunde liegenden Zeit möglich sei. Daher muß die ursprüngliche Vorstellung Zeit als uneingeschränkt gegeben sein. Wovon aber die Theile selbst und jede Größe eines Gegenstandes nur durch Einschränkung bestimmt vorgestellt werden können, da muß die ganze Vorstellung nicht durch Begriffe gegeben sein (denn da gehen die Theilvorstellungen vorher) [B: denn sie enthalten nur Theilvorstellungen,], sondern es muß ihre [B: ihnen] unmittelbare Anschauung zum Grunde liegen. (A32/B47f.)

Das 5. Zeitargument nimmt die unterschiedlichen Teil-Ganzes Beziehungen von Anschauung und Begriff in Anspruch: In der Anschauung ist die Vorstellung der Teile nur durch das Ganze und als dessen Einschränkung möglich. Die anschaulichen Teile sind immer bereits mit dem Ganzen, und daher auch mit den anderen Teilen des Ganzen koordiniert. Die quantitative Synthesis des Mannigfaltigen der Zeit jedoch nimmt jeweilige Zeitabschnitte als Einheit, aus der jeweils eine Grösse der Zeit begriffen werden kann, d.h. die begriffliche quantitative Synthesis geht von den Teilen zum Ganzen. Jede begrifflich bestimmte Grösse (Vielheit oder Totalität) der Zeit wird wiederum in einem umfassenden Ganzen der Zeit vorgestellt. Es ist aber dennoch anschaulich evident, dass alles noch ausserhalb der jeweiligen Limitation liegende reine Mannigfaltige der Zeit uniform ist und zur *gleichen* Zeit gehört, die *einig* ist. Diese Evidenz liegt jedoch nicht in der quantitativen Synthesis des Verstandes selbst. Sie muss daher in einer anschauungshaft und nichtbegrifflich vorzustellender Art der Bestimmtheit liegen.

Ich verstehe den Zusammenhang dieser Ausführungen Kants so: wir haben eine deutliche Vorstellung der Unendlichkeit der Zeit (und des Raumes). Diese Vorstellung ist jedoch nicht von den Quantitätskategorien gestiftet, vielmehr ist sie in jeder quantitativen Analyse des raumzeitlichen Mannigfaltigen immer jeweils vorausgesetzt. Diese Vorstellung beinhaltet ein intuitives Verständnis dessen, was jeder quantitativen Synthesis des raumzeitlichen Mannigfaltigen vorausliegt: die Zugehörigkeit all dessen, was in der Aggregation der Teile noch hinzukommen mag, zu einem unendlichen, einigen Ganzen.

So sagt Kant beispielsweise in der Erörterung des Raumes: „Wäre es nicht die Grenzenlosigkeit im Fortgange der Anschauung, so würde kein Begriff von Verhältnissen ein Principium der Unendlichkeit derselben bei sich führen" (A25). Jede räumlich verstandene relationale Verbindung (z. B. Aggregation) wird bereits so verstanden, dass sie „ein Principium der Unendlichkeit" enthalten kann, das wir uns aber nur daher deutlich vorstellen können, weil der Raum jeweils schon diesen notwendigen Sinn der Zusammengehörigkeit zu einem unendlichen Ganzen enthält. Letzterer ist nicht begrifflich notwendig, gehört daher zur ursprünglichen nichtbegrifflichen Bestimmtheit des Raumes (und der Zeit).[5] Dieser Sinn der Unendlichkeit ist auch unterschieden von einer Erwartung, die der Verstand in seiner immer endlichen quantitativen Synthesis von der Grösse des Raumes bildet, denn der Sinn der notwendigen Uniformität, Einigkeit und Unendlichkeit ist bereits in jeder räumlichen Teilanschauung mitgegeben und nicht nach unvollendeter Aggregation epagogisch geschlossen. Ich schreibe diesen Sinn daher der ursprünglich-anschauungshaften Bestimmtheit von Raum und Zeit als Formen der Anschauung zu.

Ad 2. Anschaulicher Zwang als Bedingung geometrischer Notwendigkeit: Die nichtbegriffliche Bestimmtheit des Raumes zeigt sich auch anhand des apriorischen Zwangs, den wir bei der Konstruktion geometrischer Begriffe intuitiv erleben und der diese Begriffe begründet. Ohne hier die kantische Philosophie der Mathematik im Einzelnen nachzeichnen zu können, möchte ich drei ihrer zentralen Thesen aufzeigen.

Die mathematischen Begriffe sind nach Kant, erstens, keine bedeutungs- und korrespondenzlosen Begriffe, weil sie jeweils durch Konstruktion in der reinen Anschauung dargestellt werden können. Ihr Objekt ist durch die Konstruktion „den Sinnen gegenwärtig[] (obzwar a priori zu Stande gebracht[])" (A240/B299). Die Darstellung in der reinen Anschauung ist zugleich eine Realdefinition. Es gibt daher in der Mathematik das Objekt nicht vor der Definition des Begriffs, vielmehr besteht die Definition des Begriffs in diesem Akt des Darstellens, wodurch sich die mathematischen Begriffe zugleich Sinn und Bedeutung sichern (vgl. A240/B300). D. h. die mathematischen Begriffe sind zwar reine Begriffe, haben jedoch im Gegensatz zu den Kategorien ihre Bedeutung unmittelbar im raumzeitlichen Rahmen der menschlichen Sinnlichkeit und können nicht über diesen Rahmen hinaus etwas vorstellen.

Die Mathematik verfügt nach Kant, zweitens, über Axiome als „synthetische Grundsätze a priori, so fern sie unmittelbar gewiß sind" (A732/B760). Sie sind, in der Umschreibung Kants, Verbindungen von Prädikaten (vgl. A732/B760), d. h. Aussagen, die möglich sind, weil sich die Teile des Ausgesagten unmittelbar in der Anschauung des Gegenstandes miteinander verknüpfen. Kants Beispiel für ein solches mathematisches Axiom ist, dass „drei Punkte jederzeit in einer Ebene

---

5 Die Unendlichkeit des Raumes und der Zeit ist nicht diejenige einer unendlichen, begrifflichen *Quantität*, die in der Anschauung gegeben wäre, wie dies Ferrarin korrekt ausdrückt: „[T]he part is possible through the whole; in this sense the infinite is given in and through a finite intuition, [...] the infinity is given in and through an intuition, yet it is not intuited per se as a quantum" (Ferrarin 2006, S. 15). Raum und Zeit werden sich, so Ferrarin, bei Kant auch von der Vernunftidee eines vollständigen Ganzen zu unterscheiden, da letztere ein Postulat ist, der Sinn des *Gegebenseins* des Unendlichen bei Raum und Zeit aber über das Postulieren hinausgeht (vgl. Ferrarin 2006, S. 16).

liegen" (A732/B761). Axiome der Mathematik haben nach Kant also eine ganz bestimmte unmittelbare Evidenz, die sich aus unserer Fähigkeit des raumzeitlichen Vorstellens ableitet.

Der Fortgang der Mathematik nach Kant folgt, drittens, keinem formallogischen Verfahren, sondern „Demonstrationen" (A734/B762). Diese sind nur möglich, indem die Begriffe, von denen der zu beweisende Satz handelt, in der Anschauung dargestellt werden und der Beweis schliesslich über ein im raumzeitlichen Rahmen vorgestelltes Einzelnes, das für den allgemeinen Begriff steht, durchgeführt wird (vgl. A734/B762).

Bei allen drei herausgehobenen Elementen der kantischen Philosophie der Mathematik ist die Notwendigkeit zu betonen, dass sich die jeweiligen Begriffe und die durch sie beschriebenen Erkenntnisse auf einem raumzeitlichen Vorstellungsrahmen gründen. Dieser Rahmen begründet folglich die Evidenz, die anschauliche Notwendigkeit bzw. den anschaulichen *Zwang*, den wir in der mathematischen (und speziell in der geometrischen) Erkenntniseinstellung erfahren. Der infrage stehende Zwang lässt sich auch anhand von Kants Diskussion des ‚Zweiecks' aufzeigen:

> So ist in dem Begriffe einer Figur, die in zwei geraden Linien eingeschlossen ist, kein Widerspruch, denn die Begriffe von zwei geraden Linien und deren Zusammenstoßung enthalten keine Verneinung einer Figur; sondern die Unmöglichkeit beruht nicht auf dem Begriffe an sich selbst, sondern der Construction desselben im Raume, d. i. den Bedingungen des Raumes und der Bestimmung desselben [...]. (A220 f./B268)

Die in diesem Beispiel ausgedrückte Unmöglichkeit ist eine ursprünglich anschauliche. Sie gründet nicht auf den diskursiven Verwendungsweisen der involvierten Begriffe und ist daher für den Verstand allein nicht einsehbar. Die „Unmöglichkeit" eines Zweiecks „beruht" nach Kant auf „den Bedingungen des Raumes und der Bestimmung desselben" (A220 f./B268). Dies ist ein weiteres Indiz dafür, dass wir nach Kant den Raum und die Zeit so verstehen müssen, dass sie eigene strukturelle Bestimmtheiten mitbringen, welche das Mannigfaltige der aus ihnen zu ziehenden mathematischen Begrifflichkeiten zwar sehr wohl einschränken, aber auch offenlassen, wieviel die mathematische Erkenntniseinstellung noch über die raumzeitlichen Strukturen herausfinden kann.

Lisa Shabel macht in ihrer Auseinandersetzung mit der „Form der Anschauung" – „formale Anschauung" Unterscheidung auf denselben Punkt aufmerksam. Ihrer Meinung nach muss für geometrische Erkenntnis die Möglichkeit gegeben sein, Objekte wie Linien und Punkte anschaulich vorzustellen und diese im Raum zu situieren. Der ursprüngliche Raum stellt nun diese Möglichkeit zur Verfügung. Er ist dasjenige, was der Produktion solcher formaler Anschauungen sowohl Grenzen setzt wie auch diese als berechtigt ausweist: Der ursprüngliche

Raum kann damit als deren eigentliche Quelle angesprochen werden: „[T]he source of and condition on the unity of the spatial objects of geometry is to be found in the original representation of space" (Shabel 2010, S. 106). Damit die geometrischen Objekte als in der ursprünglichen Raumvorstellung gegründet angenommen werden können, müssen alle Struktureigenschaften, welche von diesen vorausgesetzt (und nicht wiederum geometrisch eingeholt) werden, als bereits in der ursprünglichen Vorstellung enthalten angesehen werden: „Kant does not provide further support for these claims; he seems to think that the uniqueness of the whole of space, and the connectedness and homogeneity of all of its determinable parts, is phenomenologically evident" (Shabel 2010, S. 100).

Ich sehe daher in der Gründungsrelation, in welcher mathematische Begriffe, ihrer Definition nach und in der Weise, wie sie in Axiomen und Demonstrationen gebraucht werden, zur ursprünglichen raumzeitlichen Anschauung stehen, ein weiteres Argument dafür, dass wir Raum und Zeit so anzusehen haben, dass sie ihre eigenen nichtbegrifflichen Bestimmtheiten mit sich bringen.

7.2 Die formale Anschauung von Raum und Zeit

Eine Interpretation, welche die Rolle der Sinnlichkeit gemäss den eben erläuterten Charakteren sieht, muss nun ebenfalls eine Erklärung davon abgeben können, wie sich der Verstand innerhalb der so geformten Sinnlichkeit realisiert respektive wie das ursprüngliche Verstandesvermögen sich mit dem gleichursprünglichen Vermögen der Sinnlichkeit vermitteln lässt. Einen ersten expliziten Schritt zur Überwindung der Heterogenitätsproblematik unternimmt Kant an einer Stelle im §26, welche zentral für das Verständnis des zweiten Schritts des Deduktionsarguments ist:

> Wir haben *Formen* der äußeren sowohl als inneren *sinnlichen Anschauung a priori* an den Vorstellungen von Raum und Zeit, und diesen muß die Synthesis der Apprehension des Mannigfaltigen der Erscheinung jederzeit *gemäß* sein, weil sie selbst nur nach dieser Form geschehen kann. Aber Raum und Zeit sind nicht bloß als Formen der sinnlichen Anschauung, sondern als Anschauungen selbst (die ein Mannigfaltiges enthalten), also mit der Bestimmung der Einheit dieses Mannigfaltigen in ihnen a priori vorgestellt (siehe transsc. Ästhet.) [Fussnote]. Also ist selbst schon Einheit der Synthesis des Mannigfaltigen außer oder in uns, mithin auch *eine Verbindung*, der alles, was im Raume oder der Zeit bestimmt vorgestellt werden soll, *gemäß* sein muß, a priori als Bedingung der Synthesis aller Apprehension schon mit (nicht in) diesen Anschauungen zugleich gegeben. Diese synthetische Einheit aber kann keine andere sein, als die der Verbindung *des Mannigfaltigen einer gegebenen Anschauung überhaupt in einem ursprünglichen Bewußtsein*, den Kategorien *gemäß*, nur auf unsere sinnliche Anschauung angewandt. (B160 f., meine Hervorhebungen)

In dieser Passage sind zwei wesentliche *Gemässheitsbedingungen* ausgedrückt, die ich für zentral halte für das Verständnis der *formalen Anschauung*. Kant handelt hier von der „Synthesis der Apprehension" (B160), die – als transzendentale Synthesis der Einbildungskraft gedacht – das sinnlich gegebene Mannigfaltige der Bestimmung durch den Verstand verfügbar macht. Ferner soll sie eine Erklärung davon liefern, wie die reinen Verstandesbegriffe in ihrer begrifflichen Objektivitätskonstitution sich „auf unsere sinnliche Anschauung" (B161) anwenden lassen.

Nun sagt Kant einerseits, dass ebendiese Synthesis der Apprehension jederzeit den Bedingungen der menschlichen Art des sinnlichen Anschauens, d. h. den im menschlichen Gemüt ursprünglich angelegten Formen der Anschauung a priori (Raum und Zeit) *gemäss* sein muss. Sie kann, mit Kant ausgedrückt, „nur nach dieser Form geschehen" (B160). Der vorhin ausgeführte nichtbegriffliche Sinn von Bestimmtheit, den die ursprünglichen Formen der Anschauung mit sich bringen, kann diese Gemässheit erklären: Die transzendentale Synthesis der Einbildungskraft, will sie eine Verbindung im Gebiet der Sinnlichkeit konstituieren, muss sich nach etwas Bestimmtem richten. Durch die Synthesisleistung wird diese Bestimmtheit nicht selbst produziert oder gestiftet, weil es sich hier um die verstandesexterne Bestimmtheit handelt.

Andererseits wird in dieser Passage eine zweite Gemässheit ausgedrückt: Die „synthetische[] Einheit" (B161) der Verbindung des raumzeitlich gegebenen Mannigfaltigen muss gemäss „der Verbindung des Mannigfaltigen einer gegebenen Anschauung überhaupt in einem ursprünglichen Bewußtsein" (B161) sein. Hiermit bringt Kant die Bedingung zum Ausdruck, unter der die Handlung der Einbildungskraft Objektivität im Sinne von O1 stiftet. Dies tut sie nämlich nur, indem sie eine transzendentale Synthesis vollzieht, welche die Objektivitätsleistung der synthesis intellectualis über die synthesis speciosa innerhalb der menschlichen Art der Sinnlichkeit umsetzt. Die *Einheit der Verbindung*, welche in obigem Zitat zur Sprache kommt, ist daher der durch synthesis intellectualis gestifteten thematischen Einheit gemäss und ermöglicht dem Intellekt, das gegebene Mannigfaltige als Objekt seiner (auch weiter zu differenzierenden) begrifflichen Bestimmung zu nehmen.

Die durch die transzendentale Synthesis der Einbildungskraft zustandegebrachte Vorstellungseinheit beinhaltet also die genannten zwei Gemässheitsbedingungen. Sie setzt das gegebene Mannigfaltige im Felde der Sinnlichkeit zusammen, d. h. ihr Material hat bereits einen Sinn von Unmittelbarkeit und richtet sich nach den topologischen Voraussetzungen unserer Art der Sinnlichkeit (ihr Resultat beinhaltet daher den Objektivitätssinn O2). Die zustande kommende Vorstellung ist demnach so beschaffen, dass ihr beide Objektivitätssinne zukommen.

Um die doppelte Gemässheitsbedingung genauer beschreiben zu können, unterscheide ich hier zwei Aspekte einer sinnlich-anschaulichen Vorstellung: Zum einen die in ihr gedachte *thematische Einheit*, welche sie zum begrifflichen Thema des sinnlich gegebenen Mannigfaltigen macht, und zum anderen ihr *Vorstellungsgehalt*, als Inbegriff dessen, was in ihrem Mannigfaltigen irgendeine Weise von gegenständlichem Sinn aufweist.

Da Raum und Zeit als Formen der Anschauung nach dem bisher Erörterten eine begrifflich nicht ausschöpfend zu bestimmende Reichhaltigkeit an Charakteren vorstellen, lässt sich ihr Gehalt nicht in eindeutige Korrespondenz zu begrifflicher Erkenntnis bringen. Wie ist nun die formale Anschauung zu verstehen, durch die Raum und Zeit als reine Anschauungen zur thematischen (intellektuellen) Einheit kommen? – Meine Antwort darauf lautet: Die formale Anschauung stellt nicht nur den Raum und die Zeit als intellektuell thematisches Objekt vor, sondern auch diejenigen von ihren Charakteren, die nicht hinreichend begrifflich verstanden werden und einen sinnlichen Sinn von Notwendigkeit anzeigen. So wird die formale Anschauung zu einer die Verstandeseinheit – bestehend aus einer gedachten Zusammengehörigkeit des Mannigfaltigen zu einer Einheit – und den ursprünglichen sinnlichen Charakter des raumzeitlichen Mannigfaltigen einschliessenden Vorstellung. Beispielsweise kommt eine formale Anschauung des Raumes durch Aggregation von Raumeinheiten zustande (durch quantitative Synthesis). Dabei werden zum einen verschiedene Raumeinheiten als notwendig zum Objekt ‚Raum' gehörig gedacht, und zum anderen zeigt sich in einem derart vorgestellten räumlichen Mannigfaltigen ein nichtbegrifflicher Sinn von Uniformität und Unendlichkeit an. So behält die formale Anschauung den nichtbegrifflichen Sinn der Form der Anschauung bei.

Durch dies kann die formale Anschauung sowohl zu den Bedingungen des Verstandes (in seiner Bezugsleistung auf unsere Art der Sinnlichkeit) als auch zu den Bedingungen der Sinnlichkeit gezählt werden. Ihre Vorstellungs*einheit* ist gemäss einer reinen begrifflichen Verbindung gedacht, ihr *Gehalt* jedoch offenbart mehr als begriffliche Bestimmtheit, indem ein begrifflich unterbestimmter[6] Sinn von Notwendigkeit in ihm erhalten bleibt.

Bevor ich untersuchen werde, wie diese Lesart der formalen Anschauung kompatibel mit der Fussnote in B160f. ist, möchte ich sie an einem Beispiel illustrieren, welches die formale Anschauung der Zeit aufzeigt. Die Passage befindet sich in §24:

---

[6] Die These, dass bestimmte Vorstellungsgehalte begrifflich *unterbestimmt* bleiben, wurde von Hanna (2015, S. 46) entwickelt und auch bei Onof and Schulting aufgenommen (2015, S. 33).

> Wir können uns keine Linie denken, ohne sie in Gedanken zu ziehen, [...] und selbst die Zeit nicht [vorstellen], ohne indem wir im Ziehen einer geraden Linie (die die äußerlich figürliche Vorstellung der Zeit sein soll) bloß auf die Handlung der Synthesis des Mannigfaltigen, dadurch wir den inneren Sinn successiv bestimmen, und dadurch auf die Succession dieser Bestimmung in demselben Acht haben. Bewegung als Handlung des Subjects (nicht als Bestimmung eines Objects), folglich die Synthesis des Mannigfaltigen im Raume, wenn wir von diesem abstrahiren und bloß auf die *Handlung* Acht haben, dadurch wir *den inneren Sinn seiner Form gemäß bestimmen*, bringt sogar den Begriff der Succession zuerst hervor. Der Verstand findet also in diesem nicht etwa schon eine dergleichen Verbindung des Mannigfaltigen, sondern bringt sie hervor, indem er ihn afficirt. (B154f., meine Hervorhebungen)

Dieser Absatz ist als Beispiel zu nehmen für die infrage stehende Charakterisierung der formalen Anschauung. Die Zeit wird erst mithilfe einer Synthesis, die ihren Ausgang im Verstand nimmt, zum thematischen Objekt respektive zur synthetischen Einheit, die dem Verstand als Grundlage für seine begriffliche Auseinandersetzung mit den Eigenschaften und Grundcharakteren der Zeit selbst dient. Der Verstand braucht diese Synthesis (die hier Synthesis nach Quantitätskategorien ist), um sich das Mannigfaltige als notwendigerweise zu einer Einheit gehörig vorzustellen. Der *Gehalt* nun der einheitlichen Vorstellung der Zeit ist jedoch nicht ausschliesslich derjenige, der durch das begriffliche Vermögen intendiert wurde, was im Beispiel die quantitative Bestimmung wäre. So zeigen sich in der formalen Anschauung auch die der Zeit eigentümlichen nichtbegrifflichen Merkmale, wie das der kontinuierlichen, eindimensionalen, unumkehrbaren Sukzession, die prinzipiell stetig und unendlich ist, deren Sinn nicht durch die quantitative Synthesis des Verstandes erzeugt wird und die durch den Verstand auch nicht hinreichend begrifflich durchschaubar ist.

Betrachten wir dieselbe Passage aus dem Blickwinkel des ersten Schrittes der B Deduktion, der die synthesis intellectualis beschreibt, so können wir festhalten, welche Bedingungen erfüllt sein müssen, damit ein gegebenes Mannigfaltiges für den Verstand überhaupt als eine Anschauung gegeben sein kann. Wenn der Verstand einfach ein Vermögen des begleitenden Bewusstseins wäre, so Kant, würde sich dieses Mannigfaltige nicht als einheitliche Anschauung für ihn geben lassen, denn es hätte keine „Beziehung auf die Identität des Subjects" (B133). Der Verstand muss die Einheit des gegebenen Mannigfaltigen konstituieren, indem er ihm hinzusetzend nachfährt, d.h. eine Synthesis bewirkt, welche die notwendige Identität des Subjekts gewährleistet und einen für den Verstand notwendigen objektiven Zusammenhang konstituiert (vgl. B133). Das Mannigfaltige wird erst durch die Konstitution seiner objektiven Einheit zum Thema einer weiteren begrifflichen Differenzierung durch das Verstandesvermögen. Dasselbe gilt nun auch für das reine Zeitmannigfaltige. Indem der Verstand die Mannigfaltigkeit der Zeit als thematisches Objekt denkt (z.B. dadurch, dass er verschiedene Zeitabschnitte als bisher verflossene zu derselben Quantität gehörige Einheiten auf dasselbe Objekt bezogen denkt), ist ihm die Zeit als Anschauung gegeben. Im Gehalt dieser thematischen Anschauung zeigen sich aber nicht nur die durch den Verstand mit der jeweiligen Synthesisleistung gestifteten Charaktere, sondern es zeigt sich auch die nichtbegriffliche Bestimmtheit der Zeitvorstellung, die dadurch, dass sie als *thematisch Eines* gefasst wird, Grundlage weiterer Begriffsbildungen werden kann. Eine solche ist im Beispiel der Erwerb des Begriffs der Sukzession.

Wir haben es also auch hier wieder mit der in der Selbstaffektionslehre enthaltenen Vermittlung zwischen den zwei Objektivitätssinnen O1 und O2 zu tun. Speziell für die Zeitvorstellung (als thematisches Objekt) ist es jedoch, dass sie nach Kant zum einen nur mithilfe äusserer Vorstellungen anschaulich gemacht werden kann und zum anderen eine Fokusverschiebung beinhaltet, da sie ein reflexives Gewahren der eigenen Verstandeshandlungen voraussetzt. Auf diese zwei Punkte soll kurz eingegangen werden.

Die Zeit, obwohl Form des inneren und nicht des äusseren Sinnes, ist nach Kant nicht ohne Bezugnahme auf eine auf Räumliches ausgerichtete Synthesistätigkeit vorstellbar. Die Zeit und die innere Anschauung liefern uns „keine Gestalt" (A33/B50). Obschon die Zeit selbst nun keine Gestalt liefert, kommt ihre thematische Vorstellung nur über eine figürliche Synthesis zustande. Dies kann nur der Fall sein, wenn die Zeit dennoch keine begriffliche Vorstellung ist, sondern über eine Eigenart der anschaulichen Bestimmtheit verfügt. Sie muss über „Analogien" (A33/B50) mit räumlichen Vorstellungen (die sich innerhalb der ursprünglich anschaulichen Bestimmtheit des Raumes realisieren), z. B. einer Linie, deutlich vorgestellt werden.

Die verstandesgeleitete Synthesis muss also, nach Kant, Verbindung im räumlichen Mannigfaltigen leisten, falls die Form des *inneren* Sinnes thematisch vorgestellt werden soll. Wie kommen wir nun in diesem Szenario zum thematischen Vorstellen der Form des inneren Sinns? Kants Antwort auf diese Frage lautet: Um uns die formale Bedingung des inneren Sinns vorzustellen, brauchen wir einen spezifisch inneren Gegenstand (eine im inneren Sinn erscheinende verstandesgeleitete Synthesishandlung), der für den Verstand als anschauliche Einheit genommen werden kann und anhand dessen wir die anschaulichen Voraussetzungen in den Blick nehmen können. Das thematische Vorstellen der Zeit ist daher nur möglich durch Anschauung einer vor sich gebrachten verstandesgeleiteten Verbindungshandlung des räumlichen Mannigfaltigen.

Um diese Erörterungen deutlicher zu machen, möchte ich sie mit Mohrs Lesart des zeitlichen Vorstellens kontrastieren. So sagt Mohr: „Die Zeitvorstellung [...] gründet sich nicht auf das Verbinden von Gegebenem in demselben Sinne wie die Raumvorstellung, sondern auf ein *Aufmerken* auf die formale Bedingung der Akte der Verbindung von Gegebenem unter Abstraktion sowohl vom Gegebenen als auch von den Akten der Verbindung des Gegebenen als auch von den Produkten dieser Akte" (Mohr 1991, 169 f.). Nach Mohr brauchen wir Akte der Synthesis des (räumlich) Gegebenen, in denen wir (1) vom Gegebenen und (2) von den Handlungen selbst abstrahieren. Durch das Aufmerken auf die formale Bedingung der Verbindungsakte werde uns schliesslich die Zeit als Anschauung gegeben.

Nun ist dieses Aufmerken auf die formale Bedingung der Verbindungsakte auch bei Synthesishandlungen möglich, die nicht an räumlichem Mannigfaltigen durchgeführt werden. Ist dadurch die Zeit nicht auch vorstellbar? Nach dem, was ich im vorhergehenden Abschnitt zur Lehre der Selbsterkenntnis ausgeführt habe, ist die Zeit auch die formale Bedingung der anschaulichen Gegebenheit von rein logischen Verbindungsakten (wie des reflexiven Aufmerkens auf die Verstandestätigkeit im Folgen des Syllogismus BARBARA). Kann die Zeit nicht auch während des anschaulichen In-Blick-Nehmens meiner Selbst in der Durchführung eines Syllogismus unter Abstraktion der logischen Handlung vorgestellt werden?

Eine Antwort auf diese Frage bietet meines Erachtens nur folgende Überlegung an: Es stimmt, dass die Zeit auch im Szenario der betrachteten formallogischen Verbindung als Anschauungsobjekt thematisch werden kann, nur stellt diese Konstellation die Zeit weder adäquat noch deutlich vor. Denn die Zeit weist trotz ihrer abstrakten Natur eine gewisse ‚Figürlichkeit' (anschauungshafte Bestimmtheit) auf, die sich nur über die gerade Linie (den eindimensionalen Raum) deutlich darlegen lässt. Wenn wir eine Linie ziehen, um auf die Zeit als Objekt Bezug zu nehmen, so abstrahieren wir nicht von dem spezifisch anschauungshaften Sinn, innerhalb dessen sich das Ziehen einer Linie räumlich realisiert. Die formale Anschauung der Zeit entsteht zwar nur dadurch, dass wir reflexiv auf Verschiedenes achten, jedoch bleibt der sinnliche Rahmen und Sinn, innerhalb dessen die Linie fortgezogen wird, in der formalen Anschauung erhalten, so z. B. der Sinn von Unendlichkeit, Homogenität, Mereologie und Kontinuierlichkeit, der sich nur über die ursprüngliche eindimensionale Raumvorstellung anschaulichdeutlich vorstellen lässt, aber doch in derselben Weise in der anschauungshaften Bestimmtheit der Zeit enthalten ist. Die von Mohr dargelegte zweistufige Abstraktionsleistung ist also dahingehend zu ergänzen, dass wir (in Schritt 1) zwar von der räumlichen Linie selbst absehen, aber nicht von der anschauungshaften Bestimmtheit, innerhalb derer sie sinnlich vorgestellt wird.

Mit der eben ausgeführten Interpretation der formalen Anschauung lässt sich nun auch die umstrittene Fussnote von B160 f. interpretieren:

> Der Raum, als Gegenstand vorgestellt (wie man es wirklich in der Geometrie bedarf), enthält mehr als bloße Form der Anschauung, nämlich Zusammenfassung des Mannigfaltigen nach der Form der Sinnlichkeit Gegebenen in eine anschauliche Vorstellung, so daß die Form der

> Anschauung bloß Mannigfaltiges, die formale Anschauung aber Einheit der Vorstellung giebt. Diese Einheit hatte ich in der Ästhetik bloß zur Sinnlichkeit gezählt, um nur zu bemerken, daß sie vor allem Begriffe [von Raum und Zeit, MB] vorhergehe, ob sie zwar eine Synthesis, die nicht den Sinnen angehört, durch welche aber alle Begriffe von Raum und Zeit zuerst möglich werden, voraussetzt. Denn da durch sie [die Sinnlichkeit, MB] (indem der Verstand die Sinnlichkeit bestimmt) der Raum oder die Zeit als Anschauungen zuerst gegeben werden, so gehört die Einheit dieser Anschauung a priori zum Raume und der Zeit und nicht zum Begriffe des Verstandes. (Fussnote B160 f.)

Zunächst möchte ich auf die von mir eingefügten Klammeranmerkungen eingehen. Im zweiten Satz der Fussnote spricht Kant von der Einheit der formalen Anschauung, die „vor allem Begriffe" vorhergeht, jedoch „alle Begriffe von Raum und Zeit" ermöglicht, weil sie eine „Synthesis, die nicht den Sinnen angehört" (B161), voraussetzt. Da die Synthesis, welche diese Einheit ermöglicht, nicht zur Sinnlichkeit zu zählen ist, gehe ich davon aus, dass es sich dabei um die kategorial geleitete transzendentale Synthesis der Einbildungskraft handelt. Da diese Synthesis jedoch Begriffe von Raum und Zeit ermöglicht, von denen wir oben das Beispiel des Begriffs der Sukzession gesehen haben, der nur möglich wird, indem der Verstand mithilfe seiner Einheitsfunktionen das gegebene zeitliche Mannigfaltige bereits auf ein Objekt bezogen hat, gehe ich davon aus, dass sich der Ausdruck „vor allem Begriff" (B161) hier ausdrücklich auf Begriffe von Raum und Zeit bezieht. Des Weiteren ist unklar, worauf sich das Pronomen „sie" im letzten Satz bezieht. „Sie" wird von Unruh als „Einheit der formalen Anschauung" (Unruh 2007, S. 279) verstanden, von Onof und Schulting aber als „Synthesis", geleitet durch den Verstand (Onof und Schulting 2015, S. 3). Versuchen wir jedoch, die zwei letzten Sätze von B160 f. miteinander zu verstehen, so wird klar, dass Kant mit „sie" sich auf „Sinnlichkeit" im Hauptsatz des ersten Satzes bezieht. Denn es geht sowohl im Nebensatz des ersten wie auch im letzten Satz darum, zu begründen, weshalb die Einheit der formalen Anschauung „in der Ästhetik bloß zur Sinnlichkeit gezählt" (B160 f.) wird. Ein begründender Satz für diese Aussage wird mit „sie" auf die Sinnlichkeit verweisen, durch die Raum und Zeit „zuerst gegeben werden" (B161).

Kant beginnt die Fussnote mit der Einführung der Form der Anschauung – formale Anschauung Unterscheidung. Die formale Anschauung ist dem Verstand als Einheit gegeben, weil sie die Handlung der „Zusammenfassung des Mannigfaltigen […] in eine anschauliche Vorstellung" (B160) voraussetzt und daher dem Verstand als Thema weiterer Beschreibungen dienen kann. Die formale Anschauung enthält aber auch das, was „nach der Form der Sinnlichkeit" gegeben ist, welches für den Verstand ohne Zusammenfassungsleistung „bloß Mannigfaltiges" (B160) ist. Was Kant in den folgenden zwei Sätzen ausführt, ist eine Begründung dafür, weshalb die Einheit der formalen Anschauung in der *Tran-*

szendentalen Ästhetik „zur Sinnlichkeit" (B161) gezählt wird. Da nun in der *Transzendentalen Ästhetik* weder der Ausdruck „Einheit" noch derjenige der „formalen Anschauung" vorkommt, müssen wir Kants Äusserungen in der infrage stehenden Fussnote wohl ‚der Sache nach' verstehen. Die von Kant gegebenen Gründe sind folgende: 1. Die Einheit der formalen Anschauung ist den Begriffen von Raum und Zeit prioritär, und 2. Raum und Zeit werden „zuerst" (B161), d. h. ursprünglich, durch die Sinnlichkeit als Anschauungen gegeben.

M. E. will Kant in der Fussnote anzeigen, dass die formale Anschauung zwar Verstandeshandlungen voraussetzt, aber *auch* zur Sinnlichkeit gezählt werden kann. Die thematische Einheit der Anschauung wird sehr wohl durch den Verstand gestiftet. Da die formale Anschauung jedoch einen irreduziblen, anschauungshaften Sinn in ihrem Gehalt mit-vorstellt, der durch die Sinnlichkeit gegeben ist, ist Kant auch dazu berechtigt, die formale Anschauung von Raum und Zeit der Sinnlichkeit zuzuschreiben. Die *Transzendentale Ästhetik* macht daher – so verstehe ich Kants Argumentationsziel in der Fussnote – *keine* Fehlzuweisung, wenn sie den thematisch vorgestellten Raum und die Zeit der Erkenntnisquelle der Sinnlichkeit zuschreibt.

Damit wäre eine erste Auslegung dieser umstrittenen Fussnote geleistet. Onof und Schulting machen auf drei Fragen aufmerksam, die eine Interpretation derselben beantworten muss: 1. Wie kann Einheit des Raumes (und der Zeit) allen Begriffen vorausgehen, wenn sie doch eine Synthesis (des Verstandes) voraussetzt? 2. Wie kann der Raum als Gegenstand vorgestellt werden, wenn er nach Kant doch leere Vorstellung ist und nicht Gegenständlichkeit selbst hat? und 3. Wie kann die Einheit des Raumes zum Raum gehören, wenn sie doch eine Synthesis voraussetzt? (vgl. Onof und Schulting 2015, 4 f.)

In Bezug auf 1. habe ich bereits erörtert, wie ich Kants Erklärung verstehe: Die Einheit von Raum und Zeit geht Begriffen von Raum und Zeit (wie dem Sukzessionsbegriff) voraus, jedoch nicht zwingend den Einheitsfunktionen des Verstandes. Das durch die Form der Anschauung anschauungshaft bestimmte Strukturmannigfaltige, wie auch die Einheitsfunktionen des Verstandes, gehen der formalen Anschauung voraus. Die formale Anschauung ist aber Bedingung der weiteren begrifflichen Thematisierung des in der Form der Anschauung liegenden Strukturmannigfaltigen (wie es beispielsweise in der Geometrie, aber auch in allen Beschreibungen der grundsätzlichen Eigenschaften und Modi des Raumes und der Zeit der Fall ist). Sie geht daher den Begriffen von Raum und Zeit voraus.

In Bezug auf 3. ist zu sagen, dass die formale Anschauung als einheitliche Vorstellung in ihrem Gehalt den ursprünglich anschauungshaften Sinn des Räumlichen und Zeitlichen mitvorstellt. Daher kann sie zur Sinnlichkeit gezählt werden, obschon ihre Einheit durch den Verstand und vermittelst der Einbildungskraft konstituiert wird.

Bleibt noch 2.: In der Fussnote B160 f. sagt Kant, dass der Raum durch die formale Anschauung „als Gegenstand vorgestellt" wird. Diese Aussage steht nun in einem scheinbaren Konflikt zu anderen Äusserungen Kants zur Gegenständlichkeit des Raumes, in welchen er dem Raum und auch der Zeit Gegenständlichkeit in einem gewissen Sinne abspricht. Solche Äusserungen finden sich beispielsweise in der *Transzendentalen Ästhetik* oder im *Amphiboliekapitel:*

> Was sind nun Raum und Zeit? Sind es wirkliche Wesen? Sind es zwar nur Bestimmungen oder auch Verhältnisse der Dinge, aber doch solche, welche ihnen auch an sich zukommen würden, wenn sie auch nicht angeschaut würden; oder sind sie solche, die nur an der Form der Anschauung allein haften [...]. (A23/B37)

> Die bloße Form der Anschauung ohne Substanz ist an sich kein Gegenstand, sondern die blos formale Bedingung desselben (als Erscheinung), wie der reine Raum und die reine Zeit (*ens imaginarium*), die zwar Etwas sind als Formen anzuschauen, aber selbst keine Gegenstände sind, die angeschauet werden. (A291/B347)

Innerhalb der *Ästhetik* (A23/B37) schliesst Kant mithilfe seiner Raumargumente Alternativen für das philosophische Verständnis des Raumes aus: Der Raum ist kein „wirkliches Wesen", keine „Bestimmung" von Dingen und besteht nicht im „Verhältnisse der Dinge" – in den letzteren zwei Fällen ist von, von unserer Form der Sinnlichkeit unabhängigen, Dingen die Rede. Kants Konklusion bezüglich dieser genannten Alternativen ist folgende: „Der Raum ist nichts anders, als nur die Form aller Erscheinungen äußerer Sinne, d. i. die subjective Bedingung der Sinnlichkeit, unter der allein uns äußere Anschauung möglich ist" (A26/B42).

Innerhalb des *Amphiboliekapitels* (A291/B347) sagt Kant, dass die in der *Ästhetik* gewählte Alternative, dass nämlich der Raum (und die Zeit) nur *Form der Anschauung* ist, dazu führt, dass dieser „an sich kein Gegenstand" ist. Raum und Zeit mögen unmittelbare Bedingungen der Erscheinungen sein, sind „aber selbst keine Gegenstände" (A291/B347). Dem schliesst Kant an, dass Raum und Zeit „zwar Etwas sind als Formen anzuschauen" (A291/B347). Sie sind keine Gegenstände, aber doch ein anzuschauendes Etwas, so die paradox klingende Äusserung Kants.

Meiner Meinung nach lassen sich diese Passagen aber interpretieren, indem man verschiedene Bedeutungen von ‚Gegenstand' unterscheidet. Obwohl die Ausdrücke „Objekt", „Gegenstand" und „Ding" bei Kant in verschiedenen Passagen unterschiedliche Bedeutungen haben, so lässt sich diese jeweils im Kontext entschlüsseln. Raum und Zeit sind als Gegenstände betrachtet *Etwas*, nämlich das thematische Objekt einer Anschauung, die gedachte Einheit ihres Mannigfaltigen. Raum und Zeit sind aber nicht Gegenstände im Sinne von „Dingen", worunter ich bei Kant eine substanzontologisch bestimmte Gegenständlichkeit verstehe, d. h. eine Art von Gegenständlichkeit, welche erst durch die Kategorien der Relation

(*„substantia et accidens"*, „Ursache und Wirkung", „Wechselwirkung zwischen dem Handelnden und Leidenden", A80/B106) gedacht werden kann.

Im *Amphiboliekapitel* (vgl. A291/B347), wo Kant die verschiedenen Bedeutungen von „Nichts" unterscheidet, fallen Raum und Zeit unter denjenigen Titel des Nichts, welcher den Kategorien der Relation entspricht. Raum und Zeit sind daher nach Kant *nichts* in Bezug auf eine substanzontologische Bestimmung. Nach der *Transzendentalen Ästhetik* (A23/B37) sind sie daher weder „wirkliche Wesen" (Substanzen) noch „Bestimmungen und [ebensowenig] Verhältnisse der Dinge" (Akzidenzen von Substanzen oder in den Substanzen liegende Relationen), sondern sie sind nur Formen der Anschauung. Als Gegenstand betrachtet sind sie daher nicht substanzontologisch zu verstehen, sondern als Anschauungsgegenstände (formale Anschauungen).

Damit wäre eine umfassende Auslegung des Terminus der formalen Anschauung von Raum und Zeit innerhalb der B Deduktion geleistet. Sie ist, zusammenfassend, eine Vorstellung von Raum und Zeit, durch die diese gemäss einer intellektuellen Verbindung als einheitliches Objekt der Anschauung gedacht werden, in deren Gehalt jedoch die anschauliche und nichtbegriffliche Bestimmtheit, das topologische Element des nichtbegrifflichen Objektivitätssinns, immer mitvorgestellt wird. Sie wird dadurch zu einer Vorstellung, die sowohl Verstandes- wie Sinnlichkeitsbedingungen umfasst.

7.3 Die formale Anschauung und die Ästhetik

Im §26 deutet Kant an, dass Raum und Zeit innerhalb der *Transzendentalen Ästhetik* als *formale Anschauungen* gefasst worden seien, deren Einheit eine Verstandessynthesis voraussetze. Nach der hier vorgeschlagenen Interpretation der Fussnote B160f. ist es das Argumentationsziel ebendieser Fussnote, zu erweisen, dass Raum und Zeit trotz der erläuterten Theorie zur Quelle der Sinnlichkeit zu zählen sind, und damit deren Behandlung in einer *Transzendentalen Ästhetik* gerechtfertigt war. Im Rückblick ist daher folgende Frage zu stellen: Von welcher Vorstellung handeln eigentlich die metaphysischen Erörterungen in der *Ästhetik*?

Longuenesses Rereading-These[7] beinhaltet eine Aufforderung, die Passagen innerhalb der *Ästhetik* so zu lesen, dass die in den Beschreibungen der Raum- und

---

[7] Diese These finden wir auch bei Heidegger: „So, wie die transzendentale Ästhetik am Anfang der Kritik der reinen Vernunft steht, ist sie im Grunde unverständlich. Sie hat nur vorbereitenden Charakter und kann eigentlich erst aus der Perspektive des transzendentalen Schematismus gelesen werden" (Heidegger 1991, S. 145). Ähnlich argumentiert Fichte, der in der Schlussanmerkung seines „Grundrisses" schreibt: „Kant geht in der Kritik d. r. Vft. von dem Reflexionspuncte aus, auf

Zeitvorstellung vorkommenden Charakterisierungen als solche bereits von einer Synthesis der Einbildungskraft gestiftet werden, die ihre Aktivität auf den Verstand und seine Einheitsfunktionen hin ausrichtet. Wenn, so Longuenesse, sich nun diese Aktivität bereits in den reinen Vorstellungen von Raum und Zeit offenbart und Raum und Zeit die reinen Gegebenheitsweisen des sinnlichen Mannigfaltigen sind, dann muss die *Transzendentale Ästhetik* rückwirkend so interpretiert werden, dass ersichtlich wird, wie die sinnliche Gegebenheit unserer Vorstellungen bereits von den genannten Aktivitäten durchdrungen sein muss (vgl. Longuenesse 1998, S. 213). Blomme ist der Meinung, dass die metaphysische Erörterung des Raumes als Analyse der dem Raumbegriff korrespondierenden Vorstellung nur die formale Anschauung betreffen könne, denn die infrage stehende Vorstellung müsse den Raumbegriff ermöglichen, was sie nur tun könne, wenn die Raumvorstellung bereits eine „Einheit gebende Synthesis" enthalte (vgl. Blomme 2013, S. 32).

Ich verstehe die verschiedenen Stadien der Raum- und Zeitvorstellung ähnlich wie Blomme (vgl. Blomme 2013, S. 34). Raum und Zeit als Formen der Anschauung oder als ursprüngliche Vorstellungen sind als solche noch keiner Einheitsfunktion des Verstandes unterworfen, und kommen ebensowenig durch jene zustande. Dies führt jedoch mit sich, dass sich die begriffliche Auseinandersetzung des Intellekts mit den Vorstellungen des Raums und der Zeit nicht unmittelbar auf die ursprünglichen Vorstellungen beziehen kann. Um begriffliche Beschreibungen von Raum- und Zeiteigenschaften zu ermöglichen, muss der Verstand vielmehr über die Einbildungskraft die Einheit des Mannigfaltigen denken. Die dadurch zustande kommende Vorstellung ist die formale Anschauung. Die Erkenntnis*urteile* beziehen sich auf diese formale Anschauung als den Grund der Angemessenheit des Urteils zum gedachten Urteilsgegenstand. Zudem verstehe ich unter dem Begriff der Zeit (und des Raumes) den Inbegriff der begrifflichen Charakterisierungen der Zeit (und des Raumes). Wir haben also folgende Stadiendifferenzierung der Vorstellung der Zeit und des Raumes: ursprüngliche Vorstellung – formale Anschauung – begriffliche Charakterisierungen – Begriff der Zeit und des Raumes als Inbegriff der Charakterisierungen. Das Problem dabei ist nur, dass prima facie eine Diskontinuität vor uns liegt, da erst die formale Anschauung dem Verstand

---

welchem Zeit, Raum und ein Mannigfaltiges der Anschauung gegeben, in dem Ich und für das Ich schon vorhanden sind. Wir haben dieselben jetzt *a priori* deducirt, und nun sind sie im Ich vorhanden. Das Eigenthümliche der Wissenschaftslehre in Rücksicht der Theorie ist daher aufgestellt, und wir setzen unseren Leser für jetzt gerade bei demjenigen Puncte nieder, wo ihn Kant aufnimmt" (Fichte 1971, S. 411). Ich selbst schlage eine mit diesen Erläuterungen nicht zwingend inkompatible Lesart vor, auch wenn ich die darin auftauchende Tendenz, den eigenständigen Beitrag der Sinnlichkeit zu marginalisieren, abweise.

als Einheit gegeben ist und daher erst sie die dem Begriff der Zeit und des Raumes entsprechende Vorstellung ist.

Handeln die metaphysischen Erörterungen nun vom Begriff des Raumes und der Zeit, von der formalen Anschauung oder von der Form der Anschauung? Insofern wir die *Transzendentale Ästhetik* als eine Ursprungsklärung verstehen, handelt sie von allen. Sie startet mit einer Erörterung des Begriffs des Raumes und der Zeit, die zunächst wie eine begriffliche Analysis anmutet. Insofern wir uns zunächst den verschiedenen darin diskursiv enthaltenen Merkmalen bewusst werden müssen (z. B. der Aufeinanderfolge oder des Zugleichseins), handelt es sich auch um eine Begriffsanalyse. Wir werden jedoch in den Raum- und Zeitargumenten nicht nur auf analytisch in einem Begriff enthaltene Charaktere aufmerksam gemacht. Die Argumente enthalten nämlich eine Art der Aufforderung, uns sinnlich (d. h. über die Einbildungskraft) diese Charaktere vorzustellen. Dieser Aufforderung leisten wir Folge, wenn wir dasjenige, was als Grund für die Begriffsbildung der infrage stehenden Charaktere dient, anschaulich vorstellen: die formale Anschauung.[8]

Das Charakteristische nun aber, wodurch sich die Ursprungsklärung innerhalb der *Ästhetik* auszeichnet, ist dasjenige, worauf ich schon mehrfach hingewiesen habe: Im Gehalt der formalen Anschauung zeigt sich uns ein Sinn von Notwendigkeit an, der weder begrifflich konstituiert noch durch Begriffe abschliessend verständlich gemacht werden kann. D. h. in der formalen Anschauung zeigt sich die ursprüngliche und anschauungshafte Bestimmtheit der Form der Anschauung an. Wir können darin einige notwendige Verhältnisse, die begrifflich unterbestimmt sind, deutlich und verstandesautonom vorstellen. Insofern handeln zwar die Raum- und Zeitargumente von der formalen Anschauung, für deren Einheit die begriffliche Thematisierungsleistung des Verstandes vorausgesetzt ist, dies ändert jedoch nichts daran – wie Kant in der Fussnote 160 f. zu argumentieren versucht –, dass die Ursprungsklärung korrekt durchgeführt wurde und die ursprünglichen Vorstellungen von Raum und Zeit *Prinzipien der Sinnlichkeit* sind. Die oben aufgeführte Diskontinuität ist nur eine der Verstandes, nicht des Vorstellungsvermögens überhaupt, wenn der Form der Anschauung selbst repräsentativer Gehalt zugeschrieben wird.[9]

---

[8] So werden wir im 2. Raum- und Zeitargument aufgefordert, uns den Raum und die Zeit auf gewisse Weise *leer* vorzustellen, eine Vorstellung, die Kant im *Amphiboliekapitel* ein *ens imaginarium* (A291/B347) nennt. Es handelt sich dabei also um eine Vorstellung, die zwar leer an Dingen ist, jedoch auch unabhängig von diesen Dingen vermittelst der Einbildungskraft vorgestellt werden kann.

[9] Eine weitere hier anschliessende Frage ist diejenige, ob, weil Kant in der Fussnote B160 f. die Form der Anschauung „bloß Mannigfaltiges" nennt, ebendiese trotzdem zurecht als „Anschau-

Die Beiträge des Verstandes bleiben innerhalb der *Transzendentalen Ästhetik* notwendigerweise vage und skizzenhaft, da dies ihrer Stelle in der *Kritik der reinen Vernunft*, nämlich der detaillierten Auseinandersetzung mit dem Intellekt vorgelagert zu sein, geschuldet ist. Dies bedeutet jedoch nicht, dass das Isolationsverfahren innerhalb der *Transzendentalen Ästhetik* nicht von den Beiträgen des Verstandes auf korrekte Weise abstrahiert. Ebenso wenig bedeutet es, dass dasjenige, was sich als ursprünglicher sinnlicher Beitrag herausstellt, schliesslich doch etwas ist, das durch eine auf die Funktion des Verstandes ausgerichtete Handlung der Einbildungskraft in jedem epistemisch relevanten Sinne konstituiert wird.

Kurze Zusammenfassung der Erörterungen zur Selbstaffektion

In meiner Analyse des zweiten Schritts der B Deduktion und des Themas der transzendentalen Synthesis der Einbildungskraft respektive der Selbstaffektion habe ich verschiedene Sinne von Objektivität identifiziert. Dazu gehört einerseits ein ursprünglich intellektueller Objektivitätssinn (O1), der durch die reinen Verstandesfunktionen in Bezug auf einen (sinnlich) gegebenen Gegenstand überhaupt gestiftet wird, und andererseits ein ursprünglich sinnlicher Objektivitätssinn (O2), der eine nichtbegriffliche Funktion *unserer* Sinnlichkeit ausdrückt, Gegenstände unmittelbar in einer Anschauung mit einer bestimmten anschaulichen Topologie vorzustellen. Die Aufgabe des zweiten Schritts der B Deduktion wurde schliesslich damit identifiziert, die Vermittlung dieser zwei Bedeutungen zu leisten, sodass zwischen einem objektiv realen, empirischen Gebrauch der Kategorien, dessen Produkte beide Objektivitätssinne beinhalten, und einem bloss transzendentalen (leeren) Gebrauch, dessen Produkte ausschliesslich den intellektuellen Objektivitätssinn beinhalten, unterschieden werden kann.

---

ung" (A32/B48) angesprochen wird? Ist die Form der Anschauung selbst eine Anschauung oder nicht? Diese Frage lässt sich wohl nur kontextuell auflösen. Einerseits ist „Anschauung" im Kontext der B Deduktion als *species* der gegebenen (sinnlichen) Anschauung überhaupt zwar eine der Begrifflichkeit des Verstandes epistemisch entgegengesetzte Funktion (z. B. Singularität, Unmittelbarkeit und Koordination), gilt jedoch als das, was der Verstand als objektive Einheit des gegebenen Mannigfaltigen und dadurch als Grund seiner Urteile nehmen kann. Andererseits besitzt die Form der Anschauung selbst, nach der hier vertretenen Interpretation, einen repräsentationalen Gehalt, der in der Ästhetik als „unmittelbare Anschauung" (A32/B48) angesprochen wird, obschon diese Vorstellung nicht durch den Verstand als Anschauung konstituiert ist. Die Form der Anschauung ist daher für den Verstand nicht Anschauung, für unser Vorstellungsvermögen aber doch *anschauungshaft*. Die Form der Anschauung wird daher nach Kant nur in einer umfassenderen Bedeutung als „Anschauung" zu bezeichnen zu sein.

Des Weiteren habe ich dafür argumentiert, dass sich durch diese Interpretation des Szenarios, innerhalb dessen die Selbstaffektion auftritt, zusammen mit der These, dass alles, was innerhalb des Rahmens unserer a priori strukturierten Sinnlichkeit gegeben ist, nur Erscheinung sein kann, zwei Thesen ergeben: 1. die These des transzendentalen Idealismus in Bezug auf die Gültigkeit der reinen Verstandesbegriffe und 2. die These der Phänomenalität der Selbsterkenntnis. Jede über Korrespondenz verfügende Synthesisleistung des Verstandes (gemäss O1) vollzieht sich nämlich im Rahmen von nichtbegrifflichen anschauungshaften Bestimmtheiten (gemäss O2).

Eine weitere Folge dieses Szenarios ist die Interpretation der formalen Anschauung. In der formalen Anschauung müssen wir Raum und Zeit, insofern sie darin *Thema* sind, von ihrem repräsentativen *Gehalt* unterscheiden. Die Konstitution der Einheit des Themas, durch die wir Raum und Zeit als Gegenstand begreifen, vollzieht sich innerhalb eines umfassenden anschauungshaften Rahmens, der in diesem Kontext „Form der Anschauung" genannt werden kann, und der in der formalen Anschauung des Raumes und der Zeit immer mitvorgestellt wird. Trotz der Bestimmung durch den Intellekt, bleibt der Gehalt der formalen Anschauung daher in wesentlichen Aspekten begrifflich unterbestimmt. Die formale Anschauung kann dadurch als ‚inklusive' oder vermittelnde Vorstellung zwischen ursprünglicher Sinnlichkeit und ursprünglichem Verstand verstanden werden.

Ich habe hier eine Interpretation der Selbstaffektionslehre vorgelegt, welche in den verschiedenen mit dieser Lehre verbundenen Theoriestücken aufgewiesen hat, dass sich auch durch die Einführung dieser Lehre nichts an der Eigenbedeutung der (reinen) Sinnlichkeit für die menschliche Erkenntnis ändert. So halte ich vielmehr die These der starken Eigenständigkeit sinnlichen Vorstellens für eine Voraussetzung der in der Lehre der Selbstaffektion vorkommenden Theoriestücke.

Im folgenden werde ich nun bezüglich des Heterogenitätsproblems zwischen Sinnlichkeit und Verstand im Schematismuskapitel überprüfen, ob wir für die Rolle des transzendentalen Schemas ebenso eine Eigenbedeutung sinnlichen Vorstellens vorauszusetzen haben.

Teil III: **Die Heterogenität im Schematismuskapitel**

In dem „Von dem Schematismus der reinen Verstandesbegriffe" benannten ersten Hauptstück der *Analytik der Grundsätze* unternimmt es Kant auf ein Neues, eine Klärung des Verhältnisses der epistemischen Leistungen des reinen Verstandes zu den Funktionen der menschlichen Sinnlichkeit vorzunehmen. Kant versucht im Schematismuskapitel, die Frage nach der Möglichkeit der „Anwendung der Kategorie auf Erscheinungen" (A137/B176) abzuschliessen. Zu Beginn dieser Klärung wird das Problem wiederholt, nämlich dass „reine Verstandesbegriffe in Vergleichung mit empirischen (ja überhaupt sinnlichen) Anschauungen ganz ungleichartig" (A137/B176) seien. Der im Schematismuskapitel zu findende Versuch einer abschliessenden Klärung der Möglichkeit des Bezugs des reinen Verstandes auf das gegebene Anschauungsmannigfaltige der menschlichen Sinnlichkeit wird daher auch eine weitere Darstellung des Sinnes der Dualität von Sinnlichkeit und Verstand enthalten. Es soll im diesem Teil erörtert werden, wie diese weitere Darstellung in Kontinuität zu den bisherigen Darlegungen zu Kants Unterscheidung des Sinnlichen vom Intellektuellen stehen kann, und wie wir also auch im Schematismuskapitel eine Rolle für die These der Eigenständigkeit des sinnlichen Vorstellens ausfindig machen können. Dabei soll aber zunächst die architektonische Bedeutung des Schematismuskapitels in der *Kritik der reinen Vernunft* dargelegt werden (Kapitel 8), bevor auf deren Basis das Herzstück des Schematismuskapitels, die Lehre Schemata der Kategorien als transzendentalen Zeitbestimmungen, bezüglich des darin zu findenden Themas der Heterogenität von Sinnlichkeit und Verstand hin untersucht wird (Kapitel 9).

Kapitel 8: Architektonische Bedeutung des Schematismuskapitels

Das vorliegende Kapitel ist nun der allgemeinen Darstellung des Hauptstücks *Von dem Schematismus der reinen Verstandesbegriffe* gewidmet. Um Fehlverständnissen in der weiteren Analyse des Heterogenitätsproblems vorzubeugen, soll zunächst die architektonische Stelle und der Inhalt dieses Kapitels selbst umrissen werden (8.1), um daraus eine allgemeine Einschätzung der Rolle dieses Kapitels im argumentativen Gang der *Kritik der reinen Vernunft* vorzunehmen (8.2).

8.1 Das Schematismuskapitel im Umriss

Für die Klärung der Rolle des Schematismuskapitels sind nicht nur die verschiedenen Inhalte des Schematismuskapitels selbst vorzustellen (8.1.2), sondern auch diejenigen Abschnitte der *Kritik der reinen Vernunft*, welche dem Schematismuskapitel vorhergehen oder ihm nachfolgen, in ihrem Resultat respektive ihrem Ausgangspunkt nach in Kürze zu besprechen (8.1.1). Diese Untersuchung soll jedoch nur summarisch geschehen, um die jeweiligen Übergänge zum Schematismuskapitel zu skizzieren und daher die systematischen Problemstellungen der Schematismuslehre in Bezug auf den umfassenderen Argumentationsgang der *Kritik der reinen Vernunft* vorzuzeichnen.

8.1.1 Die umgebenden Textstücke

Das Schematismuskapitel ist das erste Hauptstück der *Analytik der Grundsätze* innerhalb der *Transzendentalen Logik*. Obgleich erstes Hauptstück der *Analytik der Grundsätze*, folgt es nicht unmittelbar auf das zweite und letzte Hauptstück der *Analytik der Begriffe*, die *Transzendentale Deduktion*. Vielmehr steht es in dritter Position, nach einem kleinen einführenden Textstück eingangs der *Analytik der Grundsätze* und deren eigentlicher Einleitung mit dem Titel „Von der transzendentalen Urteilskraft überhaupt". Dem Schematismuskapitel folgt unmittelbar das zweite Hauptstück der *Analytik der Grundsätze*, das *System aller Grundsätze des reinen Verstandes*.

Die A Deduktion: Ich habe bisher ausschliesslich die B Deduktion einer eingehenden Analyse unterzogen. Jedoch besteht das Schematismuskapitel in seiner Form bereits in der ersten Auflage, und folgt der A Deduktion. Kant schliesst die 1781 publizierte Version der Deduktion durch den Unterabschnitt „Summarische Vorstellung der Richtigkeit und einzigen Möglichkeit dieser Deduction der reinen Verstandesbegriffe" (A128 ff.) ab. Darin spricht er vom „Grunde, dem einzigmöglichen unter allen", d. h. dem Prinzip, aus dem „unsere Deduction der Kategorien geführt" wurde (A130). Wir wollen nun einen Blick auf diesen Grund werfen:

> Reine Verstandesbegriffe sind also nur darum a priori möglich, ja gar in Beziehung auf Erfahrung nothwendig, weil unser Erkenntniß mit nichts als Erscheinungen zu thun hat, deren Möglichkeit in uns selbst liegt, deren Verknüpfung und Einheit (in der Vorstellung eines Gegenstandes) blos in uns angetroffen wird, mithin vor aller Erfahrung vorhergehen und diese der Form nach auch allererst möglich machen muß. (A130)

Kant fragt darin, wie Verstandesbegriffe a priori möglich sind. Unter dem Ausdruck der Möglichkeit der reinen Verstandesbegriffe haben wir hier die reale Möglichkeit des durch sie gedachten Gegenstandes zu verstehen, d. h. die Möglichkeit, wie wir durch solche Begriffe wirkliche Erkenntnis von Dingen haben können. Können Begriffe so erörtert werden, wird ihre *objektive Realität* gezeigt sein. Die objektive Realität der Verstandesbegriffe ist nun nach Kant nur gegeben, weil u. a. diese die Erfahrung „der Form nach auch allererst möglich machen" (A130).

Wenn Kant die Deduktion mit der Feststellung beschließt, dass die reinen Verstandesbegriffe in ihrem realisierbaren Beitrag zur Erkenntnis „mit nichts als Erscheinungen zu thun" (A130) haben, besteht diese eigentlich in einer Doppelthese: Einerseits sollen die reinen Verstandesbegriffe auf ihren realen Gebrauch restringiert sein. Wir sind nach Kant nicht berechtigt, sie auf Dinge anzuwenden, die als davon unabhängig, wie sie uns Menschen sinnlich gegeben werden können, gedacht werden. Andererseits soll dennoch eine berechtigte Anwendung der Verstandesbegriffe erwiesen sein. Nach Kant haben diese objektive Realität, insofern sie sich auf Erscheinungen beziehen und dadurch Erfahrung ermöglichen. Jede Erfahrungserkenntnis, sofern es sich dabei um eine begrifflich gedachte Vorstellung eines realen Gegenstandes (seiner Eigenschaften und Relationen) handelt, ist gerade in der „Vorstellung des Gegenstandes" qua verknüpfter Einheit (A130) notwendigerweise den Verstandesbegriffen unterworfen. Sie sind daher „in Beziehung auf Erfahrung notwendig" (A130). Die These der *Restriktion* zum einen und die These der *Berechtigung* des Kategoriengebrauchs als erfahrungsermöglichende Funktionen, welche im uns sinnlich gegebenen Mannigfaltigen begriffliche Gegenständlichkeit durch Synthesisleistung konstituieren, zum anderen, werden von Kant als die hauptsächlichen Resultate der Deduktion nach erster Auflage hervorgehoben.

Die B Deduktion: Die Restriktions- wie auch die Berechtigungsthese sind in der Deduktion von 1787 ebenso zentral. Dem §27, dem letzten Paragraphen der Deduktion, ist noch ein letzter Satz unter dem Titel „Kurzer Begriff dieser Deduktion" angehängt, der eine knappe Klarstellung Kants über das in der Deduktion Geleistete enthält:

> Sie ist die Darstellung der reinen Verstandesbegriffe (und mit ihnen aller theoretischen Erkenntniß a priori) als Principien der Möglichkeit der Erfahrung, dieser aber als Bestimmung der Erscheinungen in Raum und Zeit überhaupt, – endlich dieser aus dem Princip der ursprünglichen synthetischen Einheit der Apperception, als der Form des Verstandes in Beziehung auf Raum und Zeit als ursprüngliche Formen der Sinnlichkeit. (B168 f.)

Die Rolle der Verstandesbegriffe in der Ermöglichung von Erfahrung besteht demnach darin, dass sie die „Bestimmung der Erscheinungen in Raum und Zeit" (B168 f.) leisten und erst so eine berechtigte Anwendung haben. Die Verstandesbegriffe sind *Erscheinungsbestimmungen*, durch sie werden Erscheinungen in Raum und Zeit auf gewisse Weise bestimmt, so dass dies zur Ermöglichung von Erfahrungserkenntnis führt. Kant erläutert die erfahrungsermöglichende Funktion der Kategorien dadurch, dass diese einerseits sich als „Form des Verstandes" in der „*ursprünglichen* synthetischen Einheit der Apperception" als ihrem „Prinzip" gründen, und sich andererseits „auf Raum und Zeit als *ursprüngliche* Formen der Sinnlichkeit" (meine Hervorhebungen, B168 f.) beziehen können.

Die deutlich ausgesprochenen Ursprünglichkeiten von Seiten der Sinnlichkeit und des Verstandes sind im Resümee der A Deduktion nicht zu finden. Die ursprüngliche Heterogenität von reiner Sinnlichkeit und reinem Verstand als zweier unabhängiger Vermögen der Erkenntnis, welche über in ihnen selbst angelegte reine Formen verfügen, werden in der B Deduktion demnach expliziter zum Thema und gründlicher auseinander gehalten. Es mag tatsächlich der Fall gewesen sein, dass das deutlichere Auseinanderhalten der sinnlichen und verstandesseitigen Beiträge für Kant ein wichtiger Grund für die Überarbeitung der Deduktion war (vgl. Longuenesse 1998, S. 244). Um diese Spekulation zu erhärten, bedürfte es jedoch einer detaillierten historischen Untersuchung von Kants Entwicklungsgang in den 1780ern, welches den Rahmen der vorliegenden Arbeit sprengen würde.

Der Eingang zur Analytik der Grundsätze: Noch vor der den drei Hauptstücken der *Analytik der Grundsätze* vorausgehenden Einleitung zur „transzendentalen Urteilskraft überhaupt" schickt Kant dieser Einleitung noch einige Worte zur Systematik seiner Ausführungen voraus, welche die Stelle des Argumentationsganges innerhalb der Architektur der *Kritik der reinen Vernunft* neu bestimmt.

Kant gewinnt die architektonische Einteilung der *Transzendentalen Logik* von der traditionellen Einteilung der allgemeinen oder formalen Logik her. Die allgemeine Logik wiederum „ist über einem Grundrisse erbauet, der ganz genau mit der Eintheilung der oberen Erkenntnißvermögen zusammen trifft" (A130/B169). Die in der kantischen Vermögensmetaphysik oberen Erkenntnisvermögen sind

Verstand, Urtheilskraft und Vernunft (vgl. A130/B169). Diese erfüllen, in formaler Hinsicht, ihre jeweils zugewiesene grundsätzliche Vorstellungsfunktion im begrifflich Denken[1], Urteilen und Schliessen (vgl. A130/B169). Der zugewiesene systematische Ort der verschiedenen oberen Erkenntnisvermögen innerhalb einer allgemeinen Logik ist nun die formale Analytik der Begriffe, der Urteile und der Schlüsse (siehe Tabelle 1).

Tabelle 1: Der Verstand überhaupt in der „Form des Denkens"

Erkenntnisvermögen	Erkenntnisfunktion	Formale Logik
Verstand	Begrifflich denken	formale Analytik der Begriffe
Urteilskraft	Urteilen?	formale Analytik der Urteile
Vernunft	Schliessen	formale Analytik der Schlüsse

Mit der Identifizierung der „oberen Erkenntnisvermögen" (A130/B169) mit „der weitläufigen Benennung des Verstandes überhaupt" (A131/B169) ist zunächst angezeigt, dass mit den Ausdrücken ‚Verstand überhaupt' oder ‚oberes Erkenntnisvermögen' alle sinnlichen Gemütskräfte ausgeschlossen werden. Wenn nun die allgemeine Logik die Funktionen des oberen Erkenntnisvermögens in ihrer Formalität (in „der Form des Denkens", A131/B170) betrachtet, so schliesst der Ausdruck ‚formale Logik' nicht nur die sinnlichen Gemütskräfte aus, sondern hat es nur mit der „discursiven Erkenntnis" zu tun, sofern diese „vom Inhalte der Erkenntniß [...] abstrahirt" (A131/B170). Sie abstrahiert demnach nicht nur von allen durch sinnliche Vermögen gegebenen Inhalten, sondern von jeglicher Inhaltlichkeit („ohne die besondere Natur der dabei gebrauchten Erkenntiß in Betracht zu ziehen", A131/B170).

Offenbar jedoch erschöpft sich die Rolle des Verstandes, der Urteilskraft und der Vernunft in einer Erkenntnis a priori nicht ausschliesslich durch ihre formallogischen Operationen in der diskursiven Erkenntnis. Vielmehr geht nämlich die „transcendentale Logik" über die formale und allgemeine Logik hinaus, indem sie auf einen „bestimmten Inhalt" (A131/B170) Bezug nimmt. Dieser bestimmte Inhalt besteht in dem „reinen Erkenntnisse a priori" (A131/B170), welche die genannten

---

[1] Ich benutze hier den Ausdruck „begrifflich Denken" anstatt „Begreifen", weil Kant in der *Transzendentalen Dialektik* das *Begreifen* den Vernunftbegriffen zuordnet, und nur das *Verstehen* des Gegebenen dem Verstand im engeren Sinne (vgl. A311/B367). In der *Jäsche Logik* steht geschrieben: „Die Erkenntniß durch Begriffe heißt das Denken (*cognitio discursiva*)" (Log, AAIX, S. 91). Ich benutze daher „begrifflich Denken" als funktionale Bestimmung des Verstandes im engeren Sinne.

Gemütskräfte durch das Ausüben ihrer Funktion a priori aus sich generieren können. Neben dem formallogischen gibt es also nach Kant noch einen „transcendentale[n] Gebrauch" (A131/B170) der jeweiligen Erkenntnisvermögen.

Es gibt nun für Kant einen solchen transzendentalen Gebrauch des Verstandes (im engeren Sinne), der Urteilskraft und der Vernunft, indem diese aus sich selbst durch ihre Funktion (des begrifflich Denkens, Urteilens und Schliessens) einen gewissen Sinn von Inhaltlichkeit a priori generieren. So kann beispielsweise die aus sich generierte Inhaltlichkeit der Verstandesoperationen in dem durch die Kategorien alleine konstituierten Objektivitätssinn gesehen werden, den ich oben „O1" genannt habe (als Resultat einer synthesis intellectualis).[2] Und auch die Vernunft entwickelt aus sich ihre reine Inhaltlichkeit in den „Vernunftbegriffen", welche nach Kant „das Unbedingte enthalten [...], welches aber selbst niemals ein Gegenstand der Erfahrung ist" (A311/B367). Beide genannten Vorstellungen sind als solche nicht Thema in einer formalen und allgemeinen Logik, weil sie über die logische Form hinaus transzendentalen Inhalt vorstellen. Sie sind aber dennoch a priori generiert aus der Funktion des jeweiligen Erkenntnisvermögens, und sie werden daher als grundlegende apriorische Inhaltlichkeiten zum Thema in einer transzendentalen Logik.

Da die Vernunft in ihrem transzendentalen Gebrauch „über die Grenzen möglicher Erfahrung" hinausgeht, und sie sich daher nach Kant nicht ihres „objectiv gültigen" Gebrauchs sicher sein kann (A131/B170), gehört die Untersuchung der *transzendentalen Vernunft* nicht in eine Analytik, sondern in eine „trancendentale[] Dialektik", wo ihre „Scheinbehauptungen" aufgedeckt werden müssen (A132/B171). Für den *transzendentalen Verstand* (wenn mir dieser Ausdruck hier erlaubt sei) gibt es jedoch, und dies hat die vorhergehende transzendentale Deduktion gezeigt, eine gerechtfertigte aber limitierte Anwendung. Die Untersuchung seiner transzendentalen Funktion gehört also in einen „analytischen Teil" (A131/B170) der transzendentalen Logik. Kant stellt also beim Verstand eine gesicherte aber limitierte Weise seiner transzendentalen Funktion fest, der Vernunft hingegen muss er eine Dialektik zuweisen, weil es für sie gar keine Weise der gültigen transzendentalen Funktion gibt (vgl. Tabelle 2). Wie aber steht es mit

---

[2] Nachdem Kant in der *metaphysischen Deduktion* die Tafel der Kategorien vorgestellt hat, sagt er: „Dieses ist nun die Verzeichnung aller ursprünglich reinen Begriffe der Synthesis, die der Verstand a priori in sich enthält, und um deren willen er auch nur ein reiner Verstand ist, indem er durch sie allein etwas bei dem Mannigfaltigen der Anschauung verstehen, d. i. ein Objekt derselben denken kann" (A80/B106). Die im Verstand angelegte Funktion des begrifflichen Denkens, sofern sie auf Inhaltlichkeit hin gedacht wird, besteht im Denken-Können von Objektivität bei anderweitig gegebenen Vorstellungen.

der Urteilskraft, die gemäss der Einteilung der Logik eigentliches Thema einer *Analytik der Grundsätze* sein müsste?

Tabelle 2: Der Verstand überhaupt in den transzendental gebrauchten Funktionen

Vermögen	Transzendentale Logik	Qualifikation	Prinzipien a priori
Verstand	Analytik der Begriffe	Logik der Wahrheit	Kategorien
Urteilskraft	Analytik der Grundsätze	Logik der Wahrheit	–
Vernunft	Transzendentale Dialektik	Logik des Scheins	Ideen

Die Untersuchung der transzendentalen Urteilskraft, so Kant, gehört auch zu einer transzendentalen *Analytik*, weil die Urteilskraft objektiv gültig und damit gerechtfertigt ausgeübt werden kann (vgl. A131/B170). Und genau dies ist nach Kant die Aufgabe der *Analytik der Grundsätze:* Sie soll die Urteilskraft lehren, „die Verstandesbegriffe, welche die Bedingung zu Regeln a priori enthalten, auf Erscheinungen anzuwenden" (A132/B171). Es ist hier auffallend, dass die transzendentale Urteilskraft im Gegensatz zu Verstand und Vernunft innerhalb der *Kritik der reinen Vernunft* keine eigenständigen Prinzipien enthält.[3] Sie bezieht apriorische Inhalte vom Verstand und entscheidet über deren gerechtfertigte oder korrekte Anwendung. Somit ist sie (in puncto Inhaltlichkeit) eine dem Verstand nachgeordnete Erkenntnisfähigkeit, deren Aufgabe in der Einleitung *Von der transzendentalen Urteilskraft überhaupt* ersichtlich werden soll.

Von der transzendentalen Urteilskraft überhaupt: Welche Art der transzendental-logischen Untersuchung hat Kant nun für die *Analytik der Grundsätze* vorgesehen? Kant gibt dazu folgende Antwort: Die Urteilskraft soll lernen, „die Verstandesbegriffe [...] auf Erscheinungen anzuwenden" (A132/B171). Die Urteilskraft wird von Kant spezifiziert als „das Vermögen unter Regeln zu subsumieren", ihr kommt sonach die Rolle zu, „zu unterscheiden, ob etwas unter einer gegebenen Regel (*casus datae legis*) stehe, oder nicht" (A132/B171). Die *Analytik der Grundsätze* muss daher, so Kant, „Vorschriften für die Urtheilskraft" (A132/B171) abgeben. Sie ist eine „Doctrin der Urtheilskraft" (A132/B171).

Da Kant dem Leser zuvor jedoch mitgeteilt hat, dass die Funktion der Urteilskraft im Urteilen bestehe, wenden wir uns zunächst auf das Urteil hin. In der *Jäsche Logik* ist folgende Definition zu finden: „Ein Urtheil ist die Vorstellung der Einheit des Bewußtseins verschiedener Vorstellungen oder die Vorstellung des

---

[3] Eine Untersuchung allfälliger eigenständiger Prinzipien fällt innerhalb von Kants kritischem System erst in die *Kritik der Urteilskraft*.

Verhältnisses derselben, sofern sie einen Begriff ausmachen" (Log, AAIX, S. 101). Nehmen wir diese als die von Kant selbst vorgetragene Definition des Urteils an, so ist festzustellen, dass die formale Logik in demjenigen Teil, der sich den Urteilen widmet, mit der Urteilskraft, so wie sie Kant in der *Kritik der reinen Vernunft* beschreibt, nicht viel gemeinsam hat. Vielmehr scheint sich die Definition des Urteils auf die Urteilsfunktionen (aus denen Kant die Kategorien herleitet, A70/B95 ff.) zu beziehen, die innerhalb der transzendental-logischen Untersuchen dem Teil des Verstandes im engeren Sinne zufallen.

Der Urteilskraft wird die Funktion zuteil, zu entscheiden, ob ein vorliegender Fall unter einer infrage stehenden Einheit des Bewusstseins steht oder nicht. Wie wir in der *Jäsche Logik* lesen können, ist die Urteilskraft entweder „bestimmend" oder „reflektierend", „die erstere geht vom Allgemeinen zum Besondern, die zweite vom Besondern zum Allgemeinen" (Log, AAIX, S. 132). Die wesentliche Funktion der Urteilskraft besteht demnach nicht im Urteilen, sofern dieses nach Vorigem verstanden wird, sondern darin, das Besondere und das Allgemeine auf gewisse Weise zusammenzuhalten, zu vermitteln. Als solche geht ihre Funktion immer jeweils über formallogische Regeln hinaus.[4]

Die allgemeine oder formale Logik beinhaltet nach Kant keine „Vorschriften für die Urteilskraft", weil erstere „von allem Inhalte der Erkenntnis abstrahiert" (A132/B171). Bei dieser Abstraktion hat die Entscheidung, ob ein Gegenstand unter einer Regel stehe oder nicht, keinen Platz. Denn da die allgemeine Logik nur von „formale[n] Regeln alles Verstandesgebrauchs" (A133/B172) handelt, müsste dafür, dass die Subsumtion eines Falles unter eine Regel selbst innerhalb der formalen Logik Thema sein könnte, eine weitere, allgemeine Regel angegeben werden, gemäss der die Urteilskraft zwischen dem Allgemeinen und dem Konkreten vermitteln könnte. Für die korrekte Anwendung der letzteren allgemeinen Regel müsste es allerdings wiederum eine Regel geben, gemäss der die Urteilskraft die Anwendung der ersten Regel erlernen könnte. Auf eine solche Weise würde sich das Regellernen der formalen Logik ad infinitum reiterieren (vgl. A133/B172), und die allgemeine Logik könnte damit nicht zu ihrem Festbestand an Regeln kommen.

Die Hauptfunktion der Urteilskraft, nämlich die Entscheidungsfähigkeit in der *casus datae legis* Frage, ist nach Kant sogar „ein besonderes Talent [...], welches gar nicht belehrt, sondern nur geübt sein will" (A133/B172). Die geübte Urteilskraft muss in derselben Lage sein wie ein Richter, der über einen bestimmten Sachverhalt urteilen muss: Sie muss unterscheiden können, ob „ein Fall in concreto"

---

4 Daher gehe ich davon aus, dass Kant *das Urteilen* im Sinne der Verbindung von Begriffen zu Aussagen in der formalen Logik dem Verstand im engeren Sinne zuweisen würde, damit wäre jedoch die in Tabelle 1 dargestellte Einteilung als architektonische Fehlzuspitzung zu bewerten.

(A134/B173) einer Regel zuzuweisen ist oder nicht. Die geforderte Fähigkeit wird also nicht im Gebiete des diskursiv Allgemeinen zu gewinnen sein, sondern sie kann, so Kant, erst durch Beispiele eingeübt und geschärft werden („Beispiele der Gängelwagen der Urtheilskraft", A134/B173 f.).[5] Die Urteilskraft ist daher jeweils eine mehr oder minder ausgebildete Fähigkeit, spezifische und einzelne Ausprägungen von Erkenntnis*inhalten* mit den allgemeinen und diskursiv mitteilbaren Hinsichten auf diese Inhalte innerhalb der Vorstellungskraft zusammenzuhalten.

Will nun die transzendentale Logik der Urteilskraft Vorschriften mitgeben, so muss sie die Urteilskraft „im Gebrauch des reinen Verstandes durch bestimmte Regeln [...] berichtigen und [...] sichern" (A135/B174). Diese bestimmten Regeln haben nun die Aufgabe, die Urteilskraft so zu schärfen, dass sie „Fehltritte der Urtheilskraft (*lapsus iudicii*) im Gebrauch der wenigen reinen Verstandesbegriffe [...] zu verhüten" weiss (A135/B174). Dies, so Kant, ist der entscheidende Schritt, um das Wesen der Philosophie „im Felde reiner Erkenntnisse a priori" als „Kritik" (A135/B174) auszuzeichnen. Die transzendentale Urteilskraft ist daher nicht einfach ein der Inhaltlichkeit des transzendentalen Verstandes untergeordnetes Vermögen, die Urteilskraft (wenn sie sich richtig einübt) ist vielmehr der *Garant* für die rechtmässige Anwendung des Verstandes.

Die „bestimmten Regeln", durch welche die transzendentale Logik die transzendentale Urteilskraft einübt, müssen nach Kant „die Bedingungen, unter welchen Gegenstände in Übereinstimmung mit jenen Begriffen gegeben werden können, in allgemeinen, aber hinreichenden Kennzeichen darlegen" (A136/B175). Mit dem Wort „allgemein" will Kant darauf hinweisen, dass die Regel auf *alle* berechtigte Anwendung der Verstandesbegriffe und nicht nur auf einen eingeschränkten Gegenstandsbereich ihrer zutrifft. Unter „hinreichend" ist zu verstehen, dass diese Regel nicht auch auf Gegenstandsbereiche zutreffen könnte, bei denen es keine als berechtigt auszuweisende Anwendung der Verstandesbegriffe gibt. Darüber hinaus muss die bestimmte Regel genügend konkret sein, um für die Urteilskraft die Rolle eines Beispiels erfüllen zu können, sie muss aber gleichzeitig – wie gesehen – für alle gerechtfertigten Fälle dienen können.[6] Die hinreichende

---

[5] Allerdings haben nach Kant nicht alle Menschen dieselbe Veranlagung zu einer geschärften Urteilskraft. Denn einige verfügen über mehr „natürliche[s] Talent" dazu als andere, so dass das anzurufende Illustrieren und sich Beispiele Ausdenken eine notwendige Auflage ist für diejenigen Menschen, denen „es am natürlichen Talent [der Urteilskraft] mangelt" (A134/B173 f.).
[6] Kant zieht hier die Analogie zur Mathematik, die für ihre Erkenntniseinstellung auf die Konstruktion der Begriffe in der Anschauung angewiesen ist. Ein *Fall* des Begriffs muss darin so allgemein gedacht sein, dass er für alle Instanzen des Begriffs dienen kann. Die Analogie findet da jedoch seine Grenzen, denn die bestimmte Regel, welche die Urteilskraft in der Anwendung der

Regel muss schliesslich, der Restriktionsthese gemäss, sinnlich sein. So sagt Kant abschliessend, dass das Schematismuskapitel die „sinnlichen Bedingungen [...], unter welcher reine Verstandesbegriffe allein gebraucht werden können" (A136/B175), vorstellen soll.

Der Anfang des Systems aller Grundsätze: Das *System aller Grundsätze des reinen Verstandes* ist eingeteilt in eine kleine Einleitung und 3 Abschnitte, wovon die Einleitung, der zweite Abschnitt und der Anfang des dritten inhaltlich direkt ans Schematismuskapitel anknüpfen. In der *Einleitung* sagt Kant, im Schematismuskapitel seien die „allgemeinen Bedingungen" für die Urteilskraft erörtert worden, „unter denen allein sie die reinen Verstandesbegriffe zu synthetischen Urtheilen zu brauchen befugt" (A148/B187) sei. Die Hauptaufgabe des *Systems aller Grundsätze* ist es gemäss Kant nun, die sich unter Berücksichtigung dieser „kritischen Vorsicht", die in der „Beziehung auf mögliche Erfahrung" und im „Verhältniß zur Sinnlichkeit" besteht, zu ziehenden synthetischen Urteile des reinen Verstandes „in systematischer Verbindung" zu entwickeln (A148/B187).

Im Gegensatz zu einem analytischen Urteil, wie Kant im Abschnitt zum *obersten Grundsatze aller synthetischen Urtheile* schreibt, muss man bei einem synthetischen „aus dem gegebenen Begriff hinausgehen, um etwas ganz anderes, als in ihm gedacht war, mit demselben in Verhältniß zu betrachten" (A154/B193f.). Das synthetische Urteilen ist keine begriffsanalytische Denkaktivität. Es erfordert ein anderes Verständnis von Urteilsbildung, „etwas ganz anderes" (A154/B193f.) soll nämlich mit einem Begriff verbunden werden. Dieses ‚ganz andere' verweist m. E. auf einen Vorstellungsrahmen, der zur nur-begrifflichen Aktivität des Verstandes heterogen ist: die menschliche Art der Sinnlichkeit. Der innere Sinn, als diejenige Gemütseigenschaft, durch die alles sinnlich Gegebene anschauungshaft vorgestellt wird, und die Zeit als dessen apriorischer Form werden daher von Kant als das „Medium aller synthetischen Urtheile" angesprochen (A155/B194). Die zeitliche Form sei das „Dritte", auf das hin nicht analytisch miteinander in Beziehung stehende Begriffe miteinander a priori verknüpft werden können. Die Verknüpfung „beruht auf der Einbildungskraft", welche der „Einheit der Apperzeption" (A155/B194) folgt.

Kant schickt der Besprechung der Grundsätze *im dritten Abschnitt* eine kleine Einleitung voraus, in welcher er eine bis dahin nicht explizit angesprochene Unterscheidung in der Art der „Anwendung der reinen Verstandesbegriffe auf mögliche Erfahrung" (A160/B199), deren sinnliche Bedingungen das Schematismuskapitel zu klären hatte, einführt. Beim Gebrauch der reinen Verstandesbe-

---

Kategorien unterrichtet, gilt für alle *gerechtfertigten* Instanzen des Begriffs, bindet jedoch nicht deren *Denkinhalt* selbst an diese bestimmte Regel.

griffe, so Kant, ist die „Synthesis entweder mathematisch, oder dynamisch" (A160/B199). Die Verstandesbegriffe beinhalten damit in ihrer berechtigten Anwendung, d. h. in ihrer Anwendung unter der kritischen Vorsicht, von der oben die Rede war, eine Synthesis des sinnlich Mannigfaltigen, das entweder die „Anschauung" oder das „Dasein der Objecte" (A160/B199) betrifft. Dabei stellt die erste Art die Synthesis unter den Verstandesbegriffen der Quantität und der Qualität vor, die zweite diejenige der Relation (und in einem anderen Sinne auch der Modalität). Wir haben also an dieser Stelle im *System aller Grundsätze* eine Erläuterung verschiedener Aspekte oder Ebenen der auf zeitliches Mannigfaltiges gerichteten Verstandessynthesis. Sie entsprechen verschiedenen Aspekten der sinnlichen Vorstellung, die Anschauung einerseits, welche Kant wiederum in *Anschauung* und *Wahrnehmung* einteilt, und die *Erfahrung* andererseits.[7] Da die Schemata der Verstandesbegriffe von den Anwendungsbedingungen handeln, unter denen allein sie ihren realen Gebrauch haben könne, so müssen diese Schemata bereits so gefasst worden sein, dass sie der besprochenen Unterscheidung der Aspekte der Synthesis und Vorstellungsweisen entsprechen.

Zusammenfassend ist zu konstatieren, dass die das Schematismuskapitel umgebenden Textstücke folgende Aufgaben für das Schematismuskapitel selbst vorgeben: Von der Deduktion her ist klar, dass es für die Kategorien einen berechtigten, obzwar restringierten Gebrauch geben muss. Dieser Gebrauch wird in der A Deduktion explizit als ein solcher bezüglich Gegenstände der Erfahrung ausgewiesen, und die B Deduktion erklärt detailreicher, dass ebendieser Gebrauch sich so erklären lassen muss, dass apriorische und heterogene Vorstellungselemente miteinander in Verbindung gebracht werden müssen. Nicht nur muss der restringierte aber berechtigte Gebrauch im Schematismuskapitel im Detail erklärt werden, sondern dieser wird bezüglich der Funktion der transzendentalen Urteilskraft belichtet, und zwar in einer solchen Weise, dass *lapsus iudicii* vermieden werden können. D. h. die Urteilskraft muss in der *Transzendentalen Logik* die Fähigkeit vermittelt bekommen, die Kategorien so mit vorliegenden Einzelfällen von Vorstellungen zu vermitteln, dass sie entscheiden kann, ob ein infrage stehender Einzelfall Fall einer bestimmten Kategorie, und zwar ihres berechtigten Gebrauchs, ist. Diese Fähigkeit muss konkrete Inhaltlichkeit vorstellen können, um das Einzelne und das Allgemeine zusammenzuhalten. Aus Sicht des *Systems aller Grundsätze* ist es die genannte Inhaltlichkeit, welche eine kritische Vorsicht erlaubt, welche nur zustande kommen kann, wenn sie sinnliche Bedingungen enthält, daraus allein synthetische Sätze a priori gewonnen werden können. Das Schematismuskapitel muss sich daher mit den sinnlichen Bedingungen des res-

---

7 Dies ist eine Unterscheidung, die ich der Tafel der Grundsätze entnehme (A161/B200).

tringierten Kategoriengebrauchs auseinandersetzen, und zwar unter dem Thema der Subsumtionsleistung (des gesicherten Zusammenhaltens von Einzelfall und Regel) der transzendentalen Urteilskraft.

8.1.2 Gliederung des Schematismuskapitels

Nachdem nun der Rahmen um das Schematismuskapitel skizziert wurde, ist das Kapitel selbst noch in einer Übersicht darzustellen. Es besteht in 20 Absätzen, die sich in folgende vier Unterteilungen gliedern lassen:

I. Vorläufige Bestimmung der Schemata der Verstandesbegriffe unter den Themen von Subsumtion und Heterogenität. „In allen Subsumtionen [...] den Schematismus des reinen Verstandes nennen." Absätze 1–5. (A137/B176 – A140/B179)

II. Bestimmung des Schemas überhaupt als einer Methodik der Einbildungskraft. „Das Schema ist an sich selbst jederzeit nur ein Product der Einbildungskraft [...] a priori in einem Begriff zusammenhängen sollten." Absätze 6–7.(A140/B179 – A142B181)

III. Darstellung der transzendentalen Schemata nach der Ordnung der Kategorientafel. „Ohne uns bei der trockenen und langweiligen Zergliederung [...] endlich den Zeitinbegriff in Ansehung aller möglichen Gegenstände." Absätze 8–17. (A142B181 – A145B185)

IV. Wiederaufnahme des Themas der realisierten und restringierten Verstandeserkenntnis „Hieraus erhellt nun [...] die den Verstand realisiert, indem sie ihn zugleich restringiert." Absätze 18–20. (A145B185 – A147B187)

I. Kant beginnt das Schematismuskapitel mit dem Thema der „Subsumtion[] eines Gegenstandes unter einen Begriff" (A137/B176). Die infrage stehende Subsumtion ist dabei aber keine begriffslogische Methode. Begriffe mögen in formaler Hinsicht unter anderen Begriffen stehen, so wie der Begriff des Menschen unter demjenigen des Lebewesens.[8] Im Gegensatz zum begriffslogischen Aspekt der Subsumtion, der es mit Inhalten und Umfängen von Begriffen zu tun hat, geht es beim Sub-

---

[8] Das begriffsanalytische Wesen der Subsumtion müsste man so verstehen: wenn der Begriff des Menschen den Begriff eines Lebewesens als Teil seines intensionalen Inhalts hat, ist er unter diesem subsumiert. Der Begriff des Menschen würde sodann zum *Umfang* des Begriffs des Lebewesens gehören. Ein solches Unternehmen nennt Kant in einem Brief an Tieftrunk (vom 11. Dez. 1797) die „logische Subsumtion": „Die logische Subsumtion eines Begrifs unter einem höhern geschieht nach der Regel der Identität: und der niedrige Begriff muß hier als homogen mit dem höhern gedacht werden" (Br, AAXII, S. 224).

sumtionsbegriff im Schematismuskapitel darum, Anschauungen, qua singuläre Vorstellungen, mit Begriffen zu vermitteln. Der Gegenstand soll unter einen Begriff subsumiert werden. Kant bringt hier die juristische Konnotation des Subsumtionsbegriffs in Anschlag.[9] Es geht ihm um die Handlung des Entscheidens, ob eine vorgegebene Vorstellung des Gegenstandes einer gegebenen Regel entspricht oder nicht. Kant schliesst also mit dem Thema der Subsumtion direkt an die vorhin behandelte *casus datae legis* Frage an.

Die Subsumtion eines Gegenstandes unter einen Begriff ist nun nach Kant nur unter der Gleichartigkeitsbedingung möglich: der Begriff muss „dasjenige enthalten, was in dem darunter zu subsumirenden Gegenstande vorgestellt wird" (A137/B176). Subsumption ist nur möglich, wenn die begriffliche Vorstellung mit dem, was die anschauliche Vorstellung vom Gegenstand inhaltlich vorstellt, „gleichartig" (A137/B176) ist. Die Gleichartigkeitsbedingung ist, so Kant, speziell bezüglich anschaulich-sinnlicher Vorstellungen und den reinen Verstandesbegriffen problematisch. Denn die Verstandesbegriffe sind „mit empirischen (ja überhaupt sinnlichen) Anschauungen ganz ungleichartig" (A137/B176); sie stehen in einer wesentlichen Heterogenität zu sinnlichen Vorstellungen. Das Heterogenitätsproblem kommt daher erst bei reinen Verstandesbegriffen in seiner Ursprünglichkeit zum Vorschein. Gemäss der *Transzendentalen Deduktion* muss aber das Wahrnehmungsmannigfaltige unter Verstandesbegriffe gebracht werden können. Wenn wir es nun mit zwei heterogenen Vorstellungsweisen zu tun haben, die Notwendigkeit ihres Bezugs aber bereits dargelegt wurde, sind wir auf „ein Drittes" angewiesen, welches:

> ...einerseits mit der Kategorie, andererseits mit der Erscheinung in Gleichartigkeit stehen muß und die Anwendung der ersteren auf die letzte möglich macht. Diese vermittelnde Vorstellung muß rein (ohne alles Empirische) und doch einerseits intellectuell, andererseits sinnlich sein. Eine solche ist das transscendentale Schema. (A138/B177)

Mit diesen Äusserungen führt Kant die funktionale Charakterisierung des transzendentalen Schemas ein: über dieses sind nämlich die Inhalte heterogener Vorstellungsarten vermittelt. Es ist „einerseits sinnlich", „andererseits intellek-

---

9 Während der juristische Sinn des Ausdrucks „Deduktion", der in Kants Schriften zentral ist, den gegenwärtigen Verwendungen von „Deduktion" weitgehend fremd ist (vgl. Seeberg 2006, 197 f.), ist der Begriff der Subsumtion auch noch heute ein juristischer Terminus. Seeberg (2006), Kap. 5, S. 197 ff., gibt, Henrich (1989) folgend, eine ausführliche Darstellung der juristischen Bedeutung des Deduktionsbegriffs. Der Subsumtionsvorgang ist in der gegenwärtigen juristischen Terminologie immer noch als ein solcher benannt, der Subsumtionsbegriff bezeichnet nämlich die „Subsumtion des festgestellten Sachverhalts unter den Tatbestand der, notfalls zuvor ausgelegten, Gesetzesnorm" (Larenz 1992, S. 10).

tuell", und es ist „ohne alles Empirische" (A138/B177). Nach dieser zunächst nur funktionalen Charakterisierung bestimmt Kant das transzendentale Schema inhaltlich weiter als transzendentale Zeitbestimmung. In einer solchen transzendentalen Zeitbestimmung wird nach Kant das kategoriale Vorstellen, das „die Einheit derselben ausmacht", einerseits, und das anschauungshafte Vorstellen, da „die Zeit in jeder empirischen Vorstellung des Mannigfaltigen enthalten ist", andererseits, miteinander, und zwar a priori, in Verbindung gebracht (A138f./B177f.).

In Absatz 5 schliesslich weist Kant auf die in der *Transzendentalen Deduktion* erreichten Konklusionen der Restriktion und der Berechtigung des Kategoriengebrauch hin, um anzeigen zu können, dass für die Berechtigungsthese bereits da aufgezeigt werden musste, „daß reine Begriffe a priori außer der Function des Verstandes in der Kategorie noch formale Bedingungen der Sinnlichkeit (namentlich des innern Sinnes) a priori enthalten müssen" (A139f./B178f.). Kant weist also auf die Deduktion zurück, um eine bereits erbrachte allgemeine Lösung des Heterogenitätsproblems in Anspruch zu nehmen. Nun identifiziert Kant die genannte „formale und reine Bedingung der Sinnlichkeit" mit dem Schema der Kategorien in ihrem berechtigten aber restringierten Gebrauch, und schliesslich bestimmt er „das Verfahren des Verstandes mit diesen Schematen" mit dem „den Schematismus des reinen Verstandes" (A140/B179).[10]

II. In den von mir unter *II.* eingeteilten Absätzen legt Kant das Problem der Heterogenität bezüglich der reinen Verstandesbegriffe zunächst zur Seite und bestimmt Eigenschaften des Schemas „an sich selbst" (A140/B179). Mit diesem Ausdruck sind sowohl transzendentale Schemata wie Schemata empirischer und rein-sinnlicher Begriffe bezeichnet. Das ‚Schema überhaupt' ist ein „Product der Einbildungskraft" (A140/B179): „Die[] Vorstellung nun von einem allgemeinen Verfahren der Einbildungskraft, einem Begriff sein Bild zu verschaffen, nenne ich das Schema zu diesem Begriffe" (A140/B179f.). Kant führt hier in Absatz 6 also die Einbildungskraft in ihrer Rolle als schemabildendes Vermögen ein. Das Schema als „Methode" (A140/B179) der Einbildungskraft soll die Allgemeinvorstellung (den Begriff) mit einer anschaulichen Einzelvorstellung in Beziehung bringen. Es soll variabel sein, so dass es sich nicht auf vereinzelte Inhalte festlegen muss, aber

---

10 Ein „Verfahren" kann ein zeitlich strukturiertes Vorgehen meinen. Im diesem Kontext können wir den Ausdruck aber auch vor dem Hintergrund der juristischen Metaphorik sehen. In einem Gerichts*verfahren* wird ein vorliegender Fall auf seine Rechtsfolgen geprüft. So können wir auch für die Aufgabe der Urteilskraft folgendes festhalten: Sie prüft einen vorliegenden Fall auf Rechtsfolgen, insofern sie die Einbildungskraft zu Hilfe nimmt und mit ihr ein Verfahren anwendet, das entscheidet, welche Regeln (Gesetze) im vorliegenden Fall folgen. Die Einbildungskraft wäre dann verfahrenshaft, wenn sie der Beurteilung durch die Urteilskraft ‚zuarbeitet'.

gleichwohl muss es ein konkretes anschauungshaftes Vorstellen beinhalten müssen. Zum Schluss von Absatz 7 hält Kant aber für die Schemata der reinen Verstandesbegriffe fest, dass diese „in gar kein Bild gebracht werden" können, sondern nur „die Bestimmung des inneren Sinnes überhaupt nach Bedingungen seiner Form (der Zeit) in Ansehung aller Vorstellungen" betreffen, „so fern diese der Einheit der Apperception gemäß a priori in einem Begriff zusammenhängen sollten" (A142/B181).

III. Kant beginnt den unter „III." zusammengefassten Teil mit folgendem merkwürdigen Absatz: „Ohne uns nun bei einer trockenen und langweiligen Zergliederung dessen, was zu transscendentalen Schemata reiner Verstandesbegriffe überhaupt erfordert wird, aufzuhalten, wollen wir sie lieber nach der Ordnung der Kategorien und in Verknüpfung mit diesen darstellen" (A142/B181). Kant hat also die Aufzählung der Schemata als für sein Projekt hinreichend empfunden.[11] Auf den eben zitierten Satz folgt in den Absätzen 9–16 die Einführung der einzelnen Schemata entsprechend der Ordnung der Kategorientafel.[12] Dabei bringt bereits diese Aufzählung eine Unterscheidung zum Ausdruck, welche wir vorhin bei der Besprechung der Aspekte der Synthesisweisen zu Anfang des „Systems aller Grundsätze" angetroffen haben. So ist das Schema der Quantität mit der Einheit eines Gleichartigen in der Anschauung beschäftigt, während das Schema der Substanz nicht eine einheitliche Anschauung denkt, sondern das *Reale[] in der Zeit* unter dem Wechsel seiner Wahrnehmungseigenschaften bestimmt (vgl. A142f./B182 & A144/B183). Die Art der durch das Schema vorgezeichneten Einheitlichkeit impliziert jeweils eine verschiedene Ebene des Denkens von der Gegenständlichkeit des Wahrnehmungsmannigfaltigen. In Absatz 17 werden demgemäss die transzendentalen Schemata „als Zeitbestimmungen nach Regeln" dargestellt, insofern sie den zeitlichen Gegenstand jeweils auf verschiedene Weise betreffen. Die Schemata „gehen nach der Ordnung der Kategorien auf

---

[11] Wir verfügen ja auch nicht über gar keine Erörterungen darüber, was zu einem transzendentalen Schema „erfordert wird", so habe ich bereits auf die funktionale Definition und ihre inhaltliche Bestimmung (als transzendentale Zeitbestimmung) hingewiesen. Vom Standpunkt der vorliegenden Untersuchung, die gerade der, in der Konzeption des transzendentalen Schemas enthaltenen, Heterogenitätsproblematik gewidmet ist, ist die Unterlassung einer ausführlichen Besprechung natürlich bedauerlich.

[12] Festzuhalten ist hier noch, dass Kant den Kategorientiteln der Quantität und der Qualität jeweils *ein* Schema insgesamt zuordnet, den folgenden der Relation und Modalität jeweils pro Kategorienmoment *ein* Schema darstellt, vgl. hierzu Paton (1936, 63f.). Die Interpretation der Schemata wird dadurch erschwert, dass Kant deren Einführung mit nur sehr wenigen Erläuterungen versieht. So erhält zwar das Schema der Quantität und dasjenige der Qualität, sowie dasjenige der Substanz, eine zur Aufzählung des Schemas zusätzliche Erklärung, während die Schemata der anderen Kategorien ohne weitere Erläuterung dargestellt werden.

die Zeitreihe, den Zeitinhalt, die Zeitordnung, endlich den Zeitbegriff in Ansehung aller möglichen Gegenstände" (A145/B184f.). Dies sind alles Beschreibungen, welche Kant hier mit minimalen Erläuterungen begleitet. So beinhalte beispielsweise das Schema der Quantität „die Erzeugung (Synthesis) der Zeit selbst in der successiven Apprehension eines Gegenstandes" und die Schemata der Relation „das Verhältniß der Wahrnehmungen unter einander zu aller Zeit (d. i. nach einer Regel der Zeitbestimmung)" (A145/B184f.). Die Schemata konstituieren demnach verschiedene Ebenen des gedachten In-der-Zeit-Seins der Gegenstände.

IV. Die drei abschliessenden Absätze (18 – 20) nehmen das Thema der berechtigten und restringierten Anwendung der reinen Verstandesbegriffe wieder auf. Die transzendentalen Schemata „realisieren" die Kategorien „allererst" (A146/B185) und werden als „wahre und einzige Bedingungen" angesprochen, welche den Kategorien „Beziehung auf Objecte, mithin Bedeutung" (A146/B185) verschaffen können. Die Schemata bewahren uns nach Kant vor einem amplifizierenden und ermöglichen einen empirischen Gebrauch der Kategorien (vgl. A146/B186).

Die eben dargelegte Gliederung sowie die vorhergegangene Darlegung der umgebenden Textstücke geben einen ersten Einblick in die Komplexität der Themen des Schematismuskapitels. Um diese angehen zu können, werde ich im folgenden zunächst den argumentativen Hauptbeitrag dieses Kapitels zum Gang der *Kritik der reinen Vernunft* genauer herausarbeiten (8.2). In der Folge werde ich dann den Fokus der Analyse auf die Entwicklung des Heterogenitätsproblems von Sinnlichkeit und Verstand legen (Kapitel 9). Einige Themen des Schematismuskapitels werden dabei aber notgedrungen zu kurz kommen, so die Aspektdifferenzierung der verschiedenen Schemata bezüglich des durch sie gedachten zeitlichen Objekts. Dieses kann m. E. nur zusammen mit einer gründlichen Analyse des *Systems der Grundsätze* ausführlich geklärt werden, welches aber ausserhalb des Rahmens dieser Arbeit liegt.

8.2 Der argumentative Beitrag

Ich habe in der Forschungsübersicht (1.2) bereits dargestellt, dass das Schematismuskapitel in seiner Rolle und Relevanz für die *Kritik der reinen Vernunft* auf verschiedenste Weise aufgenommen worden ist. Ich werde im folgenden die These entwickeln, dass im Schematismuskapitel etwas, gegenüber der Deduktion, wesentlich Neues entwickelt wird, das herauszustellen die obige architektonische Übersicht behilflich sein wird. Es ist dies die spezifische Rolle, welche durch die transzendentale Urteilskraft eingenommen werden muss. Sie muss die Synthesisleistung des Verstandes bezüglich einer berechtigten Subsumtion überprüfen, und damit den Umfang und die Grenzen der Anwendung der reinen Verstandesbegriffe auf deutliche Weise bestimmen können.

8.2.1 Eine allgemeine Einschätzung dieses Beitrags

Kant schliesst in seinen Ausführungen im Schematismuskapitel explizit an die Resultate der *Deduktion* an und stellt letztere zusammenfassend dar („Nach demjenigen, was in der Deduction der Kategorien gezeigt worden, wird hoffentlich niemand im Zweifel stehen...", A139/B178). Die *Deduktion* soll gezeigt haben, dass die Kategorien von „blos empirischem" Gebrauch sind, welcher dadurch bestimmt wird, dass sie „als Bedingungen einer möglichen Erfahrung sich a priori auf Erscheinungen beziehen" (A139/B178). Die Kategorien sind somit nicht „von transscendentalem Gebrauche", durch welchen die Kategorien „als Bedingungen der Möglichkeit der Dinge überhaupt auf Gegenstände an sich selbst (ohne einige Restriction auf unsre Sinnlichkeit) erstreckt werden können" (A139/B178). Kants Darstellung weist hier also der *Deduktion* zu, gezeigt zu haben, dass der objektiv reale Gebrauch der Kategorien auf den empirischen restringiert ist, welcher nicht nur in einer „Function des Verstandes in der Kategorie" (A139/B179) besteht, sondern nach Kant auch „formale Bedingungen der Sinnlichkeit (namentlich des innern Sinnes) a priori enthalten" (A139 f./B179) muss. So ist in der Zusammenfassung der *Deduktion* sowohl die Realisierungsthese wie auch die Restriktionsthese angesprochen.

In den abschliessenden Absätzen des Schematismuskapitels nimmt Kant zusammenfassend auf die in diesem Kapitel geleisteten Erörterungen Bezug. Dort bezeichnet Kant die „Schemate der reinen Verstandesbegriffe" als „wahre und einzige Bedingungen, diesen eine Beziehung auf Objecte, mithin Bedeutung zu verschaffen" (A145 f./B185). Die Schemata sind Ermöglichungsbedingungen vom „empirischen Gebrauche" der Kategorien, durch sie wird es möglich „Erscheinungen allgemeinen Regeln der Synthesis zu unterwerfen und sie dadurch zur durchgängigen Verknüpfung in einer Erfahrung schicklich zu machen" (A146/B185). Schliesslich ermöglichen sie die „transcendentale Wahrheit, die vor aller empirischen vorhergeht" (A146/B185). Die Lehre des Schematismus hat also die Realisierungsthese in Bezug auf einen berechtigten Kategoriengebrauch zur Konklusion, indem die Schemata sich als Bedingungen zur Ermöglichung der notwendigen Einheit der Erfahrung mithilfe der „transcendentalen Synthesis der Einbildungskraft" (A145/B185) herausstellen. Nun ist dies nur der eine Aspekt der Konklusion, denn aus dieser folgt nach Kant ebenfalls, dass, obwohl „die Schemate der Sinnlichkeit die Kategorien allererst realisiren", sie dieselben „gleichwohl auch restringiren, d. i. auf Bedingungen einschränken, die außer dem Verstande liegen (nämlich in der Sinnlichkeit)" (A145/B185f.). Das Schema der Kategorie ist daher auch ihre „restringierende Bedingung", ohne welche die Kategorie in ihrem Gebrauch unberechtigt amplifiziert wird (vgl. A145/B185f.).

Wenn wir die eben aufgeführten Zusammenfassungen Kants vergleichen, so sticht ins Auge, dass es sich dabei um *dieselben* Konklusionen handelt. Muss daraus der Schluss gezogen werden, dass das Schematismuskapitel im Gang der Argumentation der *Kritik der reinen Vernunft* argumentativ irrelevant ist?

Klar ist nur, dass das Schematismuskapitel nicht so zu verstehen ist, als ob es sich in die Argumentation für die Realisierungs- und Restriktionsthese einfügen und einen allenfalls unterlassenen Argumentationsschritt ergänzen würde, denn diese Argumentation ist bereits mit der *Transzendentalen Deduktion* abgeschlossen. Noch ist es so zu verstehen, als dass es eine weiterführende Argumentation in demselben Rahmen enthalten würde. Denn der ersten Alternative widerspricht die anfangs des Schematismuskapitels in Anspruch genommene Konklusion der *Deduktion* (die „niemand im Zweifel stehen" lässt, A139/B178). Das Schematismuskapitel räumt also nicht Zweifel aus, indem sie zusätzlich für die genannten Konklusionen argumentiert. Die zweite Alternative muss sich den Vorwurf gefallen lassen, dass die Identität der Konklusionen der *Deduktion* und des Schematismuskapitels darauf schliessen lassen würde, dass der Beitrag des Schematismuskapitels unwesentlich sei. Die These einer „von §24 [...] gradlinig verlaufende[n] Gedankenreihe" (Curtius 1914, S. 363), verstanden als ein – in demselben Rahmen verlaufendes – Argument, ist daher zu verwerfen.

Daraus darf aber nicht geschlossen werden, dass das Schematismuskapitel nicht von argumentativer Relevanz ist. Paton beispielsweise vertritt die Meinung, dass Kant erst im Schematismuskapitel aus einem, vom Leitfadenkapitel bis zur *Transzendentalen Deduktion* vorherrschenden, formalistischen Rahmen der Argumentation ausbricht, und die den wirklichen Objekten zukommenden konkreten, sinnlich zeitlichen Charaktere einführt (vgl. Paton 1936, S. 76). Dieser Einschätzung Patons ist meiner Meinung nach beizupflichten. Nur müssen wir nun ebenfalls die Frage stellen, *weshalb* Kant hier aus einem sehr allgemeinen Rahmen der Argumentation ausbricht und den einzelnen Kategorien jeweils konkrete Zeitcharaktere zuweist, die in Verbindung mit der kategorialen Regel das transzendentale Schema ergeben?

Die obigen Darlegungen (8.1) sollten bereits hinreichend aufgezeigt haben, dass die Ausführungen im Schematismuskapitel von einem neuen Standpunkt her zu betrachten sind, der bestimmt ist durch die Stellung in der Doktrin der transzendentalen Urteilskraft. Die transzendentale Urteilskraft muss nämlich darin unterrichtet werden, wie sie die Kategorien auf legitime Weise anwendet. Die Realisierungs- und Restriktionsthese werden innerhalb des Schematismuskapitels dahingehend weiterentwickelt, dass die Urteilskraft instand gesetzt wird, über die realisierte oder nur scheinbar objektive Anwendung der Kategorien zu entscheiden. Sie muss dies anhand eines vorliegenden Falls ausführen können. Um dies zu tun, muss sie das *Konkrete*, das *Beispielhafte*, beurteilen können. So sind es erst die konkreten sinnlichen Eigenschaften eines legitimen Kategoriengebrauchs, die der Urteilskraft eine sichere Handhabe für das Ausführen ihrer Funktion geben. Um eine gesicherte Erkenntnis durch Verstandesbegriffe zu haben, müssen wir die *casus-datae-legis*-Frage beantworten können, ohne in unseren Urteilen fehlzugehen und *lapsus iudicii* zu begehen. Die *quid-juris*-Frage mag nach der *Deduktion* erwiesen sein, durch sie sind wir zur Überzeugung gelangt, dass es eine berechtigte Kategorienanwendung gibt, sind aber zur Vorsicht ermahnt, weil eben auch einen amplifizierenden Kategoriengebrauch gibt. Eine Untersuchung über die Berechtigung zur Anwendung der Kategorien wird daher erst dann abgeschlossen, wenn bei vorliegenden Fällen (*quid facti*) entschieden werden kann, ob sie Fälle des rechtmässigen Gebrauchs sind oder nicht. Erst durch die gefestigte Funktion der Urteilskraft können *gesicherte* Grundsätze aus den Konklusionen der Realisierung und Restriktion des Kategoriengebrauchs gezogen werden.

Die allgemeine Konklusion der *Transzendentalen Deduktion* bleibt daher solange noch in der Schwebe, bis gezeigt worden ist, wie sie im Einzelnen konkret Bedeutung hat. Ohne das Schematismuskapitel ist die Deduktion ähnlich hilfreich wie ein Werkzeug, von dem wir auf abstrakte Weise wissen, dass damit zwar vielerlei Materialien effizient bearbeitet werden können, aber nicht alle, wobei wir jeweils unwissend darüber sind, ob wir ein gerade vorliegendes Material mit dem Werkzeug tatsächlich bearbeiten können oder nicht. In dem Bildbereich kann es natürlich angebracht sein, trotz eines drohenden Materialverlusts auf empirische Weise herauszufinden, zwischen welchen Materialien hier die Grenze gezogen werden muss. Jedoch bezüglich der Formulierung der Grundsätze des reinen Verstandes ist eine solche empirische Methode unangebracht. Sie könnte die Grundsätze des reinen Verstandes nur empirisch festigen, was jedoch ihrer apriorischen Natur widersprechen würde. Die transzendentale Urteilskraft muss also vorliegende Fälle *a priori* beurteilen können, und genau dazu braucht sie die Schemata der Kategorien.

Somit wäre eine allgemeine Einschätzung des Beitrags des Schematismuskapitels zum Gang der *Kritik der reinen Vernunft* vorgenommen. Im folgenden möchte ich die erarbeitete Einschätzung in Anspruch nehmen, um die dargestellte Funktion der transzendentalen Urteilskraft aus verschiedenen Perspektiven differenzierter zu erläutern.

8.2.2 Zur Funktion der transzendentalen Urteilskraft

Die Funktion der transzendentalen Urteilskraft ist nun aber weder das einzige Thema des Schematismuskapitels, noch die einzige darin vorkommende Perspektive auf den transzendentalen Schematismus, obschon ich sie als den wesentlich neuen Beitrag des Schematismuskapitels zum Gang der *Kritik der reinen Vernunft* identifiziert habe. Ich möchte daher im folgenden das Verständnis dieser Funktion schärfen, indem ich auf ihre Relation zu anderen Themen und Perspektiven des Schematismuskapitels eingehen werde. Dabei werde ich auf folgende, in der Forschungsliteratur diskutierte, Fragen eingehen: 1. Inwiefern stellt die so gesehene Hauptfunktion des Schematismuskapitels einen Standpunktwechsel vor? 2. Wie ist die im Schematismuskapitel vorhandene Besprechung des empirischen Schematismus in Relation zur Funktion der transzendentalen Urteilskraft zu verstehen? Und 3. inwiefern lässt sich auch eine von der Funktion der transzendentalen Urteilskraft unterschiedene Perspektive auf den transzendentalen Schematismus gewinnen?

Der Wechsel des Standpunkts zur transzendentalen Urteilskraft

Es wurde vielfach versucht, den Standpunktwechsel im Schematismuskapitel von einer Stelle in der B Deduktion her zu gewinnen, an der Kant explizit auf das Schematismuskapitel verweist. So sagt uns Kant in B167, „daß nämlich die Kategorien von Seiten des Verstandes die Gründe der Möglichkeit aller Erfahrung überhaupt enthalten", um durch diese Aussage resümierend auf den Standpunkt der Deduktion Bezug zu nehmen. Nun sei nach Kant aber noch zu fragen, „[w]ie [die Kategorien] aber die Erfahrung möglich machen", über welches erst das Schematismuskapitel „das mehrere lehren" werde (B167).

Dahlstrom versucht, den neuen Standpunkt des Schematismuskapitels in einer Änderung der Erkenntnisweise zu sehen: Es muss auf einer neuen Ebene geklärt werden, „wie" die Kategorien von objektiver Gültigkeit sein können (vgl. Dahlstrom 1984, S. 41).[13] Ein „*Erkennen, dass*" etwas der Fall ist, könne unabhängig von einem „*Erkennen, wie*" dies der Fall sein kann, vorkommen. Vom transzendentalen Standpunkt aus gesehen, verlangen wir auch zu wissen, „wie" die Kategorien Erfahrung ermöglichen (vgl. Dahlstrom 1984, S. 52). Eine so vorgezeichnete Unterscheidung kann daher nach Dahlstrom die Notwendigkeit der

---

13 Ähnlich wird der neue Standpunkt von Onof gesehen, der dem Schematismuskapitel die Aufgabe zuweist, zu zeigen, *wie* Kategorien auf das Mannigfaltige unserer Sinnlichkeit angewendet werden können (vgl. Onof 2008, 539 f.).

Schematismuslehre begründen. Dahlstrom unterlässt es jedoch, ausführlichere Thesen zu diesem Unterschied der Erkenntniseinstellungen zu entwickeln.

Kritisch gegenüber der Ansicht, dass B167 eine deutliche Darstellung dessen enthalte, was das Schematismuskapitel leistet, steht Longuenesse. Sie sieht die allgemeine Wie-Frage bereits in der *Deduktion* beantwortet. Nach ihrer Lesart sind die Kategorien in unserer alltäglichen Erfahrung immer bereits aktualisiert,[14] ohne dass wir jedoch darüber im Klaren sind (bewusst sind), in welchen Erfahrungsinstanzen welche Kategorien implementiert sind. Erst letzterer Frage sei das Schematismuskapitel gewidmet.[15] Nach Longuenesse ist also bereits nach der *Deduktion* klar, *dass* und *wie* die Kategorien Eingang in unsere Erfahrung finden.[16] Nur bliebe da dennoch eine Frage ungeklärt, nämlich „how we can know that this or that category is instantiated" (Longuenesse 2008, S. 513). Das Schematismuskapitel ermöglicht uns, nach Longuenesses Ansicht, ein bewusstes Wissen darüber, wo in unserem Erfahrungsleben welche Kategorie angewandt wurde.

Ebenso weist Caimi auf den neuen Standpunkt hin, auf den sich das Schematismuskapitel im Gegensatz zur Deduktion stellt (Caimi 2015, 201f.). Er sieht den Übergang von der *Deduktion* zum Schematismuskapitel als einen Übergang von der Erörterung kategorialer Konstitution zur einer Erörterung der „Subsumtion von konkreten Gegenständen" (Caimi 2015, 201f.). Auf dem Standpunkt der Subsumtion werden wir befähigt, Kategorien so auf konkrete Gegensände anzuwenden, dass sie als Erkenntnisbegriffe prädikativ gebraucht werden können (vgl. Caimi 2015, 201f.). Wir werden durch den transzendentalen Schematismus in die Lage gesetzt, konkrete Gegenstände als kategorial so und so Seiende anzusprechen. Dies ermöglicht nach Caimi schliesslich den Übergang zu den gesicherten positiven Aussagen, die wir in den Grundsätzen vorfinden.[17]

Wie oben festgestellt, ermöglichen die konkreten sinnlichen Kennzeichen eine sichere Handhabe für das Ausführen der Funktion der transzendentalen Urteilskraft. Sie kann dadurch jeweils vorliegende Fälle als Fälle einer bestimmten Regel ausweisen. Die von Dahlstrom angesprochene „dass"-„wie" Unterscheidung ermöglicht ein vorläufiges Verständnis von der Rolle des Schematismus-

---

[14] „I think there is no doubt Kant's view is that experience does contain instances of the categories" (Longuenesse 2008, S. 513).
[15] „[A] special chapter of the *Critique* is devoted to explaining how we can nevertheless come to *know* that an object falls under a particular category" (Longuenesse 2008, S. 513).
[16] Insofern nämlich jede Wahrnehmung von Objekten nur durch die von Kategorien geleitete *synthesis speciosa* konstituiert wird (Longuenesse 2008, S. 513).
[17] „Gelingt uns das, so können wir Sätze aufstellen wie etwa: ‚Alle Erscheinungen sind Quantitäten' bzw. ‚Alle Erscheinungen stehen unter dem Gesetz der Ursachen und Wirkungen' u.a.m." (Caimi 2015, 201f.).

kapitels. Wenn wir nämlich wissen, „wie" die einzelnen Kategorien auf Erscheinungen angewandt werden, können wir die verstandesgeleitete Konstitutionsleistung des Gehalts sinnlicher Vorstellung bewusst überprüfen. Den „wie"-Aspekt der Erkenntnis können wir dann in der Subsumtionskompetenz des sinnlich gegebenen Gegenstandes unter eine kategoriale Regel sehen. Wenn wir kompetent darin sind, zu entscheiden, welche Kategorie in welchem Erfahrungsfall vorliegt, haben wir ein Wissen darüber, *wie* die einzelnen Kategorien erfahrungsermöglichend angewandt werden. Diese Interpretation der „wie"-Frage kann nun in Übereinstimmung mit der von Longuenesse angesprochenen Verbindung zwischen der Synthesis- und der Subsumtionsleistung stehen. Unser reiner Verstand übt über die transzendentale Synthesis der Einbildungskraft einen Einfluss auf unsere Sinnlichkeit aus, so dass darin eine (intellektuelle) Objektivität gestiftet wird. Sind uns nun Kennzeichen gegeben – so paraphrasiere ich hier Longuenesses Ansicht –, welche die Anwendung einer bestimmten Kategorie anzeigen, so hat unsere Urteilskraft Handhabe zu entscheiden, ob ein Fall dieser oder jener Kategorie vorliegt. Eine solche Interpretation steht auch in Übereinstimmung mit dem Unterschied, den Caimi zwischen der *Deduktion* und dem Schematismuskapitel sieht: Erst durch das Schematismuskapitel erreichen wir nach Caimi die Fähigkeit, die jeweiligen Kategorien ausdrücklich den konkreten Gegenständen zuzusprechen.

Meines Erachtens zeichnet die so dargestellte Verbindung zwischen einer allgemeinen Konstitutionsleistung des Verstandes und der vor dem Schematismuskapitel noch fraglichen Fähigkeit einer ausdrücklichen Beziehungsleistung zwischen dem einzelnen Konkreten und den jeweiligen Kategorien den neuartigen argumentativen Beitrag dieses Kapitels korrekt nach. Nur bleibt in den Interpretationen von Longuenesse, Caimi und Dahlstrom ein wesentliches Element des Schematismuskapitels unterbeleuchtet, nämlich die von mir bereits mehrfach ausgewiesene Rolle der *transzendentalen* Urteilskraft, zwischen den verschiedenen Arten des Kategoriengebrauchs zu unterscheiden. Die transzendentale Urteilskraft hat die Aufgabe, den gerechtfertigten Gebrauch der Kategorien anzuzeigen und diesen von einem amplifizierenden zu trennen. Sie muss zwar den konkreten Fall unter den jeweilig angebrachten Verstandesbegriff bringen können, aber nicht nur diese ‚direkte' Beurteilung über das Sein des vorliegenden Gegenstandes ausführen, sondern ebenso die ‚umfassendere' Beurteilung darüber vornehmen, ob ein befugter Gebrauch der Kategorie vorliegt oder nicht. Die transzendentalen Schemata sind für die Urteilskraft nicht nur Hilfestellungen dazu, vorliegende konkrete Erfahrungsgegenstände korrekt als so und so kategorial seiende anzusprechen, vielmehr sollen die Schemata auch den Gebrauch der Kategorien auf deren „*allein*" *gerechtfertigte*, d. h. „befugt[e]" (A148/B187), Art darstellen können.[18] Die konkreten Gegenstände, von denen wir kategorial bestimmte Erkenntnisse haben können, sind durch die Schemata auf das Feld unserer menschlichen Sinnlichkeit eingeschränkt.

Der empirische Schematismus
Im Schematismuskapitel werden nicht nur die transzendentalen Schemata besprochen, sondern auch Schemata überhaupt. Kant bespricht als einziges Beispiel zum empirischen Schematismus das Schema des Hundes, welches „eine Regel" darstellt,

> ...nach welcher meine Einbildungskraft die Gestalt eines vierfüßigen Thieres allgemein verzeichnen kann, ohne auf irgend eine einzige besondere Gestalt, die mir die Erfahrung darbietet, oder auch ein jedes mögliche Bild, was ich in concreto darstellen kann, eingeschränkt zu sein. (A141/B180)

Die verzeichnende Fähigkeit der Einbildungskraft vermittelt die Reichhaltigkeit der sinnlichen Erscheinung mit der Allgemeinheit des Begriffs dadurch, dass das Schema der Einbildungskraft eine raumzeitlich strukturierte und immer variable Skizze eines unter den Begriff fallenden Gegenstandes enthält. Die Einbildungskraft hat durch diese variable Skizze die Fähigkeit, die in einem diskursiv gedachten Begriff enthaltenen Merkmalskomplexe auf individuelle Gegenstände der Sinnlichkeit anzuwenden. Die infrage stehende Skizze ist gestalthaft, aber doch in Details offen, so dass sie in veränderten Konstellationen des sinnlichen Mannigfaltigen Ähnlichkeiten identifizieren kann. Eine solche Theorie scheint zumindest Kants Überlegung zum Begriff des Hundes zu implizieren: Für die Urteilskraft dient dann das Schema der Einbildungskraft zur ausdrücklichen Subsumtion (z. B. „Dieser sich nun an dieser Stelle befindende Gegenstand *ist ein Hund*").

Der Schematismus empirischer Begriffe ist meines Erachtens zurecht kritisch rezipiert worden. So meint Kemp Smith: „the entire discussion of the nature of the schemata of 'sensuous concepts' and of their relation to the sense image, is out of

---

18 Im *Phänomena und Noumena* Kapitel spricht Kant diesen zweiten Aspekt als wesentlich für die transzendentale Urteilskraft an: „Kann er [der blos mit seinem empirischen Gebrauche beschäftigte Verstand] aber nicht unterscheiden, ob gewisse Fragen in seinem Horizonte liegen, oder nicht, so ist er niemals seiner Ansprüche und seines Besitzes sicher, sondern darf sich nur auf vielfältige beschämende Zurechtweisungen Rechnung machen, wenn er die Gränzen seines Gebiets (wie es unvermeidlich ist) unaufhörlich überschreitet und sich in Wahn und Blendwerke verirrt" (A238/B297).

order in this chapter; and however valuable in itself, bewilders the reader who very properly assumes for it a relevancy which it does not possess" (Kemp Smith 1918, S. 339). Bevor ich im nächsten Kapitel auf die Heterogenitätsthematik auch bezüglich sinnlicher Begriffe eingehen werde, möchte ich hier auf folgende kritische Fragen zum Schematismus empirischer Begriffe eingehen: (1) Bietet das Schematismuskapitel selbst eine gehaltvolle Lehre des empirischen Schematismus? Und (2) bietet letzterer eine hilfreiche Heuristik für die Lehre des transzendentalen Schematismus?

Ad 1: Meiner Ansicht nach sprechen 2 Punkte dagegen, im Schematismuskapitel eine gehaltvolle Darstellung des empirischen Schematismus zu verorten. Dies ist einerseits die einseitige Beleuchtung als bestimmende Begriffe, welche empirische Begriffe innerhalb des Schematismuskapitels erfahren, und andererseits die ungeklärte Verbindung empirischer Begriffe zu den kategorialen Denkfunktionen.

Kant nimmt in der *Kritik der Urteilskraft* die bekannte Unterscheidung zwischen einer reflektierenden und einer bestimmenden Urteilskraft vor:

> Urtheilskraft überhaupt ist das Vermögen, das Besondere als enthalten unter dem Allgemeinen zu denken. Ist das Allgemeine (die Regel, das Princip, das Gesetz) gegeben, so ist die Urtheilskraft, welche das Besondere darunter subsumirt, (auch wenn sie als transscendentale Urtheilskraft a priori die Bedingungen angiebt, welchen gemäß allein unter jenem Allgemeinen subsumirt werden kann) bestimmend. Ist aber nur das Besondere gegeben, wozu sie das Allgemeine finden soll, so ist die Urtheilskraft bloß reflectirend. (KU, AAV, S. 179)

Kant nennt hier die „Urtheilskraft überhaupt" dasjenige Vermögen, welches „das Besondere als enthalten unter dem Allgemeinen" denkt. Diese denkende Bezugsleistung ist zunächst in zwei Richtungen möglich, die Urteilskraft versucht entweder, das Besondere unter ein vorgegebenes Allgemeines zu subsumieren, oder das Allgemeine für ein vorliegendes Besonderes zu finden. Erstere Ausübung der Urteilskraft nennt Kant „bestimmend", die zweite „reflektierend" (KU, AAV, S. 179).

Betrachten wir Kants Äußerungen im Schematismuskapitel, so wird klar, dass darin die bestimmende Urteilskraft zum Thema wird. Vielsagend diesbezüglich ist das Beispiel des Hundes. Der Begriff des Hundes wird darin als gegeben betrachtet. Ihm ist ein Schema beigeordnet, das ermöglicht, verschiedene Sinnlichkeitskonstellationen als Fälle von Hunden zu bestimmen. Empirische Begriffe werden erst als von gegebenen Erscheinungen reflektierte Vorstellungen gebildet. Ihr Zustandekommen ist aber im Schematismuskapitel nicht Thema. So sagt Kant, dass das Schema als „Regel der Bestimmung unserer Anschauung gemäß einem gewissen allgemeinen Begriffe" (A141/B180) fungiert. Der Begriff des Hundes wird zwar als ein empirischer bezeichnet, ist aber nicht in der Art und Weise, wie wir diesen Begriff bilden, nachgezeichnet. Der Schematismus empirischer Begriffe ist also im Schematismuskapitel einseitig dargestellt, insofern nämlich davon ausgegangen wird, dass wir bereits über ein Arsenal an empirischen Begriffen verfügen, die es gilt, auf gegebene Sinnlichkeitskonstellationen korrekt anzuwenden. Dies ist weitere Evidenz dafür, dass es Kant im Schematismuskapitel hauptsächlich um die Funktion der transzendentalen (bestimmenden) Urteilskraft geht, vorliegende Fälle als gültige oder nicht-gültige zu bestimmen, nicht aber um ihre reflektierende Funktion, noch um eine umfassende Theorie empirischer Begriffe.

Des Weiteren wird die Verbindung empirischer (und rein sinnlicher) Begriffe zu den Verstandesbegriffen im Schematismuskapitel nicht deutlich dargestellt. So führt die oben zitierte Stelle aus der *Kritik der Urteilskraft* an, dass die „transscendentale Urtheilskraft a priori die Bedingungen angiebt, welchen gemäß allein unter jenem Allgemeinen [z. B. eines empirischen Begriffs, MB] subsumirt werden kann" (KU, AAV, S. 179).[19] Die transzendentale Urteilskraft, die den transzendentalen Schematismus durchführt, ist also in einem gewissen Sinn eine Bedingung für die Bildung (und den Schematismus) empirischer Begriffe. Demgemäss schreibt Kant, dass das „Schema eines reinen Verstandesbegriffs [...] nur die reine Synthesis gemäß einer Regel der Einheit nach Begriffen überhaupt" (A142/B181) ist. Wenn nun ein empirischer Begriff eine Regel der Einheit nach Begriffen überhaupt enthalten soll, muss der Schematismus der reinen Verstandesbegriffe auch nach dem Schematismuskapitel eine zentrale Rolle für das Zustandekommen empirischer Begriffe spielen. Nur schliesst Kant seine Erörterungen zum „Schema [...] an sich selbst" (A140/B179) mit den eben zitierten Aussagen ab, und wendet letztere nicht wiederum zur Klärung seiner Theorie empirischer Begriffe an.[20]

---

19 Eine genauere Beschreibung des vermeinten Sachverhalts finden wir in der 1. Einleitung zur *Kritik der Urteilskraft*: „In Ansehung der allgemeinen Naturbegriffe, unter denen überhaupt ein Erfahrungsbegrif (ohne besondere empirische Bestimmung) allererst möglich ist, hat die Reflexion im Begriffe einer Natur überhaupt, d.i. im Verstande, schon ihre Anweisung, und die Urtheilskraft bedarf keines besondern Princips der Reflexion, sondern schematisirt dieselbe a priori und wendet diese Schemata auf jede empirische Synthesis an, ohne welche gar kein Erfahrungsurtheil möglich wäre. Die Urtheilskraft ist hier in ihrer Reflexion zugleich bestimmend und der transscendentale Schematism derselben dient ihr zugleich zur Regel, unter der gegebene empirische Anschauungen subsumirt werden" (EEKU, AAXX, S. 212). Die reflektierende Funktion setzt die bestimmende des transzendentalen Schematismus voraus, die das sinnliche Mannigfaltige gemäss den reinen Verstandesbegriffen (mithilfe des Schemas) bestimmt. Wenn wir nun die Bildung empirischer Begriffe der reflektierenden Urteilskraft zuschreiben, so setzt dieser Akt bereits den transzendentalen Schematismus voraus.
20 Pendleburys Analyse des empirischen Schematismus weist ebenso auf die Rolle der transzendentalen Synthesis der Einbildungskraft bei der Bildung eines empirischen Begriffs hin. So

Damit der Schematismus empirischer Begriffe also eine gehaltvolle Theorie sein kann, muss diese implizit angelegte These mindestens mit Bezug auf andere Texte Kants entwickelt werden.[21] Die einzige Antwort, weshalb Kant im Schematismuskapitel den Schematismus empirischer Begriffe nicht als ausführliche Theorie darlegt, scheint darin zu liegen, dass es ihm hauptsächlich um die transzendentale Urteilskraft geht, für deren Verständnis eine kurze Besprechung einer *Urteilskraft überhaupt* und ihres empirischen Schematismus als Heuristik dienen soll.

Ad 2: Wir können daher zur Frage übergehen, ob die Lehre des Schematismus empirischer Begriffe eine hilfreiche Heuristik für die Lehre des transzendentalen Schematismus sein kann. Die heuristische Funktion des empirischen Schematismus kann meiner Ansicht nach sowohl positiv wie auch negativ bewertet werden.

Die positive Bewertung liegt trotz der hier knapp dargestellten Rolle eines empirischen Schemas auf der Hand. Anhand des Beispiels sinnlicher Begriffe werden wir mit wesentlichen Themenfeldern des transzendentalen Schematismus vertraut gemacht. So muss die Urteilskraft jeweils das Individuelle mit dem Allgemeinen in Verbindung halten, um überhaupt ihre Funktion der Subsumtion ausüben zu können. Diese Funktion führt sie unter Zuhilfenahme der Einbildungskraft aus, welche raumzeitlich-gestalthaft, aber doch variabel-skizzierend vorstellen kann. Die Urteilskraft kann daher das Schema der Einbildungskraft als ein Verfahren nutzen, um zu entscheiden, ob die vorliegende Vorstellung den im Begriff gedachten Inhalten entspricht oder nicht. Diese Charakterisierungen des Schematismus stellen die Rolle des ‚Schemas überhaupt', die Aufgabe der ‚Ein-

---

findet er im Schema des Hundes das Schema der Substanz eingegliedert: „you don't know what a dog is unless you know what counts as the same dog at different times" (Pendlebury 1995, S. 790). Das Schema des Hundes enthält nach Penldebury dasjenige der Substanz. Demgemäss entsteht der empirische Begriff zunächst über sein Schema (vgl. Pendlebury 1995, S. 790), das primär zum empirischen Begriff ist, und in dem ein transzendentales Schema bereits mit enthalten sein muss. Eine solche These mag im Schematismuskapitel implizit sein, jedoch wird sie ausdrücklich entwickelt.

21 Eine solche Analyse finden wir beispielsweise bei Longuenesse: „The schemata that guide the comparison are the schemata of the categories. We must have synthesized according to the categories – looking for homogeneous manifolds, looking for permanent and changing properties, looking for sequences in which any change of states 'presupposes something upon which it follows according to a rule' – in order to come up with representations of individuals that we proceed to compare in search of empirical rules for recognition – empirical schemata" (Longuenesse, 2005, S. 27). Uns werden, nach Longuenesse, gar nicht individuelle Gegenstände in unserer Sinnlichkeit gegeben, die Grundlage für empirische Schemata und im weiteren für empirische Begriffe sein können, wenn sich der transzendentale Schematismus der reinen Verstandesbegriffe nicht aktualisiert.

bildungskraft überhaupt' und die Leistung der (bestimmenden) ‚Urteilskraft überhaupt' vor.

Die Heuristik hat aber auch eine negative Seite, nämlich insofern sie die Rolle der Verstandesbegriffe für den Schematismus nicht hinreichend zu illustrieren in der Lage ist.[22] Kant weist uns zwar darauf hin (vgl. A142/B181), dass die Verstandesbegriffe eine gegenüber sinnlichen Begriffen grundsätzlich verschiedene Relation zu den sinnlichen Anschauungen haben. Dennoch sind es nur die Beispiele der sinnlichen Begriffe, die in diese Relation einführen, und die Art und Weise, wie für ihren Schematisierungsprozess die Kategorien mitverantwortlich sind, bleibt unbeleuchtet. Bezüglich der Funktion der Urteilskraft kommt noch ein weiteres erhebliches Problem hinzu. In Bezug auf sinnliche Begriffe vermittelt das Schema die *korrekte* Anwendung auf den Fall. Das Schema hilft der Urteilskraft also dabei, die Frage, ob ein vorliegender, sinnlich gegebener Gegenstand ein Fall eines gegebenen Begriffs ist oder nicht, zu beantworten. Diese Funktion der Urteilskraft ist aber zur Funktion der transzendentalen Urteilskraft wesentlich disanalog. Denn die transzendentale Urteilskraft muss nicht nur nachzeichnen können, ob wir es beispielsweise in vorliegenden Fällen mit bestimmten kausalen Relationen zu tun haben, sie muss auch zwischen einem *gerechtfertigten* und einem amplifizierten Gebrauch der reinen Verstandesbegriffe unterscheiden können. Die transzendentale Urteilskraft muss darin unterrichtet sein, wie sich die reinen Verstandesbegriffe genau in der Sinnlichkeit realisieren, und dieses Wissen dazu zu nutzen, den empirischen Gebrauch der Kategorien zu festigen und von einem transzendentalen Gebrauch zu unterscheiden. Sie ermöglicht erst eine ausführliche Analytik der Wahrheit, indem sie das *ontologisch*[23] Adäquate herauszustellen und vom Inadäquaten zu trennen in der Lage ist.

Zusammenfassend ist also festzuhalten, dass die Besprechung der Anwendungsbedingungen sinnlicher Begriffe im Schematismuskapitel zwar für den weiteren Gang der *Kritik der reinen Vernunft* von nebensächlicher Relevanz ist, sie jedoch in die Funktion der Urteilskraft, welche unter Zuhilfenahme der Einbildungskraft eine Subsumtionsleistung vollziehen muss, einführt, und damit zum Verständnis der hauptsächlichen argumentativen Bedeutung des Schematismuskapitels beiträgt – auch wenn man die unterstellte Analogie bezüglich der

---

22 Diese Schwäche scheint Schopenhauers (hier in 1.2 dargestellte) Kritik des Schematismuskapitels zugrunde zu liegen.
23 Ich benütze hier den Ausdruck „ontologisch", um anzuzeigen, welche Aufgabe eine transzendentale Urteilskraft hat: Sie muss, insofern wir *Sein überhaupt* thematisieren, und nicht diesen oder jenen Gegenstand, unterscheiden können, in welchem Sinne wir dies erkenntnisrelevant tun können (nämlich insofern wir das Sein überhaupt unter den Bedingungen unserer Sinnlichkeit thematisieren).

Funktion der ‚Urteilskraft überhaupt' mit der transzendentalen Urteilskraft mit Vorsicht begutachten muss. Darüber hinaus lassen die Erörterungen des Schematismuskapitels den Schematismus empirischer Begriffe in wesentlichen Aspekten unbeleuchtet. Die von Kemp Smith ausgedrückte Kritik ist daher teilweise berechtigt.

Eine doppelte Perspektive auf den transzendentalen Schematismus

Zu Beginn des Schematismuskapitels sagt Kant: die „Anwendung der Kategorie auf Erscheinungen [wird] möglich sein vermittelst der transscendentalen Zeitbestimmung, welche als das Schema der Verstandesbegriffe die Subsumtion der letzteren unter die erste vermittelt" (A139/B178). Kurz darauf verweist Kant auf die *Deduktion*, innerhalb welcher er seiner Ansicht nach erwiesen hat, dass die Kategorien noch „formale Bedingungen der Sinnlichkeit" (A139/B179) enthalten müssen, damit sie erkenntnisrelevante gegenständliche Bedeutung haben können, und weist diese Bedingungen daselbst als die Schemata der reinen Verstandesbegriffe aus (vgl. A140/B179). Die transzendentalen Schemata werden im Schematismuskapitel einerseits so dargestellt, dass sie für die Subsumtion die heterogenen Vorstellungsweisen überwinden, andererseits aber wird auf die Antwort der *Deduktion* hingewiesen, dass durch die transzendentale Einbildungskraft die objektiv reale Bedeutung der Kategorien zustande kommt, indem darin die Schemata bereits implizit als Bedingungen der Sinnlichkeit figuriert haben.

Wir haben hier also eine doppelte Perspektive auf die transzendentalen Schemata vorliegen. Sie sind zum einen das Verfahren, welches die Vermittlung von Erscheinungen und Verstandesbegriffen leistet und somit eine ausdrückliche Subsumtion ermöglicht, und zum anderen sind sie „Bedingungen einer möglichen Erfahrung" (A139/B178) und insofern muss nämlich ihre Implementierung durch die Einbildungskraft bei vorliegenden Fällen von Erfahrung bereits vorausgesetzt sein. Als Handlungen der transzendentalen Synthesis der Einbildungskraft sind sie einerseits *subsumtionsermöglichend* (für die transzendentale Urteilskraft), andererseits *erfahrungskonstituierend*. Dass Kant hier mit dem transzendentalen Schematismus eine selbst nicht explizit unterschiedene Perspektivenvielfalt einführt, erschwert die Interpretation des Schematismuskapitels zusätzlich. Denn zum einen müssen wir die wichtige Rolle, die der transzendentalen Urteilskraft zuteil wird, berücksichtigen, und zum anderen gibt uns Kant zusätzliche Informationen darüber, wie er die ‚vor-diskursive' Verbindung des Anschauungsmannigfaltigen konzipiert hat.

Auf diese doppelte Perspektive wurde bereits von anderen Autoren hingewiesen. So finden wir eine Einschätzung davon u. a. bei Pendlebury:

> [I]n the Schematism Kant was confusedly tackling two different tasks which he failed to distinguish (or to distinguish adequately). One was the rather boring job of closing unfortunate (self-made) gaps in the reasoning of the Critique by specifying criteria for the pure categories. The other was that of explaining how intuitions could have the contents needed for them to be subsumed under the naturalised categories (and other concepts), which is a further task [...]. For, unlike the first project of simply naturalising the previously denatured categories, it provides a profoundly interesting account of how intuitions can be subsumed under them, and also yields a genuine, robust answer to Hume. (Pendlebury 1995, S. 797)

Pendlebury schätzt die doppelte Perspektive nur auf der einen Seite positiv ein. Einerseits hält er die Unterscheidung zwischen „naturalised categories" („schematisierte Kategorien', MB) und Kategorien überhaupt für einen „boring job of closing unfortunate (self-made) gaps" (Pendlebury 1995, S. 797). Andererseits muss die von Pendlebury positiv eingeschätzte Perspektive auf den Schematismus aufzeigen, wie unsere Anschauungen bereits jenen Vorstellungsinhalt haben können, der es ihnen erlaubt, unter reine Verstandesbegriffe subsumiert zu werden. In dieser zweiten Perspektive sieht er eine „genuine, robust answer to Hume" (Pendlebury 1995, S. 797).[24] Der Schematismus in dieser zweiten Perspektive betrifft sozusagen eine sub-personale ‚Vorleistung' der Konstitution des Anschauungsgehalts, durch welche schliesslich eine ausdrückliche Subsumtion unter diskursive (Verstandes-)Begriffe ermöglicht wird.

Einen ähnlichen Hinweis auf die doppelte Perspektive des Schematismus finden wir bereits bei Paton:

> I take it that by 'schematism' Kant means primarily, not the reflective exhibition of the pure category which takes place in the *Kritik* itself, but the unreflective exhibition which takes place in ordinary experience. It is this unreflective procedure which is 'a hidden art in the depths of the human soul'. (Paton 1936, S. 74)

---

24 Im Wahrnehmungshaften liegen sodann nicht nur kontingente und empirische Inhalte, wenn die Inhalte der Wahrnehmung immer schon durch solche Regeln (Schemata) konstituiert sind, die den kategorial gedachten Notwendigkeiten entsprechen. Darin besteht die Antwort auf den Humeschen Einwand. Siehe dazu auch Ginsborg: „Kant's strategy in response [to the Humean-worry, MB] is to claim that even though we have no sensory impression corresponding to the concept of causality, causality as necessary connexion nonetheless figures in the content of perception. It does so because perceptual content is arrived at through a synthesis of sensible impressions which accords with rules of the understanding, and one of these rules is, or corresponds to, the concept of causality" (Ginsborg 2008, S. 70). Ebenso nimmt Cassirer diese Perspektive auf den Schematismus gegenüber einem ‚Sensualismus' in Anspruch: „Wir konnten die allgemeine Geltung des Begriffs nicht anders erweisen und gegen die sensualistischen Einwände rechtfertigen, als dadurch, daß wir zeigten, daß in der Anschauung selbst die Funktion des Begriffs sich bereits wirksam erweist [...]" (Cassirer 1910, S. 716).

Wir haben nach Paton einen Doppelsinn des Schematismus. Zum einen macht Paton im transzendentalen Schematismus die „reflective exhibition" der reinen Verstandesbegriffe aus, die ich hier als das ausdrückliche Bewusstsein der Art und Weise des Bezugs der reinen Verstandesbegriffe auf das Mannigfaltiges der menschlichen Sinnlichkeit a priori verstehe. Zum anderen soll der transzendentale Schematismus in einer „unreflective exhibition" der reinen Verstandesbegriffe bestehen. Letztere kann nicht eine ausdrückliche Verfahrensleistung unter der Leitung der Urteilskraft sein, die zur Entscheidung über eine korrekte Subsumtion führt. Sondern sie muss wohl nach Paton als ein unbewusster Prozess verstanden werden, welcher in unserer alltäglichen Erfahrung immer jeweils aktualisiert ist.

Ich möchte die von Pendlebury und Paton angesprochene Unterscheidung der Perspektiven weiterentwickeln. Nur die erste der jeweils angesprochenen Perspektiven auf den Schematismus ist ausdrücklich mit der Rolle der transzendentalen Urteilskraft verbunden. Die Rolle der transzendentalen Urteilskraft besteht darin, einen vorliegenden konkreten Gegenstand auf seine kategoriale Konstitution hin zu überprüfen und ihn als so und so kategorial Seiender anzusprechen. Sie hat aber auch eine berechtigte von einer unberechtigten Anwendung der Kategorien sicher zu unterscheiden. Für diese Aufgabe braucht die transzendentale Urteilskraft ausdrücklich-bewusste Kennzeichen für das Verfahren der Subsumtion. Entgegen Pendleburys Ansicht muss ich hier anfügen, dass diese Aufgabe keineswegs selbstproduzierten Problemen geschuldet ist, sondern dass erst der transzendentale Schematismus eine ausdrückliche Überprüfung von Erkenntnisansprüchen „im Felde reiner Erkenntnisse a priori" (A134/B174) erlaubt. Ich möchte diese Perspektive auf den Schematismus daher, weil sie die erkenntnisrelevante (befugte) Möglichkeit der apriorischen Thematisierung von Sein überhaupt betrifft, die *ontologische Perspektive* auf den transzendentalen Schematismus nennen.

Zusätzlich zur ontologischen Perspektive gibt es jenen Aspekt des transzendentalen Schematismus, der die Rolle der Schemata der Einbildungskraft in der Konstitution des jeweiligen Anschauungsgehalts betrifft. Diese Perspektive erlaubt nach Pendlebury eine robuste Kritik des Humeschen Skeptizismus. Sie deutet nach Paton auf einen unreflektiven Prozess hin, auf einen sub-personalen Mechanismus, der uns in unserer alltäglichen Erfahrung mit Vorstellungsgehalten konfrontiert, die jeweils bereits eine den reinen Verstandesbegriffen gemässe Struktur haben. Weil diese Perspektive auf den transzendentalen Schematismus die wirkliche Erfahrung, so wie sie in unserer menschlichen (unbewussten) Psychologie vorkommt, thematisiert, möchte ich sie im folgenden die *anthropologische Perspektive* auf den transzendentalen Schematismus nennen.

Der Schematismus kann (in anthropologischer Perspektive) als eine Art unbewusster Synthesisprozess verstanden werden. Als solcher macht er die Vermittlung des sinnlich Anschaulichen und des diskursiv Begrifflichen möglich, dadurch, dass das Anschauliche subpersonal unter die Bedingungen der Apperzeption gebracht wird. Dass wir bei Kant eine solche anthropologische Perspektive auf den Schematismus vorfinden, kommt in einigen Passagen des Schematismuskapitels deutlich zum Ausdruck, denn der Schematismus sei „eine verborgene Kunst in den Tiefen der menschlichen Seele, deren wahre Handgriffe wir der Natur schwerlich jemals abrathen und sie unverdeckt vor Augen legen werden" (A141/B180 f.).

Der Schematismus (in der ontologischen Perspektive) muss sich für das *transzendentale* Subsumtionsproblem nutzen lassen. Dieses besteht nicht nur in der bewussten Subsumtion eines Konkreten unter das Allgemeine, sondern wir bedürfen explizit zugreifbarer Schemata auch, um einen gerechtfertigten Gebrauch von einem amplifizierten zu unterscheiden. Transzendentale Schemata müssen daher explizite Bedingungen sein, unter denen jene Gegenstände stehen, für die ein berechtigter Kategoriengebrauch vorhanden ist. Sie sind schliesslich die Bedingungen „unter denen allein [die Urteilskraft] die reine Verstandesbegriffe zu synthetischen Urtheilen zu brauchen befugt" (A148/B187) ist. Das transzendentale Schema hat die Aufgabe, die einzig erkenntnisrelevante Art der Thematisierung von Sein überhaupt deutlich herauszustellen.

Meiner Ansicht nach lässt sich der Kontrast zwischen dem verborgenen, subpersonalen und dem ontologischen Aspekt des transzendentalen Schematismus nur so vereinbaren, dass wir einerseits sagen, dass der subpersonale Prozess im Detail im Dunkeln bleibt, dass wir aber andererseits eben doch Kennzeichen dieses Prozesses ausmachen können. Diese Kennzeichen müssen dann bezüglich der ontologischen Perspektive für dreierlei Funktionen hinreichen: erstens müssen sie die transzendentalen Schemata so beschreiben, dass sie sich den jeweiligen einzelnen Kategorien zuordnen lassen, zweitens müssen sie die Schemata so identifizieren können, dass diese Kennzeichen einen transzendentalen Gebrauch der Kategorien hinreichend abwehren können, und drittens müssen diese Kennzeichen hinreichend sein, die allgemeinsten Grundsätze des Verstandes zu formulieren.

So haben die transzendentalen Schemata im Schematismuskapitel die aufgezeigte Doppelbedeutung. Sie sind subpersonale Synthesisprozesse der Einbildungskraft, durch welche kategoriale Notwendigkeiten in unsere Wahrnehmungswelt einfliessen, einerseits, aber auch deutlich und bewusst gefasste Kennzeichen dieses Verfahrens andererseits. Dieser doppelte Aspekt macht das Schematismuskapitel für die Interpretation zusätzlich schwierig, muss jedoch für eine Interpretation des transzendentalen Schematismus mitberücksichtigt werden, um auch Missverständnissen in der Analyse der transzendentalen Zeitbestimmung vorzubeugen.

Zusammenfassung

Ich habe hier (8.2) eine Übersicht über den argumentativen Beitrag des Schematismuskapitels gegeben. Das Schematismuskapitel bietet im Gegensatz zur *Transzendentalen Deduktion* nicht eine Weiterentwicklung eines Arguments auf derselben Ebene der Argumentation, sondern es setzt die in der Deduktion gegebenen Konklusionen in concreto um. Das Schematismuskapitel handelt von der spezifischen Funktion der transzendentalen Urteilskraft, welche von den einzelnen Kategorien wissen muss, *wie* sie im Rahmen der Sinnlichkeit objektive Realität haben können, um durch ebendieses Wissen einen amplifizierten Gebrauch (transzendentalen Gebrauch) der reinen Verstandesbegriffe abwehren zu können. Die Einführung der Funktion der transzendentalen Urteilskraft stellt daher einen Wechsel des Standpunktes im Gang der *Kritik der reinen Vernunft* dar. Die allgemeinen Erörterungen zur Konstitution von objektiver Erfahrung werden dadurch abgelöst, dass die transzendentale Urteilskraft mit den ausdrücklich aufgeführten Schemata darin unterrichtet wird, das ontologisch Adäquate zu spezifizieren und vom Inadäquaten zu trennen. Dieser Standpunktwechsel wirkt sich daher als ontologische Perspektive auf den Schematismus der Verstandesbegriffe aus. Wenn dieser Schematismus jedoch als ein subpersonaler Mechanismus verstanden wird, dann wird er nicht von dem Standpunkt der transzendentalen Urteilskraft her betrachtet, sondern von der Konstitution unserer alltäglichen Erfahrungswelt (die anthropologische Perspektive). Beide Perspektiven werden von Kant im Schematismuskapitel angesprochen. Sie sind daher gut zu unterscheiden, wollen wir eine gründliche Analyse dessen, was unter einem Schema eines Verstandesbegriffs (der transzendentalen Zeitbestimmung) zu verstehen ist, leisten.

Kapitel 9: Das Schema als transzendentale Zeitbestimmung

Kant gemäss muss ein Begriff, um die Subsumtion eines Gegenstandes unter ihn zu ermöglichen, „dasjenige enthalten, was in dem darunter zu subsumirenden Gegenstande vorgestellt wird" (A137/B176). Die anschauliche Vorstellung ist jedoch nicht als begriffliche Vorstellung gegeben, sondern als anschauungshaft ist sie andersartig zum Begriff. Im Speziellen sind Kategorien und sinnliche Vorstellungen, wie Kant sagt, „ganz ungleichartig" (A137/B176). Das „transscendentale Schema" (A138/B177) als Schema der Kategorie muss daher nach Kant als „ein Drittes", welches „einerseits intellectuell, andererseits sinnlich sein" muss (A138/B177), zwischen den jeweils genannten Vorstellungen vermitteln. Diese funktionale Charakterisierung bestimmt Kant inhaltlich weiter als „transscendentale Zeitbestimmung" (A138/B177). Dieses Kapitel ist der Analyse der transzendentalen Zeitbestimmung innerhalb des Heterogenitätsproblems von Sinnlichkeit und Verstand gewidmet. Im folgenden werde ich zunächst das Thema der Heterogenität innerhalb des Schematismuskapitels untersuchen (9.1), bevor ich auf die Interpretationsprobleme bezüglich der transzendentalen Zeitbestimmung eingehen werde (9.2).

9.1 Zur Bedeutung von Heterogenität

9.1.1. Kants Beschreibung des Heterogenitätsproblems

Kant spricht innerhalb des Schematismuskapitels das Heterogenitätsproblem als Ausgangsproblematik an. Eine ausführliche Darstellung, wie er dieses genau versteht, sucht der Leser jedoch vergebens. Die Stelle des Schematismuskapitels, an welcher Kant das Problem kurz skizziert, und die daher einer eingehenden Interpretation bedürftig ist, lautet:

> [1] Nun sind aber reine Verstandesbegriffe in Vergleichung mit *empirischen* (ja *überhaupt sinnlichen*) Anschauungen *ganz ungleichartig* und können niemals in irgend einer Anschauung angetroffen werden. Wie ist nun die Subsumtion der letzteren unter die erste, mithin die Anwendung der Kategorie auf Erscheinungen möglich, da doch niemand sagen wird: diese, z. B. die Causalität, könne auch durch Sinne angeschauet werden und sei in der Erscheinung enthalten? [...] [2] In allen anderen Wissenschaften, wo die Begriffe, durch die der Gegenstand allgemein gedacht wird, von denen, die diesen in concreto vorstellen, wie er gegeben wird, *nicht so unterschieden und heterogen* sind, ist es unnöthig, wegen der An-

wendung des ersteren auf den letzten besondere Erörterung zu geben. (A137 f./B176 f., meine Hervorhebung)

In diesem Textabschnitt sind nun zunächst verschiedene Aspekte des Heterogenitätsproblems zu unterscheiden. So gibt es offenbar zwei zu unterscheidende Fälle einer prima facie Ungleichartigkeit. Zunächst, in Teil [1] des Zitats, spricht Kant von einer Heterogenität der reinen Verstandesbegriffe mit der „empirischen (ja überhaupt sinnlichen) Anschauung". Dann spricht Kant in Teil [2] des Zitats von einer Ungleichartigkeit zwischen „Begriffen, durch die der Gegenstand allgemein gedacht wird" und „denen [?], die diesen in concreto vorstellen". Das letztere Vorstellungspaar ist nach Kant nicht „so unterschieden und heterogen" wie das erstere. Er spricht daher in [2] auch eine Heterogenität an, die sich jedoch nicht als allzu sehr problematisch anzeigt.

Aber was ist die Heterogenität in [2]? Auf welches Vorstellungspaar bezieht sie sich? Liest man das Pronomen „denen" anaphorisch, kann dies hier nur auf „Begriffe" verweisen. Die Wissenschaften, die ein weniger ausgeprägtes Heterogenitätsproblem haben, wären dann solche, bei denen allgemeinere Begriffe von Gegenständen (Kategorien oder höchste Gattungen) mit Begriffen, die den Gegenstand „in concreto vorstellen", nicht so verschiedenartig wären. Wie könnte man das verstehen? Nehmen wir Kants Lieblingsbeispiel einer Wissenschaft, die Geometrie, so könnte man vielleicht die Begriffe ‚Figur' und ‚Dreieck' als in diesem Sinne nicht-ausgeprägt heterogen ansehen. In dieser Variante verhalten sich aber die zwei Begriffe nach der Logik von Gattung und Art zueinander, welches nicht einfach eine nicht-ausgeprägte, sondern gar keine Heterogenität impliziert. Verstehen wir das Heterogene aber zwischen dem Gattungsbegriff ‚Dreieck' und einem, ein Individuum ausdrückenden, Begriff ‚das Dreieck ABC', so widerspricht dies Kants Ansicht, nach der es keine Individualbegriffe geben kann. Es ist also eher unwahrscheinlich, dass Kant einer der beiden genannten Fälle im erwähnten Zitat anspricht. Pippin hat bereits auf dieses Interpretationsproblem hingewiesen und die Lösung vorgeschlagen, das Pronomen „denen" auf ein anschauliches Bild zu beziehen (Pippin 1976, S. 164). Gemäss dieser Leseweise könnte Kant das Wort „Vorstellungen" ausgelassen haben („denen [Vorstellungen], die diesen [Gegenstand] in concreto vorstellen"). Die in [2] genannte Ungleichartigkeitsrelation würde dann zwischen solchen Begriffen bestehen, die Kant im Schematismuskapitel *sinnliche Begriffe* (bspw. A141/B181) nennt, und sinnlich anschaulichen, den jeweiligen Begriffen gemässen, Vorstellungen.

Die nicht-ausgeprägte Heterogenität aus [2] kann daher das Verhältnis zwischen begrifflichen Vorstellungen, die über die Auseinandersetzung mit dem, empirisch oder reinen, sinnlich Gegebenen gebildet worden sind, und anschaulichen Vorstellungen von individuellen Gegenständen (in concreto) bezeichnen.

9.1 Zur Bedeutung von Heterogenität

Ich werde auf die genauere Bestimmung solcher sinnlicher Begriffe im nächsten Abschnitt (9.1.2) eingehen. Solche begriffliche Vorstellungen sind über das „Schema sinnlicher Begriffe" mit ihren Bildern verbunden, weil sie „ein Product und gleichsam ein Monogramm der reinen Einbildungskraft a priori" enthalten, „wodurch und wornach die Bilder allererst möglich werden" (A141f./B181). Sie haben also eine intrinsische Bildrelation.

„[D]as Schema eines reinen Verstandesbegriffs" kann nun aber „in gar kein Bild gebracht werden" (A142/B181), womit die zu unterscheidende Bedeutung des Heterogenitätsproblems in [1] gegenüber [2] angezeigt wäre: Die reinen Verstandesbegriffe haben keine solche ihnen selbst irgendwie natürlicherweise anhängende Bildrelation. Sie sind „mit empirischen (ja überhaupt sinnlichen) Anschauungen ganz ungleichartig" (A137/B176).

Das wesentliche Heterogenitätsproblem stellt sich also für Kant bei den Kategorien [1]. Kategorien enthalten offenbar etwas in dem, was sie vorstellen, das zumindest prima facie nicht in einer sinnlichen Anschauung vorgestellt wird. Hier ist nun ebenfalls hervorzuheben, dass wir es mit zwei verschiedenen Thesen zu tun haben. So muss die Frage danach gestellt werden, was in der Klammeranmerkung „ja überhaupt sinnlichen" hinzugefügt wird. Eine erste Interpretationsalternative ist, dass Kant offenbar den Vorstellungsgehalt der Kategorien nicht nur mit empirischen Anschauungen, sondern auch mit reinen Anschauungen für heterogen hält. Eine andere Interpretation wäre, dass der Ausdruck ‚überhaupt sinnliche Anschauung' auf irgendeine (also nicht unbedingt die menschliche) Form der sinnlichen Anschauung verweist.[1] Eine solche Konzeption könnte ein metaphysisch mögliches Wesen ansetzen, das ebenfalls über sinnliche Anschauung verfügt, die jedoch nicht, wie bei uns Menschen, raumzeitlich strukturiert ist. In einem solchen Szenario würde dieses Wesen, wenn es über dasselbe rationale Vermögen verfügt wie wir, den Gehalt der Kategorien ebenfalls als mit seinen sinnlichen Anschauungen gänzlich ungleichartig vorfinden. Wenn diese zweite Interpretationsalternative zutreffend wäre, so müsste man gleichfalls die menschliche Art des Anschauens als mit den Kategorien heterogen betrachten (da dies auf jede Art des sinnlichen Anschauens zutreffen würde), und diese menschliche Art des Anschauens besteht in der Raumzeitlichkeit. Folglich muss Kant durch diese Klammerbemerkung auch die reine Form unseres Anschauens in diejenigen Vorstellungen miteinbezogen haben, die ursprünglich heterogen mit den Gehalten der reinen Verstandesbegriffe sind.

---

[1] Ich habe Kants Konzeption der ‚gegebenen (sinnlichen) Anschauung überhaupt' im Zusammenhang mit der Analyse der B Deduktion in Kapitel 5 ausführlich diskutiert.

Der Gehalt kategorialer Vorstellung ist daher für Kant ursprünglich mit den Gehalten der reinen wie der empirischen Anschauung heterogen. Das Heterogenitätsproblem zeigt sich aber in Bezug auf beide Anschauungsvorstellungen u. a. auf einerlei Weise an. Denn nach Kants Ausdruck können die kategorialen Inhalte „niemals in irgend einer Anschauung angetroffen werden", und in Bezug auf die empirische Anschauung können sie weder „durch Sinne angeschauet" werden, noch „in der Erscheinung enthalten" (A137 f./B176 f.) sein. Der Verstand findet die kategoriale, begriffliche Bestimmung in der anschauungshaften Vorstellung *nicht bereits vor.* Nach Kant kann „die Verbindung (*conjunctio*) [...] niemals durch Sinne in uns kommen" und ist „in der reinen Form der sinnlichen Anschauung" nicht „zugleich mit enthalten" (B129 f.). Mit anderen Worten, der Verstand muss die begriffliche Bestimmung des Anschauungshaften erst leisten, und diesem an ihm selbst nicht als bereits zukommende Bestimmung annehmen, die gegebenenfalls nachgezeichnet werden muss. Die Gemässheit der sinnlichen Vorstellungen zu einem kategorialen Gehalt muss durch ein spontanes Vermögen gestiftet sein, das man „Verstand nennen muß" (B130). Die Gehalte der Sinnlichkeit sind *nie* für den Verstand direkt oder unmittelbar als so und so kategorial Seiende einsehbar, sie sind zunächst kategorial unbestimmte oder stets weiter bestimmbare Gehalte.

Ich habe im vorhergehenden Kapitel zwischen zwei verschiedenen Perspektiven auf den transzendentalen Schematismus unterschieden: die anthropologische auf der einen Seite und die ontologische auf der anderen. Betrachten wir die in der anthropologsichen Perspektive in Anspruch genommene These, dass nämlich die kategorialen Inhalte bereits durch subpersonale Mechanismen in der Sinnlichkeit umgesetzt sein können, so stellen sich hier zwei Fragen in puncto Vermittlung der Heterogenitätsthese mit der anthropologischen Perspektive: Wenn kategoriale Inhalte bereits in subpersonalen Prozessen Eingang in sinnliche Anschauungen finden, wie können dann (1) letztere noch als mit ersteren heterogen bezeichnet werden? Und ist es dann (2) nicht der Fall, dass der bewusst (oder mit Aufmerksamkeit) operierende Verstand *verbundene* (kategorial gemässe) Inhalte in den sinnlichen Anschauungen *sieht, anschaut* oder *antrifft*?

Die Frage (2) muss zu einer Differenzierung in der Erläuterung der anthropologischen Perspektive führen. Denn es darf nach Kant nicht sein, dass wir in unserer Rolle als thematisierender Verstand in der Lage sind, Inhalte der Sinnlichkeit unmittelbar als so und so kategorial Seiende zu *sehen.* Diese Problematik lässt sich m. E. jedoch folgendermassen auflösen: Auch wenn uns die sinnliche Anschauung vermittelt durch einen subpersonalen Prozess Gegenstände der Sinnlichkeit bereits mit kategorialem Gehalt präsentiert, können wir diese trotzdem nicht ‚direkt' als kategorial so und so Seiende erblicken, sondern unser Verstand muss, um explizit nachvollziehen zu können, welche Kategorie in einer vorliegenden sinnlichen Konstellation bereits subpersonal angewendet wurde, einer Methode oder einem ausdrücklichen *Verfahren* folgen. Darin übernimmt das anschauungshafte Mannigfaltige wiederum die Rolle des zunächst Unbestimmten, und im Zuge von dessen Bestimmung durch die Kategorie mögen sich auch weitere begriffliche Bestimmtheiten stiften lassen, von denen als solchen nicht gesagt werden kann, dass sie bereits subpersonal als solche gegeben gewesen wären. Somit bliebe die Synthesisnatur des Verstandes gewahrt.

Die Frage (1) wird jedoch schwieriger zu beantworten sein. Denn wenn wir sagen wollen, dass alle sinnlichen Vorstellungsinhalte des Gemüts immer bereits gemäss kategorialen Inhalten sind, so müssten wir uns Kemp Smiths Analyse des Heterogenitätsproblems anschliessen, der darin ein Scheinproblem sieht (Kemp Smith 1918, S. 334). Genau dies geschieht meinem Verständnis nach in einigen, der These der anthropologischen Perspektive gemässen, Interpretationen. Pendlebury sieht in ebendieser Perspektive eine „robust answer to Hume" (Pendlebury 1995, S. 797) und Ginsborg die Antwort auf den „Humean-worry" (Ginsborg 2008, S. 70). Denn die Antwort zu Hume bestehe darin, festzustellen, dass jeder Wahrnehmungsgehalt uns bereits unter kategorialen Regeln *gegeben* wird.

So wie ich jedoch Kants Verweis auf Hume in B127 interpretiere, weist Kant auf die Konsequenz Humes hin, der, wenn er die kategorialen Vorstellungen als in der Sinnlichkeit entstehende Inhalte ansieht, darin „consequent" (B127) verfährt, ihnen nicht diejenige Notwendigkeit anzuerkennen, die wir in kategorialen Inhalten denken. Falls wir dies dennoch tun, begehen wir nach Kants Einschätzung Humes einen Fehler. Denn die Sinnlichkeit für sich kann uns nicht mit *eigentlich* kategorialen Inhalten versehen. Soweit stimmt Kant Hume zu. Die Notwendigkeiten, die der Verstand denkt, sind als solche nicht in unserer empirischen Sinnlichkeit enthalten, sie werden da nicht vorgefunden oder angetroffen.

Kant widerspricht Hume allerdings auch in einem anderen Punkt, welcher die Grundlage der von Ginsborg und Pendlebury genannten Kritik Kants an Hume ist. Kategorien müssen nämlich „ihren Ursprung a priori" (B127) im reinen Verstand haben, und letzterer muss sich an der Konstitution von Erfahrung beteiligen. Er ist selbst, wie Kant sagt, „Urheber der Erfahrung" (B127). Wir sind in Kants Verweis auf Hume also wiederum mit zu vermittelnden Thesen konfrontiert, nämlich dass Kant einerseits eine Lehre vertritt, welche den Verstand zu einem konstituierenden Element der Erfahrung macht, und andererseits in seiner Lehre die Sinnlichkeit so beschreibt, dass sie nicht unmittelbar (von sich selbst aus) kategoriale Inhalte präsentiert, gar vielmehr Vorstellungen präsentiert, die den kategorialen Inhalten *heterogen* sind. Wie Kant die Vermittlung der beiden Thesen gedacht hat, ist freilich problematisch. Die konzeptualistische Lesart (z. B. bei Ginsborg und Pendlebury) jedoch vernachlässigt meiner Ansicht nach die zweite These. Kann aber anstatt einer Vernachlässigung doch eine Vermittlung stattfinden? Einer Antwort auf diese Frage möchte ich mich anhand des Problems der Heterogenität der kategorialen Inhalte mit der reinen Form unseres sinnlichen Anschauens nähern.

Kants Antwort auf das Problem der Heterogenität des kategorialen Denkens mit der empirischen Anschauung liegt in der Einführung des transzendentalen Schemas als transzendentaler Zeitbestimmung (vgl. A138/B177), welche empirische Anschauung und kategorialen Inhalt vermittelt. Akzeptiert man diese etwas dogmatisch eingeführte Vermittlungsthese, so könnte man meinen, dass vielleicht das empirische Anschauungsmannigfaltige zu den kategorialen Inhalten heterogen sei, aber nicht *das reine*. Das Mannigfaltige der reinen Anschauung könnte ‚ohne weiteres' gemäss kategorialen Regeln konzeptualisiert werden und wäre dann sozusagen als konzeptualisierter Inhalt bereits im Feld der empirischen Sinnlichkeit als eine den Kategorien gemässe Form unmittelbar enthalten. Eine solche Interpretation vertritt m. E. Longuenesse, wenn sie über die im zweiten Schritt der B Deduktion vorkommenden raumzeitlichen Strukturen unserer Art der Sinnlichkeit urteilt: „[Kant] wants to reveal in these forms [den Formen der Sinnlichkeit, MB] the manifestation of an activity that only the Transcendental Deduction of the Categories can make explicit" (Longuenesse 1998, S. 213).

Allerdings bezieht sich das Problem der Heterogenität auf „(ja überhaupt sinnliche[]) Anschauungen" (A137/B176). Eine wesentliche Heterogenität muss sich daher auch bezüglich der kategorialen Inhalte und der Inhalte unserer Anschauungsform ergeben. So gibt es im Schematismuskapitel noch weitere Äusserungen der Ungleichartigkeit der Kategorien vor allem mit der Zeit als Form der Anschauung. Einerseits enthalten die reinen Verstandesbegriffe „reine synthetische Einheit des Mannigfaltigen überhaupt" (A138/B177), sie sind „Regel[n] a priori" (A138/B177f.), die in einer „logische[n] Bedeutung der bloßen Einheit der Vorstellungen" (A147/B186) bestehen. Kant betont hier also den bloss intellektuellen Gehalt der kategorialen Vorstellungen, denn sie bringen eine notwendige (apriorische), einheitsstiftende Regelhaftigkeit des Denkens zum Ausdruck. Andererseits haben wir die „Zeit als die formale Bedingung des Mannigfaltigen des inneren Sinnes", sie enthält nach Kant „ein Mannigfaltiges a priori in der reinen Anschauung" (A138/B177), welches wiederum „in jeder empirischen Vorstellung des Mannigfaltigen enthalten" (A139/B178) ist. Dieses Mannigfaltige, welches die sinnliche (aber zugleich auch apriorische) Basis für die transzendentale Zeitbestimmung bildet, enthält die Bedingungen, die den Verstand in seinem Gebrauch a priori einschränken können. Diese Bedingungen, so Kants Ausdruck im Schematismuskapitel, liegen „außer dem Verstande [...] (nämlich in der Sinnlichkeit)" (A146/B186).

Die Bedingungen der zeitlichen Anschauung sind also zunächst dem Verstand *extern*. Folglich muss auch hier, zwischen zeitlicher Anschauung und kategorialen Gehalten, ein Problem der Heterogenität vorliegen. Wie ich dies bereits in der

9.1 Zur Bedeutung von Heterogenität — 275

Analyse des zweiten Schritts der B Deduktion aufgezeigt habe, werden die Kategorien dort in Schranken gewiesen, die nicht in ihrer eigenen Natur liegen. Sie sind, wie dies Kant dort ausdrückt, „einer einschränkenden Bedingung, die [man] den inneren Sinn nennt, unterworfen", und müssen sich „nach Zeitverhältnissen [richten], welche ganz außerhalb den eigentlichen Verstandesbegriffen liegen" (B158 f.). So muss sich sowohl der zweite Schritt der B Deduktion wie auch die Schematismuslehre mit der Vermittlung von Kategorien mit den ihnen externen Formen der menschlichen Sinnlichkeit befassen. Wie jedoch diese Ungleichartigkeit (das ‚ausserhalb' Sein) genau zu verstehen ist, darüber gibt Kant wenig Auskunft im Schematismuskapitel. Jedoch können wir in einer späten Reflexion von 1797 einen zusätzlichen Hinweis finden:

> [...] wie der Satz in der Critik der reinen Vernunft S. 177 zu verstehen sey: daß durch die transscendentale Zeitbestimmung (weil sie mit den Erscheinungen und den Categorien gleichartig ist) die Anwendung der Categorien auf die Erscheinungen vermittelt und möglich gemacht werde. Die Schwierigkeit scheint zu seyn, weil die transscendentale Zeitbestimmung selbst schon ein Product der Apperception im Verhältnis auf die Form der Anschauung ist und also auch selbst die Nachfrage erregt, wie die Anwendung der Categorie auf die Form der Anschauung möglich sey, da Categorien und Form der Anschauung heterogen sind. [...]
>   NB. Die Zeitanschauung ist nicht mit den Categorien gleichartig, sondern die Zeitbestimmung, sondern die Einheit der Vorstellungen in der Synthesis (Zusammensetzung) der gegebenen Anschauung (R 6359, Refl, AA, XVIII, S. 686)

Kant spricht hier deutlich die „Categorien" als mit der „Form der Anschauung heterogen" an. Diese Heterogenität sieht er des Weiteren erhalten, auch wenn die Zeitbestimmung als etwas jeweils Gleichartiges zwischen den Erscheinungen und Kategorien vermittelt. Denn die „Zeitanschauung ist nicht mit den Categorien gleichartig", wie Kant in der zitierten Passage ausdrückt. So scheint sich gemäss dem Hinweis in dieser Reflexion die Zeitanschauung nach Kant von der Zeitbestimmung noch immer zu unterscheiden, und das Anschauungshafte der Zeit wäre seiner Natur nach nicht gemäss den kategorialen Notwendigkeiten gegeben. Die Zeit*anschauung* zeigt sich daher trotz einer möglichen Zeit*bestimmung* den Kategorien als heterogene Vorstellungsweise an.

Verstehen wir die Zeitbestimmung als eine Vorstellungsart, die zeitliche Eigenschaften so konzeptualisiert enthält, dass sie den kategorialen Notwendigkeiten gemäss sind, so steht in Frage, was dann noch an der Anschauungshaftigkeit der Zeitvorstellung dem Verstand heterogen ist. Nach dem Dargelegten muss die Antwort auf diese Frage folgendermassen lauten: Das Anschauungshafte der Zeit bleibt dem reinen Verstand heterogen, obschon er seine einheitsstiftenden Regeln innerhalb des umfassenden Rahmens des Mannigfaltigen der Zeitanschauung realisieren kann. Auch wenn die Verstandessynthesis im Rahmen des zeitlichen Anschauungsmannigfaltigen stattfinden kann, bleibt ein gewisser Sinn der Anschauungshaftigkeit der Zeit als verstandesextern erhalten. Auf diese Weise kann man den Konflikt zwischen der anthropologischen Perspektive und der These, dass die Sinnlichkeit nicht unmittelbar eine, dem Verstand gemässe, Struktur aufweist, lösen: Es bleibt ein Sinn von Anschauungshaftigkeit (mit zeitlicher und räumlicher Struktur) dem Anschauungsmannigfaltigen erhalten, auch wenn, dem Verstand gemässe, Strukturen durch subpersonale Prozesse Eingang in dieses Mannigfaltige finden. Dieser Sinn wird in jener Anschauung immer angetroffen, ob ein solcher Prozess bereits eine logische Struktur in seinem Mannigfaltigen umgesetzt hat oder nicht. Denn dieser Prozess realisiert sich im Rahmen der sinnlichen Anschauungshaftigkeit, gibt aber nicht den Sinn dieser Anschauungshaftigkeit vor. Er mag gewisse Vorkonzeptualisierungen vornehmen, kann aber nicht erreichen, dass das anschauungshaft Gegebene je in einem durchgängig, begrifflich bestimmten Sinne gegeben wäre. Letzteres bleibt als spezifisch Anschauungshaft stets weiter bestimmbar und entzieht sich der durchgängigen begrifflichen Bestimmtheit, und kann somit die Rolle des, in wesentlichen Aspekten stets Unbestimmten, dem Verstand heterogen Gegebenen übernehmen. Durch den Schematismus wird die ursprüngliche Heterogenität der Vorstellungsweisen zwar vermittelt, jedoch nicht gehoben.

Diese Interpretation des Heterogenitätsproblems wird in Bezug auf die Erörterung dessen, was Kant unter einer transzendentalen Zeitbestimmung genau versteht, weiter differenziert werden (9.2). Doch zunächst soll im Rahmen dieser ersten Klärung von Kants Äusserungen noch auf die Konzeption der nicht-ausgeprägten Heterogenität in Bezug auf sinnliche Begriffe eingegangen werden.

9.1.2 Der sinnliche Begriff

Wollen wir unter dem Ausdruck „sinnlicher Begriff[]" (A141/B181) bei Kant diejenige Begriffsgattung verstehen, welche den reinen Verstandesbegriffen entgegengesetzt ist, so erwähnt Kant bei der Besprechung des Schemas überhaupt zwei mögliche, unter diese Gattung fallende, Arten: einerseits den „reinen sinnlichen Begriff[]" (A140/B180), andererseits den „empirischen Begriff" (A141/B180). Sinnliche Begriffe sind im Schematismuskapitel solche Vorstellungen, die eine enge Beziehung zum Bildhaften haben, sie sind mit den sinnlichen Vorstellungen ihrer Gegenstände „nicht so unterschieden und heterogen" (A137/B176). Diese nicht-ausgeprägte Heterogenität sinnlicher Begriffe zu anschauungshaften Gegenstandsvorstellungen soll im folgenden untersucht werden.

Die enge Verbindung von Begriff, Schema und Bild bei sinnlichen Begriffen
Kant unterscheidet im Schematismuskapitel an der Stelle, wo er den Schematismus sinnlicher Begriffe bespricht, den Begriff vom Schema, und das Schema wiederum von der Bildvorstellung (vgl. A140/B179 f.).

Ein Bild – siehe dazu Kants Beispiel des Bildes des Zahlbegriffs „fünf": „....." (A140/B179) – ist immer eine unter einen Begriff fallende „einzelne Anschauung" (A140/B179). Etwas ist Bild immer nur als Resultat eines begrifflichen Bestimmungsprozesses. Es ist eine „einzige besondere Gestalt" (A141/B180), die sich uns in unserer Sinnlichkeit darbietet. Das Bild ist eine einzelne anschauliche Vorstellung, welche bereits durch eine spezifische begriffliche Vorstellung gefasst wurde, welche aber noch, durch die genannte begriffliche Vorstellung nicht ausgedrückte, reichhaltigere inhaltliche Komponenten in sich trägt.[2]

Das Schema eines sinnlichen Begriffs führt Kant nun anhand der Gegenüberstellung mit der Bildvorstellung ein, so zunächst durch das Beispiel des Schemas eines Zahlbegriffs:

> [W]enn ich eine Zahl überhaupt nur denke, die nun fünf oder hundert sein kann, so ist dieses Denken mehr die Vorstellung einer Methode, einem gewissen Begriffe gemäß eine Menge (z. E. Tausend) in einem Bilde vorzustellen, als dieses Bild selbst, welches ich im letztern Falle schwerlich würde übersehen und mit dem Begriff vergleichen können. Diese Vorstellung nun von einem allgemeinen Verfahren der Einbildungskraft, einem Begriff sein Bild zu verschaffen, nenne ich das Schema zu diesem Begriffe. (A140/B179 f.)

Das Schema sinnlicher Begriffe wird also von Kant als ein „allgemeine[s] Verfahren der Einbildungskraft, einem Begriff sein Bild zu verschaffen" (A140/B179 f.), eingeführt. Als ein solches Verfahren ist es, in Bezug auf den Zahlbegriff, eine „Methode, einem gewissen Begriffe gemäß eine Menge (z. E. Tausend) in einem Bilde vorzustellen" (A140/B179). Das Schema ist daher nicht, wie das Bild, einer Einzelnheit verhaftet. Es ist ein bestimmt geregeltes Vorgehen, und als solches Vorgehen ist es nicht selbst gegeben, oder passiv aufgenommen, sondern ist einer Aktivität verdankt. Diese Aktivität, oder das geregelte Vorgehen, ist, qua Schema, eine Methode der Bildbeschaffung. Als methodisches Vorgehen kann es auf viele Einzelvorstellungen zutreffen, der Begriff kann sinnlich als auf verschiedene Weise umgesetzt erkannt werden. Das Schema hat also einen bestimmt allgemeinen, regelhaften Charakter und ist damit auf variable sinnliche Inhalte übertragbar. Die Einbildungskraft ist schliesslich das umsetzende Vermögen dieses Vorgangs. Ihre Aktivität ist nicht auf das als einzeln Gegebene, das Bild,

---

[2] vgl. Kants Besprechung davon, dass das Bild eines Dreiecks die „Allgemeinheit des Begriffs nicht erreichen" (A141/B180) kann.

beschränkt, stellt aber doch immer etwas im Bildhaften vor, sie verbindet Mannigfaltiges im vorgegebenen Rahmen der Sinnlichkeit.

Bemerkenswert an diesem Beispiel ist ausserdem, dass Kant zunächst davon spricht, was es heisst, eine „Zahl überhaupt" zu denken, „(z. E. Tausend)" (A140/B179 f.). Folgen wir Kants Darstellung dieses Beispiels, so sticht ins Auge, dass, obzwar das *Denken* nach Kant ja grundsätzlich unserem begrifflichen Vermögen zugeordnet ist (vgl. z. B. A64/B89, A55/B79), das Denken der „Zahl überhaupt" hier „mehr die Vorstellung einer Methode" (A140/B179 f.) der Bildbeschaffung ist. Das Denken des Begriffs einer gewissen Zahl ist hier also nicht als ein diskursives Denken angesprochen, sondern als ein sich direkt auf die Einbildungskraft beziehendes Denken. In §1 der *Kritik der reinen Vernunft* führt Kant einen Unterschied im Denken durch Begriffe ein, der für die vorliegende Problematik erläuternd wirken kann: „Alles Denken aber muß sich, es sei gerade zu (*directe*) oder im Umschweife (*indirecte*) vermittels gewisser Merkmale, zuletzt auf Anschauungen, mithin bei uns auf Sinnlichkeit beziehen, weil uns auf andere Weise kein Gegenstand gegeben werden kann" (B33). Das Denken durch Begriffe, das Denken von Merkmalen und Merkmalskomplexionen, die als solche immer Allgemeinvorstellungen sind, ist nicht unmittelbar auf Gegenstände bezogen. Es kann sich zunächst diskursiv auf andere Begriffe beziehen und ist damit höchstens indirekt oder „im Umschweife" (B33) auf sinnliche Anschauungen bezogen. Es kann sich aber auch direkt auf sinnliche Anschauungen beziehen, die ihrerseits unmittelbar gegenstandsbezogen ist. Das in der oben zitierten Stelle (A140/B179 f.) scheint ein Beispiel eines solchen Denkens durch Begriffe zu sein, das in der direkten Beziehung auf Anschauungen steht. Es ist der Begriff, insofern er nicht diskursiv benutzt wird, sondern insofern er als Funktion für die Einbildungskraft interpretiert wird. Der Begriff ist zwar, ebenso wie sein Schema, deutlich vom Bild unterschieden, allerdings besteht zwischen dem sinnlichen Begriff und der ihm zugeordneten schematischen Prozedur eine relativ vage Unterscheidung. Ein nicht-diskursiver Aspekt des Denkens eines solchen Begriffs kann gar mit dem Schema zusammenfallen.

Weitere Erörterungen zum Verhältnis von Begriff, Schema und Bild bietet Kant anhand des Beispiels eines Hundes an:

> [Der empirische Begriff] bezieht sich jederzeit unmittelbar auf das Schema der Einbildungskraft [...]. Der Begriff vom Hunde bedeutet eine Regel, nach welcher meine Einbildungskraft die Gestalt eines vierfüßigen Thieres allgemein verzeichnen kann, ohne auf irgend eine einzige besondere Gestalt, die mir die Erfahrung darbietet, oder auch ein jedes mögliche Bild, was ich in concreto darstellen kann, eingeschränkt zu sein. (A141/B180)

Folgen wir der Lehre vom Begriff als einer diskursiv gefassten Merkmalskomplexion, so würden wir erwarten, dass der „Begriff vom Hunde" eine Regel bedeute, nach welcher, wenn x als Hund erkannt wird, wir zu Urteilen befähigt wären wie „x ist ein Säugetier, vierfüssig etc.". In dieser Passage spricht Kant aber ebenso, neben hilfreichen Erörterungen zur Relation von Schema und Bild, die enge Beziehung von Begriff und Schema an. Denn der empirische Begriff bezieht sich nach Kant „*unmittelbar* auf das Schema der Einbildungskraft" (A141/B180, meine Hervorhebung). Das Denken eines Hundes führt bei uns, die wir diesen Begriff anzuwenden wissen, direkt zu einer sinnlichen Vorstellung, die nicht einzelnes Bild, sondern eine allgemeine Verzeichnung der „Gestalt eines vierfüßigen Thieres" (A141/B180) ist. Das Denken des Hundes führt damit unmittelbar zur Vorstellung einer variablen *Anwendungsskizze*. Diese Zeichnung ist aber nie reichhaltig genug, um den gegebenen Gegenstand der raumzeitlich strukturierten Erscheinung zu individuieren, sie ist stets methodischer Natur, und dient der Anwendung auf variable Inhalte. Ansonsten würde die klare Unterscheidung von Schema und Bild auseinanderfallen.³

Obwohl also weder das Schema noch der Begriff mit einer Bildvorstellung zusammenfällt, zeichnet sich gerade der sinnliche Begriff dadurch aus, dass er über das Schema (als einer Methode der Bildbeschaffung, als eine stets variable Anwendungsskizze) in enge Beziehung zu den Bildern als Vorstellungen von konkreten sinnlichen Gegenständen gebracht werden kann. Die Beziehung von sinnlichen Begriffen zu ihren Schemata hingegen lässt sich nicht nur durch den Ausdruck „eng" beschreiben, sondern das Denken eines sinnlichen Begriffs scheint für Kant – sofern wir diesen Begriff *als* sinnlichen Begriff besitzen – direkt mit der genannten variablen Anwendungsskizze verbunden zu sein, so dass das Schema wohl auch geradezu als *nicht-diskursiver Aspekt des sinnlichen Begriffs* zu identifizieren sein wird.

Sehen wir die Natur des sinnlichen Begriffs nun darin, dass er sich vom ebengenannten Aspekt aus betrachten lassen muss, dass er nämlich für uns unmittelbar auf ein Schema der Einbildungskraft verweist, so ist eine erste Klä-

---

3 Es würde den Rahmen der vorliegenden Arbeit sprengen, Kants Lehre des Schematismus in Bezug auf das damit verbundene Universalienproblem detailliert zu besprechen. Eine solche Erläuterung hat Pippin vorgenommen in Bezug auf den Schematismus der empirischen Begriffe. Dieser muss nach Pippin aufzeigen können, wie eine bestimmte Anwendung auf individuelle Instanzen konzipiert werden kann. Pippin denkt nun, dass Kant zur Ansicht berechtigt ist, das Schema und den empirischen Begriff nicht identifizieren zu dürfen. So beinhaltet das Schema sowohl eine Hilfestellung, über die Korrektheit der Anwendung eines Begriffs auf unsere Erfahrung zu entscheiden, wie auch die notwendige Bedingung dafür, dass ein Begriff für Viele gelten kann. Ohne Schema, so Pippin, würde die begrifflich gestiftete Einheit jeweils mit dem Bild zusammenfallen, und das Bild würde sodann dasselbe wie ein individueller Begriff sein (vgl. Pippin 1976, S. 167).

rung davon vorgenommen, wieso sinnliche Begriffe von Kant „sinnlich" genannt werden. Diese Benennung soll nun noch eingehender diskutiert werden.

An einer Stelle in der *Transzendentalen Dialektik* weist Kant auf die Unterschiedenheit reiner intellektueller Begriffe und anderen Begriffsgattungen hin: „Der Begriff ist entweder ein empirischer oder reiner Begriff, und der reine Begriff, so fern er lediglich im Verstande seinen Ursprung hat (nicht im reinen Bilde der Sinnlichkeit), heißt *Notio*" (A320/B377). Die Notion, oder der intellektuelle Begriff, unterscheidet sich daher von einem empirischen Begriff einerseits, und andererseits von einem reinen Begriff, der „seinen Ursprung" im Gegensatz zur Notion nicht „lediglich im Verstande" (A320/B377) hat. So hat derjenige reine Begriff, der nicht als Notion gelten kann, seinen Ursprung „im reinen Bilde der Sinnlichkeit" (A320/B377).[4] Dabei muss es sich nun um die Gattung des reinen sinnlichen Begriffs handeln. Umgemünzt auf den empirischen Begriff können wir analog zum Ausdruck bringen: empirische Begriffe haben ihren Ursprung nicht lediglich im Verstande, sondern im empirischen Bilde der Sinnlichkeit.

Aus diesen Umschreibungen ist aber nicht zu schliessen, dass die sinnlichen Begriffe bloss aus der Sinnlichkeit entspringen, denn das Bild der Sinnlichkeit ist von der Sinnlichkeit unterschieden. Ich habe vorhin das Bild als eine einzelne, anschauliche Vorstellung beschrieben, welche bereits durch eine begriffliche Vorstellung gefasst wurde, welche aber noch, durch die genannte begriffliche Vorstellung nicht ausgedrückte, reichhaltigere, inhaltliche Komponenten in sich trägt. Der Raum, als Anschauung, insofern er *gemäss* dem intellektuellen Grössenbegriff synthetisiert ist, ist ein reines Bild der Sinnlichkeit (vgl. A142/B182). Er bildet als Bild die Grundlage für den Erwerb weiterer (z. B. geometrischer) Begriffe, weil sein Vorstellungsgehalt nicht mit dem des intellektuellen Quantitätsbegriff zusammenfällt, sondern noch weitere unkonzeptualisierte Bestimmtheiten enthält, von denen wir begriffliche Beschreibungen gewinnen können. In dieser Eigenschaft habe ich den Raum mit der formalen Anschauung gleichgesetzt (Kapitel 7). Rein-sinnliche Begriffe beruhen also auf der formalen Anschauung, und damit auf einer Vorstellung, welche einerseits über reichhaltigen, anschauungshaften Gehalt verfügt und andererseits mit einer gestifteten, intellektuellen Einheit versehen ist. Darauf weist offenbar ihre Benennung als sinnliche Begriffe hin.

---

4 Hier ist darauf hinzuweisen, dass der Begriff des *reinen Bildes* nur an einer einzigen anderen Stelle in der *Kritik der reinen Vernunft* auftaucht, nämlich im Schematismuskapitel: „Das reine Bild aller Größen (*quantorum*) vor dem äußern Sinne ist der Raum, aller Gegenstände der Sinne aber überhaupt die Zeit" (A142/B182). Ich habe an anderer Stelle eine Interpretation des Rolle des Ausdrucks des *reinen Bildes* gegeben (Birrer 2016) und ihn mit demjenigen der „formalen Anschauung" in Verbindung gesetzt.

Unseren „rein sinnlichen Begriffen", so Kant, liegen „Schemate zum Grunde" (A140 f./B180). Interpretieren wir das Zugrundeliegen so, dass das Schema Grundlage für die Begriffsbildung eines rein-sinnlichen Begriffs ist, so ist die Handlung der Einbildungskraft, die gemäss den reichhaltigen Bestimmtheiten der Form unserer Sinnlichkeit Synthesisleistungen vollziehen kann, Fundament für das Bilden solcher Begriffe. Ein derartiger Begriff hat dadurch die oben genannte unmittelbare Beziehung auf sein Schema (der Einbildungskraft), weil er nur durch diese Handlung gebildet werden kann. Auch bezüglich empirischer Begriffe lässt sich etwas ähnliches ausdrücken. Wir sind zunächst nicht im Besitz eines Begriffs, sondern abstrahieren ihn von unseren empirischen Begegnungen mit Gegenständen.[5] In diesem Prozess wird zunächst die Einbildungskraft eine skizzenhafte Vorstellung der Ähnlichkeiten von Eigenschaften der Gegenstände bilden (komparativ). Obschon Kant dies nicht explizit ausarbeitet, müssen empirische Begriffe wohl derart verstanden werden, dass sie sich dadurch auf ihrem Schema gründen, in welches einerseits die Funktion der Einbildungskraft, anschauungshaft aber doch regelhaft vorzustellen, eingeht, und andererseits auch ihre Funktion, gemäss einer Regel der Einheit nach Begriffen überhaupt (des kategorialen Denkens) die infrage stehenden Eigenschaften mit ihren Gegenständen zusammenhalten.

Das Zugrundeliegen der Schemata für sinnliche Begriffe können wir nun auch in einen allgemeineren Kontext der Dualität von Verstand und Sinnlichkeit setzen. Die sinnliche Anschauung, oder das Bild, wird, da der Begriff auf einem Schema basiert, das stets auf variable Inhalte anwendbar sein muss, nie von einem sinnlichen Begriff individuiert. Dies heisst, dass für jede mögliche begriffliche Bestimmung eines sinnlichen Mannigfaltigen es Aspekte ebendieses Mannigfaltigen geben muss, die durch die infrage stehende begriffliche Bestimmung unbestimmt gelassen werden. Der Sinnlichkeit bleibt damit stets eine eigenständige Weise des Vorstellens erhalten, die nicht auf die begriffliche Bestimmung reduziert werden kann. Die Gegenstände unserer Anschauung sind nach Kant nie als begrifflich an sich bestimmte Gegenstände gegeben. Da nun aber die Einbildungskraft über das Schema die begriffliche Regel auf stets variable Inhalte anwendet, die in ihrer Reichhaltigkeit nichtbegrifflich gegeben sind, so muss sie in der Lage sein, ebendiese nichtbegrifflichen Aspekte in ihre Handlung aufzunehmen. Sie hat daher in gewisser Hinsicht eine nichtbegriffliche Vorstellungsfähigkeit, auf welcher das Schema eines jeden sinnlichen Begriffs fundiert ist.

---

5 Leider hat Kant weder im Schematismuskapitel noch sonst in der *Kritik der reinen Vernunft* eine ausführliche Theorie empirischer Begriffsbildung gegeben, worauf ich bereits im letzten Kapitel hingewiesen habe. Ebensowenig hat er die Relation der Begriffsbildung zum Schematismus der Kategorien expliziert.

Sinnliche Begriffe entstehen damit zwar stets auch über die Form des begrifflichen Denkens überhaupt, die dem Verstand ursprünglich zuzuschreiben ist, jedoch sind sie ebenso in einem Prozess der Einbildungskraft fundiert, der seinerseits eine nichtbegriffliche und sinnliche Vorstellungsfähigkeit miteinbezieht. Die Kategorien sind als solche nicht auf einen solchen Prozess angewiesen, da sie autonom von der Sinnlichkeit Inhalte denken können, was jedoch nicht der Fall ist bei sinnlichen Begriffen. Letztere haben somit eine intrinsische Beziehung auch zu einer nichtbegrifflichen Vorstellungsweise.

Die nicht-ausgeprägte Heterogenität des sinnlichen Begriffs

Sinnliche Begriffe bieten neben der nur diskursiven Hinsicht auch diejenige, die mit ihrem Schema zu identifizieren ist. Durch letzteres sind sie in einer nichtbegrifflichen Vorstellungsweise verankert, indem Schemata als Handlungen der Einbildungskraft nichtbegriffliche Bestimmtheiten (das begrifflich jeweils Unterbestimmte oder das nur nichtbegrifflich deutlich Vorstellbare) immer mitberücksichtigen. Schemata als stets variable Skizzen beruhen auf einer Fähigkeit, sinnliche Ähnlichkeiten, anschauliche Verwandtschaftsrelationen, zu identifizieren. Die Einbildungskraft stellt damit zwar stets anschauungshaft vor, kann aber doch in einem gewissen Sinne allgemein bleiben. Sie ist den einzelnen Vorstellungsgehalten gleichartig, weil sie auf dieselbe Weise anschaulich vorstellt, jedoch ist in ihrer Vorstellung eine anpassungsfähige Methodik enthalten, welche die Art und Weise des Zusammengehörens gewisser Eigenschaften zum Objekt spontan und variabel vorzeichnet.

Wieso sind nun die sinnlichen Begriffe (durch die der „Gegenstand allgemein gedacht wird") mit den anschaulichen Vorstellungen, die Gegenstände in der Sinnlichkeit „*in concreto*" vorstellen, „nicht so unterschieden und heterogen" (A138/B177)? Zunächst ist darauf aufmerksam zu machen, weshalb die sinnlichen Begriffe mit den Gegenständen, die unter sie subsumiert werden, doch auf gewisse Weise heterogen sind: Sinnliche Begriffe sind Begriffe und als solche Merkmale oder Merkmalskomplexionen, welche stets Allgemeinvorstellungen sind und auf Inhalt und Umfang hin auf diskursive Weise gegenüber anderen Begriffen untersucht werden können. Der sinnlich gegebene Gegenstand ist aber als solcher nach Kant nie begrifflich individuiert. Der in der empirischen Anschauung gegebene Gegenstand ist zunächst unbestimmt (vgl. A20/B34). Die Gegenstände der menschlichen, sinnlichen Anschauung sind nach Kant nicht als begrifflich an sich bestimmte Gegenstände gegeben. Daher handelt es sich auch nicht um die Subsumtion eines Begriffs (des Individuums) unter ein in ihm enthaltenen Begriff (Gattungsbegriff). Die empirische Anschauung gibt den zunächst begrifflich unbestimmten Gegenstand, und stellt daher in einer anderen Weise den Gegenstand

9.1 Zur Bedeutung von Heterogenität — 283

vor, als wie wir dies begrifflich machen würden. Gegenstände und Eigenschaften sind in der sinnlichen Anschauung innerhalb eines umfassenden raumzeitlichen Rahmens mit den ihm eigenen topologischen Eigenheiten und Teil-Ganzes Relationen wahrnehmungshaft gegeben, nicht in der Weise des Gedachtseins der begrifflichen Merkmale ebendieser Gegenstände (vgl. A31 f./B47 f.).

Andererseits muss sich dennoch erklären lassen, weshalb sinnliche Begriffe und anschauliche Vorstellungen nicht auf ausgeprägte Weise heterogen sind. Ich habe vorhin bereits über die Gleichartigkeit eines Schemas sinnlicher Begriffe mit anschaulich gegebenen Gegenständen gesprochen. Schemata als stets variable Skizzen beruhen auf einer Fähigkeit, sinnliche Ähnlichkeiten, anschauliche Verwandtschaftsrelationen, zu identifizieren. Das Schema, als eine in Details variable Skizze, verfügt damit selbst über eine gewisse sinnliche Ähnlichkeit mit denjenigen anschauungshaften Vorstellungen von Gegenständen, die unter einen gleichen sinnlichen Begriff fallen. Es stellt Merkmale der Gegenstände auf wandelbare Weise aber stets in demselben anschauungshaften Vorstellungsrahmen vor, innerhalb dessen ebendiese Gegenstände als sinnlich gegeben vorgestellt werden. *Das Schema* ist damit *gleichartig* mit einzelnen sinnlichen Anschauungen. Der Schritt vom Schema zum Bild scheint sich daher als unproblematisch zu ergeben.

Anders steht es jedoch bei der Relation zwischen dem diskursiven Begriff und seinem Schema. Die Subsumtion des Gegenstands der Anschauung unter einen sinnlichen Begriff ist, wie wir gesehen haben, kein formallogisches Unternehmen. Sie ist vermittelt über das Schema, das zwar gestaltartig, aber nicht einzeln, sondern allgemein, die Zusammengehörigkeit von Merkmalen und Gegenständen vorstellt. Ebenso wissen wir, dass nach Kant das Schema eine Funktion der Einbildungskraft ist, sofern sie auch in Zusammenarbeit zum menschlichen Verstand steht (vgl. A142/B181). Wie jedoch genau sich die Relation des Schemas (gestalthaftes Vorstellen) zum diskursiven Begriff (allgemeines subordinatives Vorstellen von Merkmalen) zu konzipieren ist, darüber klärt uns Kant nicht abschliessend auf. Es scheint sozusagen ein Schritt der Zusammenarbeit von Einbildungskraft und Verstand zu sein, der dies ermöglicht, jedoch bleibt diese selbst im Dunkeln.[6]

---

6 Pippin hält das Problem der Vermittlung sinnlicher Begriffe mit Anschauungsvorstellungen entgegen Kants Äusserung, ihre Beziehung bedürfe nicht einer speziellen Erörterung (vgl. A137/B176), für ebenso problematisch wie die Frage nach der Vermittlung der Kategorien mit Erscheinungen. Pippins Auseinandersetzung mit dem Schema konzentriert sich auf die Frage, wie *das Viele unter das Eine* gebracht werden kann, womit die klassische Problematik der Relation verschiedener Einzeldinge zu einer ihnen gemeinsamen Vorstellung (das Universalienproblem) angesprochen ist (Pippin 1976, 156 ff.).

Kant scheint jedoch zu denken, dass die Zusammenarbeit die genannte Funktion hinreichend leistet, da das Denken sinnlicher Begriffe, nach den oben erörterten Passagen des Schematismuskapitels, direkt an eine bildhafte, bildgebende Methode geknüpft ist (vgl. A141/B180). Sinnliche Begriffe kommen ja schliesslich nur über ebendiese Methode zustande. Ich gehe daher davon aus, dass für Kant sinnliche Begriffe direkt mit ihren Schemata verbunden sind, ohne dass wir jedoch den genauen Prozess anzugeben in der Lage sind. Das Schema ist daher einem sinnlichen Begriff wesentlich inhärent, und da das Schema mit der anschauungshaften Einzelvorstellung gleichartig ist, ist der sinnliche Begriff mit der letzteren nicht ausgeprägt heterogen.

Diese Interpretation gibt mir nun auch Gelegenheit, eine Auslegung des berüchtigten Tellerbeispiels vorzulegen. Das Beispiel lautet dem Wortlaut nach wie folgt: „So hat der empirische Begriff eines Tellers mit dem reinen geometrischen eines Cirkels Gleichartigkeit, indem die Rundung, die in dem ersteren gedacht wird, sich im letzteren anschauen läßt" (A137/B176). Die an dieser Stelle infrage stehende Gleichartigkeit, die die Subsumtion von anschauungshaften Gegenstandsvorstellungen mit Begriffen vermitteln soll, müsste eine zwischen Anschauung und Begriff stehende Bedingung sein. Im Beispiel jedoch werden verwirrenderweise zwei Begriffe als gleichartig angesprochen.

Bei Caimi finden wir folgenden Versuch der genaueren Bestimmung der infrage stehenden Gleichartigkeit: „Die empirische sinnliche Vorstellung (des Tellers) kann sich in die reine sinnliche Vorstellung (des Kreises) verwandeln, und zwar ohne Änderung des Grundverhältnisses (der Rundung), bloß durch vollständige Entziehung der Materie" (Caimi 2006, S. 218). Caimi vertieft leider diese Auffassung der Gleichartigkeit an dieser Stelle nicht. Dennoch scheint mir seine Erklärung ein besonders wichtiger Beitrag zu sein. Denn er sieht die Gleichartigkeit als eine Relation zweier anschauungshafter Vorstellungen. Die Telleranschauung und die Kreisanschauung sind gleichartig, weil sie über ein *gleiches Grundverhältnis* verfügen.

In der Erörterung von Kants Lehre sinnlicher Begriffe habe ich die Gleichartigkeit zwischen empirischen Begriffen und Anschauungen als darin liegend identifiziert, dass das Schema des infrage stehenden Begriffs in einer Weise der *sinnlichen (nichtbegrifflichen) Ähnlichkeit* zu einzelnen Anschauungsgehalten steht und der sinnliche Begriff selbst in einer, obzwar dunkeln, unmittelbaren Beziehung zu seinem Schema steht. Das von Caimi genannte unveränderte Grundverhältnis deute ich daher um in eine bestehende durch eine sinnliche Fähigkeit identifizierbare Ähnlichkeitsrelation.[7] Der angeschaute Teller steht in

---

7 So muss gemäss meiner Interpretation nicht nur eine auf bestimmte Weise material erfüllte

genau dieser Relation zum angeschauten Kreis. Diese beiden Anschauungen können daher als *gleichartig* bezeichnet werden.

Aber wieso werden letztlich die beiden sinnlichen Begriffe als gleichartig bezeichnet? Kant meint, dass sich die Rundung, die im Begriff des Tellers *gedacht* wird, „im [Cirkel] *anschauen* lässt" (A137/B176). Hier wird prima facie die Gleichartigkeit als eine Relation zwischen einem diskursiv gefassten Merkmal und einem anschaulichen Gehalt behauptet, welches meiner Analyse entgegenlaufen würde. Wie lässt sich dieser Konflikt auflösen? – Das *Denken* eines sinnlichen Begriffs kann, so wie ich dies im vorigen Unterabschnitt dargestellt habe, nebst dem, dass es eine diskursive Bedeutung haben kann, auch unmittelbar auf ein Schema der Einbildungskraft bezogen sein (vgl. A140/B179f.). Nun können wir mit dem eben gedeuteten Gleichartigkeitsbegriff von einem anschaulichen Grundverhältnis sprechen, das sowohl im Schema des Tellerbegriffs wie auch in der Kreisanschauung enthalten ist. Zunächst ist daher das Schema des Tellerbegriffs mit der Kreisanschauung gleichartig. Des Weiteren ist das erstere Schema mit dem Schema des Kreisbegriffs gleichartig. Durch die sinnliche Gleichartigkeit ihrer Schemata vermittelt kann man nun auch von der Gleichartigkeit zwischen sinnlichen Begriffen sprechen. Das Tellerbeispiel ist also ein Beispiel für die neue Bedeutung von Gleichartigkeit, nicht aber für die Subsumtion. Jedoch ist das Beispiel dennoch wertvoll für das Subsumtionsthema, weil es in diejenige Bedeutung von Gleichartigkeit einführt, die für die Subsumtion von Anschauungen unter Begriffe relevant ist.

9.1.3 Der Begriff der Sukzession als rein sinnlicher Begriff

Bevor ich die Interpretation der Heterogenität in Kants Theorie sinnlicher Begriffe abschliesse, möchte ich noch auf ein Beispiel eines solchen sinnlichen Begriffs eingehen (des rein sinnlichen Begriffs der zeitlichen Sukzession), der im folgenden für die Analyse der transzendentalen Zeitbestimmungen von Wichtigkeit sein wird. Kant bespricht den „Begriff der Succession" in der B Deduktion an einer Stelle (B154f.), die ich bereits im Zusammenhang mit der Lehre der formalen Anschauung der Zeit diskutiert habe (Kapitel 7):

> Wir können uns [...] die Zeit nicht [vorstellen], ohne indem wir im Ziehen einer geraden Linie [...] bloß auf die Handlung der Synthesis des Mannigfaltigen, dadurch wir *den inneren Sinn*

Anschauung mit einer reinen Anschauung gleichartig genannt werden, sondern gleichartig können demnach auch sinnlich variabel erfüllte Anschauungen miteinander sein. Ist das (von Caimi genannte) Grundverhältnis eine Ähnlichkeitsrelation, so besteht *Transitivität*.

> *successiv* bestimmen, und dadurch auf *die Succession* dieser Bestimmung in demselben *Acht haben. Bewegung* als Handlung des Subjects [...], folglich die Synthesis des Mannigfaltigen im Raume, wenn wir von diesem abstrahiren und bloß auf die *Handlung* Acht haben, *dadurch wir den inneren Sinn seiner Form gemäß bestimmen*, bringt sogar den Begriff der Succession zuerst hervor. (B154 f., meine Hervorhebungen)

Kant spricht hier davon, wie wir den „Begriff der Succession" hervorbringen und thematisiert dabei spezifisch die *zeitliche* Sukzession. Ich werde daher, um Missverständnissen vorzubeugen (wie beispielsweise durch Vermischung mit dem Verhältnis der *logischen Folge*) den infrage stehenden Begriff denjenigen der *zeitlichen Sukzession* nennen. Den Begriff der zeitlichen Sukzession zu haben, setzt nach dieser Passage voraus, dass wir uns die Zeit selbst als formale Anschauung vorstellen, die als Grundlage für die Begriffsbildung zeitlicher Relationen fungiert. Die formale Anschauung kommt nur durch transzendentale Synthesis der Einbildungskraft und gemäss einer synthesis intellectualis zustande. Durch Selbstaffektion wird die synthesis intellectualis nämlich in einen vorgegebenen sinnlichen Anordnungsrahmen gestellt, so dass dieser Rahmen selbst intellektuell thematisierbar wird. Die Sukzession ist aber zunächst keine intellektuelle Bedingung, sondern Bedingung des sinnlichen Vorstellens. Sie liegt in demjenigen, was mit der Form des inneren Sinns mitgegeben ist. Der Begriff der zeitlichen Sukzession kommt also erst durch Auseinandersetzung mit der reinen Sinnlichkeit zustande und drückt eine nicht-intellektuelle Bestimmtheit unseres sinnlichen Vorstellens aus. Dieser Begriff wird also einerseits von einer bestimmten intellektuellen Form ermöglicht, andererseits aber auch dadurch, dass die Einbildungskraft eine nicht in dieser Form liegende Bestimmtheit vorstellen kann.

Die Einbildungskraft verfügt nun über die Fähigkeit, sinnlich-ähnliche Konstellationen vorzustellen und zu identifizieren, deren Variabilität die Grundlage für einen sinnlichen Begriff darstellt, der als allgemeine Vorstellung verschiedene, vorliegende Vorstellungen unter sich fassen kann. Der Begriff der zeitlichen Sukzession fusst nun auf ebendieser, als auf variable Einzelinhalte anwendbar gedachten Handlung der Einbildungskraft (das Schema). Die zeitliche Sukzession ist dadurch ein sinnlicher Begriff.

Dieser Begriff drückt direkt ein Schema aus, gemäss dem unsere Einbildungskraft uns etwas regelhaft in der Sinnlichkeit vorstellen kann (vgl. A140/B180). Die dadurch hervorgerufene sinnliche Vorstellung hat aber nicht nur begrifflichen Gehalt, obgleich das darin enthaltene thematische Vorstellen der Zusammengehörigkeit quantitativer Einheiten begrifflich ist, d. h. der intellektuellen quantitativen Synthesis gemäss ist. Die sinnliche Vorstellung, die das Schema des Begriffs der zeitlichen Sukzession hervorruft, stellt nicht etwa einfach *ein* Homogenes nach *einem anderen* vor. Die angeschaute zeitliche Sukzession ist mehr als die Folge zweier Punkte (z. B. in: „..'), sie beinhaltet beispielsweise neben der, intellektuell vorgestellten, quantitativen Einheit der Zeitabschnitte (der Sekunden etc.) immer auch einen ganz spezifischen Sinn von kontinuierlicher Ausdehnung, deren Vorstellung das Schema des Begriffs „zeitliche Sukzession" hervorruft.

Gerold Prauss gibt (in Prauss 2013) eine Analyse des Kontinuumsbegriffs (der kontinuierlichen Ausdehnung) bei Kant. Ein kontinuierliches Ganzes bestehe (ebenso wie Teile dieses Ganzen) in Teilen derselben Dimension, die von Grenzen einer tieferen Dimension eingeschlossen seien (vgl. Prauss 2013, S. 4 f.). Ein Raum bestehe daher nicht im eigentlichen Sinne aus Flächen, sondern aus Räumen, die von Flächen eingeschlossen sein mögen. Ebenso bestehe die Zeit nicht aus Zeitstellen oder Augenblicken, sondern wiederum aus Zeiten, die zwischen Augenblicken eingeschlossen sind (vgl. Prauss 2013, S. 4 f.). Prauss bevorzugt dabei die eben aufgeführte Definition des Kontinuums gegenüber anderen. So fasse die Definition einer überabzählbaren Menge aus Punkten das Wesen des Kontinuums nicht adäquat, weil diese die ausdehnungshafte Natur kontinuierlicher Ganzer nicht mitberücksichtige (vgl. Prauss 2013, S. 4 f.).

Diese kurz dargestellte Prauss'sche Analyse des Kontinuumsbegriffs bei Kant kann uns nun dabei behilflich sein, genauer auszudrücken, inwiefern das Schema des rein sinnlichen Begriffs der zeitlichen Sukzession auch auf nichtbegrifflichen Vorstellungsfähigkeiten fusst (obschon ich bei einer solchen Interpretation über Prauss hinausgehe). Die zeitliche Sukzession drückt das Folgen von Teilen der Zeit auf andere Teile der Zeit aus. Aber diese Teile der Zeit sind wiederum Zeiten, die aus Teilen bestehen, die wiederum Zeiten sind, et cetera ad infinitum. Alles, was als zeitliche Einheit genommen wird, stellen wir uns in der Sinnlichkeit notwendigerweise so vor, dass es selbst wiederum aus kleineren zeitlichen Einheiten bestehen kann. Die Ausdehnung (Extension) der Zeit besteht darin, dass jeder Teil derselben wiederum Zeit ist, und so hat jeder noch so kleine Teil der Zeit dieselben zeitlichen Eigenschaften wie ein umfassenderer Teil der Zeit. Diese Vorstellung ist für uns notwendig, sie bringt aber einen sinnlichen Zwang zum Ausdruck und nicht denjenigen, der im intellektuellen Begriff der quantitativen Synthesis liegt. Das Kontinuum als Qualität der Ausdehnung unseres zeitlichen (und räumlichen), sinnlichen Vorstellens beinhaltet daher einen spezifischen nichtbegrifflichen Sinn, den wir zwar sinnlich-deutlich (und a priori) vorstellen, der aber nicht durch unsere begrifflichen (quantitativen) Fähigkeiten konstituiert ist.

Der spezielle kontinuierliche Ausdehnungssinn der zeitlichen Sukzession ist daher nicht durch die quantitative Synthesis gestiftet, und doch in ihrer Umsetzung im Feld der Sinnlichkeit enthalten. Der rein sinnliche Begriff der zeitlichen Sukzession drückt nun direkt ein Schema aus, welches diese Bestimmtheit, d. h. diesen kontinuierlichen Ausdehnungssinn, immer mit-berücksichtigt und in den

Gehalt der schematisch konstruierten Vorstellung miteinfliessen lässt. In seinem Aspekt als Schema drückt der rein sinnliche Begriff der zeitlichen Sukzession eine sinnlich ‚topologische' Eigenschaft der Zeit aus, wovon wir Teile des Vorstellungsgehalts nur über die Einbildungskraft im Feld des anschauungshaften Vorstellens deutlich machen können.

Das Schema des sinnlichen Begriffs nimmt auf diese apriorischen Bestimmtheiten immer Rücksicht. In allen verschiedenen Konstellationen von vorgestellter zeitlicher Sukzession ist dieser nichtbegriffliche Sinn zeitlichen Vorstellens beinhaltet, und insofern nun das Schema Rücksicht auf diesen Sinn nimmt, gründet es sich auf einer Vorstellungsweise von sinnlicher Ähnlichkeit, die in unseren nichtbegrifflichen Vorstellungsfähigkeiten verankert sein muss.

Zusammenfassung

Der Heterogenität von rein intellektuellen Vorstellungen (Kategorien) mit den uns sinnlich gegebenen Vorstellungen besteht zunächst darin, dass beide Vorstellungsweisen einem separaten Vermögen zuzuschreiben sind. Da beispielsweise die Kategorien auch ohne die Strukturen unserer Sinnlichkeit Inhalte vorstellen können, sind sie sinnlichkeits-unabhängige Vorstellungsweisen. Die Strukturen und Charaktere unserer Anschauungsform sind damit auch nicht dem Verstand und seinen inhaltlichen Vorstellungsfunktionen inhärierende Bedingungen. Ich habe hier in 9.1 eine Interpretation dieser Heterogenität vorgeschlagen, die trotz der Vermittlung durch transzendentale Zeitbestimmung erhalten bleibt. Wenn das Schematismuskapitel die heterogenen Vorstellungsweisen miteinander in Verbindung bringt, muss dadurch nicht ihr grundsätzlicher Unterschied und ihre Irreduzibilität gehoben werden. Eine Lösung des Heterogenitätsproblems beinhaltet nicht eine Auflösung der Heterogenität, sondern, durch Vermittlung heterogener Elemente, eine Auflösung des grundsätzlichen *Problems*, wie sich die Kategorien auf zu ihnen heterogene Inhalte beziehen können.

Bei rein sinnlichen (und empirischen) Begriffen kommt das Problem der Heterogenität nicht auf dieselbe Weise zum Tragen. Denn rein sinnliche Begriffe drücken unmittelbar ein Schema aus, welches in einer Handlung der Einbildungskraft besteht, die den Sinn der ursprünglichen Anschauungshaftigkeit (z. B. der Zeit) mit in ihre Handlungen aufnehmen kann. In ihrer schematischen Vorstellung sind sinnliche Begriffe daher gleichartig mit anschauungshaften Einzelvorstellungen, weil Gleichartigkeit in einer Weise des sinnlichen Ähnlichkeitsverhältnisses besteht, das wir aufgrund unserer nichtbegrifflichen Fähigkeiten vorzustellen in der Lage sind. Die reinen Verstandesbegriffe haben aber diese unmittelbare Beziehung zu einem sinnlichen Schema nicht. Sie sind nicht inhärent bildbezogen. Es stellt sich daher für sie das Problem der Vermittlung heterogener Vorstellungsweisen im Speziellen.

9.2 Transzendentale Zeitbestimmung

Der reine Verstandesbegriff, wie 9.1.1 gezeigt hat, hat in Kontrast zum sinnlichen Begriff nach Kant *keine* intrinsische Bildrelation. Kategoriale Inhalte zu denken führt nicht unmittelbar zu einer Anwendungsskizze der Einbildungskraft.[8] Der kategoriale Gehalt bringt eine notwendige und einheitsstiftende Regelhaftigkeit zum Ausdruck, er ist „reine synthetische Einheit des Mannigfaltigen überhaupt" (A138/B177) und damit zunächst nicht auf die menschliche Art der Sinnlichkeit bezogen.

Dennoch können wir nach Kant kategoriale Notwendigkeiten im Gehalt sinnlich gegebener Vorstellungen konstituieren, insofern nämlich unsere Einbildungskraft diese Notwendigkeiten im gegebenen Anordnungsrahmen unserer sinnlichen Anschauungsform umsetzt. Diese Umsetzung geschieht durch die *transzendentale Zeitbestimmung*. Im vorliegenden Unterkapitel stelle ich daher Kants Konzeption der transzendentalen Zeitbestimmung vor. Dazu werde ich zunächst eine Analyse davon vorlegen, wie die transzendentale Zeitbestimmung sowohl die intellektuelle wie menschlich sinnliche Vorstellungsweise vermittelt (9.2.1). Des Weiteren werde ich in einem Antwortversuch auf die Frage, wie genau die Kategorien mit den Zeitcharakteren verbunden werden, die den Inhalt eines transzendentalen Schemas mitbestimmen, die vorliegende Untersuchung zur Qualifizierung der Eigenbedeutung der Sinnlichkeit im Schematismuskapitel abschliessen (9.2.2).

9.2.1 Die Vermittlungsleistung des transzendentalen Schemas

Nach Kant sind Kategorien und sinnliche Vorstellungen von Gegenständen „ganz ungleichartig" (A137/B176) und verlangen daher nach einem „transscendentale[n] Schema", das als „ein Drittes [...] einerseits intellectuell, andererseits sinnlich sein" muss (A138/B177). Des Weiteren muss dieses Schema die Subsumtion der „empirischen (ja überhaupt sinnlichen) Anschauungen" unter „reine Verstan-

---

[8] Wie ich in Kapitel 5 der vorliegenden Untersuchung aufgewiesen habe, können die Kategorien einen Objektivitätssinn unserer Vorstellungen konstituieren, ohne dass sie auf die Struktur der menschlichen Sinnlichkeit eingeschränkt oder verwiesen sind.

desbegriffe" ermöglichen (A137/B176). Nun erfüllt nach Kant die transzendentale Zeitbestimmung ebendiese Funktion. Sie ist gleichartig mit intellektuellen und sinnlichen Gehalten und vermittelt zwischen einzelnen Anschauungen und den Kategorien. Ich werde daher im folgenden darstellen, wie Kant die transzendentale Zeitbestimmung als eine Vorstellung zwischen Intellekt und Sinnlichkeit charakterisiert, und darauf folgend die Funktion, welche die transzendentale Zeitbestimmung aufgrund dieser Mittelstellung für die Subsumtion übernehmen kann, analysieren.

Die transzendentale Zeitbestimmung ist nach Kant...

> ... [1] mit der Kategorie (die die Einheit derselben ausmacht) sofern gleichartig, als sie allgemein ist und auf einer Regel a priori beruht. Sie ist aber andererseits mit der Erscheinung so fern gleichartig, als die Zeit in jeder empirischen Vorstellung des Mannigfaltigen enthalten ist. (A138f./B177f.)

> ... [2] [eine] formale und reine Bedingung der Sinnlichkeit (A140/B179)

> ... [3] die reine Synthesis gemäß einer Regel der Einheit nach Begriffen überhaupt, die die Kategorie ausdrückt, *und* [...] ein transscendentales Product der Einbildungskraft, welches die Bestimmung des inneren Sinnes überhaupt nach Bedingungen seiner Form (der Zeit) in Ansehung aller Vorstellungen betrifft, so fern diese der Einheit der Apperception gemäß a priori in einem Begriff zusammenhängen sollten. (A142/B181, meine Hervorhebung)

> ... [4] das Phänomenon *oder* der sinnliche Begriff eines Gegenstandes in Übereinstimmung mit der Kategorie (A146/B186, meine Hervorhebung)

In diesen vier Beschreibungen geht Kant innerhalb des Schematismuskapitels auf die Natur der transzendentalen Zeitbestimmung ein, insofern er ihre Rolle zwischen der intellektuellen und der sinnlichen Vorstellungsart charakterisiert. Zunächst ist herauszuheben, dass die Aussage [2] wohl einer gewissen Unvorsichtigkeit geschuldet ist. Die transzendentale Zeitbestimmung mag etwa mit unserer sinnlichen Anschauungsart gleichartig sein, jedoch ist sie nicht einfach eine „formale und reine Bedingung der Sinnlichkeit". Sie *enthält* eine solche Bedingung. In [2] steht wohl ein Aspekt der Zeitbestimmung für das Ganze. Die Beschreibung [2] ist daher für die Erarbeitung eines umfassenden Verständnisses der transzendentalen Zeitbestimmung beiseite zu stellen. Ebenso verwirrend ist, in [4], dass Kant davon spricht, dass das transzendentale Schema „das Phänomenon [...] in Übereinstimmung mit der Kategorie" sei. Phänomena, so Kant, sind „Erscheinungen, so fern sie als Gegenstände nach der Einheit der Kategorien gedacht werden" (A248). Sie sind also der unter Begriffe gebrachte einzelne Erscheinungsgegenstand. Diese Einzelheit widerspricht der Aufgabe des Schemas überhaupt, nämlich auf variable Einzelgehalte anwendbar zu sein. Auch diese Bezeichnung ist daher nur mit Vorsicht zu geniessen.[9]

Gemäss der funktionalen Festlegung des transzendentalen Schemas muss dieses ja sowohl sinnlich, wie intellektuell sein. Wie Kant nun in [1] darlegt, kann die transzendentale Zeitbestimmung diese Funktion übernehmen, weil sie Gleichartigkeit sowohl zum Intellekt, wie auch zur Sinnlichkeit aufweist (dieselbe doppelte Gleichartigkeit ist in [3] Thema).

Wir können also zunächst fragen, wie Kant die Gleichartigkeit zwischen der transzendentalen Zeitbestimmung und der Kategorie sieht. Die transzendentale Zeitbestimmung ist nach [1] selbst von einer gewissen Allgemeinheit, d. h. sie kann *für Viele* gelten, und beruht nach Kant auf einer „Regel a priori". Klärend sagt Kant im vorhergehenden Nebensatz: die Kategorie macht „die Einheit" der transzendentalen Zeitbestimmung aus. Die transzendentale Zeitbestimmung stellt also *dieselbe* Einheit vor wie die Verbindung eines Mannigfaltigen überhaupt nach einer bestimmten Kategorie. Es wird *dieselbe* Art und Weise der Zusammengehörigkeit eines Mannigfaltigen gedacht, welche in der blossen Kategorie einfach allgemeiner gefasst wird, als in der transzendentalen Zeitbestimmung.

So drückt nach Kant die Kategorie der Gemeinschaft folgende Einheit aus: Durch sie sind wir in der Lage, einen objektiven Sachverhalt zu denken durch die Art, „wie, wenn mehrere Dinge dasind, daraus, daß eines derselben da ist, etwas auf die übrigen und so wechselseitig Folge, und auf diese Art die Gemeinschaft der Substanzen Statt haben" (B288) kann. Das Schema der Gemeinschaft drückt nun die „wechselseitige[...] Causalität der Substanzen in Ansehung ihrer Accidenzen" (B288) aus, und zwar als „das Zugleichsein der Bestimmungen der Einen mit denen der Anderen nach einer allgemeinen Regel" (A144/B183 f.). In der allgemeinen Bestimmung des notwendig geregelten Zugleichseins der Zustände der einen Substanz mit denen der anderen Substanz ist also dieselbe Einheit des Gegenstandes mitgedacht, die auch durch die blosse Kategorie der Gemeinschaft gedacht wird. Einen ähnlichen Gedankengang kann man beispielsweise auch für den Begriff der Grösse anstellen. So ist das Schema der Quantität die „Zahl", eine Vorstellung, welche „die successive Addition von Einem zu Einem (Gleichartigen) zusammenbefaßt", und zwar in einer Weise, dass „ich die Zeit selbst in der Apprehension der Anschauung erzeuge" (A142 f./B182). Die Verbindungsleistung,

---

[9] Ich gehe davon aus, dass Kant diesen Ausdruck hier der kurzen und knappen Darstellung der transzendentalen Schemata in lateinischer Form wegen benutzt, dass er aber trotzdem die Intention hatte, nicht der Allgemeinheit oder Regelhaftigkeit des transzendentalen Schemas zu widersprechen. Siehe A146/B186: „numerus est quantitas phaenomenon, sensatio realitas phaenomenon, constans et perdurabile rerum substantia phaenomenon – – aeternitas necessitas phaenomenon etc.".

die nun im zur sinnlichen Vorstellungsweise heterogenen reinen Verstandesbegriff überhaupt ausgedrückt wird, ist die Art, „wie ein Ding mit vielen zusammen einerlei, d.i. eine Größe sein" (B288) kann. Die beiden Regeln sind nun intellektuell *gleichartig*. Das meint, anders formuliert, dass die Regel, die in der blossen Kategorie ausgedrückt wird, von grösserer Allgemeinheit ist, als diejenige, die im Schema ausgedrückt ist. Die allgemeinere Regel ist in der spezifischeren enthalten.

In [3] weist uns Kant darauf hin, dass die transzendentale Zeitbestimmung eine reine Synthesishandlung ist, welche „gemäß einer Regel der Einheit nach Begriffen überhaupt, die die Kategorie ausdrückt", stattfindet. Diese Regel der Einheit nach Begriffen überhaupt bestimmt ein Mannigfaltiges „der Einheit der Apperception gemäß". Die angesprochene Regel kann nun nichts anderes sein als eine Handlung des Verstandes, mit welcher dieser die Objektivität einer ‚gegebenen (sinnlichen) Anschauung überhaupt' konstituiert, nämlich eine Handlung synthesis intellectualis. Die synthesis intellectualis ist in der transzendentalen Zeitbestimmung mit enthalten, indem sie das Denken der Einheit des gegenständlichen Sachverhalts leistet. Die Gleichartigkeit der transzendentalen Zeitbestimmung mit der Kategorie besteht daher darin, dass die transzendentale Zeitbestimmung eine Unterart der synthesis intellectualis ist. Dadurch nun, dass erstere eine Unterart der letzteren ist, sind wir in der Lage, bei Vorliegen einer transzendentalen Zeitbestimmung, das transzendental zeitbestimmte Geschehnis (resp. den Gegenstand) als so und so kategorial Seiendes auszusprechen.

Als Zweites ist zu fragen, worin die Gleichartigkeit der transzendentalen Zeitbestimmung mit den Erscheinungen besteht. Die transzendentale Zeitbestimmung ist nach [1] mit den Erscheinungen gleichartig, weil „die Zeit in jeder empirischen Vorstellung des Mannigfaltigen enthalten ist". Implizit in [3] sagt Kant m.E., dass die transzendentale Zeitbestimmung gleichartig mit den Erscheinungen ist, weil sie „ein transscendentales Product der Einbildungskraft" ist. Sie nimmt eine Bestimmung des inneren Sinnes „nach Bedingungen seiner Form (der Zeit)" vor. D.h. die transzendentale Zeitbestimmung ist eine Bestimmungsleistung, welche sich unmittelbar auf die Einbildungskraft bezieht, die ihrerseits wiederum Handlungen vollziehen kann, deren Resultate Inhalte gemäss der Art und Weise unserer Anschauungsform vorstellen. Wie wollen wir nun die Gleichartigkeit zwischen der transzendentalen Zeitbestimmung und den einzelnen Erscheinungsvorstellungen charakterisieren?

Die infrage stehende Gleichartigkeit ist nun m.E. auf gleiche Weise zu beschreiben, wie sie sich bezüglich sinnlicher Begriffe, beispielsweise bezüglich des Begriffs der zeitlichen Sukzession, ergeben hat. Diese drücken nämlich unmittelbar ein Schema aus, welches in einer Handlung der Einbildungskraft besteht, die den Sinn der ursprünglichen Anschauungshaftigkeit der Zeit in ihre Handlungen mitaufnehmen kann. Die durch dieses Schema vorgenommene Handlung ist auf variable Einzelinhalte der Sinnlichkeit anwendbar, weil es eine sinnliche Weise der Gleichartigkeit mit diesen Inhalten aufweist. Die Gleichartigkeit wiederum habe ich dadurch erklärt, dass sie in einer Weise eines sinnlichen Ähnlichkeitsverhältnisses besteht, das wir aufgrund unserer nichtbegrifflichen Fähigkeiten vorzustellen in der Lage sind. Ich vertrete hier daher die These, dass eine solche sinnliche Weise der Gleichartigkeit auch zwischen der transzendentalen Zeitbestimmung und einzelnen Gehalten der Erscheinung vorliegt. Die transzendentale Zeitbestimmung besteht in einer (oder bezeichnet unmittelbar eine) Handlung der Einbildungskraft, die qua Handlung eine Allgemeinheit aufweist, die für viele Einzelgehalte zutreffend sein kann, die aber stets der anschauungshaften Vorstellungsart verhaftet ist. Dass die Art der Gleichartigkeit der transzendentalen Zeitbestimmung mit der Erscheinung dieselbe wie diejenige sinnlicher Begriffe (in ihrem nicht-diskursiven Aspekt) mit ihren Anwendungsfällen ist, bestätigt die Passage [4], wo sie als sinnlicher Begriff eines Gegenstandes bezeichnet wird.

Das Relationsgefüge im Fall der Kategorien ist aber nicht in allen Hinsichten analog zum Fall der sinnlichen Begriffe. Bei Letzteren scheint der Übergang vom Schema zum diskursiven Begriff in ihrer Natur als sinnliche Begriffe selbst zu liegen und von einer Zusammenarbeit von Verstand und Einbildungskraft ermöglicht zu werden, obschon Kants spärliche Erörterungen dieses Übergangs den Leser grösstenteils im Dunkeln lassen. Diese ‚natürliche' Verbindung von Schema und diskursivem Begriff ist aber im Fall der Kategorien nicht vorhanden. Denn die blosse Kategorie ist nicht ‚natürlicherweise' auf die Einbildungskraft bezogen. Kategorialer Gehalte bedürfen auch andere endlich rationale Gemütsnaturen, ohne dass diese über dieselbe Art der sinnlichen Anschauung verfügen müssten. Kategoriale Gehalte sind daher nicht nur in Gehalten sinnlicher Begriffe enthalten. Die Kategorie mag auf unsere Art der Anschauung bezogen sein, was aber nicht notwendigerweise der Fall sein muss. Sie bedarf daher, um auf Erscheinungen eingeschränkt zu werden, einer ausdrücklichen Vermittlung. Das transzendentale Schema als Unterart der kategorialen Verknüpfung muss nicht nur als imaginativer Prozess verstanden werden, sondern kann auch selbst ein sinnlicher Begriff genannt werden, wie obige Passage [4] anzeigt. Als sinnlicher Begriff fällt die transzendentale Zeitbestimmung damit aber nicht mit der Kategorie zusammen.[10]

---

10 Als sinnlicher Begriff hat das transzendentale Schema einen zweifachen Aspekt: Ein diskursiv aufzuführender sinnlicher Begriff des Gegenstandes überhaupt und eine Handlung der Einbildungskraft, mit welcher dieser sinnliche Begriff unmittelbar verbunden ist. Ich ziehe daher ähnliche Unterscheidungen wie Paton, der zwischen der blossen Kategorie, der schematisierten Kategorie (bei mir der diskursiv gebrauchte sinnliche Begriff) und dem Schema als Charakteristik

Die Stellung der transzendentalen Zeitbestimmung zwischen Intellekt und Sinnlichkeit hat in der Kantforschung zu Diskussionen über ihre begriffliche oder anschauliche Natur geführt. So meint Gardner, das Schema müsse entweder „a thought about time", also ein Begriff, oder „time as thought in a certain way", also eine konzeptualisierte Anschauung, sein (Gardner 1999, S. 170). Allison hält die transzendentale Zeitbestimmung für eine konzeptualisierte Anschauung: „a transcendental determination of time must be a conceptualization of time in accordance with an a priori concept, which refers time to an object or objectifies it" (Allison 1981, S. 70). Er orientiert sich dabei an der Konzeption der formalen Anschauung, deren inklusive Art und Weise des Vorstellens, nämlich sinnliche und intellektuelle Bedingungen miteinander zu verbinden, Allison korrekterweise als analog zur Inklusion von intellektuellen und sinnlichen Bedingungen in der transzendentalen Zeitbestimmung sieht. Onof hingegen sieht im transzendentalen Schema zwei Phasen angelegt. Nach ihm muss die Kategorie, die ihrer Natur nach nicht auf sinnliche Inhalte eingeschränkt ist, begrifflich so ausformuliert werden, dass sie Bedingungen sinnlicher Inhalte ausdrückt. In einer zweiten Phase folgt dann die Bestimmung der Zeit gemäss diesem Begriff (vgl. Onof 2008, 543f.). In der zweiten Phase haben wir es dann mit einer formalen Anschauung zu tun.

Obwohl diese drei Interpretationen im Einzelnen durchaus interessant und gut begründet sind, halte ich sie insgesamt aus zwei Gründen für fehlgeleitet. Einerseits scheinen die Autoren nahelegen zu wollen, dass es sich bei transzendentalen Zeitbestimmungen um Bestimmungen *der Zeit* handelt. Nach Kant brauchen wir jedoch transzendentale Zeitbestimmungen, um die Kategorien auf Erscheinungen anzuwenden. Die transzendentalen Zeitbestimmungen sind daher Bestimmungen der Erscheinungen. D.h. das *subjectum* der Bestimmung ist die Erscheinung, nicht die Zeit. Wieso nennt Kant dann die transzendentale Zeitbestimmung auf diese Weise? Meiner Meinung nach will Kant zum Ausdruck bringen, dass damit eine Bestimmung, d.h. eine Regel der Einheit, zum Ausdruck gebracht wird, die *gemäss* den Bedingungen der zeitlichen Form unserer Anschauungsvorstellungen ausgeführt wird. Die transzendentale Zeitbestimmung wäre dann, nach dieser Überlegung, nicht einfach eine blosse transzendentale Bestimmung, d.h. ein kategoriales Denken von Gegenständlichkeit, sondern ein kategoriales Denken von Gegenständlichkeit unter den Bedingungen der Zeit, d.h. eine transzendentale Zeitbestimmung.

Andererseits scheint es mir richtig, zu sagen, dass die transzendentale Zeitbestimmung zwischen begrifflichen und anschauungs*haften* Vorstellungsweisen

---

der Verbindung, die durch die schematisierte Kategorie ausgedrückt wird, unterscheidet (vgl. Paton 1936, 32ff.).

eine Vermittlungsposition einnimmt. Das Schema ist in der Lage, auf die nichtbegriffliche Bestimmtheit des Zeitmannigfaltigen Rücksicht zu nehmen, so dass ein begrifflich unbestimmt aber anschauungshaft gegebenes sinnliches Mannigfaltiges unter eine begrifflich gedachte Einheit gebracht werden kann. Dies bedeutet aber gerade nicht, dass es sich bei der transzendentalen Zeitbestimmung um eine *Anschauung* handelt. Die formale Anschauung der Zeit oder des Raumes stellt die Zeit oder den Raum thematisch als etwas *Singuläres*[11] vor.[12] Das Schema überhaupt muss demgegenüber eine Anwendungsskizze sein, muss auf variable Einzelgehalte zutreffen können. Die transzendentale Zeitbestimmung kann daher nicht Anschauung sein (und nicht Anschauung *der Zeit*). Wir müssen die transzendentale Zeitbestimmung daher nicht als eine Anschauung, sondern vielmehr als einen *sinnlichen Begriff* bezeichnen, oder einfach als *Schema*, das zwischen diskursiven (sinnlichen) Begriffen und einzelnen Anschauungen vermittelt.

Die Rolle der transzendentalen Zeitbestimmung in Bezug auf die Urteilskraft
Ich habe im Vorherigen auf die Doppelbedeutung der transzendentalen Zeitbestimmung hingewiesen, sie kann als ein sinnlicher Begriff des Gegenstandes überhaupt aufgefasst werden (ein diskursiv aufzuführender Begriff) oder als diejenige Handlung der Einbildungskraft, mit welcher dieser sinnliche Begriff unmittelbar verbunden ist. Jetzt möchte ich noch auf die Rolle der transzendentalen Schemata für unsere Urteilskraft eingehen.

Kant beschreibt diese Rolle an unterschiedlichen Stellen im Schematismuskapitel. So ermögliche die transzendentale Zeitbestimmung „eine Anwendung der Kategorie auf Erscheinungen" und vermittle die „Subsumtion der letzteren unter die erste" (A139/B178). Es ist nach Kant die transzendentale Zeitbestimmung, auf die „der Verstandesbegriff in seinem Gebrauch restringirt" (A140/B179) ist. Schemata stellen sich dadurch als „wahre und einzige Bedingungen, [den reinen Verstandesbegriffen] eine Beziehung auf Objecte, mithin Bedeutung zu verschaffen" (A145f./B185), heraus. Nach Kant „realisiren" sie die Kategorien „allererst", wie sie diese auch „restringiren, d. i. auf Bedingungen einschränken, die außer dem Verstande liegen (nämlich in der Sinnlichkeit)" (A146/B185f.).

In Kapitel 8 wurde der neuartige argumentative Beitrag des Schematismuskapitels zur *Kritik der reinen Vernunft* darin erkannt, dass wir Werkzeuge für die transzendentale Urteilskraft an die Hand bekommen. Mit diesen Werkzeugen (den

---

11 „Die Anschauung ist eine einzelne Vorstellung (*repraesentatio singularis*)" (Log, AAIX, S. 91).
12 Es wäre jedoch etwas anderes, zu sagen, dass für die Konstitution der formalen Anschauung teilweise (in Bezug auf die Quantitätskategorien) dieselben Handlungen verantwortlich sind, die auch in der Handlung der Einbildungskraft, die das transzendentale Schema enthält, vorkommen.

transzendentalen Schemata) soll die transzendentale Urteilskraft nicht nur zu überprüfen in der Lage sein, gemäss welchem kategorial gedachten Inhalt eine vorliegende Vorstellung konstituiert ist, sondern ebenso muss sie entscheiden können, ob die Vorstellung ein Fall der berechtigten Kategorienanwendung ist. Diese Doppelbedeutung haben die transzendentalen Zeitbestimmungen für die transzendentale Urteilskraft. Ich habe letztere Perspektive auf die Lehre des transzendentalen Schematismus die ontologische Perspektive genannt. Die transzendentale Zeitbestimmung muss die Subsumtion der Erscheinungen unter die Kategorien so ermöglichen, dass sie auch eine deutliche Regel für die Restriktion des Kategoriengebrauchs an die Hand gibt.

Die transzendentale Zeitbestimmung vermittelt nicht jede Subsumtion unter reine Verstandesbegriffe. Denn wir können uns sehr wohl in metaphysische Spekulationen verfangen und dabei darauf achten, welche Kategorie wir in welchen als objektiv beanspruchten Gedanken angewendet haben. Eine auf solche Art gedachte Objektivität kann nun, meiner Meinung nach, ebenso gleichartig mit der Kategorie sein wie die transzendentale Zeitbestimmung, denn es ist dieselbe synthesis intellectualis darin enthalten. Sie sind beide intellektuell gleichartig mit der Kategorie. Nur gibt es nun nach Kant keine gesicherte metaphysische Erkenntnis ausser derjenigen, die auf die Bedingungen der Möglichkeit der Erfahrung eingeschränkt ist, die also auf die spezifische Struktur der menschlichen Sinnlichkeit Rücksicht nimmt. Die Subsumtion, welche die transzendentale Zeitbestimmung ermöglicht, muss also jene der allein gesicherten ontologischen Bedeutung der Kategorien sein. Wie kann die transzendentale Zeitbestimmung die ontologische Perspektive auf den Schematismus sichern? – Dies kann sie meiner Meinung nach nur, weil sie, zusätzlich zur intellektuellen Gleichartigkeit, eine Art und Weise der Gleichartigkeit zum Ausdruck bringt, die in unseren sinnlichen, nichtbegrifflichen Fähigkeiten verankert ist.

Mit den zwei verschiedenen Gleichartigkeitshinsichten kann das transzendentale Schema also beide genannten Rollen für die transzendentale Urteilskraft übernehmen. Weil die intellektuelle Gleichartigkeit der Kategorie mit der transzendentalen Zeitbestimmung vorliegt, kann die transzendentale Urteilskraft eine transzendental zeitbestimmte Erscheinungskonstellation ausdrücklich unter *diese oder jene* Kategorie subsumieren. Weil andererseits in der transzendentalen Zeitbestimmung a priori eine sinnliche Gleichartigkeit mit den Erscheinungen ausgedrückt wird, kann die transzendentale Urteilskraft diese transzendentale Zeitbestimmung als ein hinreichendes Kennzeichen für die einzig gesicherte ontologische Bedeutung der Kategorien nehmen und dadurch den amplifizierten Gebrauch der Kategorien abwehren. Dort nämlich, wo diese Art der sinnlichen Gleichartigkeit nicht vorliegt, gibt es keine gerechtfertigte ontologische Erkenntnis. Dadurch, dass die transzendentale Zeitbestimmung als diskursiv sinnlicher

Begriff genommen werden kann, dient sie als eine *ausdrückliche* Regel der Einschränkung für Erkenntnisansprüche kategorialer Denkgehalte. Dadurch, dass sie eine sinnliche Gleichartigkeit mit Erscheinungen aufweist, ist sie für die Einschränkung dieser Ansprüche *hinreichend*. Schliesslich ist sie dadurch, dass sie den allgemeinsten Rahmen der menschlichen Art der Sinnlichkeit (das Zeitmannigfaltige) in ihrem Gehalt mit zum Ausdruck bringt, *notwendige* Bedingung jedes gerechtfertigten Anspruchs.

9.2.2 Wie sind Kategorien und ihre Zeitcharaktere zugeordnet?

Die Zuordnung eines transzendentalen Schemas zu einer Kategorie erfolgt über intellektuelle Gleichartigkeit. Die Regel, die in der transzendentalen Zeitbestimmung gedacht ist, ist eine Spezifikation der durch synthesis intellectualis gedachten Regel.[13] Wie können aber diejenigen Zeitbedingungen, die in der Formulierung der Schemata zu Ausdruck kommen, und die zu den kategorialen Inhalten in wesentlicher Heterogenität stehen, den einzelnen Kategorien zugeordnet werden? Diese Frage werde ich im folgenden zu beantworten versuchen, um dabei den Kontrast, den die von mir vorgeschlagene Interpretation der wesentlichen Eigenbedeutung des sinnlichen Erkenntnisbeitrags mit anderen Lesarten hat, hervorheben zu können.

Kant spricht etwa von den „drei modi der Zeit", nämlich „Beharrlichkeit, Folge und Zugleichsein" (A177/B219). Diese kommen als Bestandteile der transzendentalen Zeitbestimmung im Schema der Relationskategorien vor. So bestimmt Kant das Schema der Substanz als „die Beharrlichkeit des Realen in der Zeit", das Schema der Kausalität als „das Reale, worauf, wenn es nach Belieben gesetzt wird, jederzeit etwas anderes folgt" und alternativ als die „Succession des Mannigfaltigen, in so fern sie einer Regel unterworfen ist", und schliesslich das Schema des Verstandesbegriffs der Gemeinschaft, welches die „wechselseitige[...] Causalität der Substanzen in Ansehung ihrer Accidenzen" meint, als „das Zugleichsein der Bestimmungen der Einen mit denen der Anderen nach einer allgemeinen Regel" (A144/B183f.). Wenn die Modi der Zeit Eigenheiten des Anschauungshaften der Zeit selbst vorstellen, wie ist ihre jeweilige Zuordnung zu den genannten Kategorien zu klären? Die Antwort auf diese Frage wird in der Forschungsliteratur oft in

---

13 Allison hingegen findet, zur Zuordnung der einzelnen Schemata zu ihren Kategorien brauchen wir Urteile, sogenannte Schema-Urteile, die selbst nicht analytisch sein können, sondern synthetische Urteile a priori sein müssen (vgl. Allison 2004, S. 219). Ich behaupte hier aber, dass die Verbindung von Schema und Kategorie über intellektuelle Gleichartigkeit läuft.

einer Art *top-down* Erklärung gesehen, der ich im folgenden eine *bottom-up* Erklärung entgegensetzen möchte.

Die top-down Erklärung

Eine *starke top-down* Erklärung der Art und Weise, wie die Charakteristiken der Zeit mit den einzelnen Kategorien verbunden werden, vertritt Caimi. Nach ihm wirkt der Verstand durch den Schematismus der Einbildungskraft auf das Mannigfaltige der Zeit ein und konstituiert so die Anschauungsbestimmtheiten der Zeit:"what might be called 'the properties of time' does not in fact depend on time but on understanding and its categories" (Caimi 2012, S. 419). Die Zeiteigenschaften werden demnach nur dann als Anschauungsstrukturen vorgestellt, wenn die Kategorien im Zeitmannigfaltigen diese Eigenschaften hervorbringen (vgl. Caimi 2015, S. 202). Dies bedeutet nun konkret, dass beispielsweise diejenigen Zeiteigenschaften, die für die Kategorien der Quantität und der Qualität miteinbezogen werden, nämlich die Eigenschaften der kontinuierlichen Sukzession der homogenen Zeitteile, durch die durch Kategorien der Quantität und Qualität geleiteten Einbildungskraft im Mannigfaltigen unserer Sinnlichkeit entstehen.[14]

Diese Darstellung davon, wie uns die Anschauungsgehalte der Zeitvorstellung überhaupt gegeben sein können, führt nun zu einer starken top-down Erklärung des infrage stehenden Problems. Die Zeiteigenschaft der kontinuierlichen Sukzession der homogenen Zeitteile taucht in den jeweiligen Schemata der Kategorien der Quantität und der Qualität auf, weil sie erst durch die quantitäts- oder qualitätsgemässe Synthesis im Zeitmannigfaltigen vorgestellt werden können. Dasselbe könnte man nun auch für die oben genannten Modi der Zeit behaupten: Der Modus der Beharrlichkeit als Anschauungsbestimmtheit der Zeit kann nur dann vorgestellt werden, wenn eine Synthesis gemäss dem Substanz-Akzidenz Modell diesen Gehalt konstituiert.

Eine *gemässigte top-down* Erklärung davon, wie die Charakteristiken der Zeit mit den einzelnen Kategorien verbunden werden, vertritt Düsing. So weist Düsing zwar darauf hin, dass Kant die transzendentalen Schemata so konzipiert, dass sie der „generellen Form [der sinnlichen Anschauung], der Zeit, gemäss sein" müssen, von dessen Eigenschaften Kant zwar „keine Definition" angibt, aber dafür

---

[14] Caimi meint, dass die Charaktere der Homogenität und des Kontinuums nur dann der Zeit selbst zukommen („correspond to time"), wenn der Verstand quantitative und qualitative Synthesen auf das zeitliche Mannigfaltige anwendet (Caimi 2012, S. 420). So sagt Caimi auch, dass diese Charaktere der Zeit nur dann *offenbar* werden, wenn eine solche Synthesis vorliegt („a characteristic of time that becomes apparent only through the intervention of the category", Caimi 2012, S. 421f.).

„ihre wesentlichen Charaktere in grundlegenden Zeitmodi" aufführt (Düsing 1995, S. 63f.). Da die Zeit in den transzendentalen Zeitbestimmungen „in ihren verschiedenen Charakteren vorstellig" werde, müssten jene Charaktere und Zeitmodi „schon zuvor konstituiert sein" (Düsing 1995, S. 69). Düsing unterscheidet also, ähnlich wie ich dies in der vorliegenden Untersuchung vollzogen habe, zwischen fundamentalen Zeitverhältnissen (oder Charakteren der Zeit) und transzendentalen Zeitbestimmungen. Denn letztere sind „keine Charakterisierungen dessen, was Zeit selbst wesentlich bedeutet, sondern fundamentale Bestimmungen von Etwas oder von Realem in grundlegenden Zeitverhältnissen oder im Bezug zur einen und ganzen Zeit" (Düsing 1995, S. 69).

Es stellt sich damit die Frage, wie diese Zeitverhältnisse, Zeitcharaktere und Zeitmodi konstituiert sind? – Nach Düsing ist es die „reine Synthesis der Einbildungskraft, die jene Zeitmodi erzeugt und zur Bewußtseinseinheit bringt" (Düsing 1995, S. 69). Die „Einwirkung des Verstandes auf den inneren Sinn" ordne das Mannigfaltige der Zeit in den genannten Anordnungsverhältnissen (Düsing 1995, S. 68). Jedoch fehlen gemäss Düsing Anhaltspunkte im kantischen Werk, welche die Relation dieser modikonstituierenden Handlung der Einbildungskraft mit der „Schemata hervorbringenden Synthesis der Einbildungskraft" (Düsing 1995, S. 69) klären könnten. So kommt nach Düsing zwar die Vorstellung von „Beharrlichkeit und Wechsel" nur durch die regelnde Einflussnahme des Verstandes über seine Kategorien der „Substanz und Inhärenz" zustande, jedoch hat dieser Inhalt „eine irreduzible zeitliche Komponente, deren inhaltliche Bedeutung jedoch nicht getrennt [von der Synthesis gemäss Substanz und Inhärenz] repräsentierbar ist" (Düsing 1980, S. 9).

Wir treffen bei Düsing daher eine abgeschwächte top-down Interpretation davon, warum welche Zeitmodi und Zeitcharaktere mit einer jeweiligen Kategorie verbunden sind: Der Vorstellungsgehalt der Zeitcharaktere ist durch Einbildungskraft gestiftet, die einer bestimmten regelnden intellektuellen Einheit folgt, bleibt aber in gewissem Sinne irreduzibel auf die genannte intellektuelle Einheit. Ohne diese intellektuell geleitete Einbildungskraft ist jedoch *kein* solcher Gehalt vorstellbar, und die Zuordnung des jeweiligen Zeitcharakters zur Kategorie ist dadurch geklärt, dass der infrage stehende Charakter nur durch eine der jeweiligen Kategorie gemässen Synthesis vorgestellt werden kann.

Probleme der top-down Lesart
Ich halte die starke top-down Lesart aus zwei Gründen für unplausibel. Zum einen finde ich die implizierte eindeutige Zuordnung von Zeitverhältnissen und Zeitmodi zu Kategorien problematisch, und zum anderen scheint diese Lesart die, meiner Meinung nach nicht zutreffende, These vertreten zu müssen, dass nur dann in

unserem Vorstellungsgehalt sich gewisse Zeitverhältnisse anzeigen, wenn auch die jeweiligen kategorialen Inhalte auf irgendeine Weise im Anschauungsmannigfaltigen realisiert sind. Beide Gründe lassen sich anhand des Charakters der zeitlichen Sukzession aufzeigen.

Gemäss der top-down Erklärung müsste sich der Vorstellungscharakter der zeitlichen Sukzession eindeutig einer kategorialen Struktur zuordnen lassen (weil sie erst durch eine Handlung gemäss dieser Kategorie zum Vorstellungsgehalt wird). Wir können uns nun fragen, gemäss welcher Kategorie unsere Einbildungskraft Synthesishandlungen vornimmt, damit wir die zeitliche Sukzession vorstellen können. Dafür gibt es verschiedene Kandidaten.

Das Schema der Grösse beinhaltet nach Kant „die successive Addition von Einem zu Einem (Gleichartigen)" (A142/B182). Nach Kant ist „jede Erscheinung als Anschauung eine extensive Größe, indem sie nur durch successive Synthesis (von Theil zu Theil) in der Apprehension erkannt werden kann" (A163/B204). Die zeitliche Sukzession (auch in ihrer Qualität als kontinuierlicher Folge der homogenen Teile) ist also ein wesentlicher Vorstellungsbestandteil der Resultate der quantitativen Synthesisleistung in Bezug auf menschlich sinnliches Mannigfaltiges.

Der Zeitmodus der Aufeinanderfolge ist allerdings auch eine Anschauungsbestimmtheit, die in der kategorialen Synthesis nach der Kausalitätskategorie vorstellig wird. Das Schema der Kausalität ist nach Kant die „Succession des Mannigfaltigen, in so fern sie einer Regel unterworfen ist" (A144/B183). Obwohl es im Schema der Kausalität nicht darum geht, die Sukzessivität der Zeit überhaupt zu konstituieren, sondern die Zeitfolge in Betracht der Zustände der Gegenstände regelhaft zu bestimmen, ist doch die zeitliche Sukzession als Bedingung dieser Bestimmung dem Schema der Kausalität vorausgesetzt. Diese hat aber denselben Anschauungscharakter wie jene Sukzession, die in den Resultaten quantitativer Synthesis in Bezug auf unser Anschauungsmannigfaltiges vorhanden ist.

Letzterer These könnte entgegengehalten werden, dass es im Schema der Quantität nicht einfach um die notwendige Folgerelation des zeitlich Sukzessiven geht, sondern um die *kontinuierliche* Abfolge des zeitlichen Mannigfaltigen. Jedoch sagt Kant bei der Besprechung der zweiten Analogie, dass auch in der notwendigen Folgerelation, die wir gemäss der Kausalität im Dasein der Erscheinungen als bestimmt gegeben denken, die „Continuität im Zusammenhange der Zeiten" (A199/B244), in dem sich die Erscheinungen nach empirischen Zeitbestimmungen ausdrücken lassen, vorstellig wird. Die zeitliche Sukzession als Charakter der Inhalte unseres sinnlichen Anschauung ist also immer als eine kontinuierliche Sukzession des zeitlich gegebenen Mannigfaltigen verstanden. Schliesslich finden auch kausale Wirkrelationen in unserer Anschauungswelt kontinuierlich statt (vgl. A168 f./B210 f. u. A207 ff./253 f.).

Wenn ein gewisser Zeitcharakter in einem anschauungshaften Vorstellungsgehalt erst durch die Einwirkung dieser oder jener kategorialer Synthesis zustandekommen kann, so würde es meines Erachtens keinen Sinn machen, wenn *klar-unterschiedene* begrifflich-kategoriale Inhalte *denselben* zeitlichen Sinn des infrage stehenden anschauungshaften Vorstellungsgehalts konstituieren. Das aufgeführte Beispiel der zeitlichen Sukzession spricht daher deutlich gegen die top-down Interpretation. Mit demselben Beispiel der zeitlichen Sukzession lässt sich nun auch ein zweiter Einwand gegen die top-down Erklärung formulieren.

Gesetzt, die Sukzession würde nur vorgestellt werden können, wenn die quantitative *oder* die kausale Synthesis sich im sinnlichen Vorstellungsmannigfaltigen realisiert. So müssten wir immer einen Gegenstand *als Quantum* oder *als kausale Folge* vorstellen, um überhaupt die Eigenschaft der zeitlichen Sukzession im Gehalt unserer Vorstellungen zu haben. Kant sagt jedoch: „Die Apprehension des Mannigfaltigen der Erscheinung ist jederzeit successiv. [...] Ob sie sich auch im Gegenstande folgen, ist ein zweiter Punkt der Reflexion, der in der ersteren nicht enthalten ist" (A189/B234). Das Erscheinungsmannigfaltige ist uns immer nur unter der Voraussetzung der anschauungshaften Bestimmtheit der Zeit (und damit mit Sukzessionscharakter) gegeben. Dieses muss allerdings nicht auf eine bereits realisierte Synthesis gemäss der Regel der Kausalität schliessen lassen, vielmehr ist die Reflexion, ob wir eine Kausalität in unserem Erscheinungsmannigfaltigen haben, in der sukzessiven Apprehension „nicht enthalten" (A189/B234). Ebensowenig muss meiner Meinung nach in einer sukzessiven Apprehension die Synthesis gemäss der Quantitätskategorie bereits realisiert sein. So sagt Kant in der B Deduktion: „Wenn ich [...] das Gefrieren des Wassers wahrnehme, so apprehendire ich zwei Zustände (der Flüssigkeit und Festigkeit) als solche, die in einer Relation der Zeit gegen einander stehen" (B162). Diese zwei Zustände stehen in einer Relation der Zeit, sie folgen nämlich einander (im kontinuierlichen Fluss der Zeitteile). Dass in diesem Szenario die Quantitätskategorien aktualisiert sind, scheint mir eine unbegründete Annahme zu sein. Denn erst, wenn ich sie bewusst als *zwei* Zustände bestimme, weil sie in *zwei* aufeinanderfolgenden Zeitabschnitten mir erscheinen, sind sie der quantitativen Synthesis gemäss. Ihr sukzessives Erscheinen in einer homogenen und kontinuierlichen Zeit scheint aber bereits in ihrer begrifflich unbestimmten Vorstellungsgegebenheit zu liegen, deren Rahmen eine anschauungshafte Bestimmtheit darstellt.

Zum Schluss der Diskussion des top-down Ansatzes möchte ich noch auf die Irreduzibilitätsthese eingehen, die Düsing in seiner Erklärung davon, wie Zeitcharaktere nach Kant vorstellig werden können, in Anschlag bringt. Gemäss seiner gemässigten top-down These sind zwar die Zeitcharaktere inhaltlich nicht vorstellbar unabhängig von jeglicher verstandesgeleiteter Synthesis des zeitlichen Mannigfaltigen, sie können jedoch einen auf die Kategorien irreduziblen Bedeutungsaspekt enthalten. Die so abgeschwächte top-down Interpretation könnte sich den eben aufgeführten Einwänden entledigen, indem sie behauptete, dass es in jedem Resultat einer verstandesgeleiteten Synthesis der Einbildungskraft einen irreduziblen zeitlichen Sinn gäbe, der stets mitgegeben und durch das kategoriale Denken unterbestimmt sei. Dieser irreduzible Sinn wäre dann sowohl in der quantitativ wie auch relational synthetisierten Vorstellung enthalten, und diese müssten daher beispielsweise nicht einen unterschiedlichen zeitlichen Sukzessionssinn vorstellen. Letzterer wird nicht durch die Kategorien konstituiert, sondern nur vermittelst ihrer repräsentabel gemacht.

Eine solche abgeschwächte Lesart ist zwar in vielen Hinsichten kompatibel mit derjenigen, die ich in vorliegender Arbeit vorgeschlagen habe, ist aber auch in einer bestimmten Hinsicht davon unterschieden. Düsings These ist es nicht, dass das menschliche Gemüt es mit sich bringt, dass das Verstandesvermögen in der Sinnlichkeit meist bereits realisiert ist und daher auch irreduzible sinnliche Gehalte meist nicht vorgestellt werden, ohne dass eine verstandesgeleitete Synthesis Teile des infrage stehenden Gehalts bereits mitkonstituiert hat. Vielmehr besteht Düsings These darin, dass die irreduziblen Inhalte der Sinnlichkeit nicht *repräsentierbar* sind ohne eine aktualisierte verstandesgeleitete Synthesis der Einbildungskraft, ihr Gehalt aber dennoch *wesentlich* nicht auf die Verstandesfunktionen reduzibel ist und sie daher eine nicht von unseren Verstandesfunktionen konstituierte Eigenheit der uns erscheinenden Gegenstände vorstellt. Es ist daher die These, dass jene Inhalte nicht auf unser „obere[s] Erkenntnisvermögen" (A130/B169) reduzibel sind, aber dennoch nicht durch unser unteres Erkenntnisvermögen, die Sinnlichkeit, autonom vorgestellt werden können. Diese These bringt daher die Schwierigkeit mit sich, dass sie ein inhaltliches Vorstellen behauptet, von dem es schwierig ist zu sehen, durch welche Fähigkeit dieses inhaltliche Vorstellen geleistet wird.

Die bottom-up Lesart der Rolle der Zeitcharaktere in den Schemata

Im Gegensatz zur top-down Erklärung der Zuordnung von Zeitcharakteren zu Kategorien möchte ich im folgenden eine bottom-up Lesart der Rolle der Zeitcharaktere in den transzendentalen Schemata vorstellen. Diese versucht die jeweiligen Aspekte des Anschauungscharakters der Zeit, die als Elemente in den transzendentalen Zeitbestimmungen fungieren, nicht derart zu erklären, dass diese erst durch eine Synthesis gemäss den jeweiligen Kategorien zu einem Vorstellungsgehalt werden können.

Die bottom-up Lesart beruht auf der Prämisse, dass die Zeit als eine Form unseres sinnlichen Vorstellens selbst anschauungshaften Gehalt hat, der einen nichtbegrifflichen, apriorischen Sinn von Bestimmtheit zum Vorschein bringt, der nicht nur autonom von verstandesgeleiteten Handlungen der Einbildungskraft vorstellbar ist, sondern auch durch apriorische begriffliche Bestimmung des zeitlichen Mannigfaltigen in bestimmten Hinsichten stets begrifflich unterbestimmt bleibt. Die bottom-up Lesart geht damit über die von Düsing vorhin erwähnte Irredizibilitätsthese hinaus. Denn sie behauptet nicht nur die Irreduzibilität bestimmter inhaltlicher Hinsichten auf Vorstellungsfunktionen des Verstandes, sondern schreibt die Fähigkeit des Vorstellens solcher Inhalte dem Vermögen der Sinnlichkeit zu, das auch unabhängig von den Verstandesfunktionen aktualisiert wird. So sagt Kant in der *transzendentalen Ästhetik*:

> die Zeit, in die wir diese Vorstellungen [des äusseren Sinnes, MB] setzen, die selbst dem Bewußtsein derselben in der Erfahrung vorhergeht, und als formale Bedingung der Art, wie wir sie im Gemüte setzen, zum Grunde liegt, *enthält schon* Verhältnisse des Nacheinander-, des Zugleichseins und dessen, was mit dem Nacheinandersein zugleich ist (des Beharrlichen). (B67, meine Hervorhebung)

Für das setzende, d. h. intellektuell verbindende, Bewusstsein ist die Zeit mit den Verhältnissen, Charakteren und Modi, die in ihr als Form alles Anschauungshaften angelegt sind, eine sinnlich einschränkende Bedingung. Diese Bedingung zeigt sich dem Verstand zwar erst durch das Setzen anschaulicher Vorstellungen an, ist jedoch im sinnlichen Vorstellen des menschlichen Gemüts *schon* auf gewisse Weise *enthalten*.

Die Unterscheidung zwischen einer objektiv realen Anwendung der Kategorien, deren empirischer Gebrauch, und einer amplifizierten Anwendung, deren transzendentaler Gebrauch, liegt a priori nicht in der Natur unseres Verstandes. Der empirische Gebrauch ist eine ganz bestimmte Manifestation der Synthesis des menschlichen Verstandes. Seinen Unterschied zum transzendentalen Gebrauch können wir nur deshalb a priori ausweisen, weil das Mannigfaltige, auf das er angewendet wird, eine ganz bestimmte apriorische Form des anschauungshaften Vorstellens mit sich bringt. Wenn wir „Kennzeichen" (A136/B175) für die kategoriale Bestimmung des Mannigfaltigen unter den Bedingungen dieser Form identifizieren können, so ist der infrage stehende Unterschied hinreichend gesichert. Die bottom-up Lesart behauptet also, dass sich unser sinnlicher Anschauungsrahmen a priori durch gewisse zeitlich anschauungshafte Charaktere, die auch unabhängig von einer begrifflich bestimmenden Einbildungskraft vorgestellt werden, auszeichnet. Die verstandesgeleitete, begriffliche Objektivität konstituierende, Synthesis der Einbildungskraft bringt demnach nicht den anschauungshaften, zeitlichen Charakter der Vorstellung selbst hervor, sondern konstituiert die *zeitbestimmte*, intellektuell gedachte, Gegenständlichkeit der bereits einen anschauungshaften zeitlichen Sinn aufweisenden sinnlichen Vorstellung.

Beispielsweise wird die quantitativ bestimmte Gegenständlichkeit in einen umfassenden zeitlichen Anschauungsrahmen, der im kontinuierlichen Folgen homogener Zeitteile besteht, gestellt. Alle Gegenstände der Sinnlichkeit erscheinen uns jedoch in diesem kontinuierlichen und homogenen, sukzessiven Verfliessen der Zeit, ob sie nun quantitativ bestimmt sind oder nicht. Die intellektuelle quantitative Bestimmung muss sich aber vor einem amplifizierten Gebrauch erwehren, welches sie nur tun kann, indem ihre Bestimmungshandlung a priori sinnliche Gleichartigkeit mit den erscheinenden Gegenständen aufweist. D. h. der zeitliche Rahmen muss explizit in die Bestimmungshandlung miteinfliessen. Indem Kant nun das Schema der Quantität derart beschreibt, dass es die Bestimmungshandlung charakterisiert, die in der „sukzessive[n] Addition von Einem zu Einem (gleichartigen)" (A142/B182) besteht, ist mit der darin enthaltenen anschauungshaften, homogenen Sukzession die Bedingung des menschlich-sinnlichen Rahmens der Kategorienanwendung ausgedrückt. Alles von der menschlichen Sinnlichkeit vorstellbare Mannigfaltige ist anschauungshaft-sukzessiv gegeben, und die im Schema ausgedrückte Sukzession führt daher dazu, dass das Schema in sinnlicher Gleichartigkeit zum menschlich-sinnlichen Mannigfaltigen steht.

Analog wird die Realitätsbestimmung in den umfassenden zeitlichen Rahmen gestellt, wenn als Realität nur dasjenige angesprochen wird, was sich durch „kontinuierliche und gleichförmige Erzeugung" (A143/B183) in der Zeit anzeigt. Vermittelt über ihr Schema wird durch die Realitätskategorie ausschliesslich dasjenige als Realität gedacht, was eine Eigenschaft des Gegenstandes ist, die sich uns in der Wahrnehmung über eine in einem kontinuierlichen Rahmen gegebene Empfindung anzeigt. Der Sinn der Gleichförmigkeit und Kontinuierlichkeit unseres zeitlichen Anschauens wird aber nicht durch die Kategorie der Realität gestiftet, sondern über diese Charaktere ist die Realität am gedachten Gegenstand als eine *zeitbestimmte* gedacht, d. h. als eine, die sich nur innerhalb unseres sinnlichen Anschauungsrahmens anzeigen kann.

Auf ähnliche Weise verhält es sich mit den Relationskategorien. Das Schema der Kausalität besteht in der Handlung, die „Sukzession des Mannigfaltigen" so zu bestimmen, dass es der „Regel unterworfen ist", dass auf eine gesetzte, bestimmte Realität eines Dinges „jederzeit etwas anderes folgt" (A144/B183). Das Resultat der Zeitbestimmung gemäss der Kategorie der Kausalität ist eine, als objektiv gedachte Regelhaftigkeit, die aber mit unserer Form des sinnlichen Anschauens verbunden ist, insofern diese beanspruchte Regelhaftigkeit eine objektive Zeitordnung ausmacht, welche beinhaltet, dass eine bestimmte Relation so gesetzt wird, dass sie auch eine zeitlich anschauungshafte Sukzession beinhaltet. Diese Bestimmungsleistung ist somit gleichartig mit dem Mannigfaltigen unserer Sinnlichkeit, weil dieses immer zeitlich-sukzessiv erscheint. Der als zeitbestimmt gedachte kausale Zusammenhang geht dadurch nicht in Gefahr, als Zusammenhang der Dinge in Abstraktion der Grenzen unserer Sinnlichkeit gedacht zu werden.

Gemäss der somit entwickelten bottom-up Lesart ist zwar die zeitbestimmte Gegenständlichkeit nicht als solche in unserer Sinnlichkeit gegeben, sondern muss zuerst konstituiert werden, aber die, in der Handlung der Zeitbestimmung zum Ausdruck kommenden, anschauungshaften zeitlichen Charaktere sind als solche im Mannigfaltigen unserer Sinnlichkeit autonom von der Bestimmungsleistung durch den Verstand vorhanden.

Was ist nun gemäss dieser Lesart die Begründung davon, weshalb ein jeweiliges Zeitcharakteristikum in einer jeweiligen kategorialen Bestimmungsregel des menschlich-sinnlichen Mannigfaltigen vorkommt? Weshalb ist beispielsweise die Sukzession des Homogenen für das Schema der Quantität oder der Modus der zeitlichen Beharrlichkeit für das Schema der Substantialität relevant? Auf diese Frage bietet sich meines Erachtens, nach der bottom-up Lesart, nur eine Antwort an: Die jeweiligen im Schema vorkommenden zeitlichen Charaktere sind diejenigen apriorischen und anschauungshaften Voraussetzungen, die für uns (als Verstand), im Bestimmen eines menschlich sinnlichen Mannigfaltigen gemäss einer bestimmten Kategorie jeweils gerade *salient* sind. So können wir durch Reflexion auf das zählende Zusammenfügen eines gegebenen Mannigfaltigen die zeitliche Sukzession des Homogenen speziell thematisch (mit begleitendem „Ich denke" Bewusstsein) vorstellen. Durch das Setzen eines Substanziellen in unserer menschlichen Sinnlichkeit, der Wahrnehmung eines bestimmten Wechsels an ihm und schliesslich durch Reflexion auf diese intellektuelle Aktivität wird uns die anschauungshafte Vorstellung der Beharrlichkeit der Zeit selbst zum thematischen Vorstellungsobjekt. Wir haben durch dies eine formale Anschauung der Zeit, können die Zeit als Objekt denken und werden sodann befähigt, begriffliche Beschreibungen der Zeitvorstellung zu bilden. Die begriffliche Beschreibung der intellektuell thematisierten Zeiteigenschaft findet schliesslich bei Kant Eingang in das diskursiv formulierte Schema der reinen Verstandesbegriffe (als diskursiver, sinnlicher Begriff), das als hinreichendes Kennzeichen für die ontologisch befugte Berechtigung der Anwendung der reinen Verstandesbegriffe dienen kann.[15]

---

15 Das diskursive Fassen des transzendentalen Schemas bedarf somit der formalen Anschauung der Zeit, weil von ihr gewisse Charaktere begrifflich gefasst werden müssen. Dies heisst wiederum, dass das Schema in der *ontologischen* Bedeutungshinsicht jeweils einer solchen formalen Anschauung bedarf. Dies heisst aber gerade nicht, dass für die Anwendung der Kategorien vom *anthropologischen* Standpunkt aus zunächst eine formale Anschauung vorliegen muss. Denn die Kategorien, oder vorkategoriale Begriffsmomente, werden ‚ohne weiteres' auf das Mannigfaltige unserer Sinnlichkeit angewendet. Das intellektuell thematische Vorstellen einer reinen Zeit (oder eines reinen Raumes) ist dafür nicht (anthropologisch) vorausgesetzt.

Die bottom-up Lesart umgeht damit die Einwände gegenüber der top-down Erklärung. So ist es ohne weiteres möglich, dass dieselben anschauungshaften Charaktere in Bestimmungshandlungen über verschiedene Kategorien vorkommen. Denn die sukzessive, kontinuierliche Natur des Zeitvorstellens kann sehr wohl die saliente anschauungshafte Voraussetzung verschiedener kategorialer Bestimmungen unseres Erscheinungsmannigfaltigen darstellen. Ein im menschlichen Gemüt vorliegendes Vorstellen eines Erscheinungsgegenstandes in einem sukzessiven und kontinuierlichen Rahmen muss dann ebensowenig auf eine intellektuelle Bestimmtheit des Anschauungsgehalts durch diese oder jene Kategorie schliessen lassen. Und schliesslich muss diese Lesart nicht die Irreduzibilität einer sinnlichen Vorstellungskomponente behaupten, die nur innerhalb der Rahmens einer intellektuellen Bestimmung überhaupt vorstellbar ist. Sondern diese Interpretation kann die, in einer intellektuell bestimmten Wahrnehmung sich zeigenden, irreduziblen Elemente gerade derselben Wahrnehmung zuschreiben, wäre sie nicht intellektuell bestimmt worden.

Zusammenfassung
Ich habe hier eine Interpretation der transzendentalen Zeitbestimmung vorgeschlagen, die einerseits versucht, diese als gleichartig mit dem Intellekt und mit der Sinnlichkeit zu verstehen, andererseits aber auch darauf abzielt, den Anforderungen der transzendentalen Urteilskraft an ein transzendentales Schema gerecht zu werden. Dazu habe ich die Art und Weise der Gleichartigkeit der Zeitbestimmung zum Verstand von derjenigen zur Sinnlichkeit unterschieden. So erlaubt es die intellektuelle Gleichartigkeit der Zeitbestimmung, einen vorliegenden zeitbestimmten Gehalt ausdrücklich unter die eine oder die andere Kategorie zu subsumieren, während die sinnliche Gleichartigkeit für die transzendentale Urteilskraft als Kennzeichen und Garant für die objektiv reale Anwendung der Kategorien genommen werden kann.

Die von mir vorgeschlagene Interpretation der transzendentalen Zeitbestimmung erlaubt es uns, das Schema als eine Vermählung zweier verschiedener Notwendigkeiten zu sehen, die beide einen eigenständigen Vorstellungssinn beinhalten. Im Zählen beispielsweise sind beide Strukturen enthalten, die spezifisch zeitliche, nämlich die kontinuierliche Sukzession homogener Elemente, und die spezifisch intellektuelle, nämlich die Festlegung der numerischen Einheit und der antizipatorische Gedanke an die ihm hinzuzuaddierenden Einheiten, die zusammen eine Vielheit oder Totalität ergeben. Wir können von der transzendentalen Zeitbestimmung auf zwei Seiten hin etwas Strukturelles abziehen, und es bleibt eine eigenständige Bedeutung für unsere Vorstellungsfähigkeit erhalten. Wird der sinnliche Sinn abgezogen, bleibt das Verhältnis im reinen Begriff bestehen. Es bleibt das intellektuelle Thema, das im Denken eines Objekts überhaupt besteht. Wird andererseits der intellektuelle Sinn, d. h. die Einheit des gedachten Gegenstandes, abgezogen, so bleibt ein sinnlicher Sinn, ein anschaulicher Gehalt, bestehen, nämlich das zeitlich kontinuierliche Erscheinen der Gegenstände der Sinnlichkeit. Eine solche Interpretation habe ich schliesslich eine bottom-up Lesart der Rolle der Zeiteigenschaften innerhalb der transzendentalen Schemata genannt. Gegenüber einer top-down Lesart kann die hier vorgeschlagene Deutung weiterhin eine starke These bezüglich der Eigenbedeutung des sinnlichen Erkenntnisbeitrags vertreten. Wird die hier vorgeschlagene Interpretation – wie ich meine – der kantischen Intention der Einführung des Lehrstücks der transzendentalen Zeitbestimmung mehr gerecht als eine top-down Lesart, so zeigt sich auch innerhalb der kantischen Schematismuslehre an, was ich in Teil II bereits in Bezug auf den zweiten Schritt der B Deduktion herausgestellt habe, dass nämlich das genannte Theoriestück Kants nur vor dem Hintergrund einer ausgeprägten These der Eigenständigkeit sinnlichen Vorstellens adäquat verstehbar ist.

Schlussbetrachtung

Die Lehre des Dualismus der Erkenntnisstämme, Sinnlichkeit und Verstand, und des Dualismus der Vorstellungsarten, Anschauung und Begriff, ist ein Grundpfeiler der kantischen Theorie der Erkenntnis. So verfügen die Vermögen der Sinnlichkeit wie des Verstandes über zueinander irreduzible Fähigkeiten. Ihre Fähigkeiten können also nicht durch das jeweils andere Vermögen übernommen werden. Das unmittelbare Vorstellen des singulären Gegenstandes innerhalb eines umfassenden raumzeitlichen Rahmens wird durch die Anschauungsfähigkeit ermöglicht, die der menschlichen Sinnlichkeit zugeschrieben wird. Das Denken des Gegenstandes wird durch unsere Fähigkeit des begrifflichen Vorstellens ermöglicht und wird dem Verstand oder Intellekt zugeschrieben. Für die menschliche Erkenntnis müssen sich diese zwei Fähigkeiten nach Kant ergänzen: „Der Verstand vermag nichts anzuschauen und die Sinne nichts zu denken. Nur daraus, daß sie sich vereinigen, kann Erkenntniß entspringen" (A51/B75). Der menschliche Verstand verfügt nicht selbst über eine Fähigkeit des Anschauens und der menschlichen Sinnlichkeit geht die regelhafte oder gesetzmässige Gegenständlichkeit abhanden, die wir nach Kant über die ursprünglichen Begriffe des Verstandes denken. Dadurch, dass für die menschliche Erkenntnis im eigentlichen (gerechtfertigten) Sinne wesentlich eine Zusammenarbeit der Funktionen von Sinnlichkeit und Verstand verantwortlich ist, stellt sich die Frage nach der Vereinigung dieser beiden Fähigkeiten ebenso wie die Frage nach der isolierten oder autonomen Vorstellbarkeit der Beiträge zur objektiv gültigen Erkenntnis je von Sinnlichkeit und Verstand.

Das Problem der Vermittlung der intellektuellen und sinnlichen Elemente der menschlichen Vorstellungs- und Erkenntnisfähigkeit ist zwar gemeinhin Thema in der *Kritik der reinen Vernunft*, wird jedoch gerade im Schematismuskapitel als ausdrückliches Problem benannt. So sind nach Kant „reine Verstandesbegriffe, in Vergleichung mit empirischen (ja überhaupt sinnlichen) Anschauungen, ganz ungleichartig" (A137/B176). Die Frage nach der Möglichkeit der Anwendung der Verstandesbegriffe auf sinnlich anschauungshafte Vorstellungen lässt sich daher als das Heterogenitätsproblem benennen. Nach Kant lässt sich dieses Problem nur aufheben, insofern es ein vermittelndes „Drittes" gibt, welches „einerseits intellektuell, andererseits sinnlich" ist, welches Kant das „transzendentale Schema" (A138/B177) nennt. Die schematakonstituierende Handlung ist sodann die transzendentale Synthesis der Einbildungskraft, die sowohl die intellektuellen Bedingungen wie diejenigen der Sinnlichkeit in sich zu vereinigen in der Lage ist.

Die Bestimmung der genauen Vermittlung des sinnlich-anschauungshaften Vorstellens mit dem intellektuellen Denken ist eine Herausforderung für die

Kantinterpretation. Die Gewichtung der verschiedenen Elemente des kognitiven Dualismus spielt dabei eine entscheidende Rolle. So meint beispielsweise Paton „perhaps we should keep open the possibility that [Kant] believed the different forms of synthesis present in judgement to follow, rather than to control, the transcendental synthesis of imagination" (Paton 1936, S. 71) und bringt damit die Frage zum Ausdruck, inwieweit die transzendentale Synthesis der Einbildungskraft die zeitlichen Charaktere der Gegenstände unserer Erfahrung produziert. So können wir die Lesart einer durch die Verstandesfunktionen (Kategorien) ‚kontrollierten' Synthesis der Einbildungskraft wohl so verstehen, dass alle Charaktere der Gegenständlichkeit des uns in der Erfahrung Gegebenen durch die kategoriale Bestimmung gestiftet werden, während wir bei der Interpretation der Kategorien als die Einbildungskraft ‚begleitende' Funktionen eine stärkere Eigenbedeutung des bereits sinnlich gegebenen Mannigfaltigen denken können. Letzteres würde Raum offen lassen, das sinnliche und intellektuelle Vorstellen als heterogen zu erhalten. Kemp Smith beispielsweise hält demgegenüber das Heterogenitätsproblem für ein Scheinproblem („if category and sensuous intuition are really heterogeneous, no subsumption is possible; and if they are not really heterogeneous, no such problem as Kant here refers to will exist", Kemp Smith 1918, S. 334). Denn für ihn ist es die Aufgabe der Einbildungskraft über das transzendentale Schema das gegebene Mannigfaltige der *Materie* durch eine intellektuelle *Form* zu apprehendieren (vgl. Kemp Smith 1918 S. 335). Die Aufnahme des sonst bloss Mannigfaltigen in eine intellektuelle Form gibt sodann der Vorstellung erst seine gehaltvolle Natur. Wenn aber das sinnlich Anschauungshafte bloss Materie ist, der Verstand bloss Form, so sind Sinnlichkeit und Verstand intrinsisch aufeinander verwiesen und haben – hat zumindest die Sinnlichkeit für sich – keine Eigenbedeutung, womit sich auch das Problem der Heterogenität als Scheinproblem herausstellt.

Die Heterogenität von sinnlichem und intellektuellem oder begrifflichem Vorstellen ist aber, wie ich in dieser Abhandlung argumentiert habe, bei Kant viel ausgeprägter, als dies in der Ansicht von Kemp Smith zum Vorschein kommt. Sinnlichkeit und Verstand sind im Sinne gleichursprünglicher Vorstellungsweisen zu verstehen. Sie haben, gemäss derjenigen Ansicht Kants, die ich als *Ursprünglichkeitsthese* des kognitiven Dualismus identifiziert habe, auch eine ihnen je eigene inhaltliche Vorstellungsfunktion, die a priori durch das raumzeitliche Anschauen auf der Seite der Sinnlichkeit und das kategoriale Denken allgemeingültiger Objektivität auf der Seite des Verstandes gegeben ist. Dabei wird in gegenwärtigen (und auch historischen) Interpretationen Kants die Eigenbedeutung der menschlichen Sinnlichkeit oft marginalisiert und in wesentliche Abhängigkeit zur objektiven Bedeutung des Verstandes gesetzt. Dass wir jedoch bei Kant auch eine ausgeprägte These der Eigenbedeutung sinnlichen Vorstellens vorfinden, wird an denjenigen Stellen, an denen Kant Kritik an der sogenannten Leibniz-Wolffschen Tradition übt, besonders deutlich. Eine dieser Stellen finden wir in einem Brief an Marcus Herz vom 26. Mai 1789, in welcher Kant, anhand eines ihm zugesendeten Manuskripts Maimons, des letzteren Ausführungen in die Nähe der ebengenannten rationalistischen Tradition stellt:

> Wenn ich den Sinn derselben richtig gefaßt habe, so gehen sie darauf hinaus, zu beweisen: daß, wenn der Verstand auf sinnliche Anschauung (nicht blos die empirische, sondern auch die a priori) eine gesetzgebende Beziehung haben soll, so müsse er selbst der Urheber, es sey dieser sinnlichen Formen, oder auch sogar der Materie derselben, d. i. der Obiecte, seyn, weil sonst das qvid iuris nicht Gnugthuend beantwortet werden könne, welches aber nach Leibnizisch=Wolfischen Grundsätzen wohl geschehen könne, wenn man ihnen die Meynung beylegt, daß Sinnlichkeit von dem Verstande gar nicht specifisch unterschieden wären, sondern jene als Welterkentnis blos dem Verstande zukomme, nur mit dem Unterschiede des Grades des Bewustseyns, der in der ersteren Vorstellungsart ein Unendlich-Kleines, in der zweyten eine gegebene (endliche) Größe sey und daß die Synthesis a priori nur darum objective Gültigkeit habe, weil der Göttliche Verstand, von dem der unsrige nur ein Theil, oder, nach seinem Ausdrucke, mit dem unsrigen, obzwar nur auf eingeschränkte Art, einerley sey, d.i. selbst Urheber der Formen und der Möglichkeit der Dinge der Welt (an sich selbst) sey. (Br, AAXI, S. 49 f.)

Ähnlich zu verschiedenen Stellen innerhalb der *Kritik der reinen Vernunft*, im Speziellen in der *Transzendentalen Ästhetik* (A42ff./B59ff.) und im *Amphiboliekapitel* (A263ff./B319ff.), weist Kant auch hier der „Leibnizisch=Wolfischen" Tradition ein verfehltes Verständnis des kognitiven Dualismus vor. Der Unterschied zwischen sinnlichem und intellektuellem Vorstellen besteht nämlich nach Kant gerade nicht in einem graduellen Unterschied, z. B. in einem Unterschied davon, wie deutlich gewisse Merkmale eines gegebenen Gegenstandes vorgestellt werden, oder mit wie vielen Graden des intellektuellen Bewusstseins dieses Mannigfaltige begleitet wird. Wir Menschen haben nach Kant nicht einen so gearteten Verstand, der in der Lage wäre, die Materie oder die Form des sinnlichen Vorstellens zu produzieren. So ist unser Verstand *gerade nicht* ein nicht-göttlicher, endlicher Verstand, weil das ihm gegebene Mannigfaltige der Sinnlichkeit als verworren gegeben ist, und er es zwar zu einer gewissen, aber nicht zu einer abschliessenden Deutlichkeit und Klarheit bringen kann. Die intellektuelle Deutlichkeit ist nicht der Garant für den Weltbezug.

Das menschliche Erkenntnisvermögen muss nach Kant vielmehr so geartet sein, dass der Verstand ein endlicher ist, weil er nicht selbst über den unmittelbaren Bezug zum Gegenstand verfügt, weil er kein anschauender Verstand ist. Unser Erkenntnisvermögen ist so beschaffen, dass unser Verstand in etwas *spezifisch* Anderem, also in etwas Heterogenem, die Anschauung suchen muss. Das weltbezogene Vorstellen kommt nicht „blos dem Verstande" zu, es kommt –

wollen wir Kants Ausführungen hier ergänzen – vielmehr der Sinnlichkeit zu, die nicht nur Materie unabhängig vom Einfluss des Verstandes vorstellt, sondern auch über eine apriorische Form verfügt, die nicht durch den Verstand produziert ist, respektive ein dem Verstand heterogenes Formelement ist.

Ich habe in der vorliegenden Arbeit versucht, dieses zum Verstand heterogene formale Element positiver zu bestimmen und ihm eine verstandesautonome Bedeutung zuzugestehen. Im Gegensatz zu anderen Interpretationen (Kemp Smith, Longuenesse etc.) habe ich diese Eigenbedeutung nicht unter das Licht anderer Passagen gestellt, die, wenn überhaupt, dann nur vordergründig, eine stärkere Gewichtung des Verstandes gegenüber der Sinnlichkeit verlangen. Gerade in Bezug auf die Kritik an der Leibniz-Wolffschen Tradition lässt sich bei Kant durchaus ein positiver Sinn der Eigenbedeutung herausheben: Es gibt auch einen Sinn des deutlichen (apriorischen, notwendigen und eigenständigen) Vorstellens im Bereich der menschlichen Sinnlichkeit. Diese These besteht nicht nur darin, dass uns die Sinnlichkeit *autonom* deutliche Unterschiede zur Vorstellung bringt, sondern dass es gewisse raumzeitliche Strukturen gibt, welche *ausschliesslich* durch die Sinnlichkeit deutlich vorgestellt werden können. Wir haben hier also eine Irreduzibilitätsthese eines apriorischen Vorstellens auf der Seite der Sinnlichkeit: Gewisse deutlich vorgestellte Unterschiede und Eigenschaften der Gegenstände unserer menschlichen Sinnlichkeit lassen sich begrifflich nicht in hinreichender Deutlichkeit fassen, jedoch durch die Sinnlichkeit hinreichend deutlich vorstellen.

Des Weiteren ergänzt Kant diese These des deutlichen sinnlichen Vorstellens mit einer verstandesseitigen Autonomiethese. Diese lässt sich ebenfalls an dem genannten Brief an Herz aufzeigen:

> Die Theorie des Hrn. Maymon ist im Grunde: die Behauptung eines Verstandes (und zwar des menschlichen) nicht blos als eines Vermögens zu denken, [...] sondern eigentlich als eines Vermögens anzuschauen, bey dem das Denken nur eine Art sey, das Mannigfaltige der Anschauung (welches unserer Schranken wegen nur dunkel ist) in ein klares Bewustseyn zu bringen: dagegen ich den Begrif von einem Obiecte überhaupt (der im klärsten Bewustseyn unserer Anschauung gar nicht angetroffen wird) dem Verstande, als einem besonderen Vermögen, zuschreibe, nämlich die synthetische Einheit der Apperception, durch welche allein das Mannigfaltige der Anschauung (deren jedes ich mir besonders immerhin bewust seyn mag) in ein vereinigtes Bewustseyn, zur Vorstellung eines Obiects überhaupt [...], zu bringen. (Br, AAXI, S. 50)

Der menschliche Verstand zeichnet sich im kantischen kognitiven Dualismus dadurch aus, dass er gegenüber der menschlichen Sinnlichkeit gerade ein *besonderes* (d.h. ein heterogenes, autonomes) Vermögen ist, das nicht von sich aus bereits mit dem Anschauungshaften in Verbindung steht. Er ist weder ein Vermögen der Anschauung selbst noch ein Vermögen, das Anschauungshafte zu einer klaren und deutlichen Vorstellung zu machen. Das Verstandesartige wird von sich aus in unserer Anschauung nicht angetroffen, weil das menschliche Anschauungsvermögen ihm wesentlich heterogen ist. Dem Verstand kommt von sich aus die Funktion zu, Objektivität im Sinne der synthetischen oder objektiven Einheit der Apperzeption zu denken, die Einheit des Bewusstseins und damit die Allgemeingültigkeit des gedachten Zusammenhangs zu stiften. Ich habe in der vorliegenden Untersuchung hervorgehoben, wie diese Funktion des Verstandesvermögens spezifisch innerhalb des ersten Schritts der B Deduktion besprochen wird, und zwar in Unabhängigkeit des, einem solchen Verstandesvermögen zugegebenen, Vermögens des sinnlichen Anschauens. Insofern der Verstand nämlich diese seine Funktion ausübt, ohne eine ausdrückliche Beziehung zur Art und Weise der Beschaffenheit menschlichen Anschauens zu haben, kann sich der Gebrauch der Kategorien dabei auch als ein transzendentaler, d. h. als ein ungerechtfertigt-amplifizierter, herausstellen (vgl. A146 f./B186).

Sinnlichkeit und Verstand haben also beide eine ihnen je eigene Weise des Vorstellens. So wird weder die intellektuelle Weise des Vorstellens in der Sinnlichkeit bereits angetroffen, noch abstrahiert der Verstand einfach seine Begriffe von sinnlichen Bildern oder sinnlich assoziierten Eindrücken. Sondern unser Verstand muss die Verbindung immer jeweils selbst leisten, durch die er sowohl die Form des begrifflichen Denkens, das sich mit den Gegenständen der Sinnlichkeit auseinandersetzt, wie auch den regelhaften oder gesetzlichen Zusammenhang stiftet, durch den er Gegenständlichkeit (intellektuelle Objektivität) im Mannigfaltigen der gegebenen Vorstellung konstituiert. Ebenso hat das sinnliche Vorstellen für das menschliche Gemüt eine Eigenbedeutung. Es hat eine Individualitätsfunktion (stellt Gegenstände in ihrer Singularität unmittelbar vor), stellt Inhalte, d. h. Merkmale und Unterschiede dieser Gegenstände, deutlich vor, die durch begriffliche Leistungen wesentlich unterbestimmt sind, und formt somit einen ganz bestimmten (sinnlichen) Sinn von Bestimmtheit und Objektivität. Sinnlichkeit und Verstand sind nun genau in diesem Sinne gleichursprüngliche (heterogene), inhaltliche Vorstellungsfähigkeiten.

Während die ursprüngliche, inhaltliche Erkenntnisfunktion des menschlichen Intellekts in gegenwärtigen (und früheren) Kantinterpretationen nicht infrage gestellt wird, ist jedoch die Lesart weit verbreitet, dass es sich bei der sinnlichen Vorstellungsfähigkeit um eine solche handelt, welche, autonom vom Verstand, keine inhaltliche Funktion erfüllt. Die hier vorgelegte Arbeit stellt den Versuch dar, dieser Tendenz entgegenzuwirken. Durch die Darlegung der gegenwärtig in der Kantforschung geführten (Non-)Konzeptualismus Diskussion, die an eine gegenwärtig in der systematischen Philosophie des Geistes, der Erkenntnis und der Wahrnehmung geführte Debatte über die Art und Weise des Weltbezugs unserer perzeptiven Vorstellungen, nämlich ob diese auch ohne die begriffliche Beschreibbarkeit ihrer Inhalte einen weltbezogenen Sinn haben können, anknüpft, habe ich die von mir vertretene Interpretation Kants als eine nonkonzeptualistische ausgewiesen.

Eine solche Lesart lässt sich nicht nur am Heterogenitätsproblem des transzendentalen Schematismus, dessen Analyse den systematischen Fluchtpunkt der vorliegenden Untersuchung darstellt, sondern in verschiedenen Etappen der *Kritik der reinen Vernunft* aufzeigen, in denen das Verhältnis und der Unterschied zwischen sinnlichem und intellektuellem Vorstellen zum Thema wird. Herauszustellen, dass es ein isolierbares deutliches Fassen eines spezifisch sinnlichen Sinns unserer Repräsentationen gibt, ist nämlich bereits in der *Transzendentalen Ästhetik* Ziel der Erörterungen Kants. So beinhalten die Raum- und Zeitargumente eine Ursprungsklärung der uns gegebenen Begriffe von Raum und Zeit. Diese Ursprungsklärung wird auf eine Weise durchgeführt, die Anforderungen an die Einbildungskraft und das spezifisch sinnliche Vorstellen stellt. Vermittelst dieser Methode wird schliesslich aufgezeigt, dass sowohl Raum wie Zeit einen nichtbegrifflichen Sinn von Einzigkeit, von Unbegrenztheit und von einem zugrundeliegenden allumfassenden Ganzen des Raumes wie der Zeit als Voraussetzung ihrer Teile aufweisen. Wird damit die anschauungshafte Natur des Raumes und der Zeit deutlich vorgestellt, so ist das deutliche Vorstellen der genannten Charaktere, die über die Beschreibung durch Begriffe immer jeweils unterbestimmt bleiben, unseren nichtbegrifflichen Fähigkeiten zuzuschreiben. Schliesslich weist gerade diese Ursprungsklärung – welche aufzeigt, dass es sich beim apriorischen sinnlichen Vorstellen gerade nicht um ein begriffliches oder intellektuelles Vorstellen handelt und dass jenes einem vom Verstand ursprünglich unterschiedenen Vermögen beigelegt werden muss – die transzendentale Idealität von Raum und Zeit auf. Wenn die Gegenstände unserer Anschauung der Form von Raum und Zeit unterliegen, welche Aspekte enthält, die sich wesentlich nicht durch den Verstand durchschauen lassen, so werden diese Gegenstände nicht so gegeben, wie sie als an sich selbst seiend durch einen reinen Intellekt gedacht werden (vgl. den oben zitierten Brief an Herz, Br, AAXI, S. 49f.).

Ich habe des Weiteren dafür argumentiert, dass diese, in der *Transzendentalen Ästhetik* aufgewiesene, Eigenbedeutung der Sinnlichkeit auch in der *Transzendentalen Deduktion* – im Speziellen im zweiten Schritt der B Deduktion – eine gewichtige Rolle spielt. Wenn nämlich der innere Sinn als Fähigkeit des Anschauens verstanden wird, die von sich aus über jenen anschauungshaften, umfassenden und nichtbegrifflichen Rahmen verfügt, so wird sich dies auch auf das Verständnis der Handlung des Bestimmens des inneren Sinnes durch Verstandesoperationen, d.h. der Selbstaffektion respektive der transzendentalen Synthesis der Einbildungskraft, auswirken.

Innerhalb des ersten Schritts der B Deduktion wird der Verstand als ein Vermögen erörtert, das als transzendentale Apperzeption die synthetische und objektive Einheit des Mannigfaltigen einer gegebenen (sinnlichen) Anschauung überhaupt stiftet. Der Verstand stiftet demnach also einen gewissen Sinn von Objektivität, der einzig durch die Art und Weise der Beschaffenheit und der Verrichtungen unseres endlichen Verstandes zustande kommt. Dieser Verstand erreicht mit seinen objektivitätskonstituierenden Funktionen in Abstraktion der menschlichen Sinnlichkeit jedoch keine objektive *Realität*. Er muss zuerst auf eine ganz bestimmte Weise restringiert werden, woraus sich die Notwendigkeit eines zweiten Schritts der B Deduktion ergibt. Die Gegebenheitsvoraussetzung des dem Verstand aufgegebenen Mannigfaltigen muss nämlich erfüllt sein. Diese Voraussetzung aber übernimmt im menschlichen Gemüt die Sinnlichkeit, welche nach Kant ein dem Verstand zunächst heterogenes Vermögen ist. Die intellektuellen Funktionen *realisieren* sich daher erst durch den Akt der Selbstaffektion, durch den der Verstand seine Handlungen in den umfassenden und anschauungshaften Rahmen der menschlichen Sinnlichkeit stellt. Um nun die Realisierung und Restringierung dieser Verstandeshandlungen ausdrücklich und a priori fassen zu können, muss unsere menschliche Sinnlichkeit – wie ich argumentiert habe – eine eigene Art und Weise der Beschaffenheit mit sich bringen, welche als unterscheidendes Element zwischen einem gerechtfertigten und einem amplifizierten Verstandesgebrauch dienen kann, denn diese Unterscheidung liegt nicht in der Natur des menschlichen Verstandes selbst. Die Sinnlichkeit muss daher eine ihr eigene Vorstellungsweise mit sich bringen. Diese besteht in der bereits erwähnten Eigenbedeutung sinnlichen Vorstellens: Wir verfügen über eine sinnliche Funktion des individuellen Vorstellens und der Einordnung eines unmittelbar gegebenen Gegenstandes in einen anschauungshaft vorgegebenen, allumfassenden, raumzeitlichen Vorstellungsrahmen. Ich habe schliesslich diesen sinnlichen Vorstellungsrahmen als einen eigenen Sinn von Objektivität bezeichnet und ihn damit vom oben erwähnten intellektuellen Objektivitätssinn getrennt.

Die Aufgabe des zweiten Schritts der B Deduktion kann daher als darin liegend identifiziert werden, dass die Vermittlung dieser zwei Bedeutungen zu leisten ist, so dass zwischen einem objektiv-realen, empirischen Gebrauch der Kategorien, dessen Produkte beide Objektivitätssinne beinhalten, und einem bloss transzendentalen (leeren) Gebrauch, dessen Produkte ausschliesslich den intellektuellen Objektivitätssinn beinhalten, unterschieden werden kann.[1] Da jedoch

---

[1] Eine weitere Folge dieses Szenarios ist die Interpretation der formalen Anschauung. In der formalen Anschauung müssen wir Raum und Zeit, insofern sie darin Thema sind, von ihrem repräsentativen Gehalt unterscheiden. Die Konstitution der Einheit des Themas, durch die wir Raum und Zeit als Gegenstand begreifen, vollzieht sich innerhalb eines nichtbegrifflichen Rah-

für Gegenstände, welche innerhalb eines sinnlichen Rahmens vorgestellt werden, die These des transzendentalen Idealismus gilt, so müssen schliesslich auch die, auf den sinnlichen Objektivitätssinn restringierten, Produkte des intellektuellen Vermögens der These des transzendentalen Idealismus unterliegen. Unsere kategorialen Bestimmungen haben daher nach Kant nur gerechtfertigte Bedeutung für Erscheinungen, nicht aber für Dinge an sich selbst.[2]

Die Vereinigung beider Objektivitätssinne durch die transzendentale Einbildungskraft ist nun auch im Schematismuskapitel weiter Thema der Erläuterungen Kants. Der Übergang von der *Analytik der Begriffe* zum Schematismuskapitel innerhalb einer transzendentalen Doktrin der Urteilskraft besteht in der Einführung der spezifischen Funktion der transzendentalen Urteilskraft. Ihre Aufgabe ist es, das ontologisch Adäquate zu spezifizieren und vom Inadäquaten zu trennen. D. h. sie muss in der Lage sein, explizit die Fälle gerechtfertigter Anwendung der Kategorien von jenen einer nicht-gerechtfertigten zu unterscheiden. Dieser Standpunktwechsel wirkt sich als – wie ich es benannt habe – ontologische Perspektive auf den Schematismus der Verstandesbegriffe aus. Die Schemata der Kategorien, insofern sie der Funktion der transzendentalen Urteilskraft zuarbeiten, müssen ihr hinreichende Kennzeichen für die Identifizierung eines gerechtfertigten Falls der Kategorienanwendung liefern. Die transzendentalen Schemata müssen daher explizit die zwei heterogenen Objektivitätssinne miteinander vermitteln: Sie müssen jeweils die kategoriale Regel enthalten, aber auch den auf den Intellekt nicht-reduziblen sinnlichen Charakter zur Vorstellung bringen können. Erst dadurch, dass letzteres geleistet wird, ist das transzendentale Schema schliesslich Garant für die in der ontologischen Perspektive zum Ausdruck kommenden Anforderung. Indem das Schema nun die anschauungshafte Vorstellungsweise a priori miteinbezieht, muss es in einer nichtbegrifflichen Vorstellungsfähigkeit verwurzelt sein. Es bleibt somit auch im Schematismus eine wesentliche Eigenbedeutung der Sinnlichkeit erhalten, ohne welche sich die systematische Funktion dieses Kapitels in der *Kritik der reinen Vernunft* nicht aufzeigen lässt.

Der Kontrast meiner Interpretation, beispielsweise des Schematismus und der in ihm enthaltenen Theorie der transzendentalen Zeitbestimmung, mit Interpretationen, welche für das Verständnis des kantischen kognitiven Dualismus einen

---

mens, der in diesem Kontext „Form der Anschauung" genannt werden kann, und der in der formalen Anschauung des Raumes und der Zeit immer mitvorgestellt wird.

2 Dies gilt schliesslich auch für die Selbsterkenntnis, welche Kant daselbst im zweiten Schritt der B Deduktion erörtert (§§24 – 25), denn das reflexive thematisieren unserer eigenen Denkleistungen kann nur stattfinden, indem ebendiese Denkleistungen in den sinnlichen Rahmen des inneren Sinns gestellt werden (Selbstaffektion), womit sie jedoch nicht als das vorgestellt werden können, was sie an sich selbst sind.

anderen Schwerpunkt legen, lässt sich daran aufzeigen, wie der Ausgangspunkt und die Lösung des Heterogenitätsproblems durch das zwischen Sinnlichkeit und Verstand vermittelnde transzendentale Schema verstanden wird. Mario Caimi beschreibt ebendiesen Ausgangspunkt und den dazugehörigen Lösungsansatz wie folgt: „Die Heterogenität zwischen empirischem Gegenstand und Begriff wäre überwunden, wenn wir über dieses Dritte, das Schema, verfügten, das einerseits mit dem Begriff, andererseits mit dem Gegenstand gleichartig ist" (Caimi 2015, S. 203). Betrachten wir Caimis Beschreibung des infrage stehenden Szenarios genau, so hält er das Heterogenitätsproblem für überwunden, weil durch das Schema die *Heterogenität selbst* überwunden wird. Dies ist allerdings nicht Kants Wortlaut. Dieser ist vielmehr, dass die intellektuelle und sinnliche Vorstellungsweise ungleichartig *sind* und deshalb ja auch einer *Vermittlung* bedürfen. Akzeptieren wir Kants Lehre des transzendentalen Schemas als Drittes zwischen intellektueller und sinnlicher Vorstellungsweise, so wird dadurch nicht die intellektuelle Vorstellungsweise zur sinnlichen gleichartig, sondern es ist vielmehr der Fall, dass durch das Dritte deren Beziehung aufeinander ermöglicht wird. Das Heterogenitäts*problem* wird somit überwunden, aber nicht die *Heterogenität*. In der Lehre des transzendentalen Schematismus ändert Kant nichts an der These der Eigenständigkeit sinnlichen Vorstellens.

Obschon nun eine gründliche Analyse des Heterogenitätsproblems innerhalb der *Kritik der reinen Vernunft* das Ziel der vorliegenden Untersuchung ist, konnten einige Themen und Sachprobleme, welche im Umfeld des Heterogenitätsproblems und der Schematismuslehre liegen, nicht oder nur sehr knapp diskutiert werden. Sollen die Interpretationsprobleme der transzendentalen Schematismuslehre ausführlich dargelegt werden, so muss auch die mannigfaltige Verstandesseite auf die verschiedenen Ebenen der Synthesisleistung hin untersucht werden. Die Schemata gehen, nach Kant, gemäss den Kategorientitel auf die „Zeitreihe, den Zeitinhalt, die Zeitordnung, endlich den Zeitinbegriff in Ansehung aller möglichen Gegenstände" (A145/B184 f.). Hier müssen sich verschiedene Hinsichten auf die gedachte Zeitlichkeit der Gegenstände unserer Erfahrung unterscheiden lassen. Eine solche Unterscheidung kann jedoch nur vermittelst einer eingehenden Analyse des jeweiligen Grundsatzes ausgeführt werden. Dies stellt aber ein Unternehmen dar, das Rahmen und Fokus dieser Arbeit gesprengt hätte. Ebensowenig habe ich die Verbindung der einzelnen transzendentalen Schemata mit ihrem jeweiligen Grundsatz ausgeführt. Hier wäre zu überprüfen, inwiefern die Grundsätze des Verstandes, „welche aus reinen Verstandesbegriffen unter diesen Bedingungen a priori [den Schemata, MB] herfliessen" (A136/B175), sich wirklich direkt aus der Verbindung der jeweiligen Kategorie mit seinem Schema ergeben.

Ebenso hätte ein historisch weiterführender Ausblick des Heterogenitätsthemas von Sinnlichkeit und Verstand den Rahmen der vorliegenden Abhandlung gesprengt. Eine solche Analyse wäre sicherlich in Bezug auf weitere, an Kant anknüpfende, Philosophien des deutschen Idealismus fruchtbar und erhellend durchzuführen. So hat bereits der oben zitierte Brief an Marcus Herz aufgezeigt, dass Kant seine eigene kognitiv dualistische Lehre nicht nur für ein Unterscheidungsmerkmal gegenüber den Vorgängerkonzeptionen der rationalistischen Tradition der deutschen Schulphilosophie hält, sondern auch, dass Kant Maimon ein verfehltes Verständnis der Beziehung von Sinnlichkeit und Verstand vorwirft, insofern dieser nämlich Sinnlichkeit und Verstand nicht ausdrücklich als ursprünglich heterogene Vermögen der menschlichen Erkenntnis versteht, und das eine Vermögen, der Verstand, eine deutlich wichtigere Aufgabe in der Erreichung wirklicher Erkenntnis zugewiesen bekommt.

Die kantische Lehre der Heterogenität von Sinnlichkeit und Verstand bietet neben historischen Verbindungen auch Anknüpfungspunkte an die Gegenwartsphilosophie. Dabei geht es aber nicht nur um die Frage nach einer Eigenbedeutung des perzeptiven Vorstellens, welche in der (Non-)Konzeptualismus Debatte zum Tragen kommt, sondern auch um den umfassenderen Rahmen der infrage stehenden These der Heterogenität von sinnlich perzeptivem und begrifflich rationalem Vorstellen. Beispielsweise hat gemäss Matthew Boyle folgende Frage eine durchaus systematische Bedeutung, wollen wir die Verfasstheit des menschlichen Gemüts verstehen:

> [T]he question [is] whether our capacity for rational reflection merely *adds* a further power to the capacities for perception-induced belief formation and desire-driven action that we share with other animals or rather *transforms* the latter powers in a way that makes our perceptual and desiderative capacities essentially different from those of nonrational animals. (Boyle 2016, S. 2)

Auch in der gegenwärtigen Diskussion besteht daher eine Dringlichkeit, das Problem der Differenz und der Beziehung sinnlicher und rationaler mentaler Zustände und Fähigkeiten zu klären. Dabei darf eine kantische Position sicherlich nicht mit einer empiristisch naturalistischen Position gleichgesetzt werden, welche unser Denken oder unsere Rationalität aus den Prozessen der Sinnlichkeit zu erklären sucht, denn bezüglich unserer rationalen Fähigkeit besteht bei Kant ebenso eine Irreduzibilität wie bezüglich unserer sinnlichen Fähigkeiten. Ob wir allerdings, in einer kantischen Position, die Zusammenarbeit von Sinnlichkeit und Verstand so verstehen müssen, dass unser begriffliches Vermögen unser sinnliches Vermögen wesentlich transformiert, wäre einer genaueren Untersuchung bedürftig. Eine kantische Position bezüglich der Differenz und Beziehung sinnlicher und rationaler mentaler Zustände und Fähigkeiten könnte die These der Transformation nur bis zu einem gewissen Grade vollziehen, nämlich nur so weit, wie sich die Eigenbedeutung der Sinnlichkeit immer noch ausweisen lässt, um nicht in die Fahrwasser der rationalistischen Tradition zu gelangen. Diese eben aufgeführten Fragen ausführlicher zu untersuchen und eine kantische Position herauszuarbeiten, die sich den kritischen Einwänden der Gegenwartsphilosophie stellen kann – und gegebenenfalls die gegenwärtige Diskussion bereichern könnte –, konnte nicht in den Rahmen der hier vorgelegten Untersuchung fallen, die hauptsächlich der kantischen Philosophie – und gar der *Kritik der reinen Vernunft* – immanent bleibt, sondern müsste Aufgabe eines neuen Forschungsprojekts sein.

Siglenverzeichnis

AA	Immanuel Kant (1900 ff.). *Gesammelte Werke, Hrsg.v. der (Königlich) Preußischen (später Deutschen) Akademie der Wissenschaften.* Bd. Iff.
Anth	Anthropologie in pragmatischer Hinsicht. AA VII.
Br	Briefe. AA X–XIII.
DfS	Die falsche Spitzfindigkeit der vier syllogistischen Figuren erwiesen. AA II.
EEKU	Erste Einleitung in die Kritik der Urteilskraft. AA XX.
GUGR	Von dem ersten Grunde des Unterschiedes der Gegenden im Raume. AA II.
HN	Handschriftlicher Nachlass. AA XIV–XXIII.
KpV	Kritik der praktischen Vernunft. AA V.
KU	Kritik der Urteilskraft. AA V.
Log	Logik (Jäsche Logik). AA IX.
MAN	Metaphysische Anfangsgründe der Naturwissenschaften. AA IV.
MSI	De mundi sensibilis atque intelligibilis forma et principiis. AA II.
PND	Principiorum primorum cognitionis metaphysicae nova dilucidatio. AA I.
Prol	Prolegomena zu einer jeden künftigen Metaphysik, die als Wissenschaft wird auftreten können. AA IV.
Refl	Reflexionen. AA XIV–XIX.
RGV	Die Religion innerhalb der Grenzen der bloßen Vernunft. AA VI.
UD	Untersuchung über die Deutlichkeit der Grundsätze der natürlichen Theologie und der Moral. AA II.
V-Lo/Pölitz	Logik Pölitz. AA XXIV.
WDO	Was heißt sich im Denken orientiren? AA VIII.

Bibliographie

Allais, Lucy (2009). „Kant, Non-conceptual Content and the Representation of Space". In: *Journal of the History of Philosophy* 47.3, S. 383–413.

Allison, Henry E. (1981). „Transcendental Schematism and the Problem of the Synthetic a priori". In: *Dialectica* 35.1, S. 57–83.

Allison, Henry E. (2004). *Kant's Transcendental Idealism*. New Haven und London: Yale University Press.

Baum, Manfred (1986). *Deduktion und Beweis in Kants Transzendentalphilosophie: Untersuchungen zur Kritik der reinen Vernunft*. Königstein: Hain Verlag bei Athenäum.

Baumgarten, Alexander Gottlieb (1779). *Metaphysica*. Halle.

Bermúdez, José Luis und Arnon Cahen (2012). „Nonconceptual Mental Content". In: *The Stanford Encyclopedia of Philosophy*. Hrsg. von Edward N. Zalta. URL: http://plato.stanford.edu/archives/spr2012/entries/content-nonconceptual/.

Birrer, Mathias (2016). „Der Begriff des reinen Bildes bei Kant. Zum Übergang von den Deduktionen zum Schematismuskapitel". In: *Ausgehend von Kant. Wegmarken der klassischen deutschen Philosophie*. Hrsg. von Violetta L. Waibel et al. Würzburg: Ergon-Verlag, S. 39–54.

Blomme, Henny (2012). „The Completeness of Kant's Metaphysical Exposition of Space". In: *Kant-Studien* 103.2, S. 139–162.

Blomme, Henny (2013). „Können wir den ursprünglichen Raum erkennen?" In: *Das Leben der Vernunft. Beiträge zur Philosophie Kants*. Hrsg. von Dieter Hüning et al. Berlin und New York: De Gruyter, S. 30–39.

Boyle, Matthew (2016). „Additive Theories of Rationality: A Critique". In: *European Journal of Philosophy* 23.4, S. 1–29.

Brandt, Reinhard (1998). „Transzendentale Ästhetik, §§ 1–3". In: *Immanuel Kant: Kritik der reinen Vernunft*. Hrsg. von G. Mohr und M. Willaschek. Berlin: Akademie Verlag, S. 81–106.

Brittan Jr., Gordon (2001). „Transcendental Idealism, Empirical Realism, and the Completeness Principle". In: *Kant und die Berliner Aufklärung. Akten des IX. Internationalen Kant-Kongresses*. Bd. 2, S. 541–548.

Burge, Tyler (2003). „Perceptual Entitlement". In: *Philosophy and Phenomenological Research* 67.3, S. 503–548.

Caimi, Mario (2006). „Der Teller, die Rundung, das Schema". In: *Metaphysik als Wissenschaft*. Hrsg. von Dirk Fonfara. Freiburg und München: Verlag K. Alber, S. 211–220.

Caimi, Mario (2012). „The Logical Structure of Time according to the Chapter on the Schematism". In: *Kant-Studien* 103.4, S. 415–428.

Caimi, Mario (2015). „Der Schematismus der Reinen Verstandesbegriffe". In: *Kants Theorie der Erfahrung*. Hrsg. von Rainer Enskat. Berlin und New York: De Gruyter, S. 201–238.

Cassirer, Ernst (1910). *Das Erkenntnisproblem in der Philosophie und Wissenschaft der neueren Zeit*. Bd. 2. Berlin: Verlag B. Cassirer.

Chenet, François-Xavier (1994). *L'assise de l'ontologie critique: l'esthétique transcendantale*. Lille: Presses Universitaires de Lille.

Chipman, Lauchlan (1972). „Kant's Categories and their Schematism". In: *Kant-Studien* 63, S. 36–50.

Cohen, Hermann (1885). *Kants Theorie der Erfahrung*. 2. Aufl. Berlin: Ferd. Dümmlers Verlag.

Crowther, Thomas (2006). „Two Conceptions of Conceptualism and Nonconceptualism". In: *Erkenntnis* 65, S. 245–276.
Curtius, Ernst R. (1914). „Das Schematismuskapitel in der Kritik der reinen Vernunft." In: *Kant-Studien* 19, S. 338–366.
Dahlstrom, Daniel O. (1984). „Transzendentale Schemata, Kategorien und Erkenntnisarten". In: *Kant-Studien* 75, S. 38–54.
Detel, Wolfgang (1978). „Zur Funktion des Schematismuskapitels in Kants Kritik der reinen Vernunft". In: *Kant-Studien* 69, S. 17–45.
Dirschauer, Stéphane (2004). „La théorie kantienne de l'auto-affection". In: *Kant-Studien* 95.1, S. 53–85.
Düsing, Klaus (1980). „Objektive und subjektive Zeit." In: *Kant-Studien* 71, S. 1–34.
Düsing, Klaus (1992). „Selbstbewußtseinsmodelle. Apperzeption und Zeitbewusstsein in Heideggers Auseinandersetzung mit Kant". In: *Zeiterfahrung und Personalität*. Hrsg. von Forum für Philosophie Bad Homburg. Frankfurt a.M.: Suhrkamp, S. 89–122.
Düsing, Klaus (1995). „Schema und Einbildungskraft in Kants *Kritik der reinen Vernunft*". In: *Aufklärung und Skepsis. Festschrift für G. Gawlick*. Hrsg. von L. Kreimendahl. Stuttgart-Bad Cannstatt: Frommann-Holzboog, S. 46–71.
Engelhard, Kristina (2005). *Das Einfache und die Materie: Untersuchungen zu Kants Antinomie der Teilung*. Berlin und New York: De Gruyter.
Evans, Gareth (1982). *The Varieties of Reference*. Oxford: Clarendon Press.
Falkenstein, Lorne (2004). *Kant's Intuitionism. A Commentary on the Transcendental Aesthetic*. Toronto: University of Toronto Press.
Ferrarin, Alfredo (2006). „Lived Space, Geometric Space in Kant". In: *Studi Kantiani* 19, S. 11–30.
Ferrarin, Alfredo (2015). *The Powers of Pure Reason. Kant and the Idea of Cosmic Philosophy*. Chicago und London: The University of Chicago Press.
Fichte, Johann Gottlieb (1971). „Grundriss des Eigenthümlichen der Wissenschaftslehre (1795)". In: *Sämmtliche Werke*. Hrsg. von Immanuel Hermann Fichte. Bd. 1. Berlin: De Gruyter.
Gardner, Sebastian (1999). *Routledge Philosophy Guidebook to Kant and the Critique of Pure Reason*. London: Routledge.
Ginsborg, Hannah (2008). „Was Kant a Nonconceptualist?" In: *Philosophical Studies* 137.1, S. 65–77.
Golob, Sacha (2014). *Heidegger on Concepts, Freedom and Normativity*. Cambridge: Cambridge University Press.
Gomes, Anil (2014). „Kant on Perception: Naive Realism, Non-Conceptualism, and the B-Deduction". In: *Philosophical Quarterly* 64.254, S. 1–19.
Grüne, Stefanie (2009). *Blinde Anschauung: die Rolle von Begriffen in Kants Theorie sinnlicher Synthesis*. Frankfurt a. M.: Vittorio Klostermann.
Grüne, Stefanie (2014). „Précis of ‚Blinde Anschauung'". http://virtualcritique.wordpress.com/2014/08/19/precis-of- blinde-anschauung-2/, besucht am 09.12.2014.
Gunther, York H. (Hrsg.) (2003). *Essays on Nonconceptual Content*. Cambridge, MA: MIT Press.
Hanna, Robert (2005). „Kant and Nonconceptual Content". In: *European Journal of Philosophy* 13.2, S. 247–290.

Hanna, Robert (2008). „Kantian Non-conceptualism". In: *Philosophical Studies* 137.1, S. 41–64.
Hanna, Robert (2011a). „Beyond the Myth of the Myth: A Kantian Theory of Non-conceptual Content". In: *International Journal of Philosophical Studies* 19.3, S. 323–398.
Hanna, Robert (2011b). „Kant's Non-Conceptualism, Rogue Objects, and The Gap in the B Deduction". In: *International Journal of Philosophical Studies* 19.3, S. 399–415.
Hanna, Robert (2014). „Kant's Theory of Judgment". In: *The Stanford Encyclopedia of Philosophy*. Hrsg. von Edward N. Zalta. http://plato.stanford.edu/archives/sum2014/entries/kant-judgment/.
Hanna, Robert (2015). *Cognition, Content, and the A Priori. A Study in the Philosophy of Mind and Knowledge*. Oxford: Oxford University Press.
Heck, Richard G. (2000). „Nonconceptual Content and the ‚Space of Reasons'". In: *Philosophical Review* 109.4, S. 483–523.
Heck, Richard G. (2007). „Are There different Kinds of Content?" In: *Contemporary Debates in Philosophy of Mind*. Hrsg. von Jonathan Cohen und Brian McLaughlin. Malden, MA: Blackwell Publishing, S. 117–138.
Heidegger, Martin (1967). *Sein und Zeit*. Tübingen: Max Niemeier Verlag.
Heidegger, Martin (1984). *Die Frage nach dem Ding*. Frankfurt a. M.: Vittorio Klostermann.
Heidegger, Martin (1991). *Kant und das Problem der Metaphysik*. Frankfurt a. M.: Vittorio Klostermann.
Heidegger, Martin und Ernst Cassirer (1991). „Davoser Disputation zwischen Ernst Cassirer und Martin Heidegger". In: *Kant und das Problem der Metaphysik*. Frankfurt a. M.: Vittorio Klostermann, S. 273–296.
Heidemann, Dietmar (1998). *Kant und das Problem des metaphysischen Idealismus*. Berlin und New York: De Gruyter.
Heidemann, Dietmar (2001). „Innerer und äußerer Sinn. Kants Konstitutionstheorie empirischen Selbstbewusstseins". In: *Kant und die Berliner Aufklärung. Akten des IX. Internationalen Kant-Kongresses*, S. 305–313.
Heidemann, Dietmar (2004). „Vom Empfinden zum Begreifen. Kant im Kontext der gegenwärtigen Erkenntnistheorie". In: *Warum Kant heute? Systematische Bedeutung und Rezeption seiner Philosophie in der Gegenwart*. Hrsg. von Dietmar Heidemann und Kristina Engelhard. Berlin und New York: De Gruyter.
Heidemann, Dietmar (2011). „Introduction: Kant and Nonconceptual Content–Preliminary Remarks". In: *International Journal of Philosophical Studies* 19.3, S. 319–322.
Heidemann, Dietmar (2013a). „Introduction: Kant and Non-conceptual Content: The Origin of the Problem". In: *Kant and Non-Conceptual Content*. Hrsg. von Dietmar Heidemann. Abingdon: Routledge.
Heidemann, Dietmar (Hrsg.) (2013b). Kant and Non-Conceptual Content. Abingdon: Routledge.
Heidemann, Dietmar (2016). „Kant's Aesthetic Nonconceptualism". In: *Kantian Nonconceptualism*. Hrsg. von Dennis Schulting. London und New York: Palgrave Macmillan, S. 117–144.
Heidemann, Dietmar (Im Erscheinen). „Kants Vermögensmetaphysik". In: *Kritische und Vorkritische Metaphysik? Zur ‚konsequenten Denkungsart' in der theoretischen und praktischen Philosophie Kants*. Hamburg: Meiner.
Henrich, Dieter (1969). „The proof-structure of Kant's Transcendental Deduction". In: *The Review of Metaphysics* 22.4, S. 640–659.

Henrich, Dieter (1989). „Kant's Notion of a Deduction and the Methodological Background of the First Critique". In: *Kant's Transcendental Deductions*. Hrsg. von Eckart Förster. Stanford: Stanford University Press, S. 29–46.
Hopp, Walter (2011). *Perception and Knowledge: A Phenomenological Account*. Cambridge: Cambridge University Press.
Kant, Immanuel (1900ff.). *Gesammelte Werke*, hrsg. von der (Königlich) Preußischen (später Deutschen) Akademie der Wissenschaften Bd. Iff.
Kant, Immanuel (1977). „De mundi sensibilis atque intelligibilis forma et principiis". In: *Werke in zwölf Bänden. Werkausgabe V*. Frankfurt a. M.: Suhrkamp, S. 12–112.
Kemp Smith, Norman (1918). *A Commentary to Kant's „Critique of Pure Reason"*. London: MacMillan.
Kitcher, Patricia (2011). *Kant's Thinker*. Oxford: Oxford University Press.
Klemme, Heiner (1996). *Kants Philosophie des Subjekts. Systematische und entwicklungsgeschichtliche Untersuchungen zum Verhältnis von Selbstbewusstsein und Selbsterkenntnis*. Hamburg: Meiner.
La Rocca, Claudio (1989). „Schematismus und Anwendung". In: *Kant-Studien* 80, S. 129–154.
Larenz, Karl (1992). *Methodenlehre der Rechtswissenschaft*. Berlin und Heidelberg: Springer.
Laurier, Daniel (2004). „Nonconceptual Contents vs. Nonconceptual States". In: *Grazer Philosophische Studien* 68, S. 23–43.
Locke, John (1980). *An Essay Concerning Human Understanding*. Hrsg. von A.D. Woozley. Glasgow.
Lohmar, Dieter (1991). „Kants Schemata als Anwendungsbedingungen von Kategorien auf Anschauungen". In: *Zeitschrift für philosophische Forschung* 45.1, S. 77–92.
Longuenesse, Béatrice (1998). *Kant and the Capacity to Judge*. Princeton: Princeton University Press.
Longuenesse, Béatrice (2005). *Kant on the Human Standpoint*. Cambridge: Cambridge University Press.
Longuenesse, Béatrice (2008). „Cassam and Kant on ‚How Possible' Questions and Categorial Thinking". In: *Philosophy and Phenomenological Research* 77.2, S. 510–517.
Martin, Gottfried (1969). *Immanuel Kant. Ontologie und Wissenschaftstheorie*. Berlin und New York: De Gruyter.
McDowell, John (1996). *Mind and World*. Harvard: Harvard University Press.
McLear, Colin (2014). „The Kantian (Non)Conceptualism Debate". In: *Philosophy Compass* 9.11, S. 769–790.
McLear, Colin (2015). „Two Kinds of Unity in the Critique of Pure Reason". In: *Journal of the History of Philosophy* 53.1, S. 79–110.
Michel, Karin (2003). *Untersuchungen zur Zeitkonzeption in Kants Kritik der reinen Vernunft*. Berlin und New York: De Gruyter.
Mohr, Georg (1991). *Das sinnliche Ich: innerer Sinn und Bewusstsein bei Kant*. Würzburg: Königshausen & Neumann.
Mohr, Georg (1998). „Transzendentale Ästhetik, §§ 4–8". In: *Immanuel Kant: Kritik der reinen Vernunft*. Hrsg. von Georg Mohr und Marcus Willaschek. Berlin: Akademie Verlag, S. 81–106.
Nakano, Hirotaka (2011). „Selbstaffektion in der transzendentalen Deduktion". In: *Kant-Studien* 102.2, S. 213–231.

Onof, Christian (2008). „Understanding Schematism and the Nature of Schemata". In: *Recht und Frieden in der Philosophie Kants. Akten des X. Internationalen Kant-Kongresses*, S. 539–550.

Onof, Christian und Dennis Schulting (2015). „Space as Form of Intuition and as Formal Intuition. On the Note to B160 in Kant's Critique of Pure Reason". In: *Philosophical Review* 1.124, S. 1–58.

Parsons, Charles (1992). „2 The Transcendental Aesthetic". In: *The Cambridge Companion to Kant*, S. 62–100.

Paton, Herbert J. (1936). *Kant's Metaphysic of Experience*. Bd. 2. London: Georg Allen & Unwin.

Peacocke, Christopher (2009). „Objectivity". In: *Mind* 118.471, S. 739–769.

Pendlebury, Michael (1995). „Making Sense of Kant's Schematism". In: *Philosophy and Phenomenological Research* 55.4, S. 777–797.

Pippin, Robert B. (1976). „The Schematism and Empirical Concepts". In: *Kant-Studien* 67, S. 156–171.

Prauss, Gerold (2013). „Das Kontinuum bei Kant und Aristoteles". In: *Das Leben der Vernunft: Beiträge zur Philosophie Kants*. Hrsg. von Dieter Hüning et al. Berlin und New York: De Gruyter, S. 3–29.

Rauscher, Frederick (2014). „The Second Step of the B Deduction". In: *European Journal of Philosophy* 22.3, S. 396–419.

Reininger, Robert (1900). *Kants Lehre vom inneren Sinn und seine Theorie der Erfahrung*. Wien und Leibzig: Braumüller.

Riehl, Alois (1908). *Der philosophische Kritizismus. Geschichte und System*. Leibzig.

Schaper, Eva (1964). „Kant's Schematism Reconsidered". In: *The Review of Metaphysics* 18.2, S. 267–292.

Schlösser, Ulrich (2015). „Kants Konzeption der Mitteilbarkeit". In: *Kant-Studien* 106.2, S. 201–233.

Schmitz, Friederike (2013). „On Kant's Conception of Inner Sense: Self-Affection by the Understanding". In: *European Journal of Philosophy*, S. 1–20.

Schopenhauer, Arthur (1912). *Die Welt als Wille und Vorstellung*. Bd. 1. München.

Schulting, Dennis (2012). „Kant, Non-Conceptual Content, and the 'Second Step' of the B-Deduction". In: *Kant Studies Online*, S. 51–92.

Schulting, Dennis (Hrsg.) (2016). *Kantian Nonconceptualism*. London und New York: Palgrave Macmillan.

Seeberg, Ulrich (2006). *Ursprung, Umfang und Grenzen der Erkenntnis. Eine Untersuchung zu Kants transzendentaler Deduktion der Kategorien*. Frankfurt a. M.: EVA.

Sellars, Wilfrid (1978). „The Role of Imagination in Kant's Theory of Experience". In: *Categories: A Colloquium*. Philadelphia: Pennsylvania State University Press, S. 231–245.

Sellars, Wilfrid (1992). *Science and Metaphysics: Variations on Kantian Themes*. London: Routledge.

Shabel, Lisa (2010). „The Transcendental Aesthetic". In: *The Cambridge Companion to Kant's Critique of Pure Reason*. Hrsg. von Paul Guyer. Cambridge: Cambridge University Press, S. 93–117.

Speaks, Jeff (2005). „Is There a Problem about Nonconceptual Content?" In: *The Philosophical Review* 114.3, S. 359–398.

Tolley, Clinton (2013). „The Non-Conceptuality of the Content of Intuitions: A New Approach". In: *Kantian Review* 18.01, S. 107–136.

Toribio, Josefa (2008). „State versus Content: The Unfair Trial of Perceptual Nonconceptualism". In: *Erkenntnis* 69.3, S. 351–361.
Unruh, Patrick (2007). *Transzendentale Ästhetik des Raumes. Zu Immanuel Kants Raumkonzeption*. Würzburg: Königshausen & Neumann.
Van Cleve, James (1999). *Problems from Kant*. Oxford: Oxford University Press.
Willaschek, Marcus (1997). „Der transzendentale Idealismus und die Idealität von Raum und Zeit. Eine ‚lückenlose' Interpretation von Kants Beweis in der ‚Transzendentalen Ästhetik'". In: *Zeitschrift für philosophische Forschung* 51, S. 537–564.

Namenregister

Allais, Lucy 28, 61–63, 65f., 70–72
Allison, Henry E. 23f., 102, 108–110, 144, 164, 212–214, 294, 297

Baum, Manfred 164
Baumgarten, Alexander Gottlieb 143
Bermúdez, José Luis 44
Blomme, Henny 123, 126, 230
Boyle, Matthew 317
Brandt, Reinhard 119
Brittan Jr., Gordon 78
Burge, Tyler 89

Cahen, Arnon 44
Caimi, Mario 5f., 25f., 30, 257f., 284f., 298, 316
Cassirer, Ernst 2, 13f., 16, 27, 265
Chenet, François 25
Chipman, Lauchlan 19f.
Cohen, Hermann 13f.
Crowther, Thomas 44
Curtius, Ernst R. 19, 254

Dahlstrom, Daniel O. 20, 256–258
Detel, Wolfgang 20, 30
Dirschauer, Stéphane 110
Düsing, Klaus 21f., 24, 26, 140f., 174, 298f., 301–303

Engelhard, Kristina 75f.
Evans, Gareth 81

Falkenstein, Lorne 136
Ferrarin, Alfredo 183f., 218
Fichte, Johann Gottlieb 229f.

Gardner, Sebastian 23, 294
Ginsborg, Hannah 51, 57–60, 172, 265, 273
Golob, Sacha 47
Gomes, Anil 166
Grüne, Stefanie 57–59
Gunther, York H. 47

Hanna, Robert 28, 39, 44f., 47, 49f., 61, 64–66, 68, 71f., 222
Heck, Richard G. 44, 71, 91f.
Heidegger, Martin 2, 8, 14–16, 19, 43, 47, 88, 90, 229
Heidemann, Dietmar 27f., 37f., 42, 68, 85, 93, 130, 147–149, 151
Henrich, Dieter 164, 249
Herz, Marcus 42, 310f., 313, 317
Hopp, Walter 47
Hume, David 59, 61, 163, 265f., 273

Kemp Smith, Norman 2f., 17, 22, 259f., 264, 273, 309, 311
Kitcher, Patricia 209
Klemme, Heiner 143

La Rocca, Claudio 20
Laurier, Daniel 44
Leibniz, Gottfried Wilhelm 29, 45, 64, 73, 85f., 118, 152–154, 310f.
Locke, John 41f., 141, 143, 163f.
Lohmar, Dieter 25f.
Longuenesse, Béatrice 5f., 21–23, 30, 58, 60, 108, 113, 195, 215, 229f., 240, 257f., 262, 274, 311

Maimon, Salomon 310, 317
Martin, Gottfried 124f., 143
McDowell, John 27, 47–50, 57, 59
McLear, Colin 61, 63, 66, 70, 216
Michel, Karin 25
Mohr, Georg 124, 136, 143, 147f., 224f.

Nakano, Hirotaka 101, 108, 110–113, 139f.

Onof, Christian 20f., 24f., 28, 47, 120, 130f., 172, 215f., 222, 226f., 256, 294

Parsons, Charles 124f.
Paton, Herbert J. 2, 17–19, 25f., 251, 254, 265f., 293f., 309
Peacocke, Christopher 91, 94

Pendlebury, Michael 22 f., 261 f., 264–266, 273
Pippin, Robert B. 2, 22, 270, 279, 283
Prauss, Gerold 287

Rauscher, Frederick 166
Reininger, Robert 147, 151, 155
Riehl, Alois 12–14

Schaper, Eva 19 f.
Schlösser, Ulrich 68
Schmitz, Friederike 144
Schopenhauer, Arthur 11 f., 17, 263
Schulting, Dennis 28, 47, 120, 130 f., 172, 192 f., 215 f., 222, 226 f.

Seeberg, Ulrich 249
Sellars, Wilfrid 27, 47
Shabel, Lisa 219 f.
Speaks, Jeff 44, 71 f., 81 f.

Tieftrunk, Johann Heinrich 8, 248
Tolley, Clinton 66
Toribio, Josefa 44

Unruh, Patrick 131, 226

Van Cleve, James 166

Willaschek, Marcus 105
Wolff, Christian 29, 45, 73, 85, 118, 310 f.

www.ingramcontent.com/pod-product-compliance
Lightning Source LLC
Chambersburg PA
CBHW031722230426
43669CB00007B/212